LE LABYRINTHE DE L'INTELLIGENCE
De l'intelligence naturelle à l'intelligence fractale

LE LABYRINTHE DE L'INTELLIGENCE
De l'intelligence naturelle à l'intelligence fractale

Daniel DUBOIS

Préface de Ian LARSEN
Postface de Yves KODRATOFF

2ème édition revue

1990

ACADEMIA. Edition et Diffusion
Louvain-la-Neuve

INTEREDITIONS
Paris

C.I.P. BIBLIOTHEQUE ROYALE ALBERT Ier
Dubois, Daniel

Le labyrinthe de l'intelligence / Daniel Dubois. – Louvain-la-Neuve : Academia, 1990. – 322 p.; 25 cm.
ISBN 2-87209-087-8
CDU : 681.3

D/1990/4910/18

ISBN 2-87209-087-8 (Academia)
ISBN 2-7296-0189-9 (InterEditions)

© **ACADEMIA. Edition et Diffusion**
42, passage de l'Ergot
B – 1348 Louvain-la-Neuve

Tous droits de reproduction, d'adaptation ou de traduction, par quelque procédé que ce soit, réservés pour tous pays sans l'autorisation écrite de l'éditeur ou de ses ayants droits.

Imprimé en Belgique.

*Je dédie cet ouvrage à
mes parents,
ma soeur Janine,
Guy Delcroix,
Michel Evens,*

*« car la vie est un bien perdu
quand on n'a pas vécu
comme on l'aurait voulu »*

*Mihail Eminescu,
poète roumain
(1850-1889)*

C'est avec beaucoup d'émotion que je remercie mon père d'avoir, avec tant de passion, contribué à la clarification de cet ouvrage pour une meilleure compréhension par un large public.

Je ne sais comment t'en remercier, papa...

Je ne voudrais pas oublier Christiane Sellier pour le soin qu'elle a apporté aux figures fractales et à l'encodage du texte.

PRÉFACE

C'est un honneur pour moi de vous présenter l'auteur de cet ouvrage, le Docteur Ingénieur Daniel Dubois, que j'ai le privilège de connaître de longue date.

Daniel Dubois, né à Liège en 1947, s'interroge depuis longtemps sur le comment et le pourquoi de l'intelligence de l'univers.

Pour vous expliquer comment et pourquoi cet ouvrage a été écrit, je vais vous dérouler le fil d'Ariane dans le dédale labyrinthique que Daniel Dubois a parcouru scientifiquement.

Ses premières recherches sur la diffraction de neutrons lents dans les liquides (technique permettant l'analyse du comportement moléculaire de la matière, plus puissante que celle des rayons X) l'ont conduit à réfléchir sur le comportement des liquides à grande échelle qui est mal compris à partir de leur comportement à l'échelle du niveau moléculaire. Ils présentent des transitions de phase (des bifurcations) entre l'état solide, hautement ordonné au niveau moléculaire, et l'état gazeux, complètement chaotique.

Dans sa thèse de doctorat, et par après, il a étudié la dynamique des systèmes biologiques. En écologie, à partir de simulations sur ordinateur de systèmes proies-prédateurs, Daniel Dubois a montré que l'organisation de ces systèmes — la distribution spatio-temporelle des espèces — est induite par le jeu des variations aléatoires, guidées par des lois déterministes, des caractéristiques des organismes et de leurs interactions interspécifiques avec leur environnement.

Après ses études à l'Athénée Royal de Visé, il obtient en 1970 le titre d'Ingénieur Civil Physicien de l'Université de Liège.
En 1975, il défend sa thèse de Doctorat en Sciences Appliquées et accède aux fonctions de Maître de Conférences en Recherche Opérationnelle à l'Université de Liège et de Chargé de Cours en Informatique et Systèmes Experts à l'Ecole des HEC (Hautes Etudes Commerciales) de Liège. Daniel Dubois a été invité comme Conférencier dans diverses universités dont la réputée Université de Yale, dans le département du Professeur H. Morowitz, l'Université de Floride, dans le département du Professeur H. Odum, et, à ma demande, à l'Institut Royal de Technologie de Stockholm. Il a publié de nombreux articles dans des revues scientifiques et actes de congrès internationaux. Daniel Dubois a été élu membre de la Société de la Recherche Scientifique d'Amérique du Nord, en tant que SIGMA XI, et de l'Académie des Sciences de New York.

C'est cette thèse qu'il a défendue dans le chapitre - La structure du hasard - du livre « L'anti-hasard » du Professeur E. Schoffeniels.

Daniel Dubois ne croit pas au hasard mais bien à un déterminisme stochastique (une évolution aléatoire guidée par des lois déterministes), notamment, de l'origine de la vie et de la force cachée du moteur de l'évolution des espèces.

A partir d'autres simulations sur ordinateur, Daniel Dubois a montré que dans un système où deux proies sont en compétition, une des deux espèces finit par disparaître ; par contre, si un prédateur commun aux deux proies est introduit, le système peut se stabiliser et les trois espèces cohabitent.

Au sens darwinien, quelle est l'espèce la mieux adaptée ? Aucune ! C'est évidemment le second système qui est mieux adapté que le premier. Et ce n'est pas une espèce particulière plutôt qu'une autre. Ainsi, Daniel Dubois met l'accent sur l'importance d'expliquer l'évolution par les états de stabilité des systèmes hiérarchiques plutôt que par l'adaptation des espèces prises isolément les unes des autres.

Darwin est trop simplement réductionniste : l'« Intelligence » de l'évolution se trouve répartie dans la hiérarchie insécable du système écologique planétaire.

En collaboration avec le Professeur E. Schoffeniels, Daniel Dubois a simulé sur ordinateur la transmission bioélectrique d'impulsions le long des nerfs et à travers les synapses des neurones. Les équations du modèle simulé présentent de fortes similarités avec les équations non-linéaires décrivant les relations proies-prédateurs. Les premiers modèles élémentaires de l'activité électrique du cerveau ont été également construits à partir d'une structure mathématique similaire.

Beaucoup de biochimistes, dont J.-P. Changeux, le disciple de J. Monod, croient que l'activité cérébrale de la pensée est tout simplement un effet de l'activité neuronale, en terme d'impulsions électrobiochimiques, sans rétroaction de la pensée sur le fonctionnement du cerveau.

Daniel Dubois s'oppose violemment à ce point de vue, en faisant un parallèle entre le mode de fonctionnement de l'ordinateur et celui de cerveau.

Préface

Le flux des électrons au sein des circuits électroniques de l'ordinateur est contrôlé par les programmes qu'ils exécutent. **Semblablement, la pensée contrôle l'activité électrobiochimique des neurones.**

Les lois de la physique électronique sont insuffisantes pour décrire le fonctionnement de l'ordinateur aussi bien que celui du cerveau. Les niveaux supérieurs ont leur propres lois qui ne sont pas simplement déductibles des lois des niveaux inférieurs. L'interaction avec l'environnement s'effectuant plutôt aux niveaux supérieurs qu'inférieurs.

A partir de ces constatations, Daniel Dubois a été conduit à rechercher un modèle de représentation des systèmes intelligents basé sur une architecture hiérarchique auto-similaire.

Durant ces sept dernières années, Daniel Dubois a été responsable des recherches et développement en intelligence artificielle à l'Office Régional d'Informatique, jusqu'à sa dissolution en 1989.

Les systèmes experts actuels, programmes informatiques destinés à imiter l'intelligence d'experts humains, reposent essentiellement sur un ensemble fermé et, en principe, statique de connaissances, basées sur des règles explicatives.

Dans son ouvrage, Daniel Dubois est à la recherche d'une voie différente : **la propriété principale d'un système intelligent est sa capacité et son besoin permanent d'apprendre, d'auto-apprendre et de réfléchir sur ses propres méthodes d'apprentissage.**

Pour concevoir un tel système d'Intelligence Artificielle, il est instructif de comprendre comment l'intelligence naturelle se développe, particulièrement chez les jeunes enfants. Daniel Dubois propose une structure hiérarchique du processus d'auto-apprentissage en sept stades semblables aux sept couches du modèle de base des systèmes intelligents qu'il avait décrit en 1986, le modèle général se générant par auto-réplications hiérarchiques du modèle de base.

Mandelbrot, 1982. Les figures de la géométrie fractale, développée par B. Mandelbrot, ont la même propriété d'auto-similarité. Cela signifie qu'un agrandissement de n'importe quel détail d'un détail ... d'un détail de la figure présente un motif similaire à la figure originale (voir la figure fractale de la couverture de cet ouvrage). Les figures fractales, qui représentent des images labyrinthiques complexes, sont générées par une certaine classe de fonctions mathématiques non-linéaires, itératives mais relativement simples. Les équations des systèmes proies-prédateurs et de l'activité nerveuse, mentionnées ci-dessus, sont de ce type.

C'est la raison pour laquelle Daniel Dubois a placé, en 1989, son modèle de représentaion des systèmes intelligents dans le cadre de la géométrie fractale, de par leurs propriétés similaires. Et la raison pour laquelle son ouvrage est intitulé : « Le labyrinthe de l'intelligence : de l'intelligence naturelle à l'intelligence fractale ».

Daniel Dubois y relate une activité proposée à des enfants de trois ans pour éveiller leur faculté d'auto-apprentissage : il a été mis à la disposition de ces enfants un certain nombre d'objets de formes et de matériaux différents et leurs réactions ont été observées.
Une réflexion de Philippe, quatre ans et demi, a particulièrement frappé Daniel Dubois, qui la cite : « Moi, je sais pourquoi on est sur terre; c'est pour apprendre, et apprendre, c'est gai! »; ce cri de joie et de plaisir faisant suite à la prise de conscience, sans doute inconsciente, du pouvoir de la compréhension intellectuelle.

A un niveau beaucoup plus élevé de l'image fractale de la pensée de l'Homme, ce scénario s'est renouvelé, pour notre plus joie quand Daniel Dubois a écrit son ouvrage en réponse à des questions scientifiques qu'il s'est posées par hasard ou par l'intervention de quelque niveau supérieur.

Les sept fractales que constituent les sept chapitres se succèdent pour confectionner une nouvelle fractale originale à découvrir.

Préface

La propriété fractale d'une image permet à l'observateur de l'appréhender à n'importe quelle échelle — avec quelques pertes d'informations non essentielles si l'on ne peut voir aux échelles supérieures ou inférieures (détaillées).

Appréhender est pris ici dans le sens de comprendre un problème dans toute sa complexité.

Cet ouvrage, à lire de cette façon, est accessible à un très large public quel que soit son propre niveau scientifique.

Je vous invite à le lire et à y prendre du plaisir.

Ian LARSEN
Bruxelles, janvier 1990

Ian Larsen, Ph. D., est Professeur à l'Institut Royal de Technologie de Stockholm.

CHAPITRE I

L'AUTO-APPRENTISSAGE,
CLÉ DU DEVELOPPEMENT DE L'INTELLIGENCE

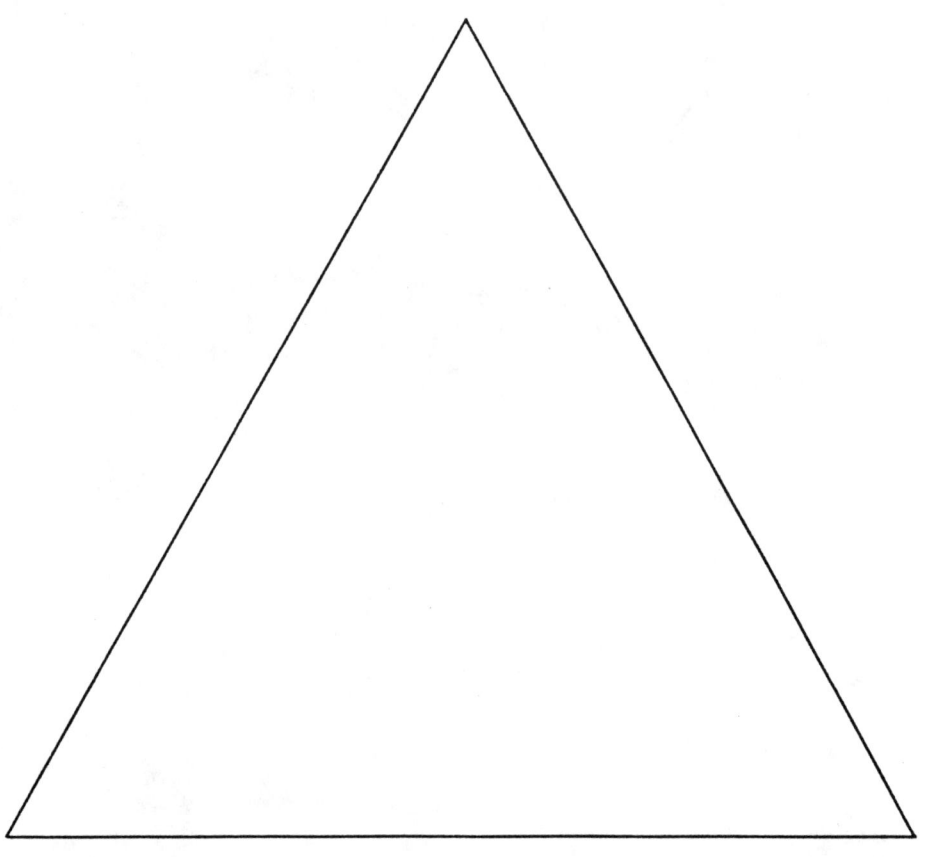

CHAPITRE 1

L'AUTO-APPRENTISSAGE,
OU DU DÉVELOPPEMENT DE L'INTELLIGENCE

1. L'ENTRÉE DANS LE LABYRINTHE DE L'INTELLIGENCE

L'intelligence est telle un prisme aux nombreuses facettes. Il ne s'agit pas d'une qualité propre aux conduites humaines mais d'une **fonction auto-organisatrice de comportements** qui se développent et évoluent. Il n'y a pas que le cerveau humain qui soit le support de l'intelligence : **tout autre système qu'il soit naturel ou artificiel peut engendrer des comportements intelligents**.

Le test d'intelligence de A. Turing
Une machine peut-elle se montrer intelligente ? Turing, un cybernéticien anglais, a inventé la machine qui porte son nom, la machine de Turing, à la base des ordinateurs d'aujourd'hui. Il a publié un article sur l'émergence naturelle de structures spatiales pour un ensemble de cellules biochimiques. Il était donc naturellement intéressé par l'apparition de comportements intelligents et par la démonstration qu'une machine intelligente puisse réellement voir le jour. Il a suggéré qu'une machine intelligente peut se substituer à un être humain dans le jeu de société, bien connu à l'époque, qui consiste à deviner, par des questions-réponses, lequel des deux adversaires est l'homme et lequel est la femme. Les deux partenaires sont évidemment cachés et répondent aux questions via une tierce personne. Turing reprend le jeu mais substitue un ordinateur à l'un des deux partenaires et il suffit de distinguer la machine de l'humain par une série de questions-réponses. Peut-on en conclure que la machine possède une intelligence ? Ceci conduit à un problème philosophique ancien. Comment savoir si un autre être possède un esprit et surtout une conscience ?

M. Minsky, le créateur de l'« intelligence artificielle », explique qu'une « *machine est intelligente à partir du moment où elle accomplit des tâches qui, si elles étaient*

Turing, 1952.
Turing, 1964.

Minsky, L'homme est une machine pensante, in Sorman, 1989, pp. 171-178.

accomplies par des hommes, seraient considérées comme intelligentes ».

M. Minsky rejoint donc totalement A. Turing en prenant comme étalon de l'intelligence, l'intelligence humaine. Je réfute totalement ce point de vue, comme beaucoup d'interprétations des phénomènes naturels, car il est anthropomorphique. C'est faire la même erreur que les Anciens qui considéraient que la terre était le centre de l'univers.

La méthodologie appliquée dans cet ouvrage appartient à la nouvelle science des systèmes, appelée « la systémique ».

AFCET, 1989, p. 1

« *La Systémique regroupe les démarches théoriques, pratiques et méthodologiques relatives à l'étude de ce qui est reconnu complexe. Un système comme tel pose en effet des problèmes de fontières, de relations internes et externes, de structure, de lois ou de propriétés émergentes, comme des problèmes de mode d'observation, de représentation, de modélisation, de simulation et de stratégie.*

Le réductionnisme s'avère souvent insatisfaisant, plus particulièrement dans la mesure où il implique des découpages de l'objet étudié ou des approches disciplinaires disjointes. La Systémique, par contre, contribue au décloisonnement des disciplines par un renouvellement des approches et des méthodes propre à favoriser l'évolution scientifique, économique, sociale et technique contemporaine. Elle se situe au carrefour de l'épistémologie, de la science, de la technologie, en ouvrant des perspectives originales d'action ».

Je ne définirai pas l'intelligence en tant que telle mais comme une propriété des systèmes appelés systèmes intelligents, le cerveau par exemple.

Un système intelligent est un système qui est en continuelle évolution en devenant de plus en plus complexe. Il doit être capable d'invention et de créativité. Il présente la capacité de s'adapter, c'est-à-dire être apte à trouver de nouveaux comportements face à des situations nouvelles et inconnues. Quand il a trouvé une solution à un problème nouveau, il la mémorise et la solution trouvée peut devenir un automatisme face à un même type de situation. Il serait en effet impensable qu'un système intelligent se cantonne dans ses anciens problèmes et soit incapable d'en résoudre de nouveaux. La mémoire des expériences du passé, c'est-à-dire le savoir-faire et les règles, permet cette évolution. En d'autres mots, **le traitement intelligent est situé exactement à la frontière entre les anciens problèmes résolus et les nouveaux problèmes non encore résolus.**

Dubois, 1987a, pp. 58 - 62.

L'objectif d'un système intelligent est de **reconstruire la (ou les) meilleure(s) représentation(s) de son environnement et de lui-même afin d'acquérir le maximum d'autonomie et d'être le moins possible sensible aux fluctuations de ce dernier.** Pour atteindre cet objectif, il développe la **faculté d'apprendre et d'auto-apprendre.** L'apprentissage est précisément le processus par lequel se créent de nouvelles représentations. Il peut être « inculqué », en ce sens que des représentations nouvelles toutes faites sont proposées aux systèmes intelligents, qui les assimilent. L'auto-apprentissage est le processus par lequel le système intelligent crée par lui-même de nouvelles représentations. Elles peuvent être pathologiques, ce qui conduit à des comportements jugés d'aberants. Th. Szasz, le fondateur de l'antipsychiatrie soutient que : « *il n'y a pas de maladies mentales, la folie n'existe pas, ce n'est qu'une métaphore ! Ce que l'on appelle maladie mentale, ce sont les comportements d'individus qui nous dérangent* ». Et Th. Szasz de conclure : « *rien, dans les connaissances actuelles sur le fonctionnement du cerveau ne permet d'expliquer nos choix. Le libre arbitre n'est pas un phénomène chimique ou électrique. Il est impossible de lire nos pensées dans le cerveau. S'il est exact que certaines pensées déclenchent certaines réactions chimiques, c'est la libre pensée qui est cause de la réaction, et non l'inverse* ».

Dubois et Godart, 1987a, pp. 39 - 53.

Szasz, La folie n'est pas une excuse, in Sorman, 1989, pp. 161 - 170.

Le cerveau humain semble être le seul système intelligent à être doué de ce que nous avons appelé le méta-apprentissage et le méta-auto-apprentissage. Par méta-apprentissage, il faut entendre l'apprentissage de l'apprentissage. Il peut être « inculqué » sous forme de règles qui guident ou canalisent le processus d'apprentissage. Le méta-auto-apprentissage est relatif à la réflexion du système intelligent sur ses propres méthodes d'auto-apprentissage. En cela, il s'apparente au phénomène de conscience. Une conscience sans réflexion sur elle-même représente l'inconscience.

Dubois et Godart, 1987b.

L'intelligence ne semble pas être limitée à celle du cerveau humain. Les forces qui ont guidé la structuration de l'univers ont été potentiellement porteuses de la création de la vie. L'évolution des espèces jusqu'à l'apparition de l'homme avec son cerveau conscient doit être considérée comme un processus hautement intelligent. L'apparition de la conscience humaine a permis à l'univers de prendre conscience de sa propre existence et de se poser les questions du comment et du pourquoi de cette existence.

1.1 Introduction

Un nouveau rêve de l'homme est de créer une nouvelle espèce, dotée cette fois d'intelligence artificielle, par l'invention et l'extrême perfectionnement de machines à la fois ordinateurs et robots, dotés d'un programme informatique dont le noyau de base serait à l'image du cerveau d'un enfant qui vient de naître, et qui s'auto-développerait par l'apprentissage de son environnement et où l'homme jouerait le rôle d'éducateur. Par un apprentissage, guidé par lui-même (auto-apprentissage), le programme se complexifierait ensuite sans intervention humaine directe, uniquement en dialoguant avec son environnement, à l'image du développement de l'intelligence humaine.

Chapitre I

Dodson, 1972. Dans son livre, F. Dodson estime que chez les enfants tout se joue avant l'âge de 6 ans. Disons en tout cas que le programme de fonctionnement du cerveau humain est en très grande partie structuré et réalisé par un apprentissage guidé par des règles génétiques d'auto-apprentissage entre la naissance et l'âge de 6 ans.

Pour concevoir un programme d'intelligence artificielle, il peut être utile d'expliquer comment se développe l'intelligence chez les jeunes enfants. Pendant plus de deux ans, j'ai collaboré avec une institutrice qui suit les enfants de 3 à 6 ans dans une classe de maternelle. A cette occasion, nous avons constaté que l'intelligence des jeunes enfants se développe essentiellement par ce que nous avons appelé l'auto-apprentissage, c'est-à-dire un apprentissage guidé par les enfants eux-mêmes. Le déroulement chronologique de cet auto-apprentissage se réalise pour toutes les activités intellectuelles en sept **étapes** semblables de la construction d'un modèle symbolique de la réalité.

Dubois et De Rycker-Dandoy, 1987, pp. 529-532.

Chapitre II

Il est non seulement utile d'expliquer le mode de développement de l'intelligence, mais encore d'étudier comment son support, le cerveau proprement dit, s'est structuré et fonctionne. Ce chapitre nous fera découvrir la structure du labyrinthe qu'est le cerveau humain. Plusieurs dizaines de milliards d'unités identiques, appelées neurones, s'interconnectent en un réseau d'une complexité incroyable. La mémoire joue un rôle fondamental dans l'acquisition et la reconstitution des informations. En effet, le cerveau ne se contente pas de stocker les informations innées ou acquises mais mémorise les règles permettant de les traiter. Le siège de la mémoire n'a pas encore été localisé dans une zone particulière du cerveau : la mémoire semble insaisissable. L'explication la plus communément admise est que le réseau neuronal serait holographique. Pour représenter cette propriété holographique de la mémoire, nous proposons une géométrie fractale. Une fractale, comme celle qui est représentée sur la couverture de ce livre, est une figure géométrique ayant la propriété suivante : si on ampute un morceau à la fractale, on peut reconstituer à partir de ce morceau la figure complète, en connaissant ses règles de constuction. B. Mandelbrot a bien montré la géométrie fractale de la Nature.

Même quand une partie du cerveau d'un enfant est handicapée, dans sa psychomotricité par exemple, la méthode américaine de paterning (pendant des années, des personnes manipulent les membres du corps inerte de l'enfant) permet par l'apprentissage physique des mouvements du corps, de créer des automatismes de psychomotricité au niveau du cerveau.

Dubois, 1989.

Mandelbrot, 1982.

Chapitre III

Bien que la construction des fractales soit déterministe, B. Mandelbrot a montré que le hasard joue un rôle dans la construction de modèles. En effet, certaines fractales évoluent de façon chaotique (stochastique). Pour reprendre H.-O. Peitgen et P.H. Richter, un système fractal chaotique ne devient plus contrôlable : il est impossible de faire des prédictions sur leur comportement à long terme. Ils proposent l'idée de « *chaos déterministe* », principe universel des procesus dynamiques complexes. Cette question du rôle du hasard me semble fondamentale dans l'auto-organisation des systèmes naturels, physiques et biologiques, notamment pour créer des machines intelligentes. En réponse à la phrase d'A. Einstein : « *Dieu ne joue pas aux dés* », I. Prigogine, prix Nobel de Chimie, soutient la thèse que « *Dieu joue bien aux dés, mais avec des dés pipés* ». Récemment, Henri Laborit

Peitgen et Richter, 1986.
Chaos, désordre épouvantable.
Déterministe : relatif à l'existence de rapports de cause à effet entre les phénomènes.
Stochastique : qui est de nature aléatoire.

Laborit, in AFCET, 1989, p. 1145.

René Thom a déclaré : « Je suis un déterministe archaïque. J'estime que les phénomènes peuvent être décrits et compris ; je considère que le monde est intelligible et que si nous ne comprenons pas une théorie, c'est qu'elle est insuffisante ».
Thom, La science est en panne depuis vingt-cinq ans, in Sorman, 1989, pp. 59-69.

s'est interrogé : « *Si Dieu ne joue pas aux dés, comme l'a dit Einstein, il faut reconnaître que pour nous, il est bien difficile de savoir à quoi il joue* ». En réponse à H. Laborit, je propose le **principe universel de « déterminisme stochastique », principe dual du « chaos déterministe ».**

Chapitre IV

Ce chapitre traite des lois fondamentales de l'évolution des espèces et rassure sur le caractère inéluctable de la formation d'êtres vivants de plus en plus complexes. Les théories comme celles de Lamarck et Darwin et de leurs successeurs qui tentent d'expliquer l'évolution ne me semblent pas satisfaisantes bien qu'aujourd'hui, 99 % des scientifiques de l'évolution soient néo-darwinistes, Lamarck étant totalement rejeté. **La Nature a erré dans le labyrinthe des possibilités qu'elle s'est créé.** La diversité des espèces est telle une fractale dont chaque élément est nécessaire à l'ensemble et dont la globalité n'existe que par l'existence de ses éléments. J'ai appelé cette nouvelle approche de l'évolution, l'évolution fractale par opposition aux théories basées sur la filiation, c'est-à-dire une évolution séquentielle. Le code génétique, véritable mémoire de l'évolution des êtres vivants, s'est enrichi au fil du temps avec l'émergence de nouvelles espèces. Cette mémoire contient toutes les règles d'auto-apprentissage nécessaires au développement de chaque espèce. Les règles sont sans doute universelles, mais leurs combinaisons sont différentes d'espèces à espèces.

Le mimétisme d'espèces très différentes dans la nature peut alors s'expliquer facilement.

Chapitre V

Dubois et Godart, 1987a et b.

Les systèmes intelligents naturels semblent pouvoir être représentés par un modèle universel. Je présente un modèle de représentation des systèmes intelligents naturels et artificiels basé sur une structure fractale en sept couches et niveaux, dont la fonction principale est l'apprentissage, processus en sept stades qui se répètent récursivement par auto-similarité. Je tenterai d'expliquer comment implémenter ma théorie fractale de l'intelligence sur ordinateur. Le coeur du problème de l'Intelligence Artificielle se trouve dans la nouvelle conception de la logique suite au *Théorème d'Incomplétude* de Kurt Gödel en 1931, pour lequel Douglas Hofstadter a consacré un livre remarquable d'idées nouvelles. « *Le Théorème de Gödel a un équivalent dans la théorie du calcul, lequel a été découvert par Alan Turing et révèle l'existence de "trous*

Hofstadter, 1985.

inéluctables même dans les ordinateurs les plus puissants que l'on puisse imaginer" ».

Chapitre VI
Des modèles d'ordinateurs qui apprennent, proposés et réalisés actuellement en intelligence artificielle, sont décrits dans ce chapitre. Ici nous approchons de la chambre du milieu du labyrinthe de l'intelligence : les réseaux neuronauxartificiels présentent des capacités d'apprentissage sans programmation humaine sont un encouragement pour la réalisation d'une vériable machine intelligente. La machine neuromimétique, ordinateur parallèle programmé en langage fractal, aboutira-t-elle à l'émergence du robot fractal : l'androïde pour l'an 2017 ?

Chapitre VII
L'homme rêve d'être égal à un dieu et tente actuellement de créer une intelligence artificielle immortelle, mais arrivera-t-il jamais à rendre conscient un système intelligent artificiel ? Comprendre la conscience est un premier pas vers l'éventuelle possibilité pour une machine neuromimétique de devenir consciente. Ce chapitre développe une approche fractale de la conscience humaine, et des questions qu'elle pose en philosophie en relation avec la psychologie.

Le labyrinthe fractal, modèle de représentation des systèmes intelligents, permet d'expliquer l'incompréhensible et de comprendre l'inexplicable.

Pour expliquer les choses, il faut les identifier et les classer, ce qui détruit automatiquement une certaine compréhension globale. C'est également le cas des fractales pour lesquelles B. Mandelbrot n'a sans doute jamais voulu en donner une définition explicative mais plutôt une description compréhensible. Il en est de même pour l'explication de l'intelligence et celle de la conscience.

1.2. Les sept intelligences

Pour H. Gardner, l'intelligence humaine aurait sept facettes : les sept structures mentales décrites ci-après. *Gardner, 1983.*

1. La structure mentale somato-kinesthésique
Ce sixième sens permet d'éprouver la sensation interne des postures et des mouvements des différentes parties du corps. Les dons kinesthésiques se voient chez

les enfants qui réussissent bien dans les exercices qui exigent de l'adresse. Ils auront du talent dans les disciplines faisant appel à la dextérité.

2. La structure mentale spatio-visuelle

Elle est caractérisée par une puissance visuelle de représentation mentale de systèmes complexes dans le moindre détail, en s'en faisant une image plus réelle que le plus fouillé des schémas. L'enfant doué de cette structure mentale est attiré par les travaux manuels et le dessin.

3. La structure mentale musicale

D'après H. Gardner, c'est le « don » qui apparaît le plus tôt. L'enfant marque un intérêt particulier pour tous les sons.

4. La structure mentale linguistique

La marque de ce type d'intelligence est la sensibilité aux mots, à leur signification, à leurs agencements et rythmes, à leurs sonorités et aux changements de ton ainsi qu'aux rimes.

5. La structure mentale logico-mathématique

Piaget, 1948.

J. Piaget a consacré une étude approfondie à la pensée logico-mathématique qui se développe dès que, bébé, on explore les objets familiers et qu'on comprend leurs fonctions spécifiques. Plus grand, l'enfant qui est fasciné par les catégories et les configurations a de l'ordre dans les idées : il compare ses cubes, il les range par catégorie. Plus tard, il jouera bien aux dames et aux échecs. Il adorera les abstractions en assimilant facilement les équivalences (une semaine équivaut à sept jours). Il aimera se construire des mondes imaginaires bien organisés, régis par des règles strictes.

6. La structure mentale psychologique introspective

Elle est caractérisée par une connaissance de soi-même en pratiquant l'introspection et l'analyse de ses propres émotions. Ce penchant à l'introspection se décèle tard chez l'enfant : il éveille cette preuve de réflexion quand il se montre capable de faire des plans et de tirer parti de ses capacités.

7. La structue mentale psychologique objective

Par complémentarité à la psychologie introspective, la psychologie objective a pour sujet la connaissance des autres. Cela présuppose un don de perception et de compréhension du contexte de vie. L'intérêt pour la psychologie d'autrui se reconnaît chez l'enfant quand il est attentif aux changements d'humeur de ceux qui l'entourent. Il éveille cette preuve d'altruisme quand il parvient à dénouer des situations complexes.

2. DÉVELOPPEMENT DE L'INTELLIGENCE DES ENFANTS DE 3 À 6 ANS

Un jour, les enfants de la classe maternelle de 2e année viennent dire à leur institutrice que Jérôme a tué une araignée.

L'institutrice leur explique que si on tuait toutes les araignées, il n'y aurait plus rien qui empêcherait les moustiques de nous envahir, et que chaque bête, chaque insecte a son utilité et qu'on est tous sur la terre pour faire quelque chose.

A ce moment-là, Philippe, 4 ans et demi, lui dit :
« *Moi, je sais pourquoi on est sur terre;*
c'est pour apprendre,
et apprendre, c'est gai ! ».

Mme N. De Rycker-Dandoy enseigne à des enfants de 3 à 6 ans. Elle suit les mêmes jeunes enfants durant trois ans dans les classes de 1e, 2e et 3e maternelle. Cela lui a permis de suivre le développement de leur intelligence. Son enseignement est basé sur un apprentissage guidé par les enfants eux-mêmes en référence à des théories pédagogiques modernes et anciennes comme celles de H. Montagner et C. Freinet, ces dernières n'ayant été que peu mises en pratique mais restant d'une actualité brûlante. Ce type de méthodologie, je l'ai appelé **l'apprentissage guidé par auto-apprentissage**.

Les différentes activités proposées aux jeunes enfants ont été réparties suivant les sept structures mentales proposées par H. Gardner et la même chronologie d'évolution de l'intelligence apparaît pour chacune d'elles, sur base d'un modèle de représentation des systèmes intelligents. Ce modèle est décrit au chapitre V.

Comme « Tout se joue avant six ans » (Dodson F., 1973), il nous a semblé opportun d'analyser les mécanismes du développement de l'intelligence des enfants dans une classe maternelle.

Ce travail est issu d'une collaboration de plus de deux ans avec Mme Nicole De Rycker-Dandoy, institutrice à l'école « Paradis des enfants » de Bruxelles. Il a reçu le Prix International et la Médaille de la Fondation de la Recherche des Systèmes à Baden-Baden le 17 août 1988.
La rédaction de ce chapitre fait suite à cette collaboration dont les résultats fondamentaux ont déjà été publiés (Dubois D. et De Rycker-Dandoy N., 1987, 1988, 1989).

Montagner, 1988.
Freinet, 1936.

2.1. Développement de la structure mentale somato-kinésthésique

La psychomotricité

L'évolution de la psychomotricité de l'enfant se réalise au travers des étapes successives suivantes :

Pour développer la psychomotricité des enfants, le matériel employé se répartit en quatre parties dans la salle. D'une part, une trentaine de cubes en mousse. D'autre part, un matériel d'inigym composé de grands mousses de différentes formes, compacts, très légers et maniables : triangle, rectangle simple ou trois rectangles reliés successivement entre eux, cylindre et briques. Il y a également un tapis, un cadre en bois permettant à l'enfant de grimper et de s'agripper. Tous ces éléments peuvent se combiner de différentes manières. Ensuite, un matériel de créativité composé entre autres de tresses de laine, bouteilles en plastique vides ou remplies de plumes, sable, papier ou gravier, cerceaux de différentes grandeurs, sacs contenant des objets divers, des tuyaux, balles et plaques en plastique. Il y a également des déguisements. Et enfin, dans un coin isolé : un tapis et un chariot de blocs de construction en bois.

1. L'enfant prend contact avec le matériel en exécutant des gestes moteurs.
2. L'enfant prend conscience de quelque chose. Il demande l'approbation de l'adulte. Il dit « Regarde, c'est beau ». A la question « Qu'as-tu fait ? », il répond « Je ne sais pas ».
3. Il commence à faire fonctionner son imagination. Il donne des réponses multiples à la question « Qu'as-tu fait ? ».
4. Il commence à réaliser quelque chose. Les réponses sont toujours multiples.
5. L'enfant a l'intention de réaliser quelque chose : son intention est simple ou multiple. Après réalisation, l'interprétation de la réalisation est correcte, même si elle ne correspond pas à son intention initiale.
6. L'enfant a l'intention bien émise, et la réalisation et l'interprétation sont correctes.
7. L'enfant développe son esprit d'abstraction avec des symboles. Il invente une histoire cohérente en jouant en groupe à sa réalisation.

L'imagination se développe de la manière suivante : par exemple, l'enfant se promène avec un tuyau lui servant de canne; un autre enfant avec une plaque sur la tête. A la question « Que fais-tu ? », l'enfant répond « Je ne sais pas ». L'enfant ira toujours montrer sa trouvaille à l'adulte. Plus tard, il dira « C'est une canne », « C'est un chapeau ». L'adulte met en évidence les trouvailles de certains enfants, ce qui stimule les autres à en trouver à leur tour.

Les enfants mélangent également les types de matériel : ils placent des cubes sur un triangle ou des tresses dans un tunnel, etc.

Ils disent : « C'est un bateau » en parlant de la caisse en bois, « C'est une canne à pêche » en parlant des tresses, etc.

Ensuite, ils inventent une histoire : « Nous sommes dans un bateau et on pêche des requins ». Ils sont assis sur des mousses dans la caisse en bois et tiennent les tresses, d'autres enfants simulent les requins.

Un autre exemple de réalisation commune : tous ensemble, ils construisent un village avec le plus de matériel possible et cela dans toute la salle. La majorité des enfants y collaborent.

Ou encore, les enfants construisent un paysage, inventé entièrement. Le matériel inigym représente les maisons et les montagnes, les tuyaux représentent les deux côtés d'une rivière, au-dessus de la rivière est mis un banc en guise de pont, dans l'eau se trouvent un poisson (tresse), un bateau (bouteille) et au bout de la rivière des cubes de mousse simulent un train. Lorsque le paysage est terminé, les enfants inventent une histoire et jouent dans le paysage.

Il semble important dans les activités d'associer les différentes structures intellectuelles. Il serait en effet aberrant, voire impossible d'avoir des activités bien catégorisées en structures intellectuelles. Par exemple, construire un paysage (structure spatio-visuelle) fait appel à la dextérité (structure somato-kinesthésique).
Dans les différentes activités décrites dans la suite pour les six autres structures intellectuelles, cette dernière remarque est d'application.

2.2. Développement de la structure mentale spatio-visuelle

Le dessin

1. L'enfant prend contact avec la matière : le papier et le crayon.
   L'enfant exécute un geste moteur : le crayon est pris n'importe comment et la feuille de papier est chiffonnée, déchirée et trouée.
2. L'enfant s'aperçoit qu'il a réalisé quelque chose : il dit « Regarde, c'est beau ». A la question « Qu'as-tu fait ? », il répond « Je ne sais pas » ! La prise de crayon est alors mieux assurée et la feuille n'est plus (aussi souvent) chiffonnée. Il fait des gribouillages. Cette première prise de conscience de l'enfant se fait de manière totalement inconsciente.
3. Il continue à faire des gribouillages mais lorsque le « dessin » est terminé, il déclare que c'est une maison, un bonhomme, un arbre, etc. Les réponses sont

multiples, il fait **fonctionner** son imagination.
4. Il commence alors à dessiner des lignes et des ronds. Il déclare après réalisation que c'est une maison, un bonhomme, un arbre, etc. Les réponses sont toujours multiples.
5. L'enfant a l'intention de dessiner quelque chose de bien précis mais même avant de commencer, son intention peut changer : son intention est simple ou multiple. Par exemple, il dit : « Je vais faire une voiture ». Après la réalisation, l'interprétation du dessin, même si elle ne correspond pas à son intention initiale, est correcte et la réalisation du dessin concrète. Il dit : « C'est une maison ».
6. L'intention est bien émise, et la réalisation est conforme.
7. Enfin, il raconte une histoire (abstraction) au sujet de son dessin, « C'est un berger, il est dans la forêt, la lune et le soleil sont là ».

Ces comportements sont des observations générales car les stades successifs peuvent changer d'un enfant à un autre, notamment après le quatrième stade. Il y a des enfants qui sont déjà au stade 6 à 3 ans, comme il peut y en avoir au stade 5 à 6 ans.

L'évolution se fait suivant le rythme propre de l'enfant. L'enfant peut changer son intention au dernier stade ou avoir l'intention de faire quelque chose et changer d'avis si son dessin ressemble à autre chose mais il peut également faire de sa première intention une réalisation plus élaborée. Par exemple, il a l'intention de faire une maison et il réalise une maison et un bonhomme, etc. Quand l'enfant explique ce qu'il a fait, il peut citer une seule chose, deux choses ou plusieurs choses du dessin. On remarque que l'enfant peut déjà être à un stade très avancé du point de vue intellectuel, c'est-à-dire réaliser son intention, mais être toujours au stade des gribouillages. L'enfant peut aussi dire qu'il va dessiner une maison et il fait des gribouillages ou pour toutes ses réalisations dire : « C'est un soleil, un arc-en-ciel, etc ». Il redessine souvent un même objet qui l'a frappé. Il arrive que des enfants de 4 ans, les plus âgés de la 1e année, atteignent déjà le septième stade, et qu'ils retournent ensuite au stade n° 6 et parfois au stade n° 5, car ils viennent d'avoir 4 ans, ce qui est un âge très difficile. De plus, l'un d'eux vient d'avoir un petit frère ce qui entraîne souvent une régression.

2.3. Développement de la structure mentale musicale

Le jeu du silence

Dans le jeu dit du silence, les enfants à partir de la 1ᵉ année écoutent le « silence ». L'institutrice leur demande ce qu'ils entendent, étant donné qu'il y a toujours des bruits divers même dans le silence. Au début, la majorité des enfants n'entendent rien. On peut interpréter ce fait en pensant que, de l'oreille au cerveau, il y a un ensemble de filtres prédéterminés génétiquement qui font que les jeunes enfants ne sont sensibles qu'à des sons préétablis. Il faut donc élargir, par apprentissage, les possibilités de ces filtres. Il est intéressant de constater que ces filtres prédéterminés sont doués de possibilité de modification par apprentissage.

Elle fait alors remarquer à l'enfant les différents bruits dans ce « silence » : bruits ou éclats de voix dans le couloir, coup de klaxon dans la rue, chant d'un oiseau, etc.

Petit à petit, l'attention de l'enfant devient de plus en plus aiguisée : il finira par déceler la majorité des bruits, et même ceux que son institutrice n'a pas remarqués ! On peut interpréter ce résultat étonnant comme étant le développement par auto-apprentissage, du cerveau à l'oreille, de la faculté de focalisation de l'attention sur des caractéristiques de l'environnement.

Le filtrage des informations et la focalisation de l'attention sont les deux composantes essentielles de l'apprentissage. Le fait que le jeune enfant dépasse les « performances » de son institutrice montre sa grande capacité d'apprendre et d'auto-apprendre.

Apprentissage naturel de la musique

Les enfants sont sensibilisés assez tôt à la musique de qualité (opéras, Mozart, Vivaldi, etc...); spontanément, lorsqu'ils entendent un air qui leur plaît, ils se mettent à danser, à le dessiner.

Il est aussi très important de donner à l'enfant le loisir d'expérimenter plusieurs instruments de musique. Au début, cela donnera une véritable cacophonie pour se terminer par un orchestre avec son chef, ses différents groupes (instruments à vent, percussion, cordes, ...).

Au début, les enfants « marchent » suivant la musique, puis un enfant osera se laisser aller à exécuter quelques pas de danse. On le fera remarquer aux autres et il se surpassera. Les autres à leur tour s'y mettront. Cela donne des résultats remarquables. Le plus bel exemple est « La fée Dragée » extrait du ballet « Casse Noisettes » de Tchaïkovski.

L'orgue électrique placé en basse prouve aussi les magnifiques aptitudes des enfants pour la musique.

Un jour, alors que les enfants écoutaient « Le Printemps » extrait des « Quatre saisons » de Vivaldi, deux d'entre eux se sont levés et ont dessiné l'orage et le berger. Le résultat a été surprenant alors que ces enfants (3 ans) n'étaient pas encore au stade de la représentation du monde concret. Lorsqu'on leur a demandé de refaire le même dessin, ils en ont été incapables. C'est une caractéristique de l'auto-apprentissage que nous retrouverons à plusieurs reprises.

2.4. Développement de la structure mentale linguistique

Le langage écrit

Pour donner l'envie d'auto-apprendre à lire, la classe est décorée de grandes affiches sur le Maroc, Walibi, etc. Petit à petit, l'enfant découvre seul qu'il y a les mêmes sons que dans son prénom : par exemple, le « a » de Anne et ceux de Maroc et Walibi. L'enfant demande à l'institutrice où cela se trouve ou bien le trouve seul.

1. A 3 ans, l'enfant entend et reconnaît son prénom.
2. Il dit, par exemple, « Céline veut ça » et non « Je veux ça ».
3. Il reconnaît l'image de son prénom qui est mis partout en classe (tableau des présences, casier des travaux, porte-manteau).

   Une photo est mise à côté de son prénom; plus tard, la photo sera enlevée.

   Grâce à ce procédé, l'enfant « photographie » non seulement son prénom mais aussi celui de ses petits camarades.
4. Il voit son prénom marqué sur son dessin : il demande qu'on le lui écrive.
5. Il essaye de recopier son prénom ou de l'écrire : cela ressemble à une ondulation. Il demande toujours l'approbation de l'adulte.
6. En classe de 3ᵉ, l'enfant possède un cahier où il dessine ou « bricole » tout ce qu'il veut. Petit à petit, il commente son dessin : par exemple, « J'ai été à la mer, dimanche ». L'institutrice écrit alors la phrase dictée. Après quelque temps, l'enfant lui demandera où se trouve un mot, c'est souvent un mot affectif tel que « maman ». Il le recopie ou non.
7. Plus tard, il recopiera la phrase entière.

Jeu inventé par un enfant

Un enfant de 5 ans a inventé une phrase (d'après un dessin réalisé par un autre) : « Zorro mange une pomme et une poire ». L'institutrice écrit les mots sous sa dictée. Ensuite, il découpe les mots, appelle ses amis et joue à changer l'ordre des mots. Par exemple, « Zorro une pomme et une mange poire ». Le jeu consiste à reconstituer la phrase. Quelques enfants réussissent, tandis que d'autres s'amusent beaucoup et ainsi auto-apprennent en observant ! Il refait le même jeu mais cette fois-ci, lettre par lettre, « maman » devient par exemple « mnama ». Là, les enfants ne savent pas reconstruire le mot et se désintéressent vite du jeu. Donc l'approche globale précède celle de l'analytique.

La notion du verbe est alors introduite. Très vite, les enfants s'interrogent sur la signification de verbes comme courir, boire, sauter. Après, la notion du nom commun est introduite en mettant l'accent sur l'importance de la grammaire qu'ils apprendront à l'école primaire. Cela stimule les enfants au maximum.

Il semble bien que ces deux notions soient acquises ! Depuis lors, de nouvelles phrases ont été trouvées, les enfants s'amusent à les mélanger et ainsi à en recréer d'autres.

Pour ce qui est du langage parlé, d'une part, on remarque que les enfants vont se rendre compte d'eux-mêmes de la correspondance des sons et du dessin de la même lettre. D'autre part, il est rare qu'un enfant de la fin de la 3e ne s'intéresse pas à toutes ces activités. Même si un enfant ne veut pas ou ne sait pas écrire à cet âge, son intérêt pour apprendre sera éveillé et c'est ça le principal : c'est le méta-apprentissage, c'est-à-dire apprendre à apprendre. Enfin, la maturité des enfants pour certaines activités ne se manifeste jamais au même âge pour tout le monde. Si on laisse l'enfant grandir en respectant son rythme, c'est-à-dire en ne lui imposant jamais une activité, il y a de fortes chances pour qu'il soit intéressé par tout ce qu'on lui présente. L'intérêt pour l'écriture peut se manifester aussi bien à 3 ans qu'à 6 ans.

Le langage parlé

En général, les enfants d'environ 3 ans qui arrivent en 1e année à l'école savent parler. Ces jeunes enfants ont appris à parler depuis leur naissance dans leur famille. Il est dès lors assez difficile de décrire l'évolution du langage parlé à partir d'observations faites en classe. Néanmoins, il existe de nombreuses études qui ont été faites sur les nourrissons.

Gould et Marler (1987) considèrent que « ... les enfants organisent automatiquement les mots qu'ils apprennent autour de différents concepts : les chaises, les tables et les lampes rentrent dans la catégorie « meuble » et la catégorie « chaise » est subdivisée en sous-catégories telles que « siège à bascule », « fauteuils » etc. Ces catégories sont indispensables à l'acquisition des mots, et leur stockage dans le cerveau est vraisemblablement organisé comme un système d'ensemble de catégories ... ».
Noam Chomsky, cité par Gould et Marler (1987), de l'Institut de Technologie du Massachusetts avance l'hypothèse que « ... le rythme d'assemblage des mots et des phrases ainsi que l'ensemble des règles constituant ce qu'on appelle la grammaire (en particulier, la classification des mots en noms, verbes, adjectifs et adverbes) sont également innés ... ». Mais Dodson (1972) donne l'exemple de Frédéric II de Prusse qui contredit Chomsky.
« Frédéric II de Prusse voulait découvrir ce qu'était le « langage original » de l'humanité. Il pensait qu'il le découvrirait s'il pouvait faire élever des bébés sans que personne ne leur parlât... tous les enfants moururent ».
Une autre objection de l'hypothèse de Chomsky : comment expliquer les langues idéographiques comme le chinois ?

Nous pouvons donner les indications intéressantes suivantes.

« ... *Les jeunes enfants reconnaissent instinctivement la plupart ou la totalité des quelques deux douzaines de consonnes caractéristiques du langage humain, même si elles sont absentes de leur langue maternelle ...*

La capacité innée d'identifier ces stimuli permet à l'enfant d'ignorer un monde rempli de stimuli sonores, sans rapport avec lui, et de focaliser son attention sur les sons du langage, cela lui facilite le décodage des nombreux messages contenus dans les sons extrêmement élaborés et changeants du langage, cela lui offre enfin un étalon auquel il se réfère pour assembler les éléments de son propre langage. Les enfants ont une phase de babillage pendant laquelle ils apprennent par essais successifs à reproduire l'ensemble des consonnes propres de leur langue ... Le babillage commence et se termine à des moments bien précis, même chez les enfants sourds. »

On peut faire un parallèle avec le dessin pour lequel les gribouillages correspondent au babillage. Les gestes moteurs sont le premier stade de l'auto-apprentissage par essais successifs de type essais et erreurs.

Une activité susceptible de développer le langage parlé pour les enfants de 3 à 6 ans consiste à enregistrer sur cassette la voix des enfants et de l'institutrice. L'objectif est d'essayer de faire reconnaître par les enfants la voix de chacun et d'eux-mêmes et de leur montrer la différence entre des voix de filles/garçons, adultes/enfants, entre les tons aigus/graves, entre les amplitudes fortes/faibles, entre les vitesses d'élocution rapide/lente/normale.

2.5 Développement de la structure mentale logico-mathématique

Parmi plusieurs activités destinées à développer cette structure mentale, nous donnerons deux exemples.

Jeu géométrique

1. L'enfant prend tout d'abord contact avec la matière. Il joue avec les formes, c'est-à-dire qu'il les met en bouche, les jette, les fait rouler, les frappe sur le sol

ou les lance. Ici, la manipulation est un geste **moteur** libre.
2. Il crée un « assemblage » avec les formes et découvre que c'est beau : « Regarde, c'est beau ! » A la question : « Qu'as-tu fait ? » il répond « Je ne sais pas ! »
3. Après la réalisation d'un assemblage, il découvre que cela ressemble à quelque chose : par exemple, une voiture, une maison, etc. Sa réponse peut changer d'un moment à un autre.
4. Il a l'intention simple ou multiple de réaliser quelque chose, mais ne réussit pas, sauf exceptions.
5. Il a l'intention simple ou multiple de réaliser quelque chose. Et interprète correctement sa réalisation même si elle ne correspond pas à une de ses intentions.
6. Il a l'intention de réaliser quelque chose et il le réalise. Il décrit ce qu'il a réalisé avec les formes : « J'ai fait une maison avec le rectangle, le toit avec le triangle, les fenêtres avec les carrés, etc ... ».
7. Il va associer la forme à l'imaginaire. Par exemple, un rectangle posé sur son côté le plus long est l'abstraction d'un bateau. Un ensemble de tels rectangles à la queue leu leu, un train. Plus tard, il combinera ces abstractions avec de vraies petites histoires. Il faut souligner que les enfants demandent d'eux-mêmes le nom de la forme : ils prennent un triangle isocèle, ils le nomment un toit et demandent comment cela s'appelle : on leur répond « un triangle » et à partir de ce moment, ils le nomment correctement et questionnent les autres (synergie d'apprentissage).

Le matériel utilisé consiste en ascoblocs : ce sont des ronds, carrés, triangles et rectangles de grandeurs, épaisseurs et couleurs différentes.

Il est très important que l'enfant évolue avec son corps pour acquérir le sens de l'abstraction des formes géométriques.
Par exemple : l'enfant s'aperçoit que, en manipulant au hasard deux triangles juxtaposés, ils représentent un carré, le triangle possède un côté haut qui ressemble à un toboggan (on glisse).

La micro-informatique

Gardner considère que l'apprentissage de la programmation d'un ordinateur fait appel à différentes structures mentales. La structure logico-mathématique semble centrale car la programmation est basée sur la mise en oeuvre de procédures strictes pour résoudre un problème ou atteindre un but en un nombre fini d'étapes. L'écriture d'un programme demande que les étapes soient précises et organisées dans un ordre strictement logique. Les structures somato-kinesthésique et linguistique sont mises à l'épreuve de même que les structures musicale et spatio-visuelle, par l'utilisation de différents sons et représentations ou de construction de dessins à l'écran. On doit

Gardner, 1983.

également insister sur l'**apport** concernant les structures psychologiques introspectives et objectives. Soulignons que les méthodes pédagogiques traditionnelles se basent sur l'apprentissage ex-cathedra alors que nous avons remarqué la richesse insoupçonnée d'une éducation par auto-apprentissage, chaque enfant évoluant suivant son propre rythme. Après quatre mois, des enfants programment alors que d'autres manipulent encore le clavier, mais ce qui est important, c'est que ces derniers soient fort intéressés par les résultats obtenus par les plus avancés. Ces observations et celles qui suivent concernent une vingtaine d'enfants de 3 1/2 et 5 ans.

La méthodologie d'apprentissage de la manipulation du micro-ordinateur par les enfants de 3 à 6 ans utilisée par Mme N. De Rycker-Dandoy est basée essentiellement sur l'auto-apprentissage. Après qu'on leur ait fourni les notions de base pour la mise en marche du micro-ordinateur et les instructions et procédures élémentaires, les enfants sont laissés à eux-mêmes et l'institutrice n'intervient que quand les enfants posent des questions. Ce qui importe beaucoup pour l'enfant est de travailler le plus vite possible sans l'aide de l'adulte. Un enfant accepte les conseils d'un autre plus facilement que ceux de l'institutrice. Il n'y a pas de meilleur professeur que les enfants entre eux : ils refusent que l'institutrice les aide sans qu'ils l'aient demandé et si celle-ci tape quelque chose au clavier, les enfants l'effacent tout de suite ! Une très grande maîtrise de soi est constatée chez les enfants pour l'élaboration des programmes ainsi que le respect de chacun pour son travail à l'ordinateur. La socialisation est très importante et l'on constate parfois un véritable travail d'équipe : les enfants les plus avancés aident les autres qui, eux, les laissent travailler à leur place. L'imagination et la créativité sont sans cesse présentes. De plus, il n'y a pas d'échecs dans le sens négatif du terme, car, quand ils se trompent, cela se révèle parfois encore plus amusant et ils recommencent autant de fois qu'il le faut. Quand les manipulations sont erronées, l'ordinateur ne réagit évidemment pas dans le sens voulu : une très grande précision et une attention soutenue sont nécessaires et on constate que l'enfant peut rester très longtemps au travail. Il corrige souvent ses erreurs seul (par exemple, lettres inversées, oubli de l'espace, ...). Dès qu'un enfant a auto-appris quelque chose de nouveau, il le communique aux autres ! **Les enfants ont une mémoire extraordi-**

Après trois mois, on a constaté que le tiers de la classe n'était plus intéressé par le micro-ordinateur. Ce groupe, voyant l'avance spectaculaire des autres, n'osait en fait plus s'y frotter. Un entretien avec les enfants de ce groupe a permis de les revaloriser : ils se sont alors remis au travail et plus de la moitié ont rattrapé les plus avancés, tandis que les derniers ont été ravis de pouvoir remanipuler le micro-ordinateur. Tout est ainsi rentré dans l'ordre.

Un cas typique d'auto-apprentissage à la micro-informatique est celui de Maxime, 4 ans et demi.
1. Après l'installation du micro-ordinateur, Maxime observa tout d'abord pendant dix jours les autres en train d'exécuter des programmes.
2. Il réalisa de sa propre initiative un dessin du micro-ordinateur.
3. Il s'installa derrière les enfants travaillant sur le micro-ordinateur et leur donna des ordres sur ce qu'il fallait faire.
4. Enfin, il commença à manipuler le micro-ordinateur et découvrit seul très rapidement les instructions de répétition. C'est ainsi qu'il réalisa sur l'écran les rayons du soleil et une représentation de la pluie tombante.

naire : il suffit de leur **montrer une seule fois la procédure** qu'ils retiennent tout de suite mais uniquement à la condition que ce soient **les enfants qui en fassent la demande à l'institutrice**. Dans ce cas, il faut qu'elle réponde tout de suite car plus tard, les enfants s'intéressent à autre chose et n'écoutent plus ses conseils.

Certains programmes sont plus attrayants que d'autres. Ainsi, un programme qui affiche BRAVO quand la réponse est bonne a beaucoup moins de succès qu'un autre qui affiche un ballon qui explose avec le bruit correspondant quand la réponse est négative. Un autre programme a été montré aux enfants uniquement dans le but de les distraire étant donné que la notion d'addition est trop difficile pour eux : une craie simulée écrit des additions à faire à l'écran. Si le résultat est correct, apparaît sur l'écran l'image animée d'un fantôme qui essaye de sortir d'un château et tout cela en musique. Mais, à la grande surprise de l'institutrice, un enfant a trouvé seul la solution pour résoudre les additions à l'aide de pièces de monnaie qu'il a demandées. Sa réussite a attiré les autres enfants et ils sont devenus de plus en plus nombreux à réussir des additions. Ils ont fini par comprendre d'eux-mêmes le mécanisme de l'addition! Un enfant a ensuite demandé s'il y avait autre chose que l'addition. L'institutrice lui a montré des soustractions en faisant la démonstration avec des pièces de monnaie. Le soir même, il expliquait à son grand frère de 6 ans comment soustraire!

L'institutrice a également donné une initiation au langage BASIC : les différentes manières d'afficher des signes, mots ou phrases en ligne, colonne ou sur tout l'écran. Elle programme le mot « maman » en colonne puis sur tout l'écran : cela entraîne un succès immédiat qui incite un enfant à faire de même. Il commet des erreurs, recommence en s'aidant d'un manuel d'utilisation du BASIC que l'institutrice a rédigé, et réussit enfin : inutile de dire sa fierté. Un autre veut faire afficher son nom à l'écran : il faut donc arrêter le programme en cours et effacer l'écran. Les enfants arrêtent le programme par la commande RUN STOP qu'ils connaissent mais n'effacent pas l'écran par la commande NEW que l'institutrice vient d'expliquer. Constatant ensuite qu'elle a raison, ils tapent NEW et le programme est refait.

Un autre aspect intéressant est l'approche des autres langues (anglais, néerlandais, ...) sur micro-ordinateur. On pense que les enfants repèrent le graphisme des phrases d'un point de vue global et non analytique et ne font que répéter, par imitation, la traduction que l'institutrice leur a faite. C'est ainsi que l'institutrice a eu la surprise d'entendre un enfant s'exprimer en anglais plutôt qu'en français ou dans les deux langues.

Un autre programme leur permet de prendre l'habitude de regarder l'écran de gauche à droite et de haut en bas par défilement d'images. L'attention des enfants, leur mémorisation et leur vitesse de réaction au clavier sont sollicitées par de tels programmes.

Récemment des **enfants** ont été initiés au LOGO (déplacement d'une tortue représentée symboliquement par un triangle dont deux côtés en gras indiquent la tête). Après une seule démonstration des primitives, AV (avance), GA (rotation à gauche), DR (rotation à droite), les enfants ont été capables de travailler seuls. Ils se sont rendu compte que par exemple en tapant AV 100, la tortue avance plus qu'en tapant AV 10. En faisant AV 0, ils ont constaté que le caractère « Zéro » existe mais que la tortue n'avance pas : « 0, c'est rien du tout! ». Les trois erreurs qu'ils corrigent d'eux-mêmes ont consisté à inverser les lettres des primitives, VA au lieu de AV, oublier l'espace entre la primitive et l'argument, AV100 au lieu de AV 100 ou oublier l'argument, AV au lieu de AV 100. Les autres primitives leur ont été apprises à leur demande expresse car ils voulaient faire reculer la tortue, effacer le trait indiquant son trajet, sauter plus loin sans que le trait n'apparaisse, etc. : RE (recule), LC (lever le crayon), BC (baisser le crayon), FCC +1 (enlever la gomme). Certains enfants réussissent à tourner la tortue dans le sens voulu alors que par exemple elle a la tête vers le bas à l'écran. Remarquons qu'il faut taper DR 90 pour faire tourner la tortue d'un angle de 90° vers la gauche! Après avoir vu l'institutrice dessiner un carré, l'enfant l'a refait seul quelques jours après. Un enfant expérimente seul le fait d'aligner une série de primitives : il a découvert que la tortue exécute tous les mouvements successivement. L'institutrice a alors introduit la notion de procédure : par exemple

« POUR CARRE
AV 50 GA 90 AV 50 GA 90 AV 50 GA 90 AV 50
FIN
CTRCL C »

Lorsqu'on tape « CARRE », le carré se dessine seul.

Après plusieurs mois d'auto-apprentissage, les enfants ont créé des dessins extraordinaires à l'écran du micro-ordinateur.

2.6 Développement de la psychologie introspective

Les jeux symboliques

Ils sont très importants car ils permettent de libérer les enfants de sentiments trop lourds à porter pour eux : colère, jalousie, peine, etc.

Trois enfants téléphonent à la police. L'un d'eux (5 ans) dit « Notre papa est mort, on pourrait le mettre dans la terre ? ». Après la scène, ils sont de très bonne humeur. En fait, l'enfant de 5 ans s'était fortement disputé avec son père juste avant de venir à l'école !

Déborah (3 1/2 ans) et Maxime (4 ans) discutent avec un bébé poupée. Déborah dit « Maman m'a donné le bain avec mon petit frère et il est parti dans le petit trou avec l'eau ! ». « Plus de petit frère ! ». Les deux enfants, qui viennent d'avoir des petits frères, battent des mains et éclatent de rire. Lorsque la maman de Déborah vient la chercher avec son petit frère, la fillette saute sur celui-ci et l'embrasse ravie ! La maman dit à l'institutrice que c'est la première fois que sa fille est aussi affectueuse avec le petit. En fait, Déborah s'est débarrassée de son sentiment de jalousie.

Jennifer est fort laissée à l'abandon par sa mère qui la gave néanmoins de bonbons. Jennifer passe son temps à battre ses poupées et à les punir. Sans cela, Jennifer serait intenable à l'école comme elle l'est à la maison !

Dans le coin « bac à sable et eau » en 2ᵉ année, quatre enfants préparent du poison pour « la dame qui les punit tout le temps ». L'un d'eux dit « Attention, il ne faut pas se tromper. Pas pour notre madame. C'est l'autre qu'il faut faire mourir ».

Sylvie (3 ans) téléphone à son papa (un téléphone non raccordé est placé dans la classe) : « Tu dois venir m'apporter des bonbons pour moi et ma soeur ». Elle raccroche et dit à son institutrice « Papa travaille, alors maman lui a dit de m'apporter des bonbons ». Sylvie a « réuni ses parents ». En effet, le père est parti depuis longtemps, et elle ne l'a plus jamais vu ! Après la scène, Sylvie est radieuse et va jouer soulagée.

L'interprétation de ces courtes scénettes est que les enfants, après avoir « joué » ces jeux symboliques, sont apaisés, soulagés, heureux, comme libérés d'une tension interne trop forte pour eux. Il est important, sinon capital, de permettre aux enfants de s'extérioriser.

D'après Gardner, cette structure intellectuelle se décèle relativement tard chez les enfants. En fait, il est difficile de décrire les processus qui agissent à l'intérieur de l'individu. Ce n'est que par des effets secondaires extérieurs que l'on peut se rendre compte d'une prise de conscience notamment à partir de la psychologie objective.

A propos du « jeu du téléphone », l'institutrice a remarqué que les enfants ne sont pas dupes, ils savent que le téléphone est factice, que personne n'est au bout du fil. Un jour où l'institutrice conseillait à un petit de 3 1/2 ans de téléphoner à sa maman pour expliquer son chagrin, il lui a répondu « mais ce n'est pas un vrai téléphone, ça ne sert à rien » alors qu'il y allait très souvent. De plus, les enfants refusent l'aide de l'adulte lorsqu'ils ne la demandent pas. L'institutrice a aussi remarqué que des enfants entrant à l'école en 2ᵉ année (environ 4 ans) ne se servent pas en général de ces moyens pour s'extérioriser. Sont-ils déjà trop âgés pour extérioriser leurs sentiments ?

Gardner, 1983

2.7. Développement de la psychologie objective

Dramatisation avec déguisement

D'une part, le matériel consiste en un coffre rempli de déguisements mis à la disposition des enfants qui sont libres d'aller choisir ce qu'ils veulent. D'autre part, un grand miroir est installé.

Nous retrouvons de nouveau sept stades d'évolution.
1. L'enfant prend un ou plusieurs déguisements. Il les met, les enlève en restant près du coffre. Cette activité que l'enfant accomplit seul dure très peu de temps, il se tourne très vite vers une autre activité.
2. Il ira jouer au bac à sable, à la dînette, etc et cela toujours seul avec son déguisement : un chapeau, un châle, etc en tout cas quelque chose de très simple. Quand on lui demande qui il est, il répond en général « Je ne sais pas » ou « Un chapeau » ou « Une robe » ou « Une danse » etc. Il ira alors jouer quelque part, ou se promener dans la classe. Il semble avoir pris conscience d'un changement opéré sur lui-même.
3. L'enfant déguisé dit « Un loup », « Un fantôme », etc, se promène et parfois essaye de faire peur en criant « Hou! ». Cette activité est assez courte et l'enfant le fait toujours seul. Elle peut se répéter pendant plusieurs jours.

En se déguisant et en se regardant dans un miroir, l'enfant se voit comme objet et non plus comme sujet.

4. L'enfant se déguise, parfois avec très peu de choses, mais il se regarde dans le miroir. Il prend conscience de son identité. Il se regarde sous toutes les coutures. Il se fait des sourires, ce qui correspond à un schéma corporel positif. En fait ici, le déguisement est tout à fait accessoire.
5. L'enfant se déguise par exemple en loup et dit « Je suis un loup, je vais faire peur à tout le monde ». Et toujours seul, il s'amuse en effet à faire peur.
C'est la première apparition d'un scénario, car avant, il citait simplement « Un loup », « Un fantôme », etc.
6. C'est à ce stade-ci que les enfants commencent à jouer à deux ou plusieurs en échangeant de petites phrases, mais le groupe est vite dispersé.
7. Le dernier stade paraît assez élaboré. Deux groupes n'ayant rien à voir l'un avec l'autre se trouvent là par hasard. Premier groupe : deux enfants avec des chapeaux et sacs à main sont assis sur un banc et « simulent » qu'ils sont dans un train. Second groupe : devant le premier groupe, quatre enfants sont assis

par terre « simulant » des tigres et leur gardien. Un des enfants du premier groupe relie les deux groupes et dit « Attention, on est dans le train; s'ils viennent trop près, ils vont se faire écraser ». Un des enfants du second groupe dit à son tour « On va essayer de sauter dans le train et les manger ». Sur ce, les tigres sautent dans le train et dévorent les voyageurs ! Et tout cela, dans la bonne humeur et les éclats de rire. C'est la première fois que le scénario est assez compliqué : les enfants exploitent les situations présentes à plusieurs et il y a rebondissement de la situation.

L'enfant prend l'adulte en charge

Quand l'institutrice fait ses comptes à l'école (c'est-à-dire la comptabilité des enfants qui restent pour dîner), elle devient « abominable ». Elle a demandé aux enfants de ne pas venir lui poser des questions à ce moment-là, car elle risquait de se transformer en sorcière ! (d'ailleurs, un élève lui a apporté une baguette magique !). Un jour, pendant que l'institutrice est plongée dans ses comptes, Sylvie va lui montrer son dessin. L'institutrice la renvoie très sèchement; prise aussitôt de regrets, elle veut la rappeler quand elle entend un petit garçon dire : « Mais tu sais bien Sylvie que Madame se transforme en sorcière quand elle fait ses comptes ! ». « Ah oui, c'est vrai ! » dit Sylvie et toute soulagée elle retourne à sa place. Pas fière du tout, l'institutrice termine ses affreux comptes, lorsqu'elle voit Sylvie s'approcher et lui dire « Tu as fini de travailler ? Viens, pour te calmer, je vais te mettre un disque de Mozart ! ».

3. LE DEVELOPPEMENT DE L'INTELLIGENCE : UN PROCESSUS TEMPOREL

Au vu des résultats sur l'éducation des enfants de 3 à 6 ans, on a observé que les différentes structures intellectuelles de Gardner ne peuvent se répartir en catégories de façon stricte, en ce sens que, dans chaque activité, il y a toujours interaction d'une structure intellectuelle avec d'autres. Gardner le souligne d'ailleurs dans son livre. Les propriétés du cerveau sont telles qu'il peut traiter et distribuer correctement les informations aux différentes structures intellectuelles en mémorisant les associations entre elles. Donnons ici quelques exemples significatifs.

Les activités **musicales** sont souvent associées à la danse qui réunit les deux composantes somato-kinesthésique et spatio-visuelle.

La structure musicale est associée au langage. Alors que la partition de la musique est une succession de sept notes, l'écriture est elle-même une structure associée à une succession de mots, ce qui implique une composante temporelle. A la musique instrumentale est également associé le chant, c'est-à-dire une structure linguistique.

La structure logico-mathématique reprend la catégorisation et l'imagination. Sans une structure sous-jacente, le langage, il n'y a pas moyen d'exploiter les catégories et de dynamiser l'imaginaire : le langage est un moyen de communication qui se décompose en une syntaxe, une sémantique et une pragmatique.

S'il est bien d'avoir des idées, d'inventer ou de créer, rien de tel que de les tester avec la réalité, mais avant cela la psychologie introspective doit rendre conscient l'être vivant (et plus tard l'ordinateur) de ce qu'il imagine, en confrontant d'abord la « trouvaille » dans une simulation intérieure entre les représentations de l'environnement et de lui-même et de prendre alors la décision consciente de la tester, ce qui active la psychologie objective. Les psychologies introspective et objective sont intimement liées, ce que l'on peut d'ailleurs remarquer dans les résultats de l'étude sur l'éducation des enfants.

Un facteur commun aux différentes structures intellectuelles est la chronologie des étapes de l'auto-apprentissage. Mais cela sous-entend la dimension du temps qui joue un rôle important en biologie.

D'une part, beaucoup de propriétés des systèmes biologiques se présentent à des moments bien précis de la vie (par exemple, l'apprentissage du langage parlé). D'autre part, tout comportement vivant doit être synchronisé par rapport à une horloge interne, en relation avec des horloges externes. Il est très important de respecter le rythme biologique de l'enfant. Il a envie d'être seul ou de jouer en groupe, d'être actif ou au contraire de se reposer ou de se cacher.

Avec cette pédagogie basée sur l'auto-apprentissage, l'absence d'échec dans le sens négatif (l'enfant n'est confronté qu'à lui-même, il n'y a pas de compétition, mais au contraire une valorisation constante de lui-même) fait que l'enfant a de plus en plus confiance **en lui**, il se surpasse. Il peut ainsi donner libre cours à sa **créativité**.

Il est évident que cette façon de travailler, respecter le rythme naturel, implique le fait que l'enfant doit respecter les lois de la vie en société. Il n'est pas question de le laisser entièrement libre, ce qui serait une fausse liberté ; l'enfant serait livré à lui-même et n'aurait plus aucun point de repère. Lorsque l'enfant a compris le pourquoi de ces lois, il aura acquis une autodiscipline nettement plus ferme et plus intelligente que celle, souvent incomprise, imposée par les adultes. De plus, il semble important d'expliquer son évolution à l'enfant. Ainsi, non seulement, il comprendra et respectera les autres mais aussi lui-même (untel fait du gribouillage, ça ne veut pas dire qu'il est moins intelligent et vice-versa). Ainsi, David (4 ans) montre à Jean-Jacques (5 ans) un dessin où il a écrit « maman » sous la forme « mm ». Jean-Jacques qui sait très bien écrire ce mot le complimente « Bravo David, bientôt tu sauras très bien écrire ! ». On peut imaginer la déception du petit si Jean-Jacques lui avait dit « Mais c'est du gribouillage », chose qu'il aurait certainement faite s'il n'avait pas connu les différents stades. Il est à remarquer que souvent les plus petits ont besoin des encouragements des « grands » qui prennent leur rôle de « catalyseurs » très au sérieux !

3.1 Le symbolisme de l'apprentissage

Dans toutes les structures intellectuelles décrites ci-avant dans l'éducation des jeunes enfants, le développement de l'intelligence est basé sur l'association d'un concret et d'un abstrait : c'est le symbolisme, langage universel par le biais duquel l'enfant apprend à avoir l'esprit d'abstraction.

Toute l'oeuvre de Piaget (1946, 1948, 1975, etc.) montre l'importance du symbolisme dans le développement par stades de l'intelligence.

La chronologie se fait en trois stades essentiels :
1. approcher le concret,
2. associer un abstrait à ce concret,
3. faire de l'abstraction.

Le système boucle alors sur lui-même : à partir d'idées abstraites, on imagine une chose concrète que l'on peut alors réaliser : une invention ou de la création (figure I-1).

Il faut peut-être insister sur le fait que l'abstraction implique d'une part, d'avoir de l'imagination et d'autre

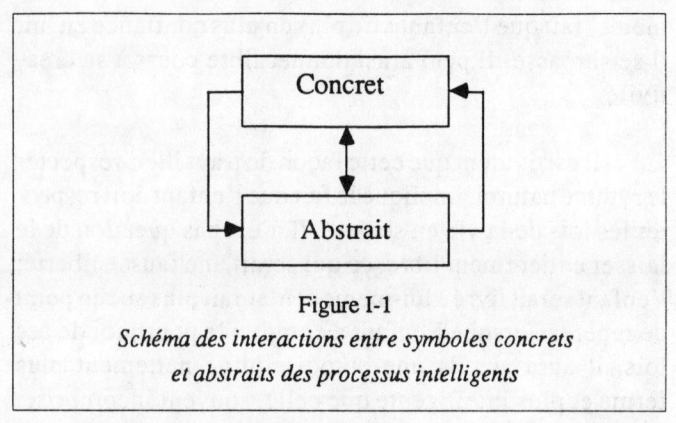

Figure I-1
Schéma des interactions entre symboles concrets et abstraits des processus intelligents

part, d'avoir une intention.

L'imagination est le support de l'intention abstraite qui se concrétise par la réalisation de l'intention. On remarque deux types d'imagination chez l'enfant : une imagination qui se fait d'abord a posteriori dans l'interprétation de sa réalisation intentionnelle ou non, et ensuite l'imagination a priori qui est alors le support de son intention.

Dubois, 1987.

La chronologie en sept étapes des différentes structures intellectuelles peut se résumer en sept étapes du processus symbolique.

1. 1. Prendre contact avec la partie concrète d'un symbole par geste moteur.
1. 2. Prendre conscience de la réalisation de quelque chose sans intention et sans avoir une idée sur la partie abstraite.
1. 3. Développer l'imagination a posteriori d'une réalisation incohérente sans intention en ayant une multitude d'idées sur la partie abstraite.
2. 4. Réaliser quelque chose de cohérent inconsciemment en ayant une multitude d'idées sur la partie abstraite.
2. 5. Développer l'imagination a priori en ayant des intentions multiples. L'interprétation abstraite de la réalisation, même si elle ne correspond pas à l'une des intentions initiales est correcte. Donc l'imagination a posteriori fonctionne correctement.
3. 6. L'intention est précise et la réalisation conforme ainsi que l'interprétation. Donc l'imagination a priori fonctionne correctement comme support de décision consciente.
3. 7. L'esprit d'abstraction est développé : raconter une histoire complète en s'y associant totalement. A ce

dernier stade, à partir de la partie abstraite d'un symbolisme, il y a la réalisation concrète.

La faculté d'auto-apprentissage essentiellement innée, doit permettre l'évolution du cerveau chez l'enfant par l'apprentissage, des parents et des instituteurs. Il semblerait que l'apprentissage chez ces jeunes enfants soit plus performant s'il est guidé par le processus d'auto-apprentissage de l'enfant. L'expérience de Mme De Rycker-Dandoy avec sa classe d'enfants nous a éclairés à ce sujet. Un apprentissage par les parents ou les instituteurs qui serait un apprentissage ex-cathedra semble être peu performant par rapport à la formule développée ci-avant. L'explication suivante peut en être donnée. Lors d'une activité, l'enfant pose une question qui permet à l'institutrice de développer un nouveau thème. Durant le développement de ce nouveau thème, un enfant pose une autre question qui lui permet de progresser, et ainsi de suite. Les enfants, dès la 1ᵉ année, arrivent très loin. Ainsi, au plus tôt sont introduites les notions de base, au plus vite ils les retiennent et progressent de façon spectaculaire. Au fur et à mesure que les enfants font des réflexions sur l'activité en cours, l'institutrice en profite pour enclencher d'autres activités en relation avec ces réflexions. On peut dire que la ligne de progression correspond à un chaînage de réflexions qui vient directement des enfants. Il faut également remarquer que, suite à certaines réflexions d'un enfant de 1ᵉ année, des activités que l'institutrice avait programmées pour, par exemple, la 3ᵉ année se feront dès la 1ᵉ année. On peut parler dans ce cas d'un apprentissage adaptatif. Mais la prudence est de mise dans l'apprentissage car l'enfant admet tout ce qu'on lui apprend et n'y voit aucune objection. En effet, l'esprit critique ne vient qu'à partir du moment où il acquiert une certaine conscience de ses actes. La structure du cerveau de l'enfant se forme progressivement par un apprentissage guidé par les directives d'auto-apprentissage données par l'enfant lui-même. En quelque sorte, on assiste à une mémorisation des matières enseignées par association de thème à thème qui se développent successivement; ceci est sans doute à la base d'une mémorisation beaucoup plus rapide et permet à l'enfant de se remémorer et rappeler à lui-même les événements qui lui ont été appris. On en vient donc à la formation d'une espèce de « réseau sémantique » de connaissances, la syntaxe étant basée sur les règles d'auto-apprentissage et

La structure de la classe maternelle doit pouvoir lui permettre tout cela, en mettant à sa disposition une série d'ateliers : peinture, bricolage, des coins dînette, guignol, sciences, musique; des endroits calmes où l'enfant peut se retirer, s'isoler; une structure qui permet à l'enfant de grimper, de sauter, de ramper; etc.

la pragmatique dépendant du contexte. L'auto-apprentissage est pour nous le moteur essentiel de la mémorisation et de la créativité. Le méta-auto-apprentissage est, lui, le moteur de la réorganisation de l'auto-apprentissage.

e.g. Quillian, 1968.
e.g. Johnson, Laird et al., 1984.

En conclusion de cette étude, il semble que la méthodologie des enseignants ainsi que celle des parents pour l'éducation des jeunes enfants depuis leur naissance jusqu'à 7 ans, devrait en grande partie être basée sur un apprentissage guidé par les enfants eux-mêmes, c'est-à-dire l'auto-apprentissage.

3.2 L'apprentissage conscient

Ce type de méthodologie est-il applicable aux études primaires, secondaires, universitaires et à la formation continue ?

Quand ils entrent en 1e primaire, les enfants de 6 à 7 ans commencent à maîtriser l'abstraction basée sur la structure mentale logico-mathématique et prennent conscience de leurs actes. La méthodologie de l'enseignement devra, au fur et à mesure de l'évolution de l'enfant jusqu'à l'âge adulte, s'orienter vers un méta-apprentissage couplé à un méta-auto-apprentissage : on doit lui apprendre à apprendre par lui-même.

Leclercq, 1985.

D'après les résultats des études expérimentales en pédagogie, on peut définir sept stades d'apprentissage humain, tout au long de la vie (après être devenu conscient vers 6 ans).

Stade 1 : Apprentissage de signaux en fonction de stimuli-réponses soit végétatifs soit involontaires.

Stade 2 : Apprentissage des liens stimuli-réponses musculaires ou volontaires.

Stade 3 : Apprentissage de chaînes motrices ou verbales.

Stade 4 : Apprentissage d'une discrimination multiple, c'est-à-dire le choix volontaire entre plusieurs réponses en fonction d'un stimulus donné.

Stade 5 : Apprentissage d'un concept, c'est-à-dire le choix entre plusieurs réponses en fonction de plusieurs stimuli.

Stade 6 : Apprentissage d'un principe, c'est-à-dire la combinaison de concepts conduisant à

Stade 7 : Apprentissage de la résolution d'un problème, c'est-à-dire le raisonnement, dans l'environnement.
la connaissance, dans le cadre d'un contexte.

Dubois, 1986.

Ce qui nous semble intéressant, c'est que selon les études expérimentales l'apprentissage humain se fait également en stades successifs, notamment dans le cas de la résolution de tout problème qui se pose, et cela à tout âge. Si un stade manque, il y aura de graves perturbations.

Il faut insister sur le fait que les processus d'apprentissage sont basés sur le système de communication entre le cerveau et l'environnement via le corps. Dans des situations différentes, les informations reçues de l'environnement et les actions du sujet sur celui-ci sont fonction de ces situations. Si les informations échangées varient d'une situation à l'autre, les systèmes de communication restent invariables. Nous approfondissons ces mécanismes dans le chapitre suivant, où nous analysons l'intelligence vue au niveau de la structure et du fonctionnement du cerveau.

Le processus d'apprentissage et donc de mémorisation serait donc similaire tout au long de la vie de l'homme, depuis sa naissance.
Ce processus en sept stades, similaires aux sept couches du modèle décrit au chapitre V, est une fractale de dimension temporelle.

CHAPITRE II

L'INTELLIGENCE DU CERVEAU

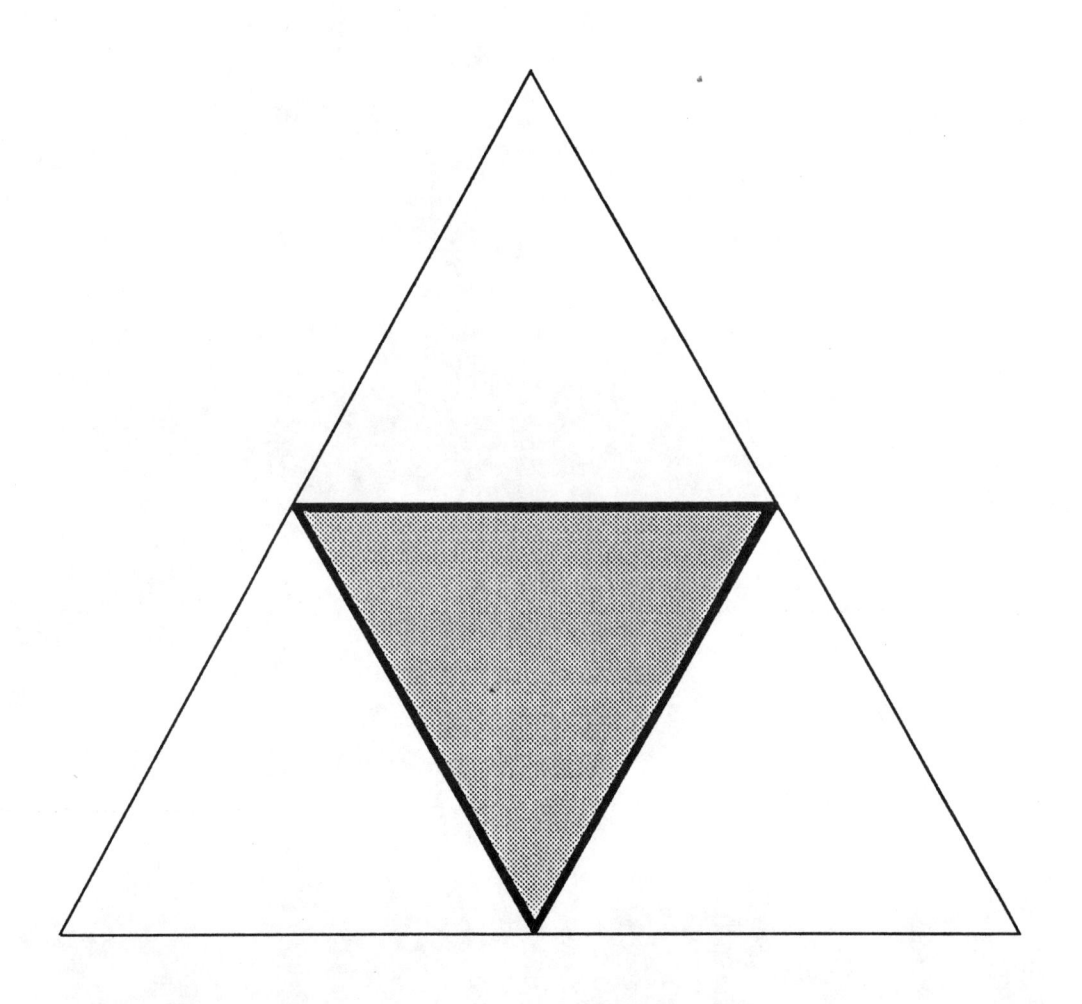

CHAPITRE 1

L'INTELLIGENCE DU CERVEAU

1. LE LABYRINTHE DU CERVEAU

Le support matériel du fonctionnement intellectuel apparaît comme un organe composé de trois cerveaux.

L'archéocortex (datant de l'âge des grands reptiles, il y a 250 millions d'années) assure les relations avec l'environnement et l'adaptation.

Le paléocortex (datant des mammifères, il y a 150 millions d'années) est le siège d'émotions élémentaires (peur, faim), de l'instinct génésique (relatif à la génération), de certaines formes de mémoire, de l'odorat et d'autres instincts élémentaires.

Le néocortex (datant des nouveaux mammifères, il y a quelques centaines de milliers d'années) représente environ 85% de la masse cérébrale. Ce cerveau s'est détaché des automatismes des deux premiers. Il parvient à faire des associations complexes entre les informations sensorielles, les souvenirs d'expériences passées. Il s'élève à des généralisations en passant des objets aux concepts qui le mènent à l'abstraction, à l'invention avec les langages intérieurs et de communication. Par une symbiose avec les deux premiers cerveaux automatiques (parties essentiellement innées et génétiques), l'homme par sa pensée se libère de ses contraintes en communiquant avec l'environnement (partie acquise mais sans doute avec une base innée), pour rêver, philosopher et se comprendre lui-même (émergence d'une conscience et d'une impression de libre arbitre).

L'encéphale humain est le produit d'une longue évolution mais nous ne connaissons que les formes actuelles, raison pour laquelle la théorie des trois cerveaux ne se fonde **que sur** des conjectures qui sont actuellement controversées. S'il est vrai que l'échelle évolutive des espèces montre une complexité morphologique croissante du système nerveux, on remarque une discontinuité nette entre les encéphales des mammifères et ceux d'autres espèces comme les poissons, les batraciens, les reptiles et les oiseaux. La comparaison des encéphales des différentes espèces d'animaux donne l'impression ambiguë que ces cerveaux représentent des stades successifs de l'évolution du système nerveux humain allant du poisson à l'homme en passant par les batraciens, les reptiles, les oiseaux et les carnivores. Il est bien connu que, durant le développement embryonnaire, le cerveau humain reproduit des stades ancestraux typiques. Tous ces cerveaux seraient le résultat actuel du développement d'une des branches de l'arbre phylogénétique (relatif aux modifications d'ordre génétique qui se produisent au sein d'une espèce) et non des étapes de l'évolution d'un seul et même phylum (souche primaire d'où est issue une série généalogique).

Ces stades constituent un processus fractal temporel similaire à celui de l'apprentissage et de la mémorisation chez l'homme.

Par exemple, les oiseaux et les carnivores ne sont pas directement impliqués dans l'évolution du cerveau humain car aucun d'eux n'est l'ancêtre des primates. La théorie des paliers, fondée sur l'étude du système des afférences et des efférences nerveuses se base sur l'hypothèse que l'évolution s'est faite en trois stades successifs importants : le mésencéphalique, le thalamo-strié et le néocortical. Le premier, le cerveau primitif, correspondrait aux poissons, le second aux amphybiens, aux reptiles et aux oiseaux et le troisième, le plus élaboré, aux mammifères. L'évolution s'est opérée par la régression des structures les plus anciennes, le développement et l'apparition de systèmes entièrement nouveaux. La paléontologie et l'anatomie comparée sont basées sur l'évolution des espèces ainsi que l'évolution des cerveaux jusqu'au cerveau humain placée sur une seule échelle, c'est-à-dire que chaque nouvelle structure de cerveau qui apparaît est la filiation du cerveau qui le précède directement. *Actuellement on pense de plus en plus que l'évolution a adopté une forme arborescente. Si tous les mammifères dont les primates et l'homme ont bien un ancêtre commun, aucune espèce actuelle de cet ordre ne peut être désignée comme ancêtre.* Or, on trouve dans le cerveau des oiseaux des structures analogues à celles des **mammifères**!

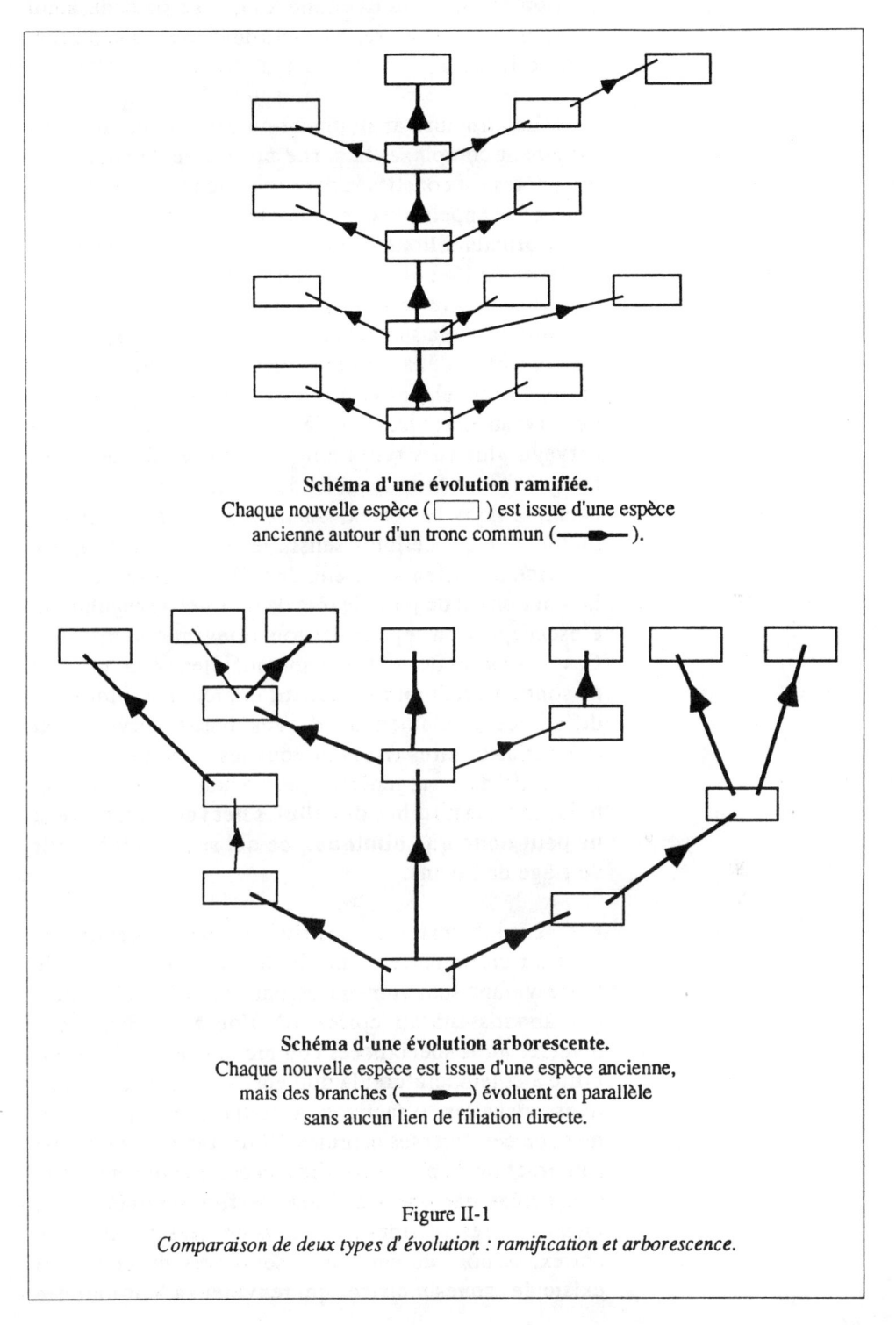

Schéma d'une évolution ramifiée.
Chaque nouvelle espèce (☐) est issue d'une espèce ancienne autour d'un tronc commun (→).

Schéma d'une évolution arborescente.
Chaque nouvelle espèce est issue d'une espèce ancienne, mais des branches (→) évoluent en parallèle sans aucun lien de filiation directe.

Figure II-1
Comparaison de deux types d'évolution : ramification et arborescence.

Cela va dans le sens d'une **évolution parallèle des différentes espèces plutôt que d'une simple succession temporelle des espèces** qui se succéderaient les unes après les autres au cours de la longue évolution (figure II-1).

La structure anatomique du cerveau est particulièrement complexe, la partie apparente des deux hémisphères est constituée par une couche plissée de matière grise appelée le cortex dont les circonvolutions et les profonds sillons cachent les neuf dixièmes de la surface que l'on divise en cinq lobes. Il y a deux types de tissus dans le cerveau, d'une part la substance grise et d'autre part la substance blanche, qui correspondent à deux parties de la cellule nerveuse, le corps cellulaire et son prolongement axonal qui reflètent l'organisation du cerveau en centres et voies nerveux. Il existe dans le cerveau plusieurs types morphologiques de neurones malgré l'unité fonctionnelle de la cellule nerveuse. Par exemple dans le cortex, on trouve de gros neurones moteurs et des cellules sensitives en grains. Il existe également plusieurs variétés de cellules nerveuses dont la fonction est de jouer le rôle de relais et de régulation, c'est ce que l'on appelle des fonctions interneuronales. Ces ensembles de neurones sont maintenus par un tissu de soutien ayant un rôle nutritif et architectonique. La différence fondamentale de ces tissus nerveux par rapport aux autres tissus de tous les systèmes vivants est qu'ils ne se régénèrent pas. **Ainsi, bien avant la naissance, le nombre de cellules nerveuses est fixé et ne peut donc que diminuer**, ce qui se produit à partir de l'âge de 20 ans.

Les informations sensitives et sensorielles provenant du corps entier à partir de l'environnement de l'être vivant sont transmises par les voies afférentes qui aboutissent au cortex où l'on peut distinguer diverses aires spécialisées comme le toucher, la sensibilité à la température, la douleur, les sensations auditives, visuelles, olfactives, gustatives, etc. Le traitement de ces diverses origines d'informations implique l'interaction de plusieurs aires du cortex qui sont interconnectées par une multitude de fibres reliant aussi bien des aires voisines que des zones très distantes du cortex. A côté de ces zones sensitives du cortex, il existe des zones motrices qui renvoient à leur tour des faisceaux descendants qui contrôlent des structures sous-jacentes en commandant la motricité. Le cervelet exerce une action de coordination de ces différents centres moteurs (figure II-2).

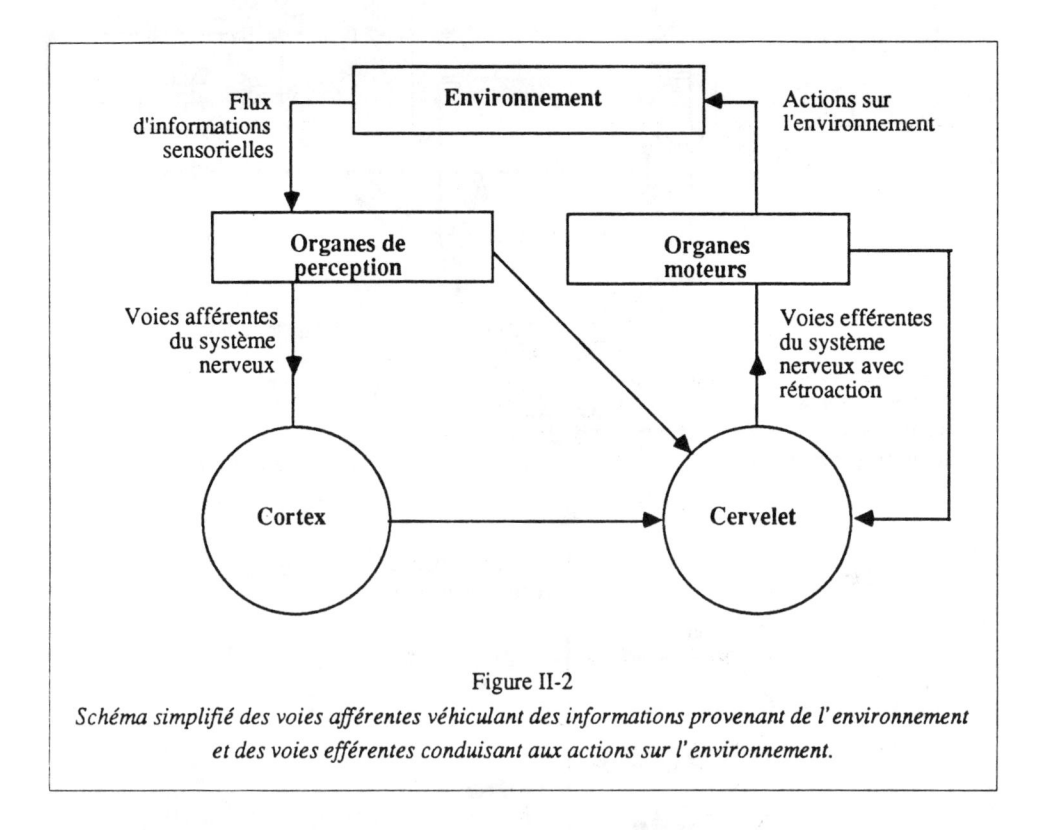

Figure II-2
Schéma simplifié des voies afférentes véhiculant des informations provenant de l'environnement et des voies efférentes conduisant aux actions sur l'environnement.

Après cette présentation rapide du schéma général des voies de transmission des informations provenant de l'environnement et des actions qui en résultent à partir du cortex et du cervelet, décrivons maintenant les mécanismes électrochimiques de l'unité fonctionnelle du système nerveux : le neurone.

1.1 L'architecture neuronale

Quelle que soit la fonction que l'on considère, l'audition, la vision, le langage, la pensée, etc.., le cerveau traite de l'information grâce aux milliards de neurones dont il dispose et dont la propriété caractéristique est l'excitabilité de leur membrane. Cette dernière permet de générer et de propager un signal électrique appelé potentiel d'action et dont la seule va-

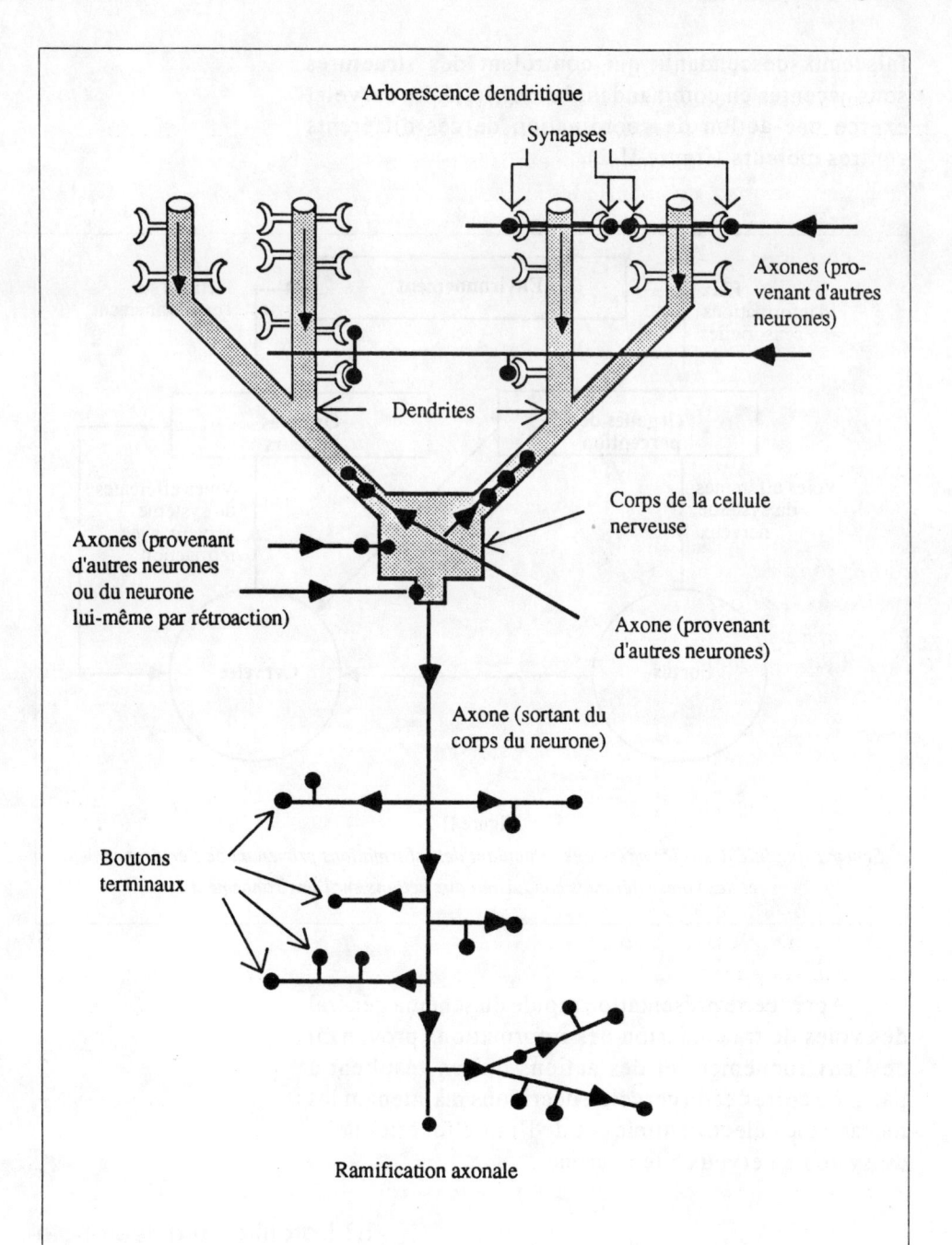

Figure II-3
*Schéma simplifié d'un neurone et de ses connexions avec d'autres neurones via leurs axones.
Les flèches représentent les directions des influx nerveux.*

riation possible est la fréquence. Dès que le potentiel d'action est parvenu à la terminaison nerveuse, l'information électrique est traduite en information chimique au sein de points de contact spécialisés avec d'autres neurones, ce que l'on appelle les synapses. La synapse est le lieu où le message électrique est converti en message chimique.

Depuis plus d'un siècle, les biologistes étudient les cellules qui constituent le tissu nerveux : les neurones (figure II-3). Le neurone est caractérisé essentiellement par l'extraordinaire richesse de ses prolongements, les dendrites et l'axone. Les dendrites se répartissent en de multiples branches dont l'arborescence occupe un espace étonnamment grand. L'axone, lui, émerge du corps cellulaire, parcourt un chemin plus ou moins long avant de se terminer par des ramifications multiples. *La fonction du neurone est semble-t-il liée directement à son architecture spatiale.* On a pu expérimentalement montrer que chaque dendrite du même neurone a sa propre géométrie et qu'elle se projette dans des zones différentes. La neurotransmission se fait par l'intermédiaire de synapses (figure II-4).

Au siècle passé, Lord Kelvin a élaboré une théorie mathématique permettant de calculer la déformation d'un signal parcourant les câbles téléphoniques. On peut faire une analogie en considérant les dendrites comme étant des câbles de transmission. En connaissant leur géométrie en détail et en appliquant ainsi les équations des câbles, on peut calculer la circulation des courants dans une arborescence dendritique.

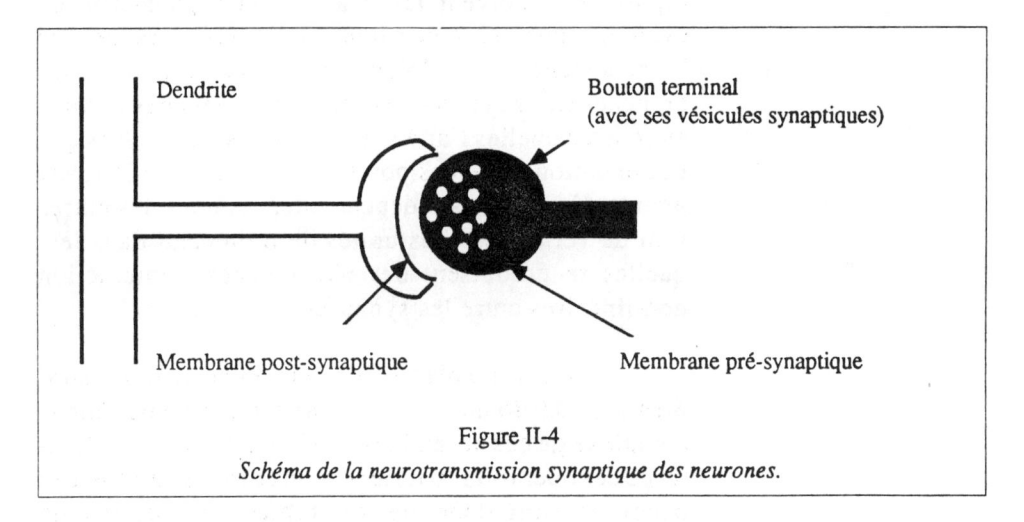

Figure II-4
Schéma de la neurotransmission synaptique des neurones.

Le neurone recevant majoritairement l'information en provenance d'autres neurones au niveau de ses dendrites, il est primordial de comprendre comment le neurone traite cette information. L'émission du signal électrique que l'on appelle électrogenèse du potentiel d'action se produit là où l'axone quitte le corps cellulaire. Cette zone, appelée segment initial de l'axone, est active lorsqu'un seuil est atteint. La synapse est la zone de contacts entre les neurones où s'effectue le transfert d'informations dans le cas d'une neurotransmission synaptique. Lors de l'arrivée d'une impulsion électrique à une synapse, il y a libération d'un neuromédiateur chimique qui excite la membrane post-synaptique attachée à la dendrite d'un autre neurone. Le potentiel d'action va alors voyager le long des dendrites comme le signal électrique le long d'un câble et selon que le câble est de gros ou petit diamètre, long, court, etc, le signal est plus ou moins atténué, déformé lorsqu'il atteint le corps cellulaire. L'important est de connaître l'atténuation et les déformations subies par les différents signaux au cours de leur parcours entre les différents sites d'émission aux différentes synapses, le segment initial étant le point de convergence de toutes ces informations reçues par le corps cellulaire du neurone.

Chaque dendrite d'un même neurone a ses propriétés électriques bien définies. Les signaux synaptiques sont transférés vers le corps cellulaire avec des efficacités très différentes selon les branches dendritiques qui reçoivent la synapse. On a pu mettre en évidence que dans certaines dendrites, lorsque des branchements sont éloignés du corps cellulaire, les branches filles qui en émergent constituent des régions au sein desquelles l'atténuation est très faible alors que l'atténuation entre ces points et le corps cellulaire est grande. Ces régions indépendantes les unes des autres sont de véritables sous-unités de traitement dans lesquelles se produisent des phénomènes d'interaction non-linéaires entre les synapses.

Les effets de plusieurs synapses ne sont pas simplement additionnés. Le résultat est une combinaison complexe de ces ensembles de signaux et le seul résultat de ces opérations parviendra au corps cellulaire. Les dendrites sont donc de **véritables sous-unités de traitement de l'information et constituent des co-processeurs qui fonctionnent en parallèle.** Lorsque l'ensemble de ces signaux atteint le seuil d'excitabilité du segment initial de l'axone, celui-ci produit un signal qu'il transmet à d'autres neurones.

Il est important de faire remarquer qu'**à l'échelle moléculaire tous les mécanismes fondamentaux de la transmission synaptique de l'information nerveuse sont communs à tous les neurones de tous les animaux**. Par contre, on a observé dans leur système nerveux une diversité étonnante de la forme des neurones. La géométrie à trois dimensions des neurones détermine sans doute la qualité des traitements effectués par les réseaux qui les interconnectent. Cette architecture de chaque élément neuronique donne au cerveau des possibilités de traitement de l'information d'une richesse et d'une subtilité extraordinaires.

1.2. Les propriétés électrobiochimiques du neurone

Le neurone présente deux sortes de phénomènes électrobiochimiques : le **potentiel de repos** ou potentiel de membrane et le **potentiel d'action.**

Le potentiel de repos
La plupart des cellules vivantes sont électriquement polarisées, une différence de potentiel existant entre l'intérieur de la cellule et le milieu extracellulaire. Pour les cellules nerveuses, la valeur de ce potentiel est de l'ordre de 65 millivolts, l'intérieur de la cellule étant négatif par rapport à l'extérieur.

A la différence du potentiel de membrane des autres cellules, celui des neurones présente de brèves variations réversibles correspondant à la propagation d'un influx nerveux appelé potentiel d'action.

Le potentiel d'action
Sous l'effet d'une stimulation suffisamment importante pour dépasser un seuil critique, le potentiel de repos d'une fibre nerveuse comme l'axone se modifie rapidement de plusieurs dizaines de millivolts, réversible et de courte durée. Les caractéristiques du potentiel d'action sont les suivantes :
– durée locale de l'ordre de quelques millisecondes;
– vitesse de propagation de quelques mètres par secondes;
– voltage d'une centaine de millivolts;
– possibilité de se reproduire jusqu'à 800 fois par seconde, sa fréquence étant limitée par une phase dite réfractaire.

Toutes ces caractéristiques sont sous la dépendance de divers facteurs physico-chimiques et structuraux : la température, le diamètre de la fibre nerveuse, etc.

Le modèle de Hodgkin-Huxley

Hodgkin and Huxley, 1952a.
Hodgkin and Huxley, 1952b.

Hodgkin et Huxley ont exprimé leurs résultats expérimentaux sous la forme d'un sys-tème d'équations mathématiques représentant les phénomènes ioniques. Ils ont reçu le Prix Nobel pour leurs travaux.

Les neurophysiologistes anglais Hodgkin et Huxley ont montré que sous l'effet d'un stimulus suffisamment intense, la membrane de la fibre nerveuse devenait brusquement perméable aux ions de sodium (Na) auxquels elle oppose, au repos, une barrière infranchissable. Porteurs de charges positives, ils rendent temporairement l'intérieur de la fibre fortement positif par rapport à l'extérieur. La fibre retrouve sa polarisation habituelle par une sortie décalée dans le temps en quantité équivalente d'ions de potassium (K), également positifs. C'est par le décalage des ouvertures des canaux aux ions de sodium et aux ions de potassium que se crée le potentiel d'action : les ions de sodium jouent le rôle d'excitateurs et les ions de potassium celui d'inhibiteurs.

Le modèle de Dubois-Schoffeniels

Les phénomènes ioniques ne suffisent d'ailleurs pas à décrire tout ce qui se passe dans la fibre nerveuse au moment où l'influx naît et se propage. Les recherches relativement récentes ont mis l'accent sur des événements biochimiques. La mise en évidence au niveau de la jonction neuro-musculaire, dont le fonctionnement est proche de celui d'une synapse du système nerveux central, de la libération d'un intermédiaire chimiquement identifié : l'acétylcholine allait fournir un argument puissant à la théorie électrobiochimique. Celle-ci a été étayée par la découverte des vésicules synaptiques, auxquelles était dévolu le rôle de réservoir d'acétylcholine.

Dubois and Schoffeniels, 1974.

En collaboration avec le Professeur E. Schoffeniels, j'ai simulé sur ordinateur un modèle électrobiochimique qui tenait compte du rôle de l'acétylcholine dans les processus électrobiochimiques. La figure II-5a donne le résultat de ces simulations pour le potentiel d'action. Ce même modèle a été adapté pour la simulation du potentiel post-synaptique donné à la figure II-6a conduisant à une unification des processus électro-

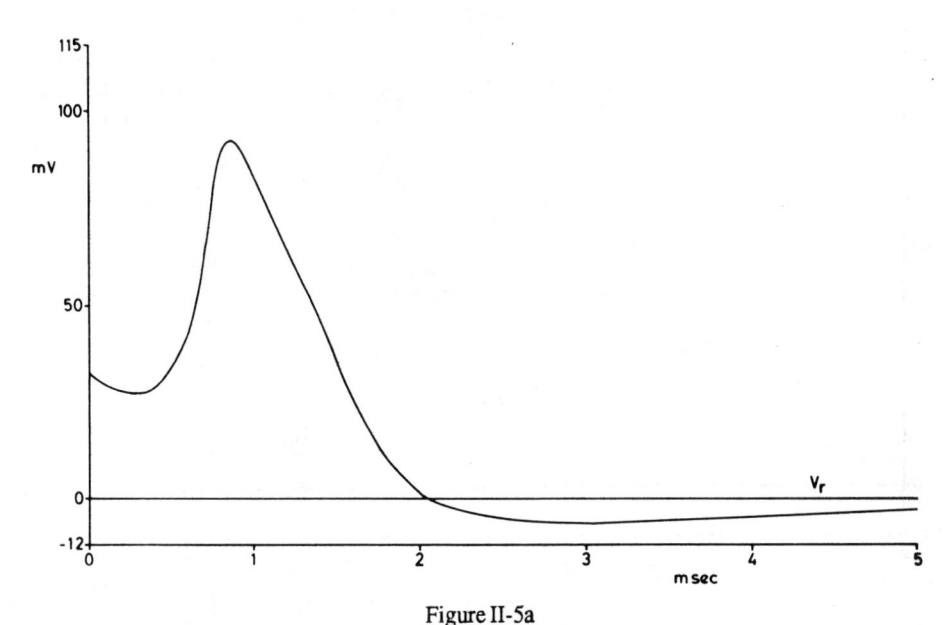

Figure II-5a
Simulation informatique du potentiel d'action. Notez le potentiel consécutif en-dessous du potentiel de repos V_r après l'excitation.

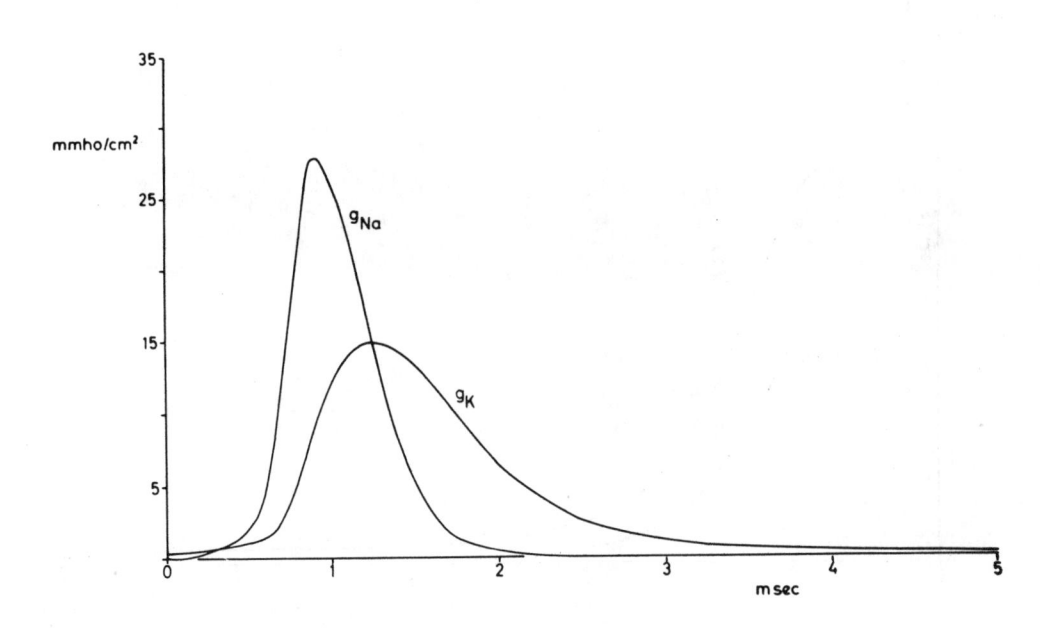

Figure II-5b
Simulation de l'évolution des conductances g_K et g_{Na} de l'axone aux ions potassium et sodium. Notez le décalage entre les sommets de g_{Na} et de g_K (0.1 msec) (Dubois et Schoffeniels, 1974).

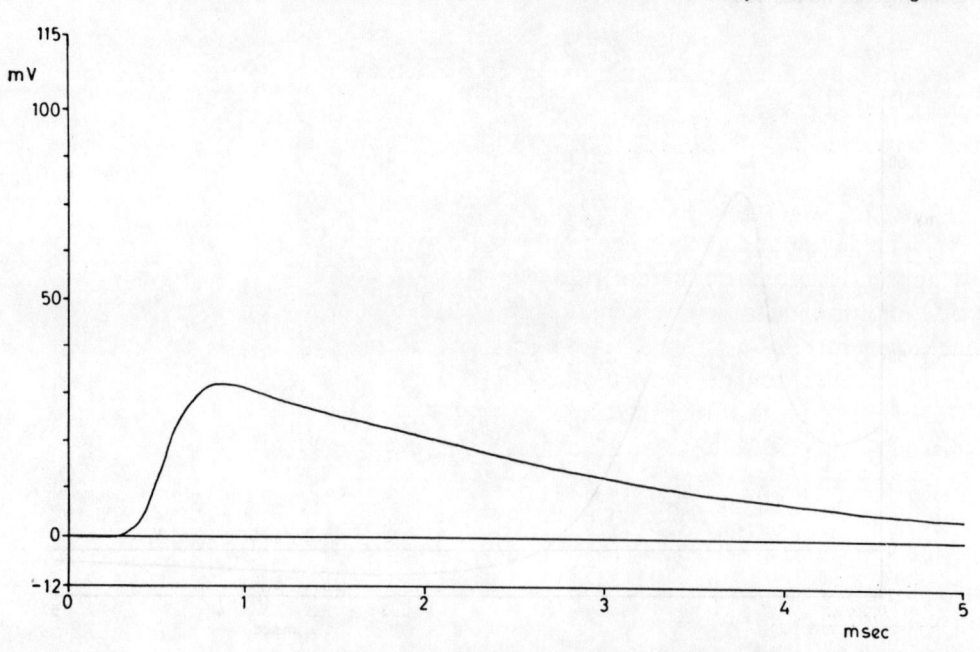

Figure II-6a
Potentiel post-synaptique obtenu par simulation informatique.

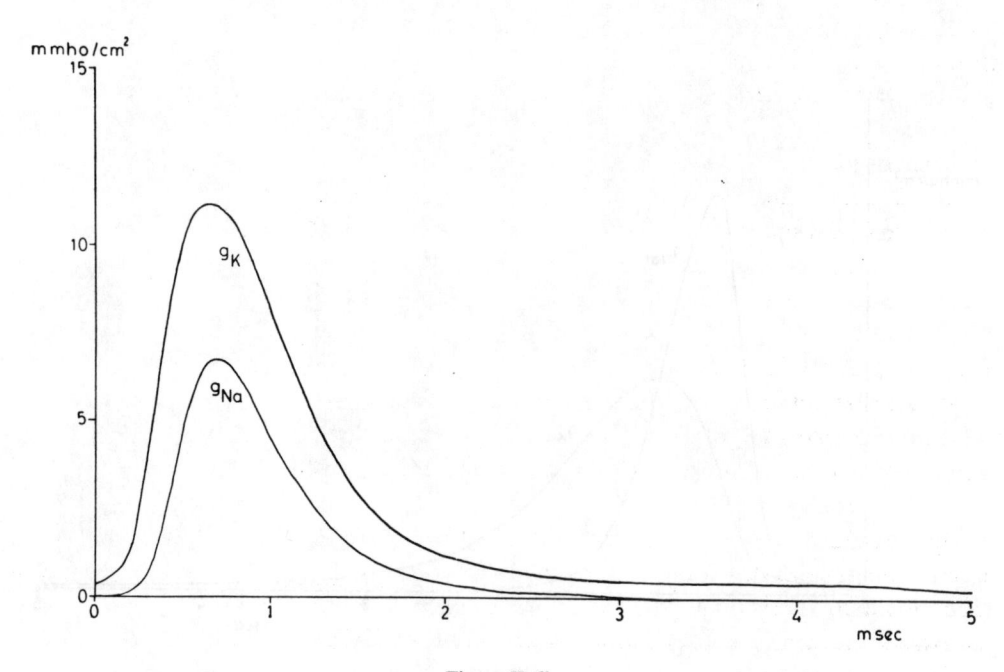

Figure II-6b
Simulation de l'évolution des conductances g_K et g_{Na} de la membrane aux ions potassium et sodium au cours d'un potentiel post-synaptique (Dubois et Schoffeniels, 1975).

biochimiques fondamentaux au sein du système nerveux et du cerveau.

Dubois and Schoffeniels, 1975.
Schoffeniels and Dubois, 1974.

2. La mémoire

Le développement de la complexité des capacités d'apprentissage et de mémorisation observé au cours de l'évolution semble être lié à la complexité des connexions entre les neurones. L'approche analytique de la compréhension de la mémorisation au niveau de l'élément constitutif du cerveau, c'est-à-dire le neurone, en dehors de sa mise en réseau avec les autres ne semble pas être une voie pour la compréhension de la mémoire. En effet, d'après les données expérimentales, il n'a pas été possible de mettre en évidence une aire cérébrale qui soit le siège de la mémoire comme c'est le cas par exemple pour le langage, la vue, l'ouïe, etc., où des aires bien définies ont pu être délimitées dans les deux hémisphères du cerveau.

Actuellement deux approches sont proposées.

e.g. Dubois, 1989.

D'une part, la mémoire serait codée sous forme moléculaire dans les neurones de la même façon que le code génétique sous la forme d'une molécule d'ADN. Le décodage de molécules biochimiques de la mémoire dans les neurones n'a pu encore être mis en évidence. D'après les expériences qui ont été réalisées, il semblerait que la mémorisation de phénomènes dans ce que l'on appelle la mémoire à long terme du cerveau prendrait de l'ordre d'une semaine pour s'implanter dans des cellules cérébrales. Cela correspond au temps nécessaire pour la synthèse de biomolécules de type ADN.

D'autre part, à côté de cet aspect moléculaire de l'enregistrement d'informations dans les neurones, il apparaît que la mémoire à long terme du cerveau soit non localisable. Cela veut dire en quelque sorte que c'est l'ensemble des interconnexions entre les différents neurones qui serait le support de la mémoire de phénomènes innés ou acquis par apprentissage. Si l'on ampute une partie du cerveau d'un ensemble de neurones ayant une fonction bien définie, par exemple la motricité des doigts de la main, le sujet est toujours capable de manipuler la main mais de façon moins précise.

Cela va donc dans le sens d'**une** mémorisation sous une forme distribuée au sein des neurones, avec une redondance importante.

Des chercheurs pensent que **la mémorisation est à comparer avec ce que l'on appelle en photographie les hologrammes.** A partir d'une plaque photographique holographique, on obtient une image à trois dimensions de l'objet photographié. Si on prend un sous-ensemble de cette plaque photographique, c'est-à-dire si on coupe ou casse un morceau, il est toujours possible d'avoir l'image de l'objet photographié mais on ne peut plus la voir sous tous les angles. La réfutation essentielle de cette approche est le fait que l'on doive utiliser un rayonnement appelé cohérent qui n'est possible qu'avec la lumière laser. Il faudrait donc que les interactions entre les neurones puissent faire appel à un processus analogue de cohérence de propagation d'ondes électrobiochimiques.

Dubois, 1989.

Notre modèle fractal est basé sur celui de Dubois et Godart, 1987a et b.

Un modèle de réseau de neurones particulier, le « chaos fractal », a été présenté indépendamment par Bertille et Perez, 1988.

De notre côté, nous pensons que **la mémorisation au sein du cerveau se fait suivant un processus de type fractal.** La propriété essentielle d'un objet fractal est qu'il a la même structure ou les mêmes fonctions quelle que soit l'échelle spatiale à laquelle on le regarde. Cela voudrait dire que, par un processus d'auto-similarité, chaque ensemble de neurones suivant l'échelle que l'on prend en compte contiendrait toute l'information mémorisée. L'objet fractal a d'ailleurs la même propriété que dans l'expérience de l'amputation d'une partie du cerveau et des hologrammes. En effet, les objets fractals peuvent être reconstruits entièrement du moins en théorie, à partir d'un morceau de ces objets mais avec également une diminution de la précision quant à leur structure et leur fonctionnement.

2.1 Les fractales

Mandelbrot, 1982.

La fractale est une structure géométrique ramifiée et arborescente qui modélise un système complexe. La fractale a été imaginée par B. Mandelbrot.

Elle est caractérisée par la propriété que, si on agrandit un détail du motif de la structure géométrique, on retrouve le motif tout entier. Celui-ci présente en effet la même structure quelle que soit l'échelle d'observation (centimètre, millimètre, micromètre, etc ..).

B. Mandelbrot considère que beaucoup de systèmes naturels, complexes et riches en information, ont cette structure fractale.

On peut construire un objet fractal en répétant systématiquement un même motif géométrique.

J'ai constitué la fractale de la figure II-7 à l'aide de triangles qui se recoupent indéfiniment avec le même motif hexagonal. Elle évoque la géométrie d'un cristal de glace.
Le motif ainsi obtenu est invariant par changement d'échelle : n'importe quel fragment est une copie, une réplication conforme de celui-ci à la réduction d'échelle près. L'invariance par changement d'échelle est une caractéristique de symétrie des fractales.

T. Witten et L. Sander ont proposé un mécanisme de croissance fractale dit d'agrégation par diffusion limitée. Ils ont trouvé un type particulier de fractale qui correspondrait à une croissance désordonnée et irréversible. Le modèle d'agrégation par diffusion limitée établit un lien intéressant entre les fractales et les mécanismes de croissance.
Ce modèle m'intéresse pour comprendre comment les neurones s'agrègent entre eux.
L. Sander et T. Witten ont simulé la croissance d'un amas en ajoutant à chaque étape une particule qui se fixe à l'amas dès qu'elle entre en contact avec lui. Ce processus de croissance par agrégation interdit donc toute forme de réarrangement, ce qui entraîne un état loin de l'équilibre thermodynamique. On impose aux particules de se diriger vers le noyau de base de l'amas qui se forme en suivant une trajectoire aléatoire, où chaque étape de sa progression est indépendante des étapes antérieures : à chaque étape, pour chaque particule, on choisit au hasard une nouvelle direction et la longueur à parcourir.

Pourquoi, au lieu d'obtenir un amas chaotique, obtient-on ainsi des formes fractales ? D'un point de vue qualitatif, on peut expliquer que lorsqu'un amas commence à se former, les particules qui arrivent ont tendance à s'agglutiner sur les aspérités plutôt que dans les cavités vides de particules : c'est ce qu'on appelle l'instabilité de croissance. Les aspérités se dévelop-

En géométrie euclidienne, on définit un point, une droite, une surface, un volume par une dimension entière 0, 1, 2 et 3 respectivement (le volume d'un cube de côté x est x^3). Les figures fractales ont une dimension fractionnaire : une ligne fractale, comme la côte de Bretagne, a une dimension comprise entre 1 et 2; entre deux points A et B finis d'une ligne fractale, la distance mesurée peut être aussi grande que l'on veut selon l'échelle d'observation.

Witten and Sander, 1983.

Par exemple, un cristal croît en fonction d'un critère d'équilibre thermodynamique : il choisit entre plusieurs configurations celle dont la structure est la plus stable. Avant qu'une molécule ne se fixe au cristal, elle cherche l'endroit le plus favorable parmi un grand nombre de sites possibles. La formation d'un cristal parfait est très lente. Mais cette lenteur n'est pas de règle pour la croissance des systèmes vivants, qui ne repose pas sur un critère d'équilibre car ils sont dans un état de non-équilibre thermodynamique.

Figure II-7
Schéma d'un cristal de glace sous la forme d'une géométrie fractale

pent plus vite que les trous car la probabilité de rencontrer une bosse est plus grande que de se retrouver au fond d'un trou. La bosse devient ainsi de plus en plus pointue puisque les particules se fixent près de son sommet et les trous ont alors de moins en moins de chance d'être comblés.

La richesse et la complexité des amas obtenus par simulation sur ordinateur proviennent des effets complémentaires de la croissance globale de l'amas et de la marche aléatoire analytique des particules.

Comme le dit L. Sander : « *Les structures ramifiées des vaisseaux sanguins, des voies respiratoires et des récifs coralieux peuvent rappeler les formes fractales engendrées par le phénomène d'agrégation par diffusion limitée. A ma connaissance, aucun des travaux de modélisation de ces processus réalisés jusqu'à présent n'a explicitement utilisé la géométrie fractale. Il reste à savoir si les méthodes fractales seront utiles pour étudier les phénomènes de croissance en biologie* ». Nous pensons que oui.

Sander, 1987.

L. Sander fait une analogie entre la croissance fractale et une surface de caoutchouc tendue le long de son périmètre et au milieu de laquelle une fractale s'enfonce au fur et à mesure qu'elle se développe. Une particule qui se déplace aléatoirement sur une surface accidentée a une probabilité plus grande de se diriger vers la plus grande pente au point où elle se trouve. Et la pente est la plus forte au voisinage des extrémités les plus développées, là où la fractale croît le plus fortement. En effet, à chaque étape, les extrémités poussent en enfonçant de plus en plus la surface caoutchouteuse.

2.2 La mémoire fractale

Quand on voit la structure arborescente et ramifiée de l'évolution, on pense tout de suite à une croissance fractale. Le code génétique, présent dans l'ovule fécondé, se retrouve dans toutes les cellules de l'embryon qui se développe comme une **fractale orientée** par les informations de l'ADN, mémoire de l'évolution. Le neurone qui développe ses denditres en arborescence et son axone en ramification, fait penser également à une croissance fractale. Et surtout la mémorisation des informations au sein du cerveau ressemble à une géométrie fractale orientée par l'environnement.

En physique, on constate également ce phénomène de fractale orientée. Les cristaux de glace ne sont pas des fractales aléatoires car leur symétrie est beaucoup plus importante que celle obtenue par diffusion limitée décrite ci-avant. On les rattache à une famille de cristaux, les dendrites, car leur structure macroscopique reflète, pour le cristal de glace par exemple, l'anisotropie microscopique de la géométrie hexagonale de l'arrangement de leurs atomes. Tout serait une

Dubois, 1989.

Nous appelons fractale orientée une fractale dont la structure macroscopique, c'est-à-dire à grande échelle, reflète la structure microscopique sous-jacente des réseaux où sont arrangées les informations.

question de vitesse de croissance. En effet, dans ce cas-ci, les molécules ont le temps de se réarranger à l'image de leur structure atomique.

Par analogie, on pourrait penser que le développement de la structure d'un être vivant est le reflet de la géométrie de l'arrangement des molécules du code génétique. Pour la mémoire du cerveau, la géométrie des neurones serait le reflet des informations innées et de celles provenant de l'environnement durant le développement de l'intelligence.

R. Kopelman, Université du Michigan, cité par L. Sander.

Comment le réseau des neurones pourrait-il guider leurs réactions électrobiochimiques ? Une autre analogie pourrait nous aider. R. Kopelman a étudié certaines réactions chimiques qui génèrent des fractales sous la forme d'un amas en équilibre. Elles ont montré que les réactions se comportent de façon singulière dans l'amas. Les vitesses de réactions varient avec le temps contrairement à ce qui se passe normalement. Les espèces chimiques diffuseraient de façon plus inhomogène dans une géométrie fractale que dans un espace moins contraignant. Elles ont moins de probabilité de se rencontrer puisqu'elles se retrouvent piégées dans une fractale ressemblant à un labyrinthe rempli d'impasses.

Dubois, 1989

Revenons au cas de la mémoire du cerveau. Le cerveau est formé d'un nombre important de neurones (plusieurs dizaines de milliards) et chaque neurone a plusieurs milliers de connexions avec les autres. Cela forme un réseau connexionniste très dense : certaines connexions sont excitatrices et d'autres inhibitrices et il suffit d'un peu plus d'une dizaine de connexions activées pour qu'un neurone donne une réponse. La force d'excitation ou d'inhibition semble être liée directement à la quantité et à la qualité des informations transmises par ces connexions. Si un amas de neurones est activé, les informations provenant de l'environnement vont s'imprimer dans les connexions de l'amas. La géométrie des connexions de cet amas sera le reflet de la structure des informations reçues en développant une structure fractale orientée, c'est-à-dire dendritique. Dans le labyrinthe du cerveau, la dynamique des réactions électrobiochimiques sera à l'image de sa structure fractale réalisée par association (mémoire associative entre informations provenant des différents organes des sens). Une idée qui jaillit serait due à l'interaction à l'intérieur du réseau des connexions entre neurones formant un ensemble de fractales orientées. La propriété essentielle de la mémoire serait donc identique à celle des fractales : à n'importe quelle échelle où on observe la structure fractale, celle-ci aurait toujours le même motif mais les informations contenues seraient différentes. Le neurone ayant un volume limité et non nul, la plus petite échelle de la fractale de la mémoire serait le neurone lui-même structuré par ses dendrites arborescentes et son axone ramifié comme un objet fractal reflétant par sa structure géométrique une partie des informations mémorisées. Ceci n'exclut nullement qu'une mémoire moléculaire dans chaque neurone puisse également être à l'image de la configuration du réseau fractal global, ou au moins d'une partie des neurones, avec lequel il est en communication, les propriétés électrobiochimiques des neurones étant influencées par les interactions avec les autres neurones sous l'influence des flux d'informations les traversant.

Un dernier point : les connexions sont soit excitatrices soit inhibitrices. N'est-ce pas à l'image du potentiel d'action le long des axones et du potentiel postsynaptique où ce sont les ions de sodium qui déclenchent ces potentiels et les ions de potassium qui les inhibent ?

2.3 Mémorisation et apprentissage

Sous forme imagée nous pourrions dire que des ensembles de neurones dans leur globalité contiennent toute la mémoire historique d'un individu au sein de son cerveau et que plus on essaie de localiser l'endroit où se trouve une information particulière, plus l'information devient floue et à la limite faible au niveau d'un seul neurone. La mémoire serait donc un phénomène coopératif d'un ensemble de neurones, chacun d'eux n'ayant aucune information significative s'il est pris séparément. Cela veut dire que l'information d'un ensemble de neurones est supérieure à la somme des informations de chacun d'entre eux, car il faut y ajouter toutes les interconnexions, c'est-à-dire les interactions réciproques. L'effort de recherche semble donc devoir se concentrer sur les réseaux cellulaires dont les propriétés ne semblent pas simplement prédites d'après la connaissance du fonctionnement de chacun des neurones qui y participent.

La réponse à une activation d'un grand nombre de synapses via les dendrites, concrétisée par la propagation d'ondes électrobiochimiques le long de l'axone n'est transmise vers les autres neurones du réseau que lorsque la dépolarisation membranaire totale dépasse un seuil critique de déclenchement, comme nous l'avons vu. Bien qu'un neurone possède plusieurs milliers de contacts synaptiques, quelques dizaines de terminaisons excitatrices agissant simultanément suffisent à provoquer le déclenchement de son activité électrobiochimique. Il semble donc qu'il y ait une grande redondance de connexions entre les différents neurones, ce qui permet au cerveau de pouvoir fonctionner avec une grande fiabilité malgré la perte d'un millième des neurones les uns après les autres au cours du vieillissement du cerveau. Il y a sans doute un seuil critique du nombre de neurones nécessaires et de connexions avant que le cerveau ne puisse plus fonctionner. Il est bien connu qu'au fur et à mesure du vieillissement d'un individu, ses capacités de mémorisation diminuent, mais ne s'arrêtent pas brutalement à un moment donné sauf dans certains cas accidentels.

Il existe cependant une exception étonnante à cette règle chez le canari adulte où l'on voit intervenir une neurogenèse dans une aire du cortex spécialisée dans l'apprentissage du chant. En effet, chez le mâle, cette aire double de volume au printemps quand l'oiseau chante pour attirer les femelles et, après la saison des amours, cette aire reprend sa taille normale et le canari en oublie son chant. Il s'ensuit que l'apparition de nouveaux neurones au printemps suivant lui permettra l'acquisition d'un chant différent. Aucun processus semblable de genèse spécialisé ne semble exister dans le cerveau des mammifères.

Pour apprendre ou mémoriser, le cerveau ferait appel à deux mécanismes : soit la création de nouveaux circuits par la genèse de nouveaux neurones, soit la modification des propriétés des neurones ou leur connexité. Dans le premier cas, c'est durant l'embryogenèse qu'il y a formation des cellules nerveuses et des interconnexions qui sont essentiellement innées. En effet, les cellules nerveuses ne se divisent plus après le stade prénatal. Cependant, les neurones décroissant avec l'âge, ont la capacité de modifier la croissance de leur prolongement. C'est ce que l'on appelle la croissance orientée. Des règles d'apprentissage peuvent être mémorisées au sein de neurones existants ayant de ce fait un pouvoir d'évolution fonctionnelle sans que la structure des connexions du réseau neuronal ne change.

Suivant les circonstances où l'individu se trouvera, des connexions inactives dans un certain contexte peuvent s'activer dans un autre. On peut penser que lors de l'apprentissage, **certaines connexions sont activées tandis que d'autres sont laissées dans l'ombre, mais la possibilité d'activer ces règles d'apprentissage reste toujours présente.**

Le système nerveux se comporte comme un système auto-organisateur dont l'activité spontanée ou évoquée par l'expérience régulera la fonction finale. La circulation de l'afflux nerveux dans le cerveau provoqué par l'association d'événements ou d'idées laisserait une trace affectant les connexions entre les différents neurones. Le psychologue D. O. Hebb a formulé un postulat de la plasticité synaptique : « *Quand l'axone d'une cellule A est assez proche pour exciter une cellule B, et répétitivement ou avec persistance prend part au déclenchement de sa décharge, un processus de croissance ou un changement métabolique intervient dans une ou les deux cellules de telle façon que l'efficacité de A, en tant que l'une des cellules déclenchant B, est augmentée* ». Ce postulat, qui ne s'applique qu'au cas des synapses excitatrices est à la base de nombreux modèles de développement ou de capacité d'apprentissage dans le système nerveux central sous la forme d'un algorithme de modification des connexions locales. Il permet la construction d'une mémoire associative propre à un ensemble neuronal où plusieurs traces peuvent coexister de façon superposée et être rappelées indépendamment.

Hebb, 1949.

2.4 La mémoire, un film de cinéma

Un film de cinéma est formé de plusieurs séquences qui se suivent dans un certain ordre chronologique de façon à raconter une histoire qui, à tout le moins, doit paraître cohérente. D'une séquence à l'autre, on peut observer :
- différents plans, des changements de lieu, d'époque, d'intensité dramatique;
- des modifications dans l'ordre des plans cinématographiques – les retours en arrière – se comparant à la mémorisation de scènes passées dans notre cerveau;
- l'enchaînement des scènes entre elles pour que l'ensemble reste cohérent et compréhensif par le spectateur.

Le labyrinthe de l'intelligence

Le cerveau humain est capable de créer lui-même les liens entre les différents plans (structuration des symboles, chaque symbole étant une séquence) pour reconstruire l'histoire de façon significative. Dans le cas de films ayant trait au fantastique, chacun donne sa propre interprétation suivant la référence de son cerveau et la signification qu'il donne aux symboles : des liaisons entre différents plans sont formées, mais elles sont subjectives.

Ceci est d'autant plus vrai lorsque le responsable de la projection du film intervertit deux bobines du film, une majorité de spectateurs ne s'en rendent pas compte !

Le résultat du montage du film (c'est-à-dire la succession des séquences) est le fait de l'inspiration du metteur en scène et/ou du monteur. Généralement, il y a plusieurs possibilités de montage. Dans le cas d'un film policier, les différents éléments sont proposés élément par élément et un spectateur un peu perspicace peut alors reconstituer l'enchaînement logique à la fin du film : découvrir le nom du coupable. Durant la projection il fait des hypothèses (suppositions). En réalité, au fur et à mesure du déroulement du film, son cerveau remplit les cases vides de l'histoire par des interprétations « de travail » qu'il rectifie au fur et à mesure qu'il complète les connaissances de l'histoire. Notre cerveau est parfaitement adapté à ce genre d'exercice qu'il utilise d'ailleurs quotidiennement. Le problème reste d'en connaître le mécanisme afin de pouvoir développer un programme informatique doté d'intelligence artificielle permettant de reproduire les performances dont notre cerveau est capable. Reste à savoir comment se fait le choix des interprétations provisoires et comment les relations entre séquences s'établissent. Sans doute s'agit-il d'un mécanisme universel pour toute représentation de la réalité, mécanisme qui mélange données mémorisées et données nouvelles basées sur des hypothèses provisoires en corrigeant au fur et à mesure leur interprétation. Il faut aussi tenir compte du fait que nous avons également la possibilité d'interrompre une activité pour la reprendre plus tard (activité interrompue par un coup de téléphone).

Notre cerveau nous donne la **possibilité de « voyager dans l'espace et dans le temps »**, de vivre

En Intelligence Artificielle, je pense qu'un nouveau type d'instruction : COMME SI ... ALORS, pourrait améliorer le processus de raisonnement des Systèmes Experts. L'implémentation informatique de cette nouvelle instruction serait similaire à celle de l'instruction classique : SI condition ALORS conclusion.

des scènes imaginaires en assemblant nous-mêmes des séquences ou de revivre une scène déjà vue ou vécue.

Notre système « cerveau » est un système très souple. Il permet diverses associations entre les séquences (symboles), afin de créer une nouvelle histoire (structure). L'association de séquences constitue les diverses étapes d'un raisonnement.

3. LA DESCRIPTION DES SYSTEMES

On définit un système comme étant une entité qui fonctionne en relation avec son environnement. Classiquement, on découpe un système en deux composantes : la première pour en construire la structure et la seconde pour en décrire le fonctionnement. Toutefois, dans les systèmes vivants, il n'est pas possible de cerner aussi facilement les deux composantes : ainsi, une molécule biochimique de type enzymatique contient à la fois le support du message et le message. En outre cette molécule se déplace de l'émetteur jusqu'au récepteur : l'effet en est une transformation du récepteur, qui correspond au processus de transmission de l'information qui a une signification particulière pour le récepteur en fonction de ses références propres.

Afin de comprendre n'importe quel système aussi bien naturel qu'artificiel, nous proposons un modèle fractal. Ce modèle s'appuie sur une décomposition en sept couches, chacune étant en liaison avec celles qui lui sont supérieures et/ou inférieures (figure II-8). Les couches 7 et 6 décrivent l'interaction entre le système et son environnement, les couches 5 et 4 sont le mécanisme de fonctionnement tandis que les couches 3 à 1 sont celles qui contiennent les informations.

Dubois et Godart, 1987a, b.

L'évolution du « comportement » du système face à son environnement est réalisée par un double courant d'échange et de transformation d'informations : d'une part, de la couche 7 vers la couche 1 et d'autre part, de la couche 1 vers la couche 7. Ce processus d'échange entre les différentes couches est à la base du fonctionnement du système face à son environnement. Cela constitue un apprentissage du système en fonction de son environnement.

Dubois et Godart, 1987a, b. En fait, la représentation que se fait le système de lui-même et de son environnement englobe toutes les sous-représentations partielles qu'il se fait de la réalité selon le but qu'il a de l'utiliser. A titre d'exemple, citons le cas de la peinture abstraite où chacun y voit ce qu'il a « envie » d'y voir, en fonction de son acquis antérieur et de son état présent. Une situation donnée

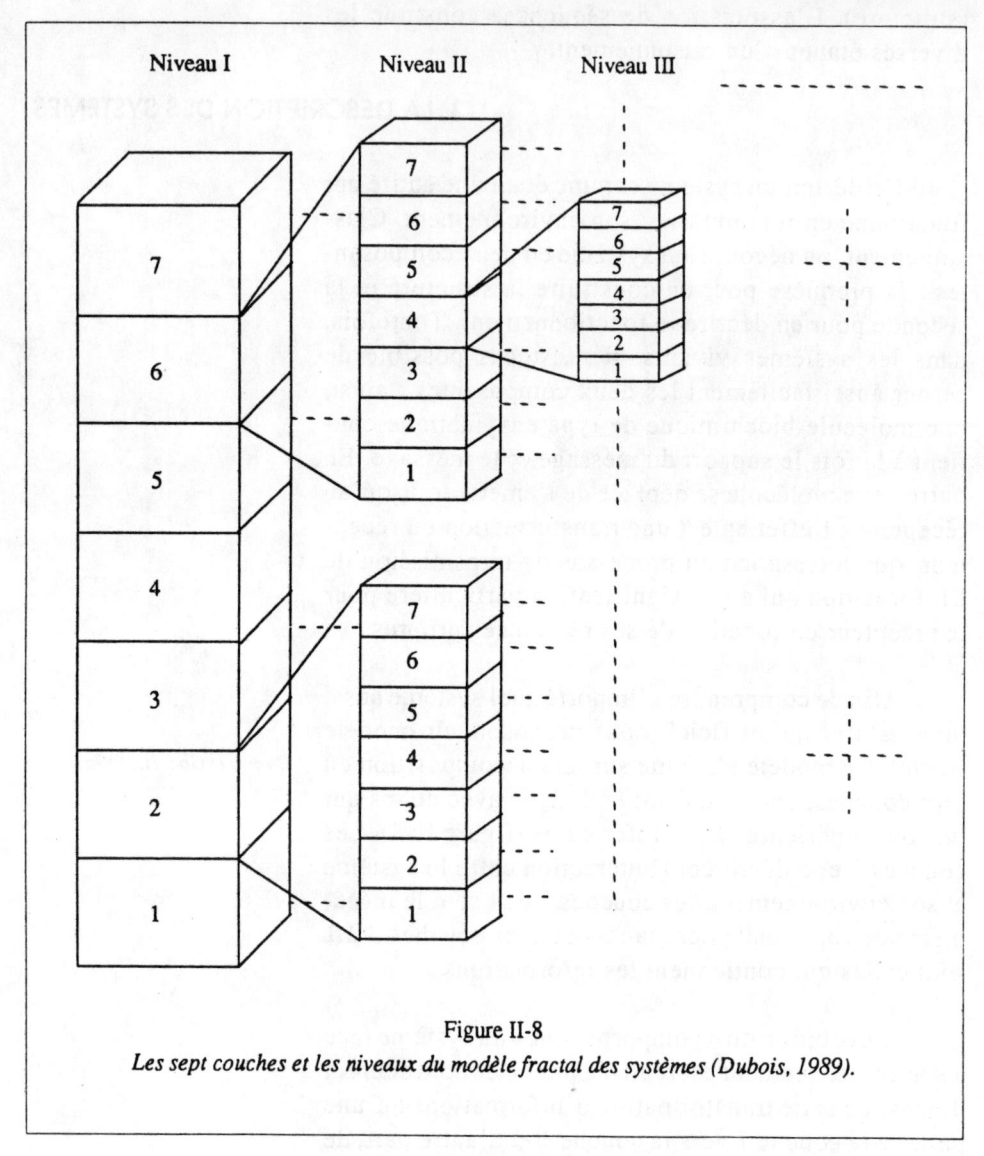

Figure II-8
Les sept couches et les niveaux du modèle fractal des systèmes (Dubois, 1989).

peut être ressentie par une même personne différemment selon le lieu et le moment où elle vit cette situation. La réalité ne peut être représentée objectivement, la réalité est subjective, relative. Elle est reconstruite. C'est le mythe de la caverne chez Platon.

Considérons les systèmes en fonction de leurs différents niveaux de description. La figure II-8 donne le schéma du modèle de description des systèmes en couches, chaque couche se décomposant en sept couches pour un niveau différent, et ainsi de suite. Ce modèle a les propriétés de la géométrie fractale. Chaque niveau a ses propres caractéristiques informationnelles et est en interaction faible avec les autres. En passant d'un niveau à un niveau inférieur, on fait un agrandissement (focalisation) et, en passant vers un niveau supérieur, on fait un recul de plan ce qui correspond à un filtrage, c'est-à-dire une vue plus globale donc plus floue de la situation. Il semble que, souvent, les niveaux des systèmes soient bien définis : il est difficile de construire un niveau intermédiaire qui aurait ses propres lois bien définies. Donc, c'est une véritable quantification des lois de comportement des systèmes que l'on constate.

2.1 Echange d'informations en passant d'un niveau vers un autre niveau

Prenons l'exemple des liquides. La molécule d'eau est formée de deux atomes d'hydrogène (H) et d'un atome d'oxygène (O). La combinaison de ces trois atomes forme une molécule d'eau, notée H_2O. Trois niveaux de description de l'eau peuvent être considérés.

Le niveau atomique

Les physiciens analysent ces atomes comme étant formés d'un noyau central formé de protons positifs et de neutrons neutres électriquement et d'électrons négatifs entourant ce noyau en donnant un ensemble électriquement neutre. Ils considèrent les caractéristiques et les propriétés des atomes par la théorie quantique qui donne les différents états énergétiques possibles des atomes. Ils décrivent le noyau comme étant une particule de charge positive, sans s'intéresser à ses caractéristiques intrinsèques. Ce sont les physiciens subatomiques qui développent des théories pour la description de ce niveau inférieur. Et ainsi de suite jusqu'aux particules élémentaires et les quarks.

Le niveau moléculaire

Le chimiste aborde la structure de l'eau liquide comme étant l'interaction des molécules d'eau considérées comme des particules ayant un certain nombre de propriétés. A partir des propriétés des atomes d'oxygène et d'hydrogène, le chimiste explique la structure et la dynamique de la molécule d'eau par l'intermédiaire des interactions entre ces atomes. Pour décrire la structure et la dynamique de l'état liquide au niveau moléculaire, les molécules d'eau sont considérées comme des particules en soi avec leurs propriétés, notamment les lois d'interaction entre elles. A ce niveau, on n'a pas besoin de connaître les détails de la dynamique des électrons autour de leurs noyaux. Le champ moyen suffit pour pouvoir décrire le mouvement moléculaire de l'eau au niveau moléculaire.

Des simulations sur ordinateur d'un nombre limité de molécules d'eau ont permis de donner les caractéristiques de l'état liquide sous forme d'eau proprement dite.

Le niveau hydrodynamique

L'hydrodynamicien décrit l'eau à partir de modèles mathématiques en prenant en compte des mesures qu'il a faites. Il n'est pas intéressé par la structure moléculaire et encore moins par le niveau atomique pour pouvoir simuler les équations de ces modèles sur ordinateur : l'eau est considérée comme un fluide, c'est-à-dire que les aspects atomiques et moléculaires sont négligés.

Pour décrire l'écoulement de l'eau dans une rivière, l'hydrodynamicien en décrit la dynamique suivant les caractéristiques du lit de la rivière. En certains endroits, il y aura des tourbillons, en d'autres endroits, l'eau stagnera plus ou moins longtemps. La hauteur de l'eau dans la rivière dépendra des variations de l'environnement (pluie, fonte de neige, etc...). Il faut remarquer que les modèles hydrodynamiques ont été trouvés indépendamment de la connaissance des propriétés des molécules d'eau.

Ici, nous voudrions insister sur un point extrêmement important pour notre approche des systèmes.

Il ne viendrait jamais à l'idée de quelqu'un de dire que les tourbillons d'eau, les eaux stagnantes, les crues, etc, sont induits par les molécules d'eau aux niveaux atomiques ou moléculaires. Le comportement de l'eau dans la rivière est induit par les caractéristiques de son environnement. Les molécules d'eau suivent le « courant » de l'eau en n'ayant aucune influence sur son écoulement. Donc, les lois d'écoulement d'un liquide se situent à un niveau macroscopique indépendamment de la dynamique aux niveaux atomiques et moléculaires. Le mouvement moyen d'une molécule d'eau est régi par une loi décrite au niveau du fluide. Le mouvement de l'eau au niveau moléculaire se présente comme une fluctuation autour du mouvement macroscopique moyen.

Un autre point important dans ce cadre des liquides est le fait que, suivant l'utilisation d'un liquide, la représentation que s'en fait l'homme est différente. Ainsi, le thermodynamicien qui étudie les propriétés de l'eau afin de faire tourner une machine thermique est intéressé par d'autres caractéristiques que l'hydrodynamicien décrivant le comportement de l'eau dans le lit d'une rivière. A un même niveau de description d'un système, peuvent y correspondre plusieurs modèles suivant le contexte dans lequel l'homme considère que le système se trouve. Le thermodynamicien s'intéresse, lui, aux propriétés calorifiques : il s'intéressera principalement aux notions de quantités de chaleur, d'entropie et de température.

Donc, on réalise un modèle en se référant à une échelle particulière du système considéré, sans tenir compte du détail des échelles inférieures. Cela revient à ne prendre en compte que certaines propriétés des échelles inférieures. Il y a, en quelque sorte, un filtrage des propriétés d'une échelle pour rendre compte correctement de la structure et de la dynamique des autres échelles supérieures ou inférieures. Si on voulait décrire les systèmes aux échelles atomiques, moléculaires et macroscopiques par un modèle unique, il y aurait beaucoup trop de données à considérer et la représentation serait beaucoup plus compliquée. Mais, en revanche, la description serait plus fine puisqu'on aurait aussi bien les comportements moléculaires et macroscopiques des liquides. Pourquoi ne pas le faire, alors ? Il est évident qu'il serait inutile de connaître le mouvement aléatoire des molécules pour concevoir une machine à vapeur.

Dans les systèmes naturels, notamment le système nerveux et le cerveau aussi bien que l'ensemble des réactions biochimiques des êtres vivants, la stratification en couches et niveaux ayant leurs tâches propres permet une réaction plus rapide du système à son environnement et une économie d'énergie. On se réfère ici au principe de la division du travail d'où découle le principe de moindre action pour l'ensemble des couches et niveaux des systèmes.

2.2 Un modèle fractal de description des systèmes

Nous avons vu que la structure des systèmes est organisée en niveaux. Pour chaque niveau, on définit sept couches en interactions ayant leurs caractéristiques et propriétés.

Un modèle général doit permettre de décrire la structure d'un système quel qu'il soit à quelque niveau de description : de l'analytique au synthétique. La base fondamentale de notre modèle est la suivante : en partant de la définition des symboles d'une couche, il y a six autres couches qui lui succèdent afin que les interactions entre ces symboles puissent donner un système qui soit cohérent.

Chaque couche peut être décomposée elle-même en sept couches isomorphes du modèle de base. Cette décomposition correspond à un autre niveau de description. L'ensemble des niveaux forme une hiérarchie de processus de traitement des informations, de leur mémorisation et de leurs communications. Nous décrivons ici le modèle de Dubois et Godart de manière intuitive pour un niveau, dans le cas du langage parlé (figure II-9).

La généralisation du modèle en plusieurs niveaux sera donnée au chapitre V.

Couche 1

La couche 1 définit l'ensemble des symboles de base pour la description des éléments d'un système. Dans le langage parlé, elle représente les *mots* contenus dans les dictionnaires (français et anglais, par exemple : nous prenons deux langues différentes car cela aura son importance dans la définition de la couche 6).

Dubois et Godart, 1987a et b.

Couche 2

Cette couche définit les possibilités d'interactions entre les symboles définis dans la couche 1. On peut aussi bien parler de lois d'interactions que de règles d'associations entre l'ensemble des symboles suivant le type de système qui est décrit. A partir des règles de la couche 2 agissant sur les symboles, on peut générer des phrases dans le langage parlé; par exem-

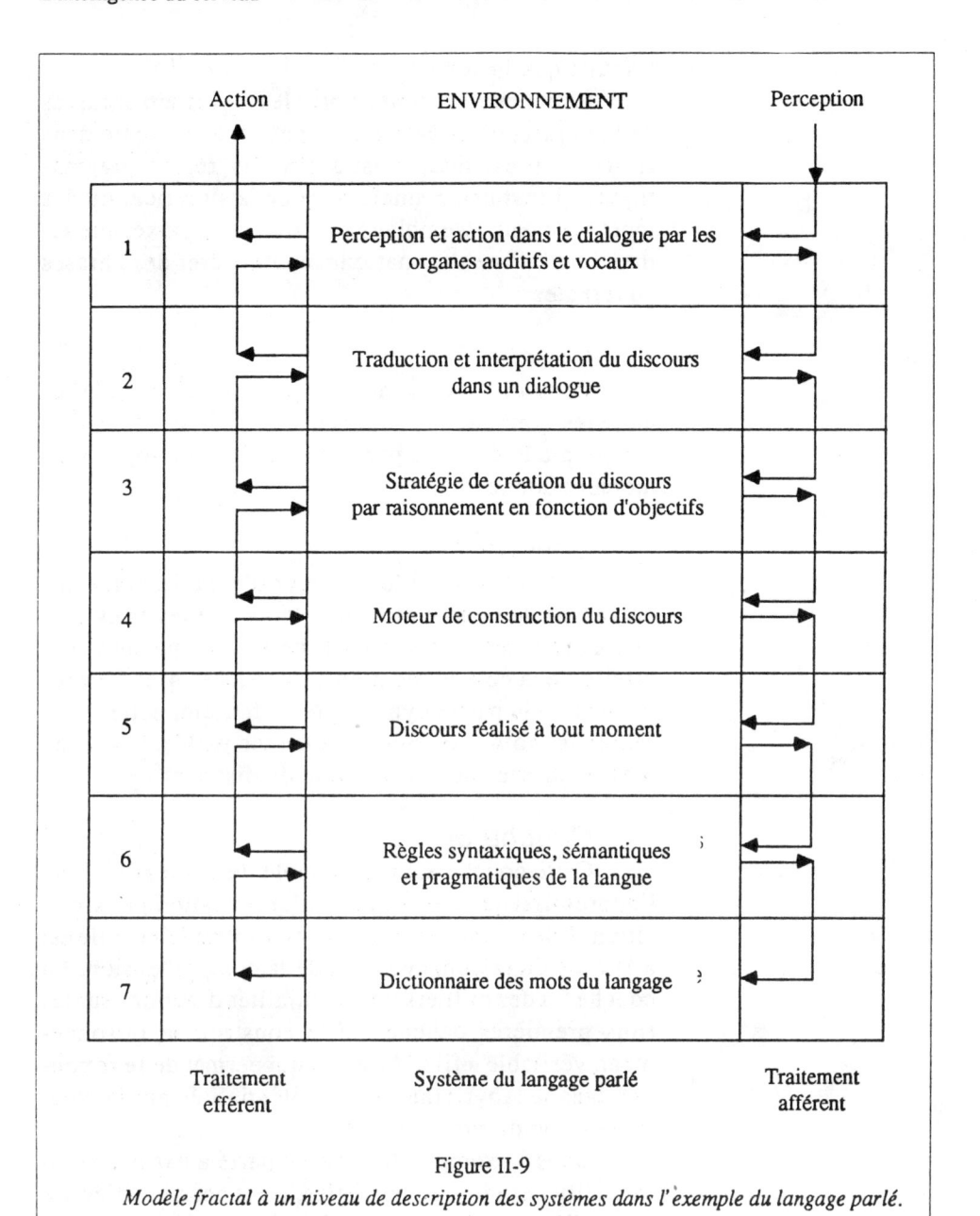

	Action	ENVIRONNEMENT	Perception
1		Perception et action dans le dialogue par les organes auditifs et vocaux	
2		Traduction et interprétation du discours dans un dialogue	
3		Stratégie de création du discours par raisonnement en fonction d'objectifs	
4		Moteur de construction du discours	
5		Discours réalisé à tout moment	
6		Règles syntaxiques, sémantiques et pragmatiques de la langue	
7		Dictionnaire des mots du langage	
	Traitement efférent	Système du langage parlé	Traitement afférent

Figure II-9
Modèle fractal à un niveau de description des systèmes dans l'exemple du langage parlé.

ple : Pierre a un ballon, Pierre est triangulaire, ma grand-mère est bleue, tous les oiseaux nagent sous l'eau, etc... On se rend compte, en voyant les exemples, que des phrases peuvent être écrites avec une bonne syntaxe en respectant scrupuleusement les règles de grammaire, sans que cela veuille dire quelque chose de cohérent. Dans le langage parlé, cette couche représente les règles de grammaire et ce qu'on appelle en

De plus, une phrase dans un certain contexte peut avoir une interprétation différente dans un autre contexte. Exemple : « Qu'elle soit louée ! ». L'interprétation est différente suivant qu'il s'agisse de la location d'une maison, ou d'une personne qui vous a rendu un service.

linguistique la syntaxe.

La couche 2 définit de plus les règles sémantiques de la phrase, c'est-à-dire son sens, et le contexte dans lequel elle est dite, c'est-à-dire les règles pragmatiques. Il faut une connaissance de la signification des mots et de leur assemblage suivant une syntaxe, une sémantique et une pragmatique pour générer des phrases cohérentes.

Couche 3

Cette couche est définie par les liaisons réelles entre les symboles à un moment donné du système. Elle représente le discours proprement dit du dialogue à un moment donné.

Couche 4

Cette couche est le « moteur d'exploitation » des processus de communication. Alors que les trois premières couches représentent la partie statique ou structurelle de la communication, les couches 4 et 5 en représentent la partie dynamique ou fonctionnelle. Pour reprendre notre exemple de la langue parlée, la couche 4 est le moteur de construction du discours.

Couche 5

Cette couche est responsable de la créativité, de l'apprentissage et est capable d'anticipation par simulation. Elle définit les objectifs et les stratégies. Elle est à la base du raisonnement et de la compréhension. La couche 5 a des milliers de potentialités d'actions sur les trois premières couches. Elle construit le raisonnement, véritable « fil d'Ariane » qui permet de se retrouver dans le labyrinthe de ces potentialités par la compréhension du problème posé.

Dans l'exemple du langage parlé à partir du dictionnaire des mots et des règles, il est possible d'écrire des milliers de discours. Le fait d'en écrire un en particulier revient à choisir un « chemin » particulier du raisonnement parmi tous ceux possibles dans le labyrinthe, en fonction d'objectifs et en suivant une stratégie.

Couche 6

Cette couche correspond à la traduction et à l'interprétation des informations entre la couche 7, en interaction avec l'environnement, et la couche 5 en interaction avec les couches inférieures.

Dans l'exemple de la langue parlée, cette couche peut correspondre à la traduction et l'interprétation en anglais d'un dialogue.

Couche 7

C'est la couche d'interaction, perception et action, entre l'environnement (l'environnement pouvant être un autre système adjacent en sept couches) et les couches inférieures.

Dans l'exemple du langage parlé, la couche 7 correspond à l'organe auditif qui permet la perception des informations et à l'organe vocal qui permet la transmission verbale de la phrase.

Cette stratification en couches permet de donner aux systèmes une facilité de représentation de structure. C'est en quelque sorte le partage d'un travail en tâches, chaque couche ayant ses tâches propres.

En principe, sauf exception, chaque couche a une structure et une fonction propres. Chaque couche est en interaction avec les couches inférieures et supérieures, mais ne « connaît » pas et n'intervient pas directement dans la structure et le fonctionnement des autres couches. On dit alors que les interactions entre les couches sont faibles. C'est par un transfert d'énergie, de matière, de données ou d'informations suivant les cas que chaque couche est en communication avec les autres.

Y-a-t-il une hiérarchie de priorités entre les différentes couches ? Il semble évident que, s'il y a rupture de transmission entre les couches, le fonctionnement de l'ensemble sera perturbé. En parcourant les couches à partir des couches inférieures, pour atteindre les couches supérieures, la représentation de l'environnement et du système lui-même passera de l'analytique vers le global et vice-versa en parcourant les couches supérieures vers les inférieures.

Nous avons vu que le nombre de modes de fonctionnement de l'intelligence est quasi illimité. La question à laquelle il faut répondre est la suivante : quel mode de fonctionnement le système aura-t-il, comment et pourquoi y-a-t-il évolution et développement du système ? Les couches forment un labyrinthe : chaque choix d'un chemin se fait à partir de la couche 5, d'où le nom de « fil d'Ariane » pour imager le cheminement de la pensée. En ce qui concerne les mécanismes de la pensée, c'est cette couche qui est à la base de l'idée créatrice nouvelle qui jaillit. Les processus de la pensée du cerveau « travaillent » sur un ensemble de niveaux en même temps : c'est-à-dire que le cheminement de notre pensée se fait sur base de passages à des différents niveaux et, ce, continuellement. Cela veut dire que la description d'un processus de pensée ne se fait pas par une description sur un seul niveau. C'est ce qui explique la difficulté de saisir son mode de fonctionnement.

Un aspect important de ces systèmes intelligents, est leur contact avec leur environnement à partir d'organes d'interactions que constitue la couche 7. Ce terme est pris au sens le plus large, on y inclut les organes des sens des hommes, « les senseurs » des machines, les capteurs et les manipulateurs pour les robots, etc... .

C'est à travers la couche 6 que les couches 5 et 4 sont activées et subissent une évolution par les processus de communication entre le système et son environnement. Tant qu'une représentation détaillée et continuelle de son environnement ne sera pas faite par le système, celui-ci ne pourra évoluer. L'environnement est vu du système au travers de ses « propres critères ». Si l'environnement est en équilibre statique, le système n'a aucune « raison » d'évoluer pour être « mieux adapté ».

Un point très important est le fait que les variations de l'environnement dans lequel interagit un système sont plus imprévues et plus importantes que les variations du système. Dans la plupart des modèles des systèmes, on représente souvent, de façon fine et très détaillée, la structure et la dynamique interne d'un système représenté par des variables et des lois d'interaction.

Le système est, en général, séparé de son environnement par une enveloppe ou une membrane, l'environnement lui-même étant considéré comme peu changeant (figure II-10). D'où, on impose des conditions simplistes de l'influence de l'environnement sur le système au travers de son enveloppe composée de capteurs ou organes des sens et des moyens d'action sur l'environnement (bras naturel ou artificiel, par exemple).

Comme le système évolue pour atteindre le maximum d'autonomie, il lui faut une représentation aussi précise que possible de son environnement.

L'échange de matière, d'énergie, d'information, etc... entre les deux se fait via les caractéristiques de cette enveloppe ainsi que les actions du système sur l'environnement et la rétroaction qui s'en suit.

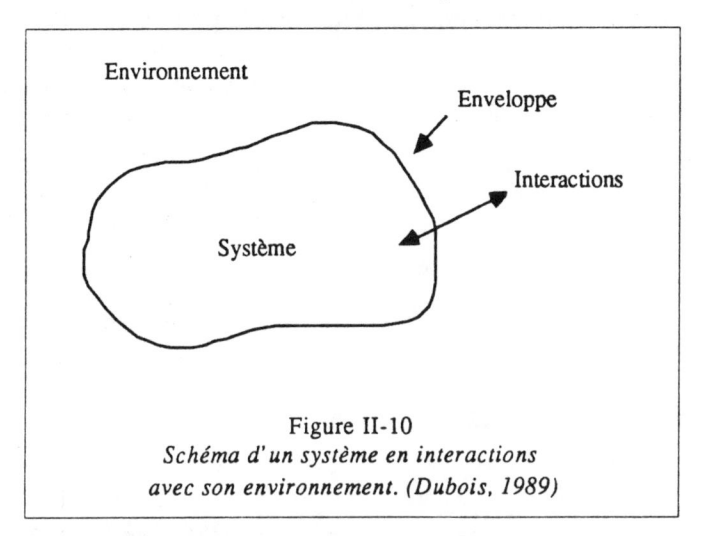

Figure II-10
Schéma d'un système en interactions avec son environnement. (Dubois, 1989)

Nous voudrions insister ici sur le fait qu'une description de l'environnement est très importante pour comprendre et expliquer le comportement du système et son évolution en fonction de ces interactions.

C'est par l'intermédiaire de cette enveloppe que notre cerveau construit une représentation particulière de l'environnement réel.

Une description détaillée des actions du système sur l'environnement doit être quantifiée. Si un modèle de l'environnement n'a pas été représenté de façon aussi explicite que le système, la réponse (c'est-à-dire la rétroaction) de cet environnement sur le système ne pourra pas être connue.

Dubois, 1989

Deux aspects fondamentaux doivent être considérés : l'« attention » que le système a sur certains points de l'environnement en fonction de sa motivation et le « filtrage » des données de l'environnement par ses organes.

On connaît l'exemple de l'oeil de la grenouille qui ne voit que les mouches en vol et non au repos. Son oeil filtre les objets de l'environnement qui sont en mouvement. Il est aveugle à tout objet immobile. Dans un environnement de mouches mortes, donc invisibles, la grenouille meurt de faim!

Il importe maintenant de savoir comment le système se structure, fonctionne, se développe et évolue dans son environnement. Quelle est la part du hasard ?

CHAPITRE III

DIEU JOUE-T-IL AUX DÉS ?

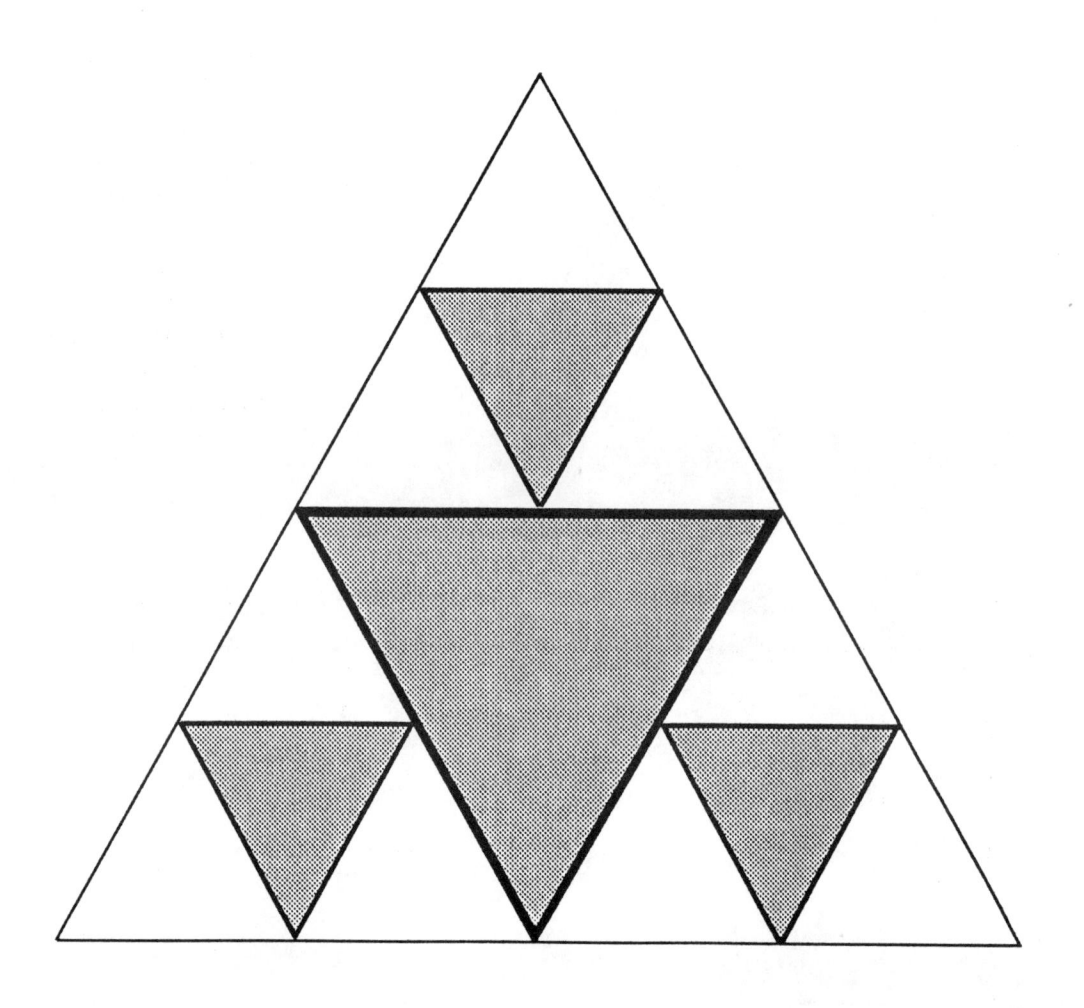

CHAPITRE III

DIEU JOUE-T-IL AUX DÉS ?

1. LE HASARD CRÉATEUR

Les grandes théories scientifiques sont le reflet des idées personnelles des savants qui les ont formulées : Copernic, Kepler, Galilée, Einstein, de Broglie, Heisenberg, Schrödinger, etc ...

Dans ses réflexions sur la science, Prigogine croit très peu à l'interchangeabilité des savants quant à leurs découvertes fondamentales. Ce qui n'est pas le cas pour les chercheurs travaillant dans des disciplines parvenues à maturité. Prigogine pose la question « *Sans Albert Einstein aurions-nous eu la théorie de la relativité générale ?* ».

Mises à l'épreuve de techniques expérimentales de plus en plus poussées, les théories évoluent avec le temps. Les théories ne sont que des modèles d'une réalité reconstruite à partir des connaissances du moment. Par exemple, la théorie de Newton en mécanique rationnelle explique bien le mouvement des astres et des étoiles mais ne correspond pas à une bonne description des phénomènes subatomiques comme la dynamique des électrons autour du noyau d'un atome. Il a fallu trouver la mécanique quantique.

Selon Prigogine, l'origine de la science fondée par Descartes et Galilée a vu le jour en Occident non par l'intelligence de ses peuples ou individus mais par les circonstances historiques ou culturelles. « *La science n'apparaît qu'en fonction de l'idée que les hommes se font de l'univers* ». Si un savant croit en un Créateur suprême gouvernant le monde, il sera à la recherche de ses lois sous-jacentes. « *Tel a été le modèle initial de la science occidentale, bien incarné par Newton ou Leibniz et dont le dernier représentant fut Einstein* » dit Prigogine. « *Dieu ne joue pas aux dés* », cette formule célèbre d'Einstein, signifierait qu'il existerait une vérité divine de l'univers indépendante de la vie contingente des hommes.

Ilya Prigogine, né en Russie en 1917, émigra en Belgique à l'âge de 4 ans. Professeur à l'Université Libre de Bruxelles, il obtint le Prix Nobel de Chimie en 1977 pour sa théorie sur les structures dissipatives.

Entretien de Guy Sorman avec Ilya Prigogine, L'ordre et le chaos, dans Pourquoi Pas ?, 4-8-1988.

Sorman, 1989, pp. 43-69.

Il faut qu'à ce Dieu tout puissant s'oppose un certain chaos politique et social qui inciterait à l'inquiétude intellectuelle de l'Occident chrétien. La querelle de l'Eglise et de l'Etat engendra les circonstances favorables à la pensée indépendante.

Pour Prigogine, « *en Chine, le pouvoir réprima toute innovation capable de troubler l'ordre social ; nous avons une divinité faible et un pouvoir fort* ». Les grandes découvertes fondamentales comme la boussole, la poudre, le gouvernail, etc., n'y débouchèrent sur aucune application pratique. « *Le savant n'est donc pas un être désincarné, il est étroitement tributaire de la société dans laquelle il vit* ». La science traditionnelle d'un Univers où tout est réglé comme une horloge est le reflet du milieu historique et culturel qui lui a donné naissance. Prigogine pense que cette image traditionnelle est plus que démodée, elle est désormais fausse ! Dans cette science que l'on enseigne dans les écoles, les lois qui régissent la matière sont simples, symétriques, déterministes et réversibles tandis que seul l'homme est libre de sa destinée. C'est ce schéma cartésien qui a marqué toute la philosophie occidentale. La culture occidentale a entraîné une scission entre les sciences humaines et les sciences dites exactes. « *Alors que la notion de temps joue un rôle fondamental dans les sciences comme l'histoire et la psychologie, les lois de la physique ou de la chimie sont intemporelles* ».

1.1 L'ordre naît du chaos

Prigogine pense qu'il n'y a plus de lois mais uniquement des probabilités car la matière est instable et l'univers a une histoire : « *Notre monde physique n'est pas une horloge, mais un chaos imprévisible! Toutes les théories déterministes fondées sur l'enchaînement nécessaire des causes et des conséquences sont progressivement remplacées par des statistiques* ».

Pour argumenter ses propos, Prigogine donne l'exemple simple des prévisions météorologiques. Même si les météorologues possédaient des instruments d'observation plus sophistiqués, ils n'amélioreraient pas de beaucoup leur prévision : le temps est imprévisible par définition car la dynamique des phénomènes météorologiques est instable. La moindre perturbation en un endroit quelconque de la terre peut entraîner des effets considérables et cela à des distances considérables, c'est ce que l'on appelle *l'effet papillon*. L'effet du battement d'ailes d'un papillon à Pékin peut provoquer de proche en proche l'apparition d'un ouragan sur les côtes californiennes.

Dans le jeu à pile ou face avec une pièce de monnaie, statistiquement, la pièce a autant de chance de tomber d'un côté que de l'autre si elle n'est pas pipée. Même si on pouvait calculer la trajectoire de la pièce avec un ordinateur, Prigogine est convaincu qu'il est impossible de prévoir de quel côté elle va tomber car la pièce passera nécessairement par des états d'incertitude, ce qu'en mathématique on appelle des bifurcations.

« *Le hasard ferait donc bien partie de la réalité physique : la matière, comme la vie, a un caractère événementiel. Contrairement à ce que croyait Einstein, Prigogine considère que Dieu joue bien aux dés et avec des dés pipés de surcroît !* ».

Prigogine a défini ce que l'on appelle les « *structures dissipatives* » : des réactions chimiques dans des conditions de non-équilibre peuvent engendrer l'apparition spontanée de structures présentant un certain ordre. Suivant le type de perturbation aléatoire que le système chimique subit au moment où il devient instable, apparaît un type ou autre d'organisation. Le développement du système se réalise par une succession de perturbations aléatoires, c'est l'aspect chaos, et d'émergence de nouvelles organisations de plus en plus complexes, c'est l'aspect ordre. « *Cet ordre qui naît du chaos est la formule qui résume le mieux, selon Prigogine, la science moderne et cela vaut pour toutes les disciplines* ».

Le moteur de ces créations spontanées de structures successives ordonnées est l'énergie : ces structures sont appelées dissipatives parce qu'elles consomment plus d'énergie que l'organisation antérieure qu'elles ont remplacée.

Pour éclaircir cet état de chose, considérons deux montres : l'une est arrêtée et l'autre retarde d'une demi-seconde tous les ans. Combien de fois l'une et l'autre donneront-elles l'heure exacte ? La montre arrêtée, deux fois par jour, mais on ne saura pas quand si on n'a pas une montre de référence qui fonctionne correctement. Sur une vie humaine, la montre qui retarde ne donnera jamais l'heure exacte mais elle aura donné une bonne approximation de l'heure qui variera d'une demi-seconde la première année à trente secondes la soixantième année.

La structure de non-équilibre est pour Prigogine un nouveau paradigme, c'est-à-dire un principe universel. L'univers, né d'un chaos initial après une explosion il y a 15 milliards d'années, ce que l'on appelle le Big Bang, s'est structuré en planètes et galaxies dont les trajectoires peuvent être simulées sur ordinateur à partir des lois de la physique newtonienne. Mais il faut quand même souligner que la précision des trajectoires à long terme semble à l'heure actuelle imprévisible. De faibles perturbations à un moment donné peuvent entraîner des modifications de trajectoires significatives par après.

Prigogine estime que la vie elle-même est née des hasards de la sélection naturelle. Elle progresse toujours vers plus d'organisation et de complexité. L'économie fonctionne également sur ce modèle : « *de la somme des activités désordonnées surgissent l'ordre social et le progrès économique. Le destin des nations est également affecté de turbulences qui, après des fluctuations géantes – mouvements de foule, conflits – débouchent sur un nouvel ordre social* ».

1.2. Les structures dissipatives

Un système est dit isolé quand il n'échange ni matière, ni énergie avec le monde extérieur, c'est-à-dire avec son environnement. Un système fermé est un système qui n'échange que de l'énergie avec l'extérieur. Enfin, un système ouvert échange de l'énergie et de la matière avec l'extérieur.

La thermodynamique classique, qui permet de décrire la plupart des systèmes en physique, est basée sur deux principes. D'une part, le principe de conservation de l'énergie et d'autre part, le principe de l'évolution spontanée d'un système isolé vers un état d'équilibre qui correspond au maximum de l'entropie.

Le second principe implique donc que, pour un système isolé, il existe une fonction de l'état instantané du système, l'entropie S, qui ne peut que croître au cours du temps. Du point de vue microscopique, c'est-à-dire à l'échelle des molécules, la signification de ce principe d'évolution macroscopique a été donnée par Boltzmann : l'entropie est une mesure du désordre moléculaire. Le principe d'accroissement de l'entropie est donc un principe de désorganisation progressive, le système ne dépendant absolument pas des conditions initiales particulières.

Ce principe de désorganisation progressive a donné lieu à de nombreuses controverses quant à son applicabilité aux structures biologiques qui sont des systèmes ouverts. Schrödinger a été frappé par le fait que, placé dans un milieu hétérogène, un organisme en tire de la matière qu'il structure, allant ainsi du désordre vers l'ordre. Selon l'expression de Schrödinger, il semble que l'organisme vivant prend au milieu environnant de « *l'entropie négative* », pour compenser l'augmentation d'entropie qu'il produit en vivant et ainsi se maintenir à un niveau d'entropie stationnaire. C'est ce que Brillouin a appelé la « *néguentropie* ». Afin de tenir compte de ce flux d'entropie venant du milieu extérieur, Prigogine a donné une version étendue du second principe qui est applicable aussi bien aux systèmes isolés qu'aux systèmes ouverts. L'inégalité gouvernant la variation de l'entropie durant un intervalle de temps Δt prend la forme :

Nicolis and Prigogine, 1977.

$$dS = d_e S + d_i S \text{ où } d_i S > 0,$$

$d_e S$ est le flux d'entropie dû aux échanges avec le milieu extérieur et $d_i S$ la production d'entropie due aux processus irréversibles à l'intérieur du système tels que la diffusion, les réactions chimiques, la conduction de la chaleur, etc. Le système atteindra un état stable quand $dS = 0$, ou

$$d_e S = - d_i S < 0.$$

Cette équation implique que le système reste loin de l'équilibre, autrement $d_i S$ tendrait vers zéro. Ainsi, un système simple formé d'une source d'énergie et d'un drain peut se structurer et maintenir sa structure dans un état loin de l'équilibre thermodynamique. Un exemple illustrant cette notion est celui des cellules de Bénard.

1.3. Les cellules de Bénard

Considérons une couche d'eau comprise entre deux plaques chauffantes, non pas à l'échelle moléculaire, mais à notre échelle.

Si on chauffe le fluide à la température T_1, le fluide est homogène et est dit en équilibre thermodynamique.

Figure III-1
Équilibre thermodynamique

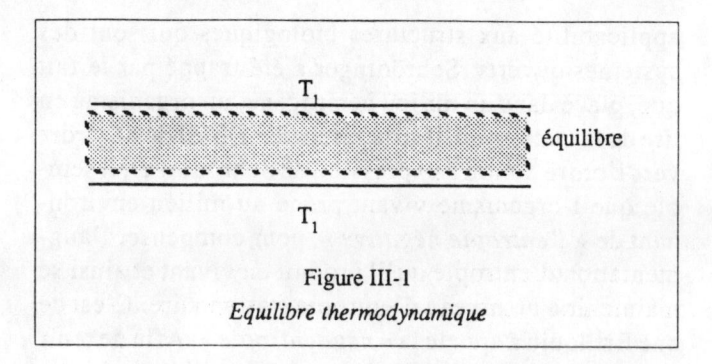

Le système est fermé, dans l'expérience de Bénard

Mais la température de l'eau peut ne pas être homogène. Dans l'expérience de Bénard, la température des deux plaques est différente. Elle est calculée par

$$\Delta T = T - T_1.$$

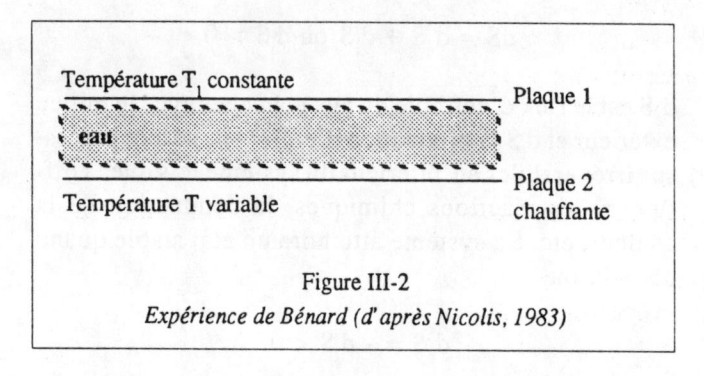

Température T_1 constante — Plaque 1
eau
Température T variable — Plaque 2 chauffante

Figure III-2
Expérience de Bénard (d'après Nicolis, 1983)

En augmentant la température T, on s'éloigne de l'équilibre ($\Delta T > 0$), le processus de conductivité thermique s'intensifie du bas vers le haut et soudain, pour une valeur T_c appelée température critique, le fluide se met en mouvement et ce mouvement n'est pas quelconque : l'ensemble du fluide se structure en une série de petites « cellules » que l'on appelle les cellules de Bénard. On dit alors que le fluide est en régime de convection thermique.

C'est-à-dire que l'on voit des mouvements circulaires du fluide successivement avec des sens de rotations opposés, dextrogyre et lévogyre.

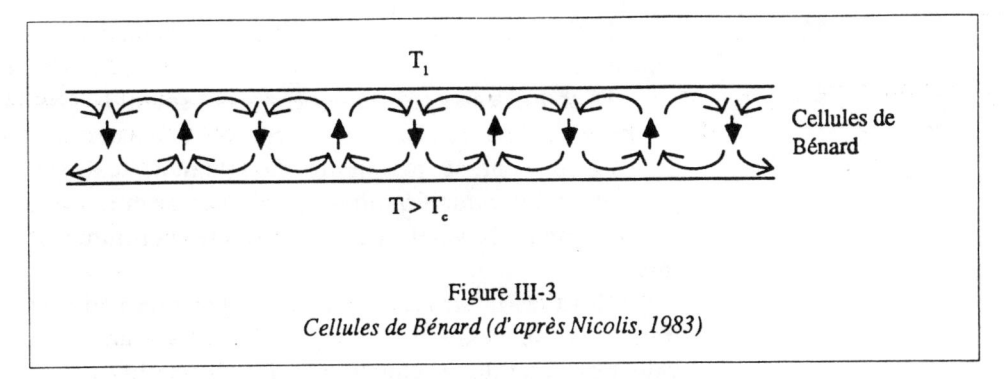

Figure III-3
Cellules de Bénard (d'après Nicolis, 1983)

Un certain ordre dans le mouvement du fluide est donc apparu. C'est ce que Prigogine a appelé des structures dissipatives car pour maintenir cette structure le fluide a besoin d'énergie, la chaleur dégagée par la plaque du bas qui se dissipe par la plaque du haut.

Nicolis and Prigogine, 1977.

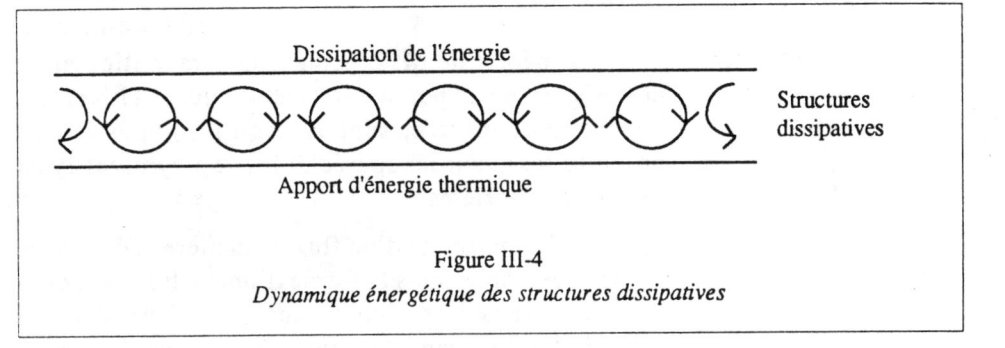

Figure III-4
Dynamique énergétique des structures dissipatives

Au moment où $T = T_c$, on sait de façon certaine que des cellules vont apparaître mais par contre l'endroit et le sens de rotation de l'apparition des cellules diffèrent d'une expérience à l'autre. G. Nicolis dit que « *le sens de rotation d'une cellule (et, partant, celui de toutes les autres) est absolument imprévisible et incontrôlable : seul le hasard "décidera" si une cellule est lévogyre ou dextrogyre. Il existe donc une coopération remarquable entre hasard et contraintes, qui n'est pas sans rappeler la dualité mutation-sélection naturelle si centrale dans la théorie de l'évolution* ».

Nicolis (1983) est professeur dans l'équipe d'I. Prigogine.

Dans l'organisation des cellules de Bénard, il y a une hiérarchie à deux niveaux : le niveau microscopique moléculaire de l'eau et le niveau macroscopique du fluide dont l'évolution est initialisée par le niveau microscopique sous l'effet de la contrainte de la température de la plaque chauffante à la température critique T_c.

Mais que se passe-t-il au-delà de la température critique ?

D'abord, en augmentant progressivement la température au-delà du seuil de structuration, les cellules de Bénard vont se maintenir globalement mais en présentant des caractéristiques particulières mineures, en fonction de la valeur de la contrainte thermique Δt imposée.

Ensuite, la structure va passer par une série de transitions successives. Enfin, au-delà d'une nouvelle valeur critique de la température T_c', les cellules vont graduellement perdre leur individualité en devenant de plus en plus floues pour terminer en faisant place à des mouvements chaotiques du fluide, ce qu'on appelle le régime turbulent.

1.4. L'hypercycle de Eigen

Eigen, 1971.

La théorie de M. Eigen sur la compétition entre des biopolymères permet de calculer quantitativement leur comportement, en supposant qu'il soit possible de produire des quantités appréciables de polymères ayant certaines propriétés :

a) Sous la contrainte d'un flux de matière et d'énergie (par exemple, sous la forme d'une entrée de monomères dans le système), ces substances peuvent métaboliser dans le sens d'une dégradation de l'énergie.
b) Les substances ont certaines propriétés autocatalytiques provenant d'un mécanisme de coopération par complémentarité (effet matrice).
c) La réplication est susceptible d'erreurs.

A partir d'un examen attentif des données connues sur les constantes de taux de réaction pour les combinaisons nucléotide-nucléotide, nucléotide-peptide et peptide-peptide, M. Eigen arrive à la conclusion que les acides nucléides sont nécessaires pour l'auto-organisation, car ils possèdent la capacité d'agir comme matrice. Cependant, un facteur catalytique est nécessaire, qui couple les différents mécanismes d'effet matrice, ce qui peut se faire par la présence des chaînes polypeptidiques. De cette façon, une erreur correspondant à une mutation peut se propager très efficacement, à cause de la non-linéarité du couplage protéine-matrice.

M. Eigen a construit des modèles pour ce type de système. La figure III-5 montre un hypercycle catalytique auto-reproducteur.

Eigen, 1971.

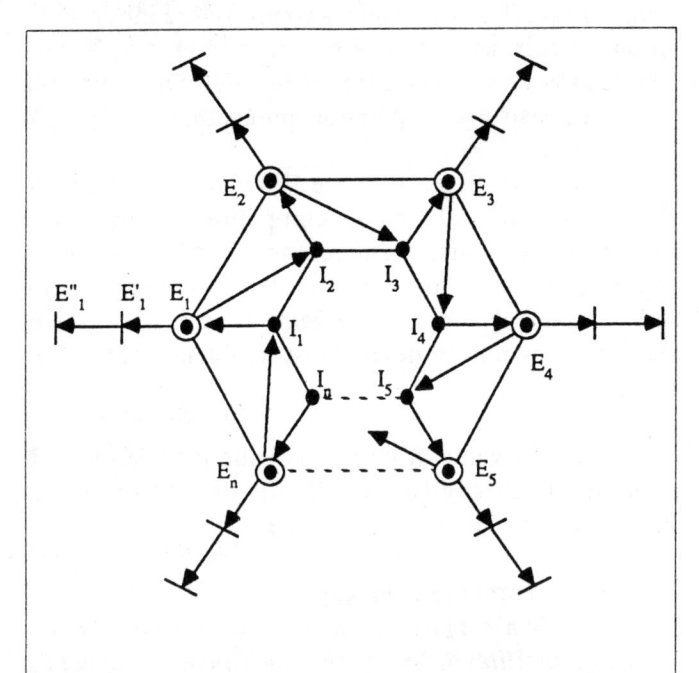

Figure III-5
Reproduction autocatalytique d'un hypercycle.

Les polynucléotides I_i sont capables d'auto-reproduction. De plus, les polypeptides E_i catalysent la synthèse des polynucléotides. Ainsi E_{i-1} catalyse la formation de I_i. I_i fournit de plus l'information nécessaire à la synthèse de E_i. Les indices supérieurs indiquent les accroissements de concentration des polypeptides à chaque tour du cycle (d'après Eigen, 1971).

Les polynucléotides I_i peuvent se reproduire eux-mêmes, sous l'action catalytique de la chaîne polypeptidique précédente (E_{i-1} dans le cycle). De plus, ils fournissent de l'information pour la synthèse de la chaîne polypeptidique E_i. L'hypercycle est supposé fermé, d'où l'enzyme final E_n agit par rétroaction sur I_1; les systèmes ont alors des propriétés auto-catalytiques de croissance.

Une analyse numérique des équations montre que, dépendant du nombre n de branches dans l'hypercycle, I_i et E_i peuvent croître brusquement (pour n petit) ou osciller dans le temps (pour n grand).

M. Eigen imagine alors qu'à la suite d'erreurs, l'hypercycle voit le nombre de branches augmenter. Ces nouveaux hypercycles entreront alors en compétition avec l'original. Sous certaines conditions, cette compétition conduira à la sélection et, par suite des non-linéarités, la sélection se fera de façon brusque. Donc, un seul système subsistera en quantité appréciable.

Ainsi, M. Eigen formule l'évolution et la sélection comme un problème de compétition entre hypercycles préexistants. Cette compétition aurait deux aspects. Tout d'abord, la nature de l'erreur serait fondamentalement stochastique. Mais une fois cette erreur réalisée, l'évolution deviendrait un événement inévitable.

Qualitativement, ce formalisme est identique à celui de I. Prigogine qui définit aussi l'évolution comme un processus stochastique.

Prigogine, 1972.

Pour reprendre I. Prigogine :
« ... *Ce n'est pas une instabilité mais une succession d'instabilités qui ont permis de franchir le no man's land entre vie et non-vie. Nous commençons seulement à dégager certaines étapes. Cette conception de l'ordre biologique conduit automatiquement à une appréciation plus nuancée de ce qui peut être le rôle du hasard et de la nécessité, pour reprendre le titre bien connu de Jacques Monod. La fluctuation qui permet au système de quitter les états proches de l'équilibre thermodynamique représente l'élément aléatoire, la part du hasard. Par contre, l'instabilité du milieu, le fait que cette fluctuation va croître, représente une nécessité. Hasard et nécessité coopèrent au lieu de s'opposer* ».

D'après Dubois et Schoffeniels, 1976.

A partir des théories de I. Prigogine et M. Eigen sur l'évolution des structures chimiques, il peut être intéressant de voir le problème sous l'angle de l'information accumulée au cours des siècles jusqu'à la formation du contenu informationnel de l'ADN, véritable intégration des différentes informations reçues par les structures biologiques. I. Prigogine et M. Eigen donnent au hasard une part importante dans l'évolution des structures biologiques.

Le nouveau principe d'évolution proposé par M. Eigen remplacerait l'idée de Darwin dans le contexte de l'évolution prébiotique. Il optimalise une quantité mesurant la « qualité » des macro-molécules à se reproduire elles-mêmes via un effet de matrice.

I. Prigogine propose une autre description de l'évolution prébiologique. L'idée principale est la possibilité qu'un système prébiologique peut évoluer par une succession de transitions conduisant à une hiérarchie d'états de plus en plus complexes et organisés; de telles transitions pouvant seulement se faire dans des systèmes non-linéaires maintenus loin de l'équilibre, c'est-à-dire qu'au-delà d'un certain seuil critique, le régime d'état stable deviendrait instable, et le système évoluerait vers une nouvelle configuration. Le système serait capable de favoriser chaque nouvelle transition en accroissant la non-linéarité et la distance de l'équilibre. Un mécanisme évident est que chaque transition favorise l'accroissement de production d'entropie. Prigogine visualise la rétroaction de l'évolution par (seuil → instabilité par les fluctuations → augmentation de la dissipation → seuil → etc.). Il insiste sur la complémentarité entre le comportement d'une augmentation de la dissipation et la tendance observée des systèmes physico-chimiques près de l'équilibre à un état de dissipation minimum. Un organisme ajusterait sa production d'entropie à une valeur basse compatible avec les contraintes extérieures.

2. LA DUALITÉ ORDRE-CHAOS

Si on prend un bloc de glace, on sait qu'à l'échelle moléculaire les molécules d'eau sont ordonnées. Si on connaît la structure géométrique d'empilement des molécules à un endroit donné, on peut prédire la structure géométrique de l'ensemble étant donné la répétition du même motif.

Si on chauffe cette glace dans une enceinte fermée, on obtient de l'eau liquide et ensuite de l'eau sous forme de vapeur. Les molécules de cette vapeur ne sont plus fixes comme dans la glace mais sont en agitation permanente. En connaissant les positions, les vitesses et les lois d'interactions des molécules de la vapeur à un moment donné, peut-on **prédire** leur position à un instant ultérieur par des simulations sur ordinateur ?

Il faut donc connaître exactement toutes les propriétés des molécules d'eau et des parois du récipient pour que la prédiction soit correcte. En fait, elle ne l'est jamais car les calculs réalisés par l'ordinateur sont basés sur des nombres dont le nombre de décimales est limité et non infini : un calcul réalisé avec deux décimales sera différent d'un autre avec dix décimales. Au fur et à mesure que le temps s'écoulera, les prédictions entre ces deux simulations basées sur des précisions différentes des calculs vont diverger de plus en plus fortement. Cela veut-il dire que la prédiction augmentera toujours proportionnellement avec la précision des calculs ? Non. Car il faudrait descendre jusqu'au niveau atomique où les effets quantiques sont imprévisibles par le principe d'incertitude de Heisenblerg.

On ne peut mesurer simultanément la position et la vitesse d'un électron, par exemple.

La seule certitude que l'on puisse avoir, c'est que si on refroidit la vapeur d'eau, elle repassera par l'état liquide pour aboutir à l'état solide dont on connaît la structure géométrique à l'échelle moléculaire.

Les physiciens disent que les molécules d'un solide (la glace) sont ordonnées et que les molécules d'un gaz (la vapeur d'eau) sont désordonnées, chaotiques. Dans le cas de l'eau à l'état liquide, on sait qu'à l'échelle moléculaire, les molécules d'eau ont un comportement entre celui d'un solide et d'un gaz : il y a un certain ordre localement et un certain désordre à plus grande échelle mais la configuration de l'ensemble évolue dans le temps de par l'énergie des molécules et leurs interactions.

En thermodynamique, on dira que le solide a une entropie plus petite que celle d'un gaz.

En chauffant, on passe donc de l'ordre au chaos et, au refroidissement, du chaos à l'ordre. On tourne en rond et rien de nouveau ne peut émerger dans ces processus. Le phénomène est donc **réversible et certain : on peut le prédire**. Il est également **irréversible** : il y a **production d'entropie** correspondant à une dégradation de l'énergie mise en jeu pour chauffer ou refroidir l'eau.

Il n'y a pas de production d'entropie pour maintenir la structure ordonnée du solide comme dans les structures dissipative. Une structure qui se maintient

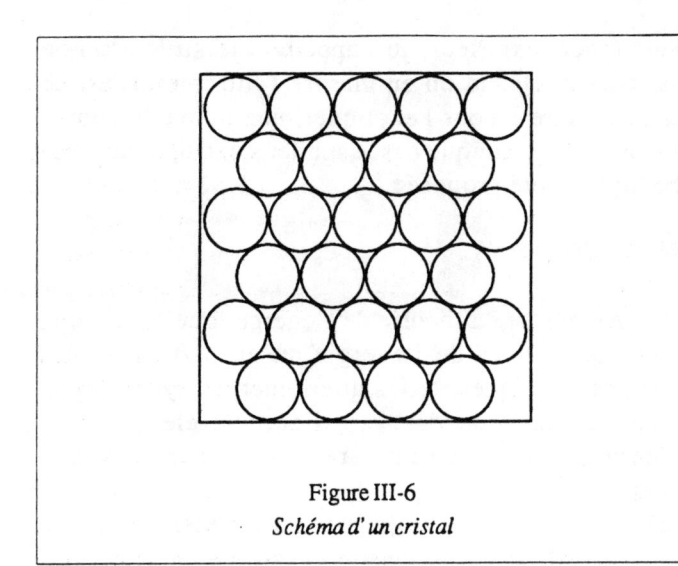

Figure III-6
Schéma d'un cristal

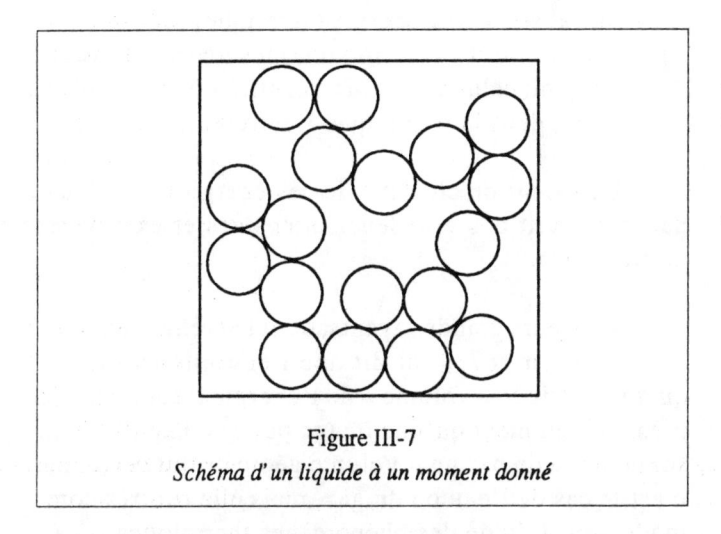

Figure III-7
Schéma d'un liquide à un moment donné

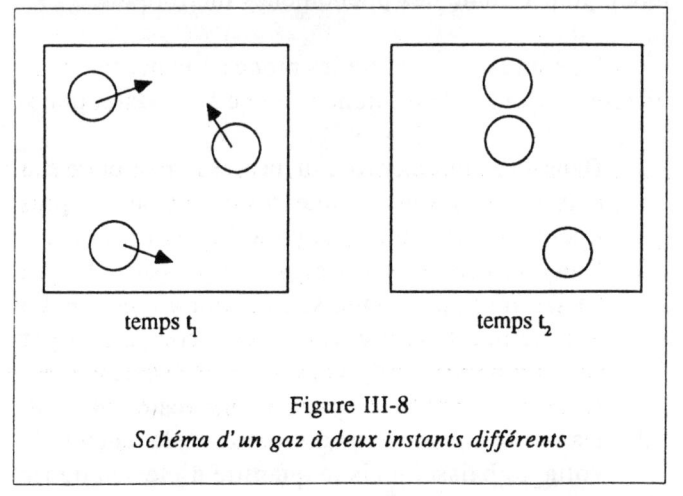

temps t_1

temps t_2

Figure III-8
Schéma d'un gaz à deux instants différents

sans apport extérieur, je l'appelle une structure non dissipative. Quand on en mesure l'entropie, qu'est-ce qu'on mesure ? Pour l'expliquer, une nouvelle approche thermodynamique basée sur deux entropies macroscopiques a été proposée.

2.1 La dualité endotropie-exotropie

De Rycker et Dubois, 1986.
Dubois, 1987.

Au départ, la théorie de l'énergétique établit que toutes les formes de l'énergie, et en particulier des énergies fluidiques, telles que l'énergie hydraulique, l'énergie élastique des gaz, l'énergie électrique et l'énergie thermique sont caractérisées par deux facteurs :
   a) celui de l'intensité qui mesure la pression de l'eau, ou celle du gaz, la tension électrique, et la température absolue de l'énergie thermique;
   b) et celui dit d'extension qui mesure le volume de l'eau ou celui du gaz, la quantité d'électricité et, enfin, dans la thermique, l'entropie.

La valeur de chacune de ces énergies se calcule par le produit des grandeurs intensives et extensives particulières.

Plusieurs grands savants, dont le premier en date, W. Gibbs, en 1873, ont dit que l'entropie mesure en quelque sorte le « volume » de l'énergie thermique. Ce n'est évidemment qu'une image puisque la chaleur en soi ne possède pas un « volume géométrique » comme c'est le cas de l'eau ou du gaz, mais elle est très commode pour l'étude des phénomènes thermiques.

La comparaison entre les modes d'écoulement de différents fluides de référence amène à constater que :

1. Dans un écoulement d'eau, la pression de cette eau baisse, mais son volume reste constant. Après l'écoulement, l'énergie hydraulique a diminué.
2. Dans un écoulement de gaz, la pression du gaz baisse aussi, par contre son volume augmente. La diminution de la pression (p) est compensée par son augmentation de volume (v). L'énergie élastique du gaz, donnée par p.v., est resté constant.
3. Dans une transmission d'électricité, la tension (le voltage) baisse, mais la quantité d'électricité (le

nombre de coulombs) reste constante. **Après**, l'énergie électrique a diminué.

Se pose tout de suite la question de savoir si c'est à de l'eau, ou à du gaz qu'il faut comparer ce fameux fluide thermique qui se nomme entropie ? La réponse est aux deux, parce qu'il y a deux entropies différentes qui répondent toutes les deux à la même notion de facteur d'extension : une endo-entropie et une exo-entropie. Ces deux entropies ont des propriétés presque opposées.

Si nous considérons une certaine quantité d'énergie thermique en mouvement, on constate que lorsque la température de cette énergie baisse, son entropie augmente comme le volume d'un gaz.

Par contre, lorsqu'il s'agit de l'entropie de la matière et que la température de ce système baisse, la quantité d'entropie incorporée dans le système baisse également.

Les figures III-9 et III-10 illustrent ce qui vient d'être dit, et pour éviter de confondre ces deux entropies, H. De Rycker a dénommé exotropie celle de l'énergie thermique de transmission, et endotropie celle qui se trouve en équilibre dans la matière d'un système.

Etant différentes entre elles, ces deux espèces d'entropie exigent impérativement d'être représentées par des symboles particuliers qui les distinguent clairement l'une de l'autre.

L'énergie thermique sera représentée par le symbole Q comme le faisait déjà Clausius. Par contre l'enthalpie sera représentée par un h parce que c'est le symbole le plus employé par les mécaniciens et les chimistes modernes.

Nous proposons d'identifier l'exotropie par le symbole S (majuscule) en référence avec le symbole S de Clausius, et l'endotropie par le symbole s (minuscule) que les ingénieurs mécaniciens et les frigoristes modernes qualifient « d'entropie massique ».

Deux lois fondamentales ont été proposées : *De Rycker et Dubois, 1986.*

Dans son cours, Clausius a écrit que si une quantité de chaleur Q a passé par conduction d'un corps à une température T_1 à un corps de température T_2, la valeur de la transformation non compensée sera :

$$Q\left(\frac{1}{T_2} - \frac{1}{T_1}\right)$$

Clausius est le premier à avoir présenté une formule précise qui permet de calculer numériquement la « production d'entropie » au cours d'un écoulement d'énergie thermique.

On retrouve ce résultat à partir des deux lois fondamentales.

Pour une transmission naturelle par conduction d'une énergie thermique Q_0 constante entre la température T_1 et la température T_2, la loi (1) s'écrit :

$$dS = -\frac{S}{T}dT$$

En intégrant entre T_1 et T_2, on obtient :

$$\Delta S = S_2 - S_1 = Q_0\left(\frac{1}{T_2} - \frac{1}{T_1}\right)$$

où Q_0 est la constante d'intégration.

On a donc $\Delta S > 0$ pour $T_1 > T_2$, ce qui est bien vérifié dans une transmission naturelle entre un corps chaud (T_1) et un corps froid (T_2): il y a accroissement de l'exotropie. Le second terme de la loi (1) représente donc ce qui est appelé classiquement la production ou création d'entropie dP.

La loi (1) peut donc s'écrire

$$dS = \frac{dQ}{T} + dP \text{ où } dP = -\frac{S}{T}dT$$

Loi (1) : $dS = \dfrac{dQ - SdT}{T}$

où Q est la quantité d'énergie thermique transmise au sein du système et en échange avec l'environnement et T est le paramètre qui représente la température variable d'un point à l'autre du système considéré.

Loi (2) : $ds = \dfrac{dh}{T}$

où h est l'enthalpie du système.

De la matière peut entrer ou sortir du système. Le système peut être le siège de réactions chimiques endo- et exo-thermiques. Un équilibre dynamique d'échange d'endo- et exo-entropie ds et dS ainsi qu'un échange d'énergie thermique de transmission et d'enthalpie assurent de ce fait une liaison entre les deux lois.

La figure III-9 représente les variations de S en fonction de T correspondant à une énergie thermique de transmission Q_0 constante.

Mathématiquement, on a $Q_0 = T.S$.

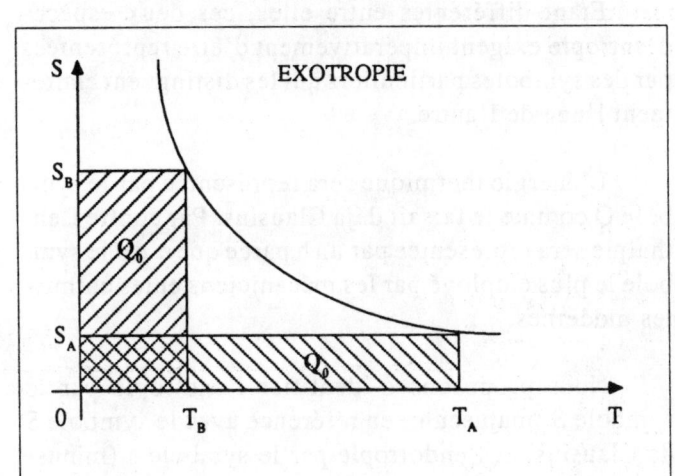

Figure III-9
Diagramme de la croissance d'exotropie en fonction de la température pour une transmission d'énergie thermique constante (d'après H. De Rycker et D. Dubois, 1986).

Dans cette formule, l'exotropie S est comparable au volume v (variable) d'un gaz, et non pas au volume invariable d'un liquide, comme le supposaient les partisans de l'Energétique, ni à la quantité invariable de quantité d'électricité. En effet, par analogie, la valeur de l'énergie élastique d'un gaz se calcule par la formule : énergie élastique = p.v.

On ne se rend peut être pas suffisamment compte que l'énergie thermique est la seule forme de l'énergie dont la valeur énergétique reste absolument constante pendant son écoulement par conduction en régime stationnaire.

Par conséquent, l'énergie thermique est la seule qui se conserve intégralement pendant une transmission de chaleur, car l'énergie thermique est la forme la plus inférieure de toutes les formes possibles de l'énergie.

Dans toutes les transformations énergétiques, et cela quelles qu'elles soient, il y a toujours une perte de l'énergie mise en jeu au départ. A supposer même que cette perte puisse se manifester momentanément sous une forme autre que sous forme d'énergie thermique, cette perte se transforme toujours tôt ou tard en énergie thermique.

Les propriétés de l'exotropie sont importantes, parce qu'il s'agit de **la variété d'entropie dont on dit qu'elle augmente sans cesse**. S'il est vrai qu'elle ne peut que croître, cela ne veut pas dire qu'elle augmente de façon permanente : pour la partie B à T_B, si sa température ne peut plus baisser, l'entropie, de sa qualité d'exotropie qu'elle avait pendant son transfert de chaleur, s'incorpore dans la matière de la partie A pour devenir de l'endotropie.

Pour bien en saisir les caractéristiques, le fluide endotropique peut être assimilé au volume d'une certaine quantité d'eau et non plus à un volume de gaz. On comprend qu'une simple quantité d'eau ne signifie plus rien en soi et que la dimension du réservoir joue un rôle très important. C'est pourquoi, en entropostatique, on parle de la quantité d'énergie thermique supportée par unité de masse de matière; cette grandeur se dénomme une enthalpie. **L'endotropie, gouvernée par la loi (2), peut croître ou décroître et le phénomène est toujours réversible** (figure III-10).

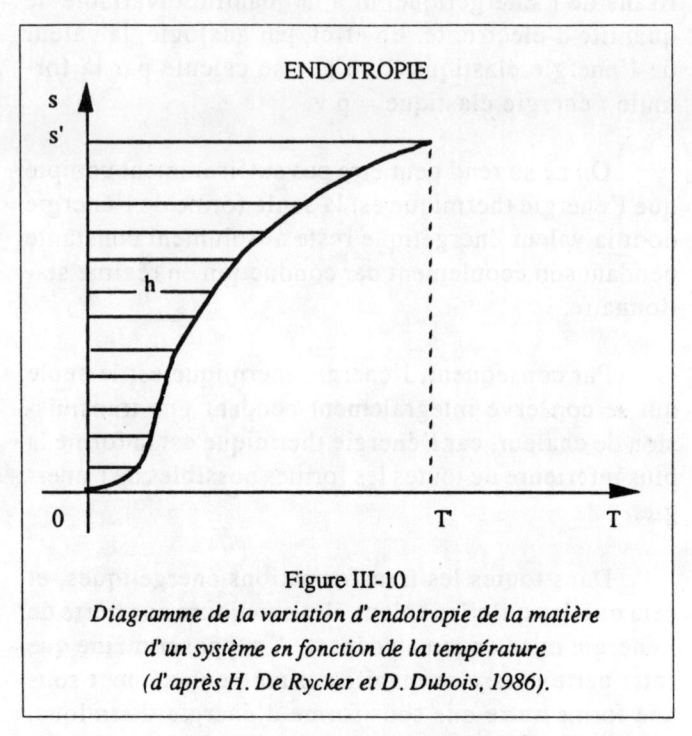

Figure III-10
Diagramme de la variation d'endotropie de la matière d'un système en fonction de la température (d'après H. De Rycker et D. Dubois, 1986).

Cette définition de la réversibilité n'a donc plus **rien à voir avec la définition classique qui veut qu'une transformation se fasse pour des différences de températures nulles,** ce qui empêche toute transmission d'énergie thermique. Clausius l'avait d'ailleurs déjà bien noté mais il avait contourné la difficulté en disant que dT est proche de zéro mais non nul. En fait, c'est **l'échange d'entropie entre l'exotropie de l'énergie thermique en une partie du système et l'endotropie de la matière de cette partie du système qui se fait à la même température.**

Pour qu'un système ouvert comme les structures biologiques puisse être en régime, il faut lui apporter constamment de la matière qui libère de l'énergie thermique par une réaction exothermique qui compense la production d'exotropie. L'endotropie de la matière de « combustion », qui fournit de l'énergie thermique au système, compense la production d'exotropie (figure III-11).

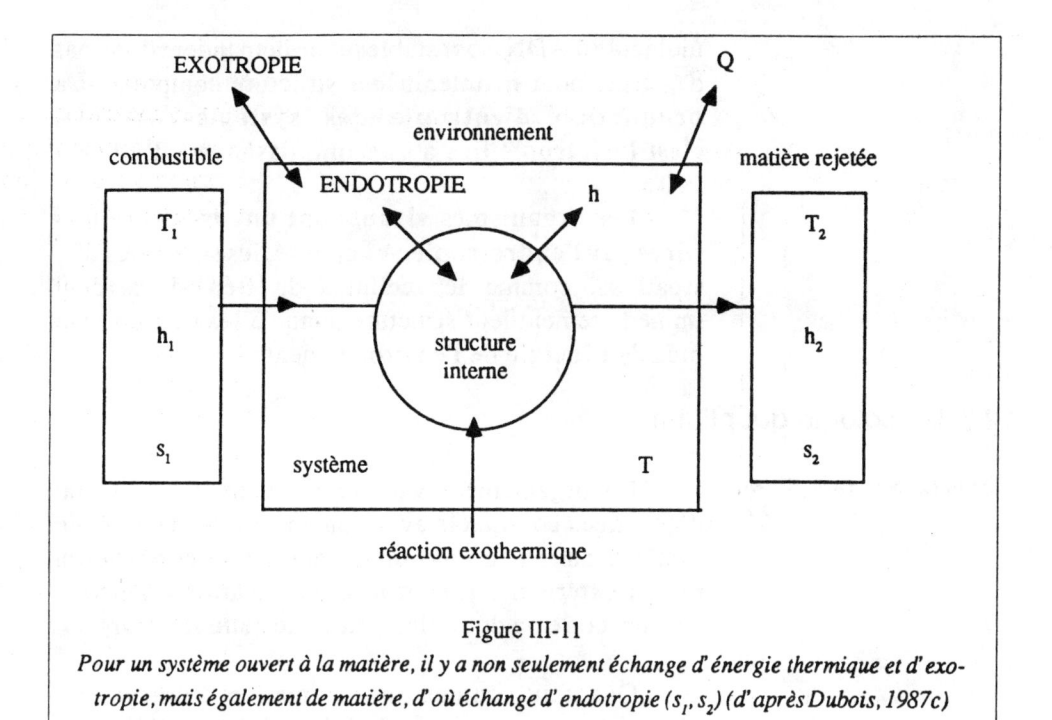

Figure III-11
Pour un système ouvert à la matière, il y a non seulement échange d'énergie thermique et d'exotropie, mais également de matière, d'où échange d'endotropie (s_1, s_2) (d'après Dubois, 1987c)

Cette approche d'endo-exo-entropie va dans la même direction de pensée et ses implications biologiques, notamment pour l'évolution des espèces, semblent importantes. Comme les structures biologiques sont non-linéaires, elles gardent en mémoire, dans leur information génétique, l'intégration des modifications qu'elles ont subies. Leur évolution étant liée aux perturbations qu'elles imposent à leur environnement, on peut admettre que l'information génétique est essentiellement l'intégration de ces perturbations. L'évolution peut ainsi être envisagée comme une adaptation progressive des structures biologiques face aux modifications de l'environnement.

Cfr Dubois et Schoffeniels, 1976.

2.2 Les structures biologiques endotropiques

Une expérience bien connue consiste à refroidir un organisme vivant : une bactérie, par exemple. Quand on baisse sa température, ses fonctions se ralentissent et il devient un système fermé tout en gardant sa structure. **L'entropie de sa structure est de l'endotropie réversible.** On a réchauffé des organismes prisonniers des glaces du pôle nord et ils ont repris vie. La plupart des molécules des organismes, y compris la molécule d'ADN, sont stables et ne demandent donc pas d'énergie pour maintenir leur structure complexe. **La production d'entropie des systèmes vivants, c'est l'exotropie liée à l'accomplissement d'un travail.**

Les organismes vivants ont une mémoire mesurée par l'endrotropie. A l'opposé, les structures dissipatives, comme les cellules de Bénard, perdent immédiatement leur structure quand elles ne reçoivent plus de l'énergie de l'environnement.

2.3. La biologie quantique

D'après Dubois et Schoffeniels, 1976.

Un organisme vivant se trouvant dans un état d'échanges continuels avec son environnement est un système ouvert. L'environnement est cette partie du milieu extérieur qui se trouve en situation d'agir sur une structure ou de subir l'action de cette structure.

Quant au contenu en information d'un système biologique, nous pouvons établir un bilan fondé sur les échanges qu'il réalise au cours de son existence.

L'enveloppe est la surface de séparation entre l'environnement et l'organisme. Cette enveloppe joue le rôle de sélecteur d'information tant sur le plan de la réception que sur le plan de la production.

Le caractère sélectif de l'enveloppe, avec les différents récepteurs et les multiples sources d'information, est particulièrement évident lorsque l'on considère des structures biologiques sensibles aux caractères physiques (lumière, son, etc.) et chimiques (odorat, goût, pression osmotique, etc.) de l'environnement.

Le bilan s'établit alors de la façon suivante. Dès sa formation (fécondation), l'organisme possède l'information qui est l'intégration des informations acquises au cours de l'évolution. Dans la conception actuelle de la biologie moléculaire, elle est essentiellement localisée dans l'ADN.

L'énergie, qui pénètre dans l'organisme, permet alors :
1. de maintenir la structure en dépit de la dégradation de l'information par les phénomènes irréversibles.

C'est essentiellement une structure dissipative dans le sens défini par Prigogine;
2. de développer sa structure (croissance);
3. de multiplier sa structure (reproduction);
4. d'agir sur l'environnement.

Dans le cas de l'espèce humaine et d'autres espèces animales capables d'apprentissage, l'information intellectuelle, résultant de la longue accumulation et de l'interprétation des expériences des générations antérieures, représente un patrimoine mis à profit par les individus de la communauté.

Il peut être intéressant de voir le rapport qui existe entre l'information qui est acheminée entre des structures et le niveau énergétique propre de ces structures. Si deux structures ont la même tension énergétique, il n'y a pas de contraintes entre elles et il n'y a pas de transfert d'information possible.

Si une structure S_1 possède une tension importante par rapport à une autre structure S_2, une puissance informationnelle peut être émise par S_1 qui moulera véritablement l'évolution de S_2.

Dans les systèmes actifs, une structure peut non seulement conserver le niveau de puissance d'une information, mais peut l'élever, provoquer une expansion de l'information. Ainsi, une information d'une structure de très faible puissance pourra voir son pouvoir informationnel croître et, partant, pourra agir sur une autre structure en déplaçant une énergie plus élevée. Ces phénomènes d'amplification sont dus aux boucles de rétroaction (positive et négative) qui assurent en outre un contrôle sur toute puissance informationnelle.

C'est en multipliant une structure identique que les systèmes biologiques augmentent la puissance informationnelle de cette structure. L'ensemble des informations identiques envoyées dans différentes structures déterminées déclencheront une action, c'est-à-dire une information par un phénomène coopératif.

On connaît de nombreux exemples de phénomènes coopératifs en biologie. Sur le plan de la physiologie, on sait que la fibre musculaire ne se contracte que si toutes

En cybernétique, on distingue des systèmes passifs et des systèmes actifs. Les systèmes linéaires passifs sont des systèmes ne possédant aucune source d'énergie : ils effectuent le transfert des énergies. Au contraire, les systèmes non-linéaires actifs comportent des sources d'énergie.

les synapses sont activées. Dans tous les cas de coopération, on observe une multiplication de structures identiques associées de telle sorte qu'il y ait possibilité d'interaction entre elles. D'où l'importance du graphe structural des systèmes biologiques. Il faut également insister sur le fait qu'une structure biologique est plus qu'un système non-linéaire actif. Au cours de son développement et de son évolution, la structure biologique se modifie de telle sorte que son graphe est lui-même modifié. La structure de l'ensemble est ainsi à l'image de toute l'information reçue. L'ensemble joue le rôle de réseau mémoire, puisque son comportement dépend des informations qu'il a intégrées en se modifiant. Il représentera par sa complexité globale une synthèse des informations qui lui ont été communiquées. Par exemple, le graphe structural d'un organisme est à l'image de sa source d'information principale, l'ADN.

Le cerveau humain représente le plus bel exemple de graphe structural évoluant sur un fond d'informations acquises héréditairement. Les configurations de ses mémoires sont modifiées par les informations provenant de l'environnement et la mémoire du cerveau est représentée par la configuration de ses mémoires.

On peut définir les propriétés du cerveau humain et les comparer à celles d'un ordinateur pour arriver à la conclusion que la machine, n'étant pas soumise aux lois de la génétique et aux pressions de l'évolution, reste à l'heure actuelle de loin inférieure au cerveau quant à ses performances.

Les phénomènes irréversibles se manifestant au sein des structures biologiques s'opposent à toute altération de leur contenu informationnel. La fiabilité augmente avec le décours de l'évolution; en conséquence le transfert d'informations entre deux structures S_1 et S_2 qui, à l'origine, pouvait se faire dans les deux sens, devient à sens unique. C'est une explication raisonnable au fait que, dans le cas de la plupart des systèmes biologiques contemporains, le transfert de l'information génétique est principalement à sens unique. Un premier mécanisme d'amélioration de la fiabilité est l'isolement au moyen de membranes qui possèdent un dispositif sélectif de reconnaissance des molécules. Les phénomènes de compensation et de rétroaction concourent au maintien des structures ou au contraire les altèrent suivant la nature des signaux reçus. **La quantification de l'information, c'est-à-dire l'emploi du discontinu, permet d'éviter la dérive de l'information.** Dans les systèmes biologiques, chaque atome et chaque molécule représentent une entité insécable. La dérive de l'information se produit quand il n'y a pas de référentiels d'information dans le système. Dans cet ordre d'idées, la manière de prononcer un mot est un exemple typique de chaîne d'informations continues représentée par les différents individus, et les langues parlées sont ainsi l'objet de transformations progressives ou de lentes dérives. Au contraire, la situation est radicalement différente si l'information est fortement quantifiée. Ainsi la langue écrite, étant quantifiée, est très fiable, car elle est représentée par un ensemble de signes. **La mémoire d'un système est d'ailleurs reliée à la notion de quantification. Un système ne peut avoir de mémoire que si les éléments qui la composent peuvent occuper des états bien définis.** Ainsi, on peut prévoir que l'évolution d'un système biologique se fera par sauts brusques et non de façon continue, ce qui est en fait le cas. **Il peut alors être vain de rechercher certains chaînons manquants qui n'auraient jamais existé par suite du phénomène de quantification et d'intégration non-linéaire de l'évolution du vivant.**

3. LES STRUCTURES FRACTALES

Bien que la génération de fractales est régie par des règles déterministes, B. Mandelbrot a montré que le hasard joue un rôle dans la construction des modèles.

Mandelbrot, 1982.

3.1. Le chaos déterministe

En effet, certaines fractales se développent de manière chaotique ou stochastique. Par exemple, considérons le processus itératif

$$x_{n+1} = (1 + \rho) x_n - \rho x_n^2 \qquad (1)$$

déduite de l'équation de Pearl-Verhulst

$$\frac{dx}{dt} = r (1 - x) x \qquad (2)$$

Pour les systèmes fractals chaotiques, il y a une impossibilité de faire des prédictions à long terme du fait qu'ils sont ultra-sensibles aux conditions initiales. Si l'on pouvait connaître les conditions initiales avec une précision infinie (ce qui est impossible, puisque leurs mesures expérimentales les perturberaient), le chaos serait parfaitement prévisible. Une métaphore peut nous éclairer à ce sujet : sur un réseau d'autoroutes, à un point de bifurcation entre deux directions, si l'automobiliste se trompe de branche d'autoroute, il se retrouvera à Paris plutôt qu'à Bruxelles; les quelques mètres qui séparent les deux branches d'autoroute entraînent un écart de la destination voulue (Bruxelles) de plusieurs centaines de kilomètres (distance Bruxelles-Paris) !

décrivant la croissance d'une population x en fonction du temps t. La simulation numérique de cette équation se fait en utilisant la technique de discrétisation par différences finies :
x est remplacé par une variable discrète, x_n
$\dfrac{dx}{dt}$ par une différence finie, $\dfrac{x_{n+1} - x_n}{\Delta t}$

où Δt est un intervalle de temps suffisamment petit ($\Delta t < 2/r$) pour que la solution converge.

On obtient donc l'équation discrétisée :

$$x_{n+1} = x_n + [r(1 - x_n) x_n] \Delta t$$

ou $x_{n+1} = (1 + \rho) x_n - \rho x_n^2$ et où $\rho = r \Delta t$

La simulation de l'équation (1) pour $\rho < 2$ donne une solution qui se stabilise. Par contre, lorsque l'on augmente progressivement la valeur de $\rho > 2$, on observe tout d'abord une oscillation périodique de la population.

A partir de la valeur $\rho = \sqrt{6} = 2.449$, on observe des dédoublements de la périodicité des oscillations jusqu'à une valeur $\rho = 2.570$, au-delà de laquelle les oscillations sont complètement chaotiques : on parle alors de régime turbulent.

Voir par exemple Peitgen et Richter, 1986.

Si on porte sur un graphique les valeurs des amplitudes des oscillations de x en fonction de ρ, on obtient le diagramme des bifurcations qui est une fractale. Dans la région turbulente, il existe des îlots de stabilité où on retrouve des dédoublements des périodes d'oscillations de la population, jusqu'à un nouvel état de turbulence, etc.

Pour reprendre H.O. Peitgen et P.H. Richter, un système fractal chaotique ne devient plus contrôlable : il est impossible de faire des prédictions sur leur comportement à long terme. Ils proposent l'idée de « *chaos déterministe* », principe universel des processus dynamiques complexes.

Ce processus est en effet semblable à celui des cellules de Bénard, si on observe la même succession de phénomènes, mais au niveau spatial, cette fois.

Je voudrais attirer l'attention sur le fait que **la fractale se définit pour des valeurs du paramètre ($\rho > 2$) qui font que le processus (1) ne représente plus l'équation (2) !** Il y a donc lieu de faire attention à la signification réelle du processus.

Nous avons observé des phénomènes également tout à fait nouveaux en considérant la discrétisation des équations d'une réaction chimique autocatalytique présentant une bifurcation du type « fronce » dans le cadre de la théorie des catastrophes : une inversion des populations, comme dans le rayonnement laser. Le système se réfugie dans des régions instables par la simulation stochastique de ces équations non-linéaires.

Renguet et Dubois, 1981.

3.2. La force aveugle du hasard

La technique de simulation stochastique d'équations consiste à générer des nombres pseudo-aléatoires appliqués à des règles déterminées à partir des termes des équations différentielles non-linéaires. Ces règles représentent des transitions d'états du système décrit par ces équations.

Cette technique de simulation stochastique d'équations a été utilisée, entre autre, à la simulation de systèmes biologiques proies-prédateurs.

Dubois and Adam, 1976.
Dubois and Monfort, 1977.
Dubois and Monfort, 1978.
Dubois, 1979.

L'introduction du hasard, par l'intermédiaire de la génération de nombres pseudo-aléatoires, a pour effet de déstabiliser un système se trouvant proche d'un état métastable. Il agit comme une force aveugle obligeant un système à explorer un domaine plus vaste autour de son comportement purement déterministe.

Dans le cadre de l'optimisation de systèmes non-linéaires, l'introduction du hasard a pour effet d'explorer tous les états possibles du système et de trouver ainsi le minimum global parmi tous les minima locaux.
Cette technique est également utilisée pour la recherche des états de stabilité de réseaux neuronaux formels : la Machine de Boltzmann (voir chapitre VI).

Métastable : état à la frontière entre la stabilité et l'instabilité.

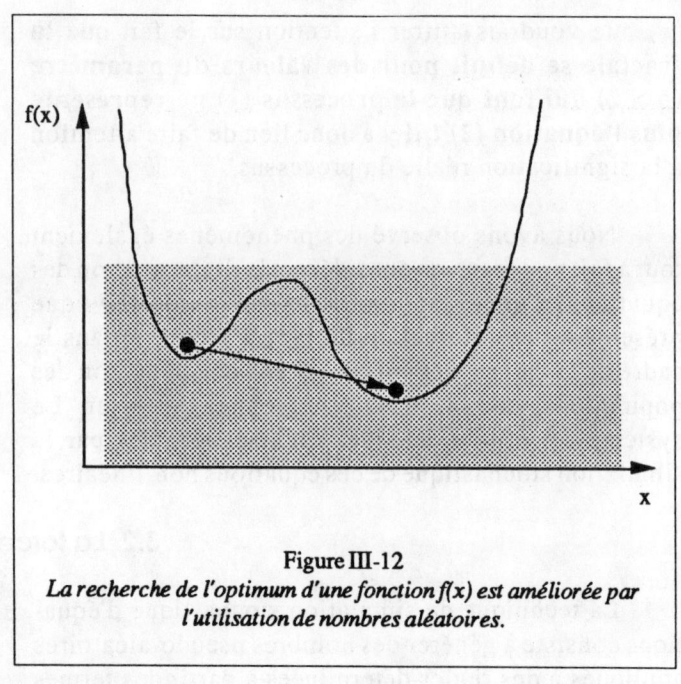

Figure III-12
La recherche de l'optimum d'une fonction f(x) est améliorée par l'utilisation de nombres aléatoires.

3.3. Le déterminisme stochastique

Il n'est pas inutile de souligner que les générateurs de nombres pseudo-aléatoires sont déterministes, car basés sur des règles connues et répétitives.

Une interprétation du chaos fractal est la suivante : les processus qui le sous-tendent sont des équations déterministes génératrices de fluctuations aléatoires, comme les mouvements aléatoires des molécules dans l'expérience de Bénard.

Au point de vue épistémologique, c'est très important, car de chaos déterministe, j'en arrive au **principe opposé de déterminisme chaotique ou stochastique**. J'inverse les concepts de cause et d'effet. **Le déterminisme est la cause tandis que le hasard est l'effet. Le terme « stochastique » représente, pour moi, le choix que se donne un système pour évoluer en augmentant son nombre de degrés de liberté.** La liberté, c'est se donner des choix de comportement en face d'un environnement aléatoire en vue de la recherche d'un maximum d'autonomie. L'aliénation par les contraintes de l'environnement devient **un choix de contraintes que le système se donne en se restructurant** en passant d'un état de stabilité à un autre. Un système évolue parce qu'il s'ouvre de nouvelles voies, des bifurcations. La création des bifurcations est déterministe mais, en accord avec I. Prigogine, le passage par une des deux fourches de la bifurcation est événementiel. **Les fluctuations de l'environnement ne sont plus vues par le système comme étant aléatoires mais ont une signification pour le système qui se les représente.** C'est là toute la difficulté de connaître les logiques de la représentation des systèmes.

De ce point de vue, je me rapproche assez bien de l'épistémologie de Wittgenstein.

Un livre intéressant à ce point de vue est celui de J. Saint-Fleur, 1988.

3.4. L'origine fractale du principe d'incertitude

Le principe d'incertitude d'Heisenberg énonce qu'on ne peut mesurer simultanément la position et la vitesse d'une particule élémentaire, l'électron par exemple.

Pour moi, ce principe serait d'origine fractale. Les fractales sont représentées par des courbes pour lesquelles on ne peut pas calculer de dérivée : **l'adjectif fractal vient du latin *fractus* qui signifie « brisé »**. La vitesse étant la dérivée temporelle de la position d'une particule, si la particule suit une trajectoire fractale, c'est-à-dire brisée, on ne peut en connaître exactement la vitesse quand elle est bien localisée. A moins de considérer que ce soit l'espace-temps qui soit fractal, dans ce cas, il ne serait pas continu mais discret : les particules généreraient un espace-temps discret, ce qui expliquerait les propriétées quantiques de la matière. Comme nous l'avons vu, les phénomènes biologiques semblent également quantiques. Pour être fiable, la mémoire du cerveau devrait posséder des états discrets. Cette propriété quantique se retrouve dans la structure de l'ADN sous la forme d'une séquence discrète de nucléotides.

Voir Ord, 1983 et Cherbit, 1989.

3.5. L'origine de l'univers

La théorie la plus en vogue actuellement concernant l'origine de l'univers est la théorie du Big-Bang exposée par Mgr G. Lemaître. Cette dernière postule que, dans le néant, une explosion gigantesque a engendré un vaste nuage désordonné formé d'atomes simples d'hydrogène. L'origine de cette explosion reste inexpliquée, la seule chose qui soit certaine c'est que, par la fusion thermonucléaire, un apport d'énergie considérable ait

Le labyrinthe de l'intelligence

C'est par dérision qu'un chercheur, F. Hoyle, a appelé Big Bang, l'explosion initiale imaginée par G. Lemaître, pour se moquer de cette théorie qu'il n'aimait pas.

permis la structuration en astres et en étoiles. On assiste actuellement à ce qu'on appelle l'expansion de l'univers dont le diamètre s'accroît de plus en plus vite. Cette expansion continuera-t-elle sans cesse ? Nul ne peut le prédire car il se pourrait fort bien qu'à un moment donné une régression se fasse et qu'on retourne à un Univers de dimension très restreinte avec évidemment les conséquences que cela impliquerait, dont, sans doute, la disparition de toute vie.

Une autre théorie qui s'appelle la théorie de l'univers oscillant est également proposée. Dans ce cas, l'univers existerait depuis toujours et existera toujours. Après une phase d'expansion succéderait une phase de régression et puis de nouveau expansion, régression, etc.

Des simulations sur ordinateur permettent actuellement de montrer qu'à partir des lois de l'astrophysique, des structures de galaxie se créent spontanément avec des formes dynamiques semblables à ce que les astronomes observent. Mais bien des mystères subsistent, dont la formation des trous noirs qui est l'écrasement des étoiles sur elles-mêmes à la fin de leur vie. Les trous noirs constituent des points « singuliers » dans l'univers. Un rayonnement lumineux est dévié par attraction des trous noirs. Des masses de matière qui s'approchent trop près de ces trous noirs sont absorbées et réduites à des dimensions ponctuelles par écrasement. Mais où passent alors toutes ces énergies et matières ? Certains astrophysiciens, s'appuyant sur les théories de la relativité restreinte et générale d'Einstein, pensent qu'elles se retrouvent dans un autre point de l'univers.

C'est la fusion thermonucléaire qui a permis à l'homme de construire la bombe H. Des recherches sont faites depuis de nombreuses années pour domestiquer cette énergie. Les océans contiennent une énorme quantité d'hydrogène (la molécule d'eau H_2O est composée d'un atome d'oxygène O et de deux atomes d'hydrogène H). La mise au point de centrales thermonucléaires donnerait à l'humanité de l'énergie pour des millions d'années et sans doute plus encore !

La théorie de la relativité restreinte postule que la vitesse de la lumière est finie (de l'ordre de 300.000 km/seconde). Il en serait de même de la vitesse de propagation des ondes de gravitation, ce qui entraîne que des interactions entre les différents astres et étoiles ne se fassent pas de manière instantanée dans l'univers.

Einstein a écrit sa fameuse loi $E = mc^2$ (E est de l'énergie, m la masse de matière et c la vitesse de la lumière) qui établit la correspondance entre la matière et l'énergie ondulatoire (comme l'énergie lumineuse).

Ainsi, deux noyaux d'hydrogène qui fusionnent donnent naissance à de l'énergie thermique, c'est-à-dire de la chaleur.

Dans sa théorie de la relativité générale, encore appelée la théorie du champ, Einstein ne se base plus sur la notion de force mais sur celle de champ, le champ gravitationnel. Einstein a remplacé le concept de force par celui de champ gravitationnel pour expliquer la dynamique de l'univers. Il a émis son idée en imaginant qu'il se jetait d'un étage d'un immeuble. Durant sa chute fictive, plus aucune force n'agit sur lui. Il se trouve dans le champ gravifique et n'a de liberté de mouvement qu'autour de son centre d'inertie. Les astronautes, dans leur capsule spatiale, ne subissent plus la gravitation et flottent dans leur cabine, pendant que la capsule fait des révolutions autour de la terre : l'accélération centrifuge compense l'accélération de la gravitation. De la même manière, les astres et les étoiles évoluent dans l'univers dans leur champ gravitationnel variable qui est fonction de leur masse et de leurs positions relatives les unes par rapport aux autres dans un espace à quatre dimensions, les trois composantes spatiales et la composante temporelle.

La théorie classique en mécanique rationnelle a été formalisée par Newton qui a compris comment une pomme tombait d'un arbre. Sa loi fondamentale s'écrit $F = ma^2$ (où F est la force, m la masse de la matière et a l'accélération de cette masse de matière). Dans le cas de la gravitation universelle, l'accélération « a » est la constante de gravitation « g ». Pour le cas de la pomme, g est la constante de gravitation terrestre.

Etant donné le cycle de vie des astres et des étoiles dans les galaxies, c'est-à-dire la création explosive, le stade de maturité suivi d'un stade de sénescence conduisant à la mort (les trous noirs), il n'est pas exclu de penser que des créations explosives par Big-Bang se présentent continuellement en divers points de l'univers. L'origine de l'univers ne serait pas dû à un seul Big-Bang, mais à des Big-Bangs qui se produiraient continuellement et répartis de façon statistique dans un univers sans début ni fin.

Cette approche est à comparer avec celle de Stephen Hawking (1989).

3.6. L'origine de la vie

La plupart des chercheurs pensent que, avant l'apparition de toutes molécules organiques et de toutes cellules vivantes, l'atmosphère terrestre contenait diverses sortes de gaz, mais pas d'oxygène. En l'absence d'oxygène dans l'atmosphère terrestre primitive, les rayons ultraviolets pouvaient la pénétrer facilement jusqu'à la surface de la terre étant donné l'absence de la couche d'ozone dans ses couches supérieures.

Le lecteur qui désire en savoir plus, pourra lire avec intérêt le livre de Joël de Rosnay (1988), L'aventure du vivant.

L'ozone est formé par l'action du rayonnement ultraviolet solaire sur l'oxygène. Une des hypothèses donne comme cause de l'origine des premières matières organiques l'influence des rayons ultraviolets sur la matière minérale. En effet, la synthèse de matières organiques exige une énergie extérieure car les réactions biochimiques sont endothermiques, c'est-à-dire qu'elles consomment de l'énergie thermique. Et seule la lumière ultraviolette semble avoir été la source d'énergie qui ait permis la naissance de matières organiques.

Des chercheurs israëliens et américains ont simulé en laboratoire la formation spontanée, en présence d'argiles, de petites chaînes d'ADN et surtout d'ARN, l'autre support de l'information génétique qui duplique l'ADN dans la cellule. En 1986, l'Américain Thomas Cech, a montré que cet ARN peut s'autoreproduire. L'introduction de cet ARN dans des microsphères favorise sa stabilisation contrairement à d'autres réactions internes qui peuvent les détruire.

Fox, communication personnelle.

En reconstituant en laboratoire l'atmosphère primitive que l'on croit être celle de la planète il y a quatre milliards d'années, S. Miller, en 1953, a pu synthétiser des molécules biochimiques, appelées des bases, que l'on rencontre dans tous les systèmes vivants de la planète. D'autres expériences ont montré que l'on peut créer en laboratoire des membranes semblables aux membranes des cellules et des microsphères d'un micron de diamètre qui ont des propriétés de perméabilité semblables à celles des cellules vivantes. Le Professeur Sidney Fox de l'Université de Miami, ayant créé ces microsphères artificielles, pense que l'on pourra y inclure une espèce de code génétique pour réellement simuler le comportement d'une cellule vivante.

Une des propriétés remarquables de ces microsphères est qu'elles se divisent exactement comme dans la division cellulaire.

Une grande révolution lors de la création de la vie est l'apparition de la photosynthèse qui permet la production d'oxygène à partir du gaz carbonique dans les océans. L'oxygène atmosphérique, caractéristique de la vie, provient totalement de la fonction chlorophyllienne des plantes et, de ce fait on peut considérer que l'atmosphère d'oxygène est contemporaine de la vie.

Dans cette première grande étape photosynthétique, la matière organique est née à partir de la matière minérale. Dans la seconde étape, des structures vont s'élaborer. Ce phénomène est très complexe.

La succession des phénomènes à l'origine de l'augmentation de la complexité du vivant peut se résumer comme suit :

En premier lieu, apparaissent des molécules et des enzymes indispensables à la fermentation anaérobie, c'est-à-dire en l'absence d'air.

Ces fermentations de la matière organique la transforment en un milieu vivant sous l'influence du rayonnement ultraviolet solaire, mais encore dépourvu d'organismes. Ce milieu vivant, formé de molécules biochimiques et d'enzymes, se trouvant doué de la faculté d'auto-reproduction, s'est fortement développé quantitativement.

En deuxième lieu, les membranes apparaissent, constituées par des molécules formant des réseaux dont les deux faces jouissent de propriétés différentes : cette perméabilité différentielle a permis à des molécules de pouvoir passer d'un côté à l'autre de la membrane mais non dans l'autre sens. Ces membranes constituent des surfaces catalytiques qui se sont repliées en sac fermé d'un micron de diamètre. Comme la membrane de ces cellules primitives, ébauches des bactéries, est de perméabilité différentielle, le contenu moléculaire à l'intérieur de ces cellules est devenu différent de celui du milieu. Par la catalyse, un véritable phénomène irréversible se produit. Ce qui entraîne la formation d'une molécule qui mémorise les caractéristiques des cellules jusqu'à aboutir à la formation du code génétique, l'ADN. La première bactérie a été sans doute réalisée ainsi. Cette bactérie hétérotrophe absorbait la matière organique du milieu vivant. Etant à une certaine profondeur dans l'eau, elle était protégée de l'action destructrice des ultraviolets. Il faut remarquer qu'il existe deux types de bactéries : les bactéries anaérobies qui respirent des gaz et n'ont pas besoins d'oxygène, et les bactéries aérobies qui respirent de l'oxygène. Il est probable que les premières bactéries aient été des bactéries anaérobies vu que l'atmosphère primitive contenait divers gaz et non de l'oxygène. Il faut cependant souligner que certains chercheurs pensent que l'oxygène dissous dans les océans existait bien avant l'apparition de la synthèse chlorophyllienne.

Hétérotrophe : du grec hétéro et trophé « nourriture », c'est-à-dire qui se nourrit de substances organiques et ne peut elle-même effectuer la synthèse de ses éléments constituants

Autotrophe : du grec auto et trophé « nourriture », c'est-à-dire qui est capable d'élaborer ses propres substances organiques à partir d'éléments minéraux; seuls les végétaux sont autotrophes.

En troisième lieu est alors apparue la chlorophylle qui a provoqué une transformation du monde vivant. Ce pigment vert de cent trente-sept atomes forme une molécule qui sous l'influence de la lumière solaire permet la synthèse des glucides à partir de l'eau et du gaz carbonique en dégageant de l'oxygène. Les cellules vivantes, jusqu'alors hétérotrophes, deviennent autotrophes. La caractéristique essentielle de ces cellules autotrophes est de dégager de l'oxygène en abondance dans les eaux marines.

Par un phénomène bien connu en physique, dès que la quantité d'oxygène dans l'eau dépasse la saturation, de l'oxygène se répand dans l'air. Cet oxygène dans l'air a engendré dans les couches supérieures de l'atmosphère, en réaction avec les rayons ultraviolets, une couche d'ozone protégeant de ce fait la surface de la terre de son rayonnement nuisible pour les êtres vivants. Ceux-ci pouvaient dès lors se multiplier, s'étendre, et la respiration d'air était possible.

Il a fallu trois milliards d'années pour passer du milieu vivant à la naissance des premiers organismes autotrophes les plus primitifs.

Le quatrième événement est la naissance de la cellule ayant une structure hétérogène complexe, les unicellulaires ayant alors engendré des structures pluricellulaires qui sont à l'origine des végétaux, généralement autotrophes, et des animaux hétérotrophes.

3.7. La vie n'existe-t-elle que sur la terre ?

L'évolution de la vie depuis son origine est intimement liée à la réalisation simultanée de nombreuse conditions strictement définies de l'environnement, ce qui explique que dans notre système solaire la vie ne soit apparue que sur notre planète. Mais cela ne veut pas dire que d'autres systèmes vivants ne puissant exister dans l'univers.

Il faut souligner que les biochimistes et les astrophysiciens ont des avis différents à ce sujet.

Les biochimistes, qui regardent les systèmes vivants basés sur une molécule d'ADN très complexe d'un point de vue moléculaire, pensent que l'origine de la vie est un phénomène dont la probabilité d'occurence est très faible. Pour un certain nombre de biochimistes, la structure de l'ADN s'est créée par la réunion successive de molécules au hasard des circonstances. En conséquence, la probabilité d'un nouvel événement de ce type est hautement improbable et l'homme est seul dans l'univers. C'est la thèse de J. Monod dans « Le hasard et la nécessité ».

Monod, 1970.

Quant aux astrophysiciens comme Hubert Reeves, pour notre galaxie qui compte environ un milliard de systèmes planétaires, ils estiment que des systèmes planétaires analogues au nôtre avec leurs multiples conditions qui peuvent être compatibles avec la vie seraient au nombre de quelques millions de planètes : des êtres vivants existeraient donc sur d'autres planètes mais ils pourraient différer des êtres vivants terrestres par divers caractères. **La vie serait donc bien répartie dans l'univers mais seulement d'une manière stochastique suivant les caractéristiques de l'environnement des différentes planètes.**

Peut-on parler de déterminisme stochastique ?

« — L'apparition de l'homme modifie-t-elle cette longue marche de la complexité ?

— L'homme intervient maintenant sur l'évolution, il invente des intelligences artificielles. Les cerveaux humains continuent de produire de la complexité. Nous ne faisons que poursuivre la tâche de la nature.

— En mettant celle-ci en danger...

— Oui. Si l'on songe à tout ce qu'il a fallu pour en arriver là, à la première pâquerette et à ces êtres qui peuvent maintenant prendre conscience de l'Univers et discuter de ses origines, cela devrait nous inciter à nous interroger sur notre comportement présent.

— "L'Univers a commencé sans l'homme et il finira sans lui" a dit Lévy-Strauss. Etes-vous d'accord avec lui ?

— L'homme, peut-être, mais pas nécessairement l'intelligence. Si l'être humain disparaît, il pourrait y avoir d'autres espèces intelligentes qui atteindraient peut-être des niveaux de complexité encore plus élevés. Tout l'Univers est bâti d'une manière homogène. Partout où l'on regarde, on voit que les premières étapes de la complexité ont été franchies : il y a des étoiles, des galaxies qui ressemblent beaucoup aux nôtres, et l'on relève la même présence du carbone. Dès qu'une molécule a plus de quatre atomes, il y a du carbone ! Il

Extrait d'un entretien de D. Simonet avec H. Reeves, 1989, p. 38.

est donc permis de supposer que les étapes suivantes de la complexité aient pu être franchies sur d'autres planètes. L'intelligence et la consience me semblent être des produits plus ou moins inéluctables de l'histoire de l'Univers. Je pense qu'elles poursuivront leur évolution. Avec ou sans nous. »

3.8. L'évolution du vivant

Dans l'évolution, on constate une spécialisation des structures et des fonctions sous forme d'organes : chez l'homme, on peut définir un certain nombre d'organes dont les structures et fonctions sont assez autonomes de l'ensemble du système vivant. Par exemple, le coeur dont on peut faire une transplantation, ou brancher un organe artificiel. On peut parler d'un partage des travaux à effectuer pour maintenir le système vivant en activité. En considérant toute l'anatomie d'un corps humain, on parvient à définir le rôle de presque tous les organes en matière de fonctions spécialisées. A partir de la fécondation d'un ovule par un spermatozoïde, on assiste à la multiplication cellulaire puis à sa différenciation. Il semble que suivant la position d'une cellule dans l'embryon qui se développe, sa différenciation soit bien précise. Des expériences ont de plus montré que si on intervertit des cellules ayant des fonctions différentes, elles se redifférencient pour devenir comme celles qui étaient à leur position et continuent à se développer comme les originales. Cela laisse présupposer qu'une cellule évolue en fonction du contexte ou de l'environnement dans lequel elle se trouve. L'interaction d'une cellule avec son environnement immédiat a pour conséquence d'ouvrir et de fermer certains « interrupteurs » situés à l'intérieur de la cellule. Cela montre la grande potentialité en matière d'évolution d'une cellule. Il est peu pensable que la structure et le fonctionnement des cellules ne soient pas de type modulaire : dans l'évolution d'une cellule, un module peut évoluer sans grande perturbation pour les autres modules, ce qui permet une diversité quasi infinie des potentialités d'évolution des cellules.

A un niveau supérieur de description, par rapport au niveau cellulaire, on observe une structure « membranaire » qui permet un cloisonnement de cellules ayant des structures et fonctions devenant de plus en plus spécialisées, chaque compartiment est en contact avec les compartiments voisins (physiquement ou par transmission d'informations sous forme d'énergie et de matière). Les différentes membranes formées ayant des propriétés spécifiques, il y a sélection pour le passage de biomolécules ou de cellules à travers ces parois.

Il est peu probable que toute l'information nécessaire à la formation d'un système vivant soit codée au niveau de l'ADN. Ce qui semble codé, c'est un mécanisme universel de développement et d'évolution qui s'auto-organise par auto-apprentissage en fonction des interactions avec le milieu, et ce, à tous les niveaux.

« *En 1983, Barbara MacClintock reçoit le prix Nobel de Médecine à 81 ans. Ses travaux, ses conceptions sortent de l'ombre où ils restaient enfouis depuis près de 40 ans !*

Barbara MacClintock, travaillant sur le maïs, découvre que l'ADN n'est pas un agencement linéaire, immuable, de nucléotides. Certaines séquences peuvent s'en détacher et se réinsérer, ailleurs, le long de la chaîne : c'est la « transposition ». Barbara Mac-Clintock pense que cet ADN peut ainsi se reprogrammer lui-même, sous l'effet de contraintes suffisamment pressantes venues de l'environnement effectuant une sorte d'apprentissage à partir de l'expérience de l'organisme.

Ces « transpositions » modifient le génome, et sont donc d'authentiques mutations. Mais Barbara MacClintock suggère qu'il pourrait bien s'agir de « mutations orientées » et non plus aveugles ou aléatoires, ainsi que continuent à le penser les généticiens les plus conservateurs. »

Cité par Collot, 1989, pp. 5-17.

Ces « mutations orientées » sont un exemple de ce que j'ai appelé « fractale orientée ».

C'est toute une dynamique de communication qui se déclenche au niveau le plus bas (ADN) qui guiderait de façon inéluctable l'évolution de la complexité du vivant.

CHAPITRE IV

L'ÉVOLUTION DE LA COMPLEXITÉ DU VIVANT

CHAPITRE IV

ÉVOLUTION DE LA COMPLEXITÉ DU VIVANT

1. LES LOIS FONDAMENTALES DE L'ÉVOLUTION

Depuis toujours l'homme s'est préoccupé de son origine et de son passé. Comment la nature est-elle devenue de plus en plus complexe, jusqu'à l'aboutissement du cerveau, de l'intelligence consciente ?

D'après Rostand et Tétry, 1962.

Depuis la plus haute antiquité, deux théories ont tenté d'expliquer la genèse des espèces végétales et animales. Ce sont le fixisme et l'évolutionnisme.

Pour les philosophes anciens et notamment Aristote, les espèces sont éternelles et immuables. Les docteurs scolastiques ont rendu compatible avec les données du Christianisme la philosophie d'Aristote et adopté le fixisme en considérant que les êtres vivants avaient été créés séparément chacun selon son espèce, en accord avec la genèse biblique. A l'origine de chaque espèce, on trouve une intervention spéciale de Dieu.

Les espèces créées successivement dans un ordre déterminé ont abouti à l'apparition de l'homme, le dernier chaînon. Dans cette approche, chaque espèce est dotée des mécanismes indispensables à son mode de vie. Ainsi les problèmes de l'adaptation sont résolus par avance : par exemple, l'animal aérien possède des ailes et l'animal aquatique tout ce qui est nécessaire pour la vie dans l'eau.

Il faut remonter à l'antiquité grecque pour constater l'apparition de l'idée de l'évolution des êtres organisés par leur transformation et divergence, à partir d'une souche commune.

1.1. La loi biogénétique fondamentale

E. Haeckel, en 1866, exprima la loi suivante : un individu passe rapidement par les étapes de ses ancêtres au cours du développement de son embryon. Ainsi le développement de l'individu depuis la fécondation de l'oeuf jusqu'à l'état adulte est une courte récapitulation du mode de formation et de développement des espèces au cours de l'évolution. Aujourd'hui on préfère les lois de von Baer de 1828, qui établissent qu'au cours du développement embryonnaire, quatre propriétés essentielles se dégagent. Les caractères généraux apparaissent plus tôt que les caractères particuliers. Les structures les moins générales dérivent des plus générales et ainsi de suite jusqu'à ce que se réalisent les caractères spécifiques. L'embryon d'un animal donné est distinct des embryons des autres animaux. L'embryon d'un animal supérieur ne ressemble jamais à l'adulte d'une espèce inférieure, mais uniquement à son embryon. C'est ainsi que dans l'embryon humain, on peut remarquer notamment des fentes branchiales et un coeur rappelant celui de l'embryon du poisson, mais jamais l'embryon humain n'a l'organisation d'un poisson adulte.

1.2 La loi de complexité croissante

L'évolution en général conduit à une complexité croissante des espèces. Cette évolution se caractérise par l'acquisition d'un système nerveux de plus en plus complexe, ce qui entraîne un psychisme de plus en plus élevé. Une nouvelle science en plein essor est la psychologie biologique qui a pour objet l'étude du psychisme animal. En passant des individus simples aux plus complexes, on constate des comportements innés appelés réflexe, tropisme et instinct, indépendants de l'histoire de l'animal durant son existence, et des comportements acquis au cours de sa vie, ce que l'on appelle des habitudes apprises. Les réflexes et les tropismes sont des réponses à des stimuli-agents excitants par leur intensité alors que les instincts sont des réactions perceptives déclenchées par des stimuli-signes. Un excitant agit comme un signe qui est reconnu par l'individu et son intensité devient secondaire pour céder le pas à la qualité, qui semble être un facteur plus important que la quantité, tout au moins au niveau du psychisme. Il est bien connu que les activités psychiques sont limitées par l'instinct, mais qu'elles sont semblables à des actes intelligents. Les instincts sont provoqués par des stimuli-signes qui se succèdent. Mais l'animal en tant qu'individu en ignore la signification, et ne sait pas ce qu'il poursuit. C'est pourquoi on pense actuellement que l'instinct est un automatisme et qu'une petite perturbation peut entraîner de grandes erreurs de comportement : dans ce cas, l'animal ne parvient pas à s'adapter à une nouvelle situation. Il faut quand même remarquer que même les insectes semblent avoir une compréhension partielle de leurs actes. Selon Bouvier, des activités automatiques ne sont pas dépourvues d'intelligence. Pour cette raison, Vantel a proposé de remplacer l'expression « instinct » par celui de « intelligence spécifique » qui régit les activités des espèces, et qui est héréditaire comme n'importe quelle fonction organique.

Les guêpes, par exemple, peuvent résoudre des problèmes relativement simples de détour.

L'intelligence individuelle, qui n'est pas à confondre avec l'intelligence spécifique, entraîne chez les mammifères et les humains un comportement intelligent dont les actions sont fonction d'une représentation de leur conséquence. Ces individus sont capables d'expérience personnelle et tirent des situations dans lesquelles ils se trouvent de nouveaux comportements, mais cette intelligence individuelle n'est pas héréditaire, semble-t-il. Cette intelligence individuelle est en étroite relation avec l'auto-apprentissage.

Au cours de l'évolution, les organes olfactifs diminuent en importance et l'appareil visuel devient prépondérant chez les espèces les plus récentes. Chez les vertébrés, le cerveau évolue pour aboutir au développement de deux hémisphères, ce qui est important chez les mammifères et chez l'homme. Une hiérarchisation du comportement animal, des actes les plus simples vers les actes les plus compliqués, se produit, ce qui va bien dans le sens de l'orientation de l'évolution vers un système nerveux de plus en plus complexe.

A travers les âges, les êtres vivants les plus simples apparaissent en premier lieu et sont suivis par des êtres de plus en plus complexes. Les groupes d'espèces apparaissent de manière plus ou moins exponentielle, s'épanouissent et se diversifient, puis ils diminuent et finalement s'éteignent. Ce phénomène cyclique comprend une phase de préparation, une phase de crise évolutive et une phase de sénescence qui peut se terminer par la mort, excepté pour ce qu'on appelle les « reliques » ou « fossiles vivants ».

1.3 La loi de Cope

Dans la phase de préparation, les grands groupes, comme par exemple celui des carnivores, commencent par de petites espèces qui sont l'espèce généralisée, synthétique ou composite.

1.4 La loi de la diversification

La phase de crise évolutive se traduit par une différenciation buissonnante : l'évolution conduit à une diversité croissante des espèces. Les spécialisations, de plus en plus poussées, restreignent de ce fait les possibilités générales des espèces, qui ne peuvent dès lors plus quitter l'environnement auquel elles se sont adaptées étroitement et sont en quelque sorte les esclaves de leur biotope en s'engageant dans des impasses dans le labyrinthe de l'évolution.

1.5 La loi de l'accroissement de taille

Un événement remarquable du XXème siècle en matière d'histoire naturelle a été la découverte du coelacanthe, un poisson représentant un groupe qu'on croyait disparu depuis 65 millions d'années. Ces poissons sont localisés dans les eaux marines profondes bordant l'archipel des Comores, dans l'Océan Indien et, actuellement cette espèce diffère à peine de ses ancêtres qui remontent à plus de 350 millions d'années. Les caractéristiques anatomiques de ce fossile vivant sont intéressantes car on y relève un poumon qui témoigne d'une respiration aérienne chez ses ancêtres primitifs.

La phase précédente, qui est une phase d'épanouissement, est suivie d'une phase de sénescence dont divers signes annoncent la décadence : le nombre d'espèces diminue comme si leur potentiel vital s'épuisait et les individus atteignent une grande taille. Bon nombre d'espèces augmentent de taille progressivement au fur et à mesure qu'elles évoluent et cet accroissement conduit souvent au gigantisme et au développement exagéré d'organes externes. Quand l'environnement se modifie ou lors d'apparition d'une nouvelle espèce concurrente, ce gigantisme a souvent constitué leur perte. En effet, on constate que les espèces et les individus diminuent en nombre et leurs zones d'occupation se restreignent, et finalement le groupe s'éteint et disparaît. Mais les causes profondes de cette extinction demeurent obscures. Comment expliquer que quelques groupes ne disparaissent pas totalement et se perpétuent jusqu'à nos jours par des représentants à l'aspect archaïque, ceux que l'on appelle les « reliques » ou les « fossiles vivants ».

1.6 La loi des relais

Les cycles d'évolution que nous venons de décrire et qui se répètent pour tous les grands types d'organisations biologiques impliquent que les anciens groupes sont successivement relayés par de nouveaux groupes. Même l'homme qui apparaît durant l'ère géologique la plus récente, c'est-à-dire le quaternaire il y a environ un million d'années, n'échappe pas à cette loi. Ainsi que nous le verrons plus loin, la succession des relais, **que** l'on appelle « série », marque un progrès dans l'organisation biologique qui est de plus en plus spécialisée et complexe. On observe de plus que certains caractères suivent un sens de complication progressive et d'autres, de simplification. Les séries évolutives complexifiantes sont appelées des orthogenèses. Le mécanisme de l'orthogenèse se base sur trois possibilités de phénomènes qui s'imbriquent intimement les uns dans les autres. Elles se déroulent progressivement et s'arrêtent lorsque le type réalisé atteint un équilibre.

Orthogenèse : du grec orthos « droit » et du latin genesis « génération ».

Les orthogenèses progressives peuvent se poursuivre et aboutir à des développements exagérés parfois gênants pour l'espèce.

Les orthogenèses peuvent être régressives et donner naissance à des organes rudimentaires dépourvus de fonctions actives.

L'orthogenèse peut se manifester d'une façon coordonnée, synchronisée et harmonieuse sur les différents organes et donner naissance à une nouvelle forme plus spécialisée capable de vivre dans un autre environnement ou de mener un genre de vie renouvelé. Th. Huxley (1825-1895) a découvert que certains organes dans un organisme présentent un taux de croissance différent de celui de l'organisme. Il en résulte donc une croissance différentielle. Cela pourrait-il expliquer la naissance de nouveaux types d'organisation et l'apparition des novations, c'est-à-dire d'organes nouveaux pour les séries au cours de l'orthogenèse ?

1.7 La loi de l'irréversibilité de l'évolution régressive

En 1870, Edgar Quinet avait écrit que la nature ne retournait jamais en arrière. Elle ne refait jamais ce qu'elle a détruit et ne revient pas au moule qu'elle a brisé. On ne reverra jamais deux fois la même humanité, la même flore, la même faune étant donné le nombre infini de combinaisons que l'avenir renferme. En 1893, Dollo a développé de façon très précise l'idée de Quinet qui est aujourd'hui appelée la loi de Dollo ou la loi de l'irréversibilité, qui est sans doute **la loi la plus générale et la plus importante de toutes les lois de l'évolution.** Cette loi de Dollo est aussi bien valable pour un individu d'une espèce donnée que pour des organes qui sont présents au sein des individus. Cela veut dire que, lorsqu'un organe entre en régres-

Le labyrinthe de l'intelligence

> *On peut donner l'exemple du parasitisme, résultat d'une évolution régressive, qui aboutit à une structure qui ne peut revenir en arrière. Des groupes de parasites comme les poux et les puces dérivent d'ancêtres qui menaient une vie que l'on peut qualifier de libre, mais on a constaté qu'aucun parasite n'abandonne son mode de vie pour redevenir indépendant.*

sion, il ne fera plus jamais retour en arrière et ne retrouvera ce qu'il a perdu. Cependant des animaux qui reprennent un mode de vie analogue à celui de leurs ancêtres peuvent développer des organes analogues qui assurent les mêmes fonctions mais qui auront une autre origine.

Ce que nous avons décrit dans la loi des relais – la crise évolutive et la période de sénescence – ne se produit qu'une seule fois. Et toutes les lignées actuelles au niveau animal ont subi leur crise évolutive et se sont de ce fait engagées vers leur phase de vieillesse. Il faut remarquer que jamais non plus un groupe éteint n'est réapparu.

1.8 La loi des vitesses d'évolution

D'après les faits, il a été mis en évidence que **l'évolution à l'intérieur des grands groupes est d'autant plus rapide que les groupes sont plus récents.**

> *Néoténie : du grec neos « jeune » et deinô « je prolonge ».*

Chez certaines espèces animales, on constate que la vitesse de développement du germen dépasse celle du soma, cela veut dire qu'un animal peut se reproduire alors qu'il a encore les caractères de larve ou de foetus. En 1884, Kollmann a créé le mot néoténie, ce qui signifie qu'un individu de ce type est capable de se reproduire sexuellement avant de posséder tous les caractères adultes. En permettant le développement et l'évolution des organes sexuels, la néoténie peut être une explication de la création de nouveautés durant l'évolution.

Il est intéressant de reprendre l'idée de l'anatomiste hollandais Bolk qui a appliqué cette notion de néoténie à l'espèce humaine. Pour lui, les premiers hominiens dériveraient par ce phénomène ou par foetalisation d'une souche anthropoïdienne voisine du chimpanzé ou du gorille. Ne retrouve-t-on pas chez l'homme adulte un certain nombre de caractères des embryons d'espèces anthropoïdes ? Les caractères juvéniles de l'ancêtre seraient devenus chez l'homme les caractères de l'adulte. Ne pourrait-on pas considérer l'homme comme un foetus de chimpanzé ou de gorille, dont la vitesse de croissance a été fortement ralentie, mais pourvue d'une conscience, et qui a conservé ses caractères infantiles en parvenant à une certaine maturité sexuelle : cette néoténie aurait été héréditaire.

La lignée humaine n'est guère antérieure à plus d'un million d'années et l'homme actuel remonte à quelques millénaires. **Son évolution est-elle terminée ?** Aujourd'hui tous les grands groupes paraissent relativement statiques et on ne voit pas apparaître de nouvelles familles depuis plusieurs milliers d'années. L'espèce humaine subira-t-elle dans le futur, à son tour, le phénomène de relais au profit d'un nouveau groupe actuellement insoupçonné ? Il n'est pas exclu que **l'espèce qui succédera à l'homme, sans nécessairement le détruire, sera le robot façonné par l'homme lui-même et qui sera doté d'une intelligence artificielle peut-être consciente, avec des possibilités d'auto-apprentissage, ce qui lui donnerait une autonomie certaine.**

2. L'ADAPTATION DES ESPÈCES

L'adaptation est un ajustement des organismes à toutes les conditions des milieux aussi bien externes qu'internes.

D'après Rostand et Tétry, 1962.

2.1 L'homéostasie

L'homéostasie ou adaptation régulatrice protège les organismes vivants contre un changement de leur environnement. Par une espèce d'accoutumance, on assiste à des modifications morphologiques ou physiologiques lorsque les individus se trouvent dans un milieu différent. Mais lorsque ces individus reviennent à des conditions de vie dans leur environnement normal, les modifications disparaissent plus ou moins rapidement et il semble que cette homéostasie ne soit pas héréditaire.

2.2 Le syndrome d'adaptation de Selye

Selye définit le syndrome d'adaptation comme étant l'ensemble des réactions non spécifiques et générales d'un organisme qui apparaît à la suite de l'action prolongée d'un agent d'agression. Il se déroulerait en trois phases : une réaction d'alarme provoquée par l'action d'un stimulus; un stade de résistance où l'organisme acquiert une adaptation à ce stimulus; un stade d'épuisement où l'adaptation développée est incapable de se maintenir davantage.

Syndrome : du grec sundromê « réunion ».

Le syndrome d'adaptation entraîne des modifications fonctionnelles métaboliques, anatomiques et physiologiques.

2.3 L'adaptation spécifique

Un groupe d'individus capable de se reproduire dans des conditions fort différentes des conditions normales est capable de vivre dans ces nouvelles conditions : on dit alors que l'espèce est naturalisée. Si la reproduction dans un milieu protégé est faite par l'homme, on parle d'acclimatation.

2.4 L'adaptation statistique

L'adaptation statistique, encore appelée adaptation éthologique, est caractérisée par un mode de vie donné et se retrouve chez des animaux fort différents mais qui mènent une vie identique. Tout le monde sait que les nageoires sont communes chez les animaux aquatiques, que leur présence permet de penser qu'un fossile ayant des nageoires vivait dans l'eau, mais cette interprétation doit être prise au sens statistique, car il y a des animaux aquatiques qui sont dépourvus de nageoires et des animaux terrestres qui portent parfois des dispositifs analogues à des nageoires. Le nombre et l'importance de ces adaptations statistiques présentes chez un animal permettent de penser qu'ils sont plus ou moins bien adaptés à leur genre de vie. On peut citer les adaptations à la plongée, à l'escalade et à la sécheresse. L'accumulation d'adaptations statistiques conduit au phénomène de convergence. On constate des ressemblances entre individus qui mènent une vie analogue ou entre des organes qui exercent une même fonction. Mais ces ressemblances n'ont aucun lien de parenté entre elles, elles sont uniquement dues à des réponses analogues à des stimuli, à des besoins ou à des conditions de vie identiques. C'est cela qu'on appelle la convergence.

La convergence me semble correspondre à une dynamique fractale.

2.5 L'harmonie entre structure et fonction

Il est évident qu'une condition nécessaire au bon fonctionnement d'un organe est qu'il soit bien adapté à sa structure. Mais il existe de nombreux dispositifs au sein des individus qui témoignent d'une grande adaptation entre la fonction et les organes, et qui, sans être vitale pour le comportement de l'individu en soi, revêt néanmoins une importance dans un cadre écologique plus large, c'est-à-dire l'individu par rapport aux autres espèces. Ainsi on peut citer les moyens de **défense** comme la réaction instinctive à une attaque par la fuite et la mort apparente où l'individu a un comportement spécial simulant la mort à la moindre alerte pour se protéger des prédateurs, les matamores qui prennent une attitude terrifiante pour intimider leur adversaire, les « armes » variées et compliquées que certaines espèces possèdent : des dispositifs perforants, stylets, aiguillons, dents, pinces, flèches, cuirasses protectrices, sécrétions défensives (comme les produits mal odorants et des poisons), substances collantes (provenant des glandes à glu).

2.6 Le mimétisme

Certains individus ont la possibilité d'adapter leur coloration externe pour se dissimuler dans leur environnement afin d'échapper à leurs prédateurs.

On peut citer les colorations cryptiques qui correspondent à un phénomène d'éclaircissement de la couleur de l'animal bien éclairé ou d'assombrissement dans un environnement foncé. Les colorations voyantes composées de couleurs criardes et de dessins voyants rendent l'animal particulièrement visible. Ces animaux, peu comestibles en général pour leurs prédateurs, sont facilement reconnaissables par ces derniers par essais répétés : les prédateurs apprennent par cet auto-apprentissage à ne plus attaquer ces espèces, dont ils savent qu'elles ne sont pas comestibles. Le mimétisme consiste pour deux espèces qui appartiennent à des groupes éloignés d'avoir une ressemblance extérieure. Ce mimétisme assure pour l'une des espèces une protection contre des prédateurs de l'autre espèce qui ont appris à ne plus les attaquer et, de ce fait, elle peut s'assurer une protection.

2.7 La boîte à outils des êtres vivants

En latin le mot outil signifie exactement la même chose que le mot organe en grec. On peut considérer un être vivant comme étant un ensemble d'organes hiérarchisés qui constitue une véritable boîte à outils pour son bon fonctionnement. Chez les animaux et les plantes, on observe tout un attirail basé sur deux modèles différents : ceux qui forment un tout à structure complexe et ceux qui comportent deux parties distinctes complémentaires l'une de l'autre; c'est alors l'association des deux parties qui assure la fonction de cet outil; ils correspondent à ce que Cuénot a défini par coaptations.

Certaines espèces sont pourvues d'organes qui obéissent aux principes de la mécanique ou de la physique. La pince à sucre que nous utilisons copie par sa forme et son fonctionnement une petite pince de l'oursin. Les poissons électriques ont des générateurs électrochimiques semblables à la pile de Volta. La décharge électrique est déclenchée par le système nerveux; sans cela, étant donné les propriétés de grande conductibilité de l'eau de mer, la pile des poissons électriques se déchargerait rapidement. Certains poissons ou insectes ont une source lumineuse chimique qui répond aux lois optiques.

Bien que la plupart de ces outils présentent des caractéristiques opérationnelles certaines, il ne faudrait cependant pas croire qu'ils offrent le maximum de perfection. Par exemple, les pinces de certains crustacés restent toujours ouvertes, ce qui les rend inopérantes.

Par leur morphologie, tous ces outils peuvent servir de modèles aux outils fabriqués par l'homme.

3. L'APPRENTISSAGE CHEZ LES ESPECES

3.1 Le modèle d'apprentissage des éthologues

D'après Gould et Marler, 1987.

Les fondateurs de l'éthologie, Konrad Lorenz, Nikolaas Tinbergen et Karl von Frisch, ont défini celle-ci comme étant l'étude de l'instinct pour expliquer le comportement animal, ce comportement étant principalement conditionné par quatre processus fondamentaux.

D'une part, il y a des informations représentées par des signaux sous forme de stimuli, et reconnues instinctivement. D'autre part, des réponses innées à ces stimuli engendrées par des programmes moteurs. Ensuite, des motivations diverses déduites d'états de besoins. Et enfin, un apprentissage limité et apparemment aberrant, ce qu'ils appellent le processus d'imprégnation.

Un exemple typique est donné par Lorenz et **Tinbergen** qui ont étudié, entre autres, la réaction de l'oie à l'oeuf échappé par inadvertance de son nid. Installée de nouveau sur son nid, l'oie, apercevant l'oeuf égaré, tend alors son cou vers l'oeuf, le fixe des yeux puis le fait rouler délicatement avec son bec jusque dans son nid. Vu de l'extérieur, son comportement semble intelligent, c'est-à-dire que sa réaction a été une résolution pensée au problème posé. Mais pour ces éthologues, le comportement est stéréotypé et inné ; ils en donnent pour preuve que, quelles que soient la taille et la couleur, n'importe quel objet convexe, même une bouteille, déclenche cette réponse. Le stimulus est représenté par le caractère de l'objet et le programme moteur conduit à la récupération de l'objet convexe, le processus d'imprégnation étant qu'après l'éclosion, les oisillons suivent et considèrent comme leur mère n'importe quel objet qui avance en imitant le cri de l'oie, ce qui semble être une réaction innée. Quant à la motivation, elle est plus difficile à définir.

3.2 Le modèle d'apprentissage des behavioristes

Les behavioristes classiques considèrent que pratiquement toute réaction d'un animal supérieur appartient à l'un des deux types d'apprentissage suivants : le conditionnement classique et le conditionnement opérant. Ils considèrent que l'apprentissage est entièrement contrôlé par un superviseur extérieur et que l'instinct n'y joue aucun rôle.

D'après Gould et Marler, 1987.

Le conditionnement dit classique

C'est le conditionnement bien connu découvert par le physiologiste russe Ivan Pavlov en faisant des expériences chez le chien. Il a en effet montré que si on fait retentir une sonnerie juste avant que l'on présente son repas à un chien, celui-ci, après conditionnement, salive à chaque son de la sonnerie.

Dans ce processus de conditionnement, trois facteurs entrent en jeu :
- *le stimulus inconditionnel*, c'est-à-dire le signal reconnu de manière innée (la nourriture, dans ce cas)
- *la réponse inconditionnelle*, c'est-à-dire le comportement déclenché de manière innée (ici, la salivation)
- *le stimulus conditionnel*, c'est-à-dire le signal auquel

le chien doit répondre après conditionnement (la sonnerie).

Les premiers behavioristes pensaient que n'importe quel signal perçu par un être vivant pouvait jouer le rôle de stimulus conditionnel et par là déclencher n'importe quel comportement inconditionnel !

Deux remarques me semblent indispensables. Tout d'abord les stimuli-réponses inconditionnels correspondent à une approche symbolique : à un abstrait (la sonnerie) correspond un concret (la nourriture) après apprentissage. Cela déclenche automatiquement une réaction physiologique, la salivation à l'entente de la sonnerie.

Ensuite, le type d'apprentissage qu'est le conditionnement est évidemment dangereux, car on pourrait faire faire n'importe quoi à n'importe qui de manière inconditionnelle en réponse à un stimulus conditionnel.

Le conditionnement opérant

Dans ce type de conditionnement, l'animal apprend un comportement par essais successifs pour obtenir une récompense ou éviter une punition. Un exemple typique est celui du rat qui apprend à appuyer sur un levier pour obtenir de la nourriture. De nouveau, les premiers behavioristes « opérants » pensaient qu'un être vivant pouvait apprendre n'importe quel comportement en réponse à n'importe quel signal.

3.3 Le modèle d'apprentissage basé sur des règles

Dubois, 1987b.   Je soutiens que **les patrimoines génétiques des êtres vivants sont plus riches en règles d'apprentissage qu'en informations.**

Le cerveau humain, en plus de sa capacité de mémoriser et de traiter des connaissances, aurait la possibilité de mémoriser et de traiter des règles d'apprentissage, le traitement des règles se faisant par le méta-apprentissage qui est lui-même constitué par la mémorisation de méta-règles acquises et/ou innées. Par auto-apprentissage, le cerveau humain aurait, en plus de sa capacité de mémoriser et de traiter les connaissances découvertes en lui-même ou acquises automatiquement à l'extérieur, la possibilité de mémoriser et de traiter des auto-règles d'apprentissage par le méta-auto-**apprentis**sage auto-basé sur des méta-auto-règles acquises **et/ou** innées. Ce dernier type d'apprentissage implique des décisions « conscientes » sur le moment et le contenu de ce qu'il faut apprendre, ce qui a pour conséquence d'affaiblir l'emprise de l'instinct sur l'homme. C'est par ce méta-auto-apprentissage que l'homme peut se dire intellectuellement libre et doué de libre arbitre. L'homme est, en plus, doué d'esprit d'invention puisqu'il parvient à imaginer une solution à un problème avant de l'expérimenter. Cet apprentissage réfléchi est souvent mené par essais successifs dans les premiers stades de recherche de solutions d'un problème entièrement nouveau, ce dont témoigne l'expérience vécue avec les enfants de 3 à 6 ans. L'apprentissage réfléchi est pour moi un composant essentiel de l'intelligence humaine.

Pour Gould et Marler, l'intelligence « ... *requiert la capacité de se souvenir de fragments isolés d'informations acquises précédemment, de les combiner et d'envisager d'autres solutions à partir de nouvelles combinaisons formulées par l'esprit* ». Ils citent la série d'expériences qu'a réalisées Edward Tolman, de l'université de Californie à Berkeley en 1948, et « ... *qui ont confirmé que les animaux ont de telles capacités* » ! E. Tolman avait conclu, après expérimentation sur des rats, qu'ils avaient combiné des informations tirées de deux expériences complètement différentes. Il a également démontré que les rats construisent des cartes mentales de leur espace familier et sont capables d'en déduire de nouveaux chemins. On a également montré que les abeilles disposent de cartes mentales établies lors d'une phase instinctive de reconnaissance du territoire. Gould et Marler citent également les travaux de Richard Hernstein, de l'université de Harvard, qui a donné des arguments montrant que les animaux peuvent élaborer, lors d'un processus d'apprentissage, des concepts abstraits et de classification impliqués par des capacités mentales sophistiquées. Des expériences sur des pigeons suggèrent qu'ils ont une capacité innée à généraliser certains concepts.

Gould et Marler, 1987.

Dans leur article, Gould et Marler concluent ainsi : « ... *Il est donc raisonnable d'admettre que les individus de certaines espèces organisent instinctivement des catégories autour des différents concepts.*

Progresser par essais successifs, envisager diverses solutions, élaborer quelques projets simples sont autant de possibilités qu'offre à un animal sa capacité à organiser et à manipuler ces catégories. (...) Tout apprentissage, même s'il repose sur le conditionnement, se limite à celui des tâches que l'animal est susceptible d'avoir à accomplir. (...) La capacité à organiser des catégories et à procéder par essais successifs – processus qui est vraisemblablement l'apanage des vertébrés supérieurs – serait elle-même le résultat de penchants et de spécialisations innés : la mésange dont le cerveau est minuscule se souvient de centaines de cachettes à grain, là où l'homme ne pourrait en retenir plus d'une douzaine. (...) Il semble donc que de nombreux animaux soient particulièrement aptes dans certains domaines favorisés par la sélection naturelle, et stupides à l'égard des apprentissages que ne réclament pas leur style de vie ».

Ces conclusions sont tout à fait intéressantes car elles expliquent le problème de la « différence » entre les espèces et même à l'intérieur d'une espèce, l'homme en particulier.

On parle d'ailleurs du « droit à la différence ». Il est bien connu que la structure et la fonction des neurones sont les mêmes pour tous les êtres vivants, les animaux comme les humains. Donc le support de l'intelligence qu'est le cerveau, est formé d'entités identiques pour toutes les espèces, mais par contre l'organisation des flux d'informations est propre à chacune. Il y a évidemment une partie d'origine innée et une autre acquise par apprentissage. Le processus d'apprentissage a lui-même une partie innée et une partie acquise.

Les êtres vivants étant en contact avec leur environnement obtiennent des signaux qui dépendent de leurs organes des sens innés et réagissent sur cet environnement avec leurs moyens physiques propres également innés (la morphologie générale du corps).

Gould et Marler écrivent à titre d'exemple : « ... *naturellement les abeilles doivent pouvoir apprendre à reconnaître la forme de différentes fleurs, alors qu'il serait impossible d'équiper chaque abeille à sa naissance d'une flore qui lui indiquerait toutes les fleurs où elle peut butiner* ».

Quant au chien, il doit apprendre à reconnaître son environnement propre. Il est évident que, s'il avait une carte mentale d'un environnement particulier à sa naissance sans capacité de l'adapter, il ne survivrait pas. Il est donc doté, génétiquement, d'un système inné d'apprentissage basé sur des règles et non sur des connaissances.

On peut même dire que les êtres vivants, humains compris, ont des systèmes d'apprentissage limités et correspondant à une logique propre à chacun pour des raisons de performance : en effet, le temps de réponse aux stimuli doit être court car les êtres vivants doivent survivre en temps réel, c'est-à-dire rapidement.

Les humains sont capables de méta-apprentissage et de méta-auto-apprentissage, ce qui leur confère une faculté supérieure à celle des autres espèces. Ces niveaux supérieurs d'apprentissage sont nécessairement limités, car il faut du temps pour organiser l'information, mais l'homme a la possibilité de choisir ses domaines d'apprentissage en fonction des tâches qu'il désire accomplir.

De plus, l'homme a réussi à élargir le champ d'investigation de l'univers (l'environnement et lui-même) en inventant et en créant des capteurs d'informations artificiels (microscope, télescope, etc) qui prolongent ses organes de sens innés. De même pour les actions sur l'univers, l'outil et tous les moyens artificiels qu'il a mis au point (machines outils, robots, ordinateurs, etc) pour prolonger l'usage de sa main.

L'homme est sans doute le seul être vivant à pouvoir sélectionner son domaine d'apprentissage et étouffer l'apprentissage instinctif aliénant.

L'apprentissage instinctif ou auto-apprentissage

Il semble confirmé que les animaux sont prédisposés pour réaliser certaines associations entre des structures intellectuelles dans certaines situations, et non dans d'autres. Gould et Marler citent John Garcia, de l'université de Californie à Los Angeles, qui a porté un coup décisif à la généralisation que les behavioristes avaient fait du conditionnement classique en croyant que n'importe quel signal perçu pouvait devenir un stimulus conditionnel par apprentissage. Il a en effet démontré

Gould et Marler, 1987.

que le rat est incapable d'associer des signaux visuels avec une nourriture qui le rend malade, alors qu'il y associe très aisément un signal olfactif. Il a également découvert, par contre, que la caille peut associer des couleurs (signaux visuels) à une nourriture dangereuse, mais pas des signaux olfactifs. Des observations faites par d'autres chercheurs ont confirmé ces résultats.

De plus, les animaux sont prédisposés à apprendre certaines choses plus facilement que d'autres : les associations les plus facilement acquises correspondent donc à une logique propre à chaque espèce.

Enfin, les animaux, comme l'homme, semblent préprogrammés instinctivement pour déceler des signaux spécifiques dans un contexte particulier, et pour réagir autrement dans d'autres contextes.

L'apprentissage par imitation

Les oiseaux nicheurs doivent apprendre à reconnaître les oiseaux inoffensifs de ceux qui se nourrissent d'oeufs ou d'oisillons. Pour montrer comment le processus d'apprentissage, guidé par l'instinct, permet à ces oiseaux nicheurs de détecter la présence d'un prédateur, on place deux groupes de merles noirs dans des cages séparées par une boîte tournante à quatre compartiments. Chaque groupe d'oiseaux voit les oiseaux de l'autre cage et un seul compartiment à la fois : on place dans les deux compartiments face aux cages deux oiseaux inoffensifs – des méliphages australiens empaillés – : les merles ne réagissent pas. On place ensuite d'un côté un oiseau prédateur – un hibou empaillé – et de l'autre un méliphage. Le premier groupe de merles en face du hibou émet des cris d'alarme instinctifs en essayant de l'attaquer. Après un certain temps, le deuxième groupe de merles de l'autre cage répond par apprentissage imitatif à ces stimuli sonores et devient agressif envers le méliphage (inoffensif) et émet les mêmes cris d'alarme. En faisant tourner la boîte, on présente alors un méliphage aux deux groupes de merles. Le deuxième groupe de merles, ayant appris à détecter le méliphage comme étant un ennemi, se met à émettre des cris d'alarme et à attaquer. Le premier groupe de merles, après un certain temps, répond alors par apprentissage imitatif à ces signaux sonores en émettant lui-même des cris d'alarme et en devenant agressif. Cet apprentissage imitatif se transmet même de génération en génération: les jeunes apprennent à détecter cette espèce inoffensive en imitant leurs parents. On a même appris à ces merles à attaquer des bouteilles !

Ce type d'apprentissage est vraisemblablement commun à la plupart des êtres vivants, notamment les mammifères, pour reconnaître leurs ennemis. On a montré que les jeunes singes vervets poussent instinctivement des cris d'alarme spécifiques en réponse à différents types de stimuli. Tout objet ayant une certaine taille et se déplaçant dans l'air à une certaine vitesse, que ce soit une feuille qui tombe ou une cigogne qui passe, déclenche chez les jeunes vervets le cri d'alarme de l'aigle. Les jeunes singes apprennent progressivement par imitation devant quelles espèces les adultes réagissent.

Pour ma part, j'avais appris à un de mes chiens à courir après des lapins qui passaient dans le jardin. Un jour, j'ai mis un lapin en porcelaine au milieu du jardin et ai appelé mon chien en lui demandant de courir après ce faux lapin. Il se rua sur ce postiche et fut tout à fait surpris de constater que ce lapin ne fuyait pas à son approche ! Il était totalement désorienté.

L'acquisition du chant chez les oiseaux leur permet de reconnaître les autres individus de leur propre espèce. D'instinct, tous les oiseaux ont un répertoire d'une ou deux dizaines de chants qu'ils émettent et reconnaissent. En effet, des oiseaux éclos et élevés en totale isolation reproduisent les chants propres à leur espèce. L'apprentissage joue cependant un rôle important. En effet, les chants complexes comme ceux des amours et de la marque du territoire sont appris au contact des adultes de la même espèce. L'organisation générale du chant dépend de l'espèce, mais les oiseaux ont différents dialectes correspondant aux chants qu'ils ont entendus à l'endroit où ils ont été élevés. De plus, les chants des différents individus sont distincts. L'oisillon du pinson, par exemple, qui grandit dans un milieu dépourvu de sons essaye, à un mois, d'émettre des sons. Ce « préchant » de l'oisillon fluctue fortement pendant une durée de deux mois d'essais. Vers trois mois, le chant de l'oisillon se « cristallise », c'est-à-dire se fixe définitivement. En fait, son chant simplifié, expérimenté dans un environnement isolé, présente les caractéristiques du chant de l'adulte en liberté. L'oisillon apprend à élaborer son chant au contact de ses congénères et des adultes lorsqu'il vit dans son milieu naturel. Durant la période d'apprentissage, appelée « période sensible », la capacité d'apprentissage est optimale. Par exemple, le jeune mâle du bruant à calotte blanche doit avoir entendu le chant correct de son espèce avant l'âge d'environ deux mois pour en reproduire une imitation exacte à l'âge adulte. Il faut insister sur l'aspect irréversible instinctif et limité dans le temps de cette période sensible. Certains signaux, reconnus instinctivement, déclenchent le processus d'apprentissage. Quand il a appris le chant correct, il le mémorise définitivement. En ce qui concerne le développement de sa propre version du « dialecte local », on pense que l'oiseau procède par tâtonnements, par essais successifs, comme le babillage (pour le langage parlé) ou le gribouillage (pour le dessin) chez les jeunes enfants. Pour le bruant à calotte blanche, il peut s'écouler plusieurs mois après la période sensible pour obtenir les premières imitations reconnaissables. Il semble que cette période corresponde à une phase de mémorisation. Avant la phase de cristallisation, un bruant rendu sourd et qui avait entendu auparavant le chant de son espèce a été incapable d'émettre de façon mélodieuse ni son chant inné ni un chant proche de celui qu'il avait entendu. L'oiseau doit expérimenter son chant en fonction des données mémorisées dans son cerveau. Il écoute les sons qu'il émet et les accorde avec ceux de sa mémoire. Quand la cristallisation s'est produite, la surdité ne l'affecte plus, car son chant est devenu automatique.

D'après les résultats expérimentaux, **les oiseaux apprennent exclusivement les chants de leur propre espèce. Néanmoins, un oiseau est capable d'imiter les chants d'autres espèces.** Ce résultat est important car il montre que ce n'est pas par incapacité qu'il ne chante pas les chants des autres espèces, mais parce que la focalisation de son attention est préprogrammée instinctivement pour les sons particuliers de son espèce. Il se pourrait que le chant des autres espèces lui apparaisse comme un bruit de fond plutôt qu'une mélodie. **La motivation profonde et inconsciente est sans doute basée sur un besoin d'autonomie de l'espèce face aux autres. Cet apprentissage imitatif est en accord avec le principe d'autonomie. Ainsi, par simple imitation, les êtres vivants acquièrent rapidement** une façon de se comporter dans leur milieu social. Cela peut d'ailleurs se faire inconsciemment et sans intention bien précise.

Chez l'homme, en imitant les adultes, les jeunes accèdent rapidement à un modus vivendi semblable aux adultes. De plus, en s'imitant entre eux, les jeunes ont tendance à se ressembler.

Cet apprentissage imitatif conduit à la banalisation des comportements des jeunes face à leur milieu social, ce qui a pour conséquence qu'ils deviennent de plus en plus semblables entre eux et avec les adultes. Un groupe de jeunes qui ne poursuit pas ce type de développement par imitation mais diverge de la moyenne générale est souvent rejeté et/ou agressé par les autres. Mais, par une espèce de comportement similaire, les autres ne feront pas attention à eux. Dans la suite, certains pourront alors préparer un plan en toute tranquillité pour dominer les autres, qui n'auront pas le temps de réagir devant une situation nouvelle se présentant brutalement à eux. A ce moment, on pourra alors voir les dominés essayer d'imiter les dominants et ainsi de suite jusqu'à une stratification sociale sous forme de hiérarchie. Il en est de même de l'évolution de la hiérarchie de la civilisation humaine.

Le moment paraît venu d'étudier l'évolution humaine dans le cadre général des théories de l'évolution des espèces. Nous défenderons l'idée que l'explication de l'évolution, contrairement aux théories classiques, doit se baser sur la mémorisation génétique de règles d'apprentissage.

4. LES THÉORIES DE L'ÉVOLUTION DES ESPÈCES

Pour le grand-père de Charles Darwin, Erasme Darwin, tous les êtres tirent leur origine d'un filament organique. Ne peut-on pas considérer Erasme Darwin comme le précurseur de la découverte du code génétique qui est une molécule se présentant comme un filament ?

Rappelons les idées de deux grands de l'évolutionnisme : Lamarck et Darwin. Le premier qui formula une théorie explicative de l'évolution fut Lamarck, disciple de Buffon.

Erasme Darwin, 1731-1803, auteur de « Zoonomie ou lois de la vie organique ».

4.1 Le lamarckisme

D'après Rostand et Tétry, 1962.

Jean-Baptiste de Monet, Chevalier de Lamarck, 1744-1829, était un systématicien et un philosophe de la nature. En 1809, il publia sa philosophie zoologique et en 1815-1822, l'histoire naturelle des animaux vertébrés.

Voici deux exemples donnés par Lamarck pour illustrer sa théorie. La girafe, obligée de brouter les feuilles des arbres s'efforce de les atteindre. Cette habitude soutenue pendant un laps de temps important dans tous les individus de son espèce a entraîné que ses jambes de devant sont devenues plus longues que celles de derrière, et son cou s'est considérablement allongé. Le serpent, lui, a pris l'habitude de ramper sur la terre afin de se cacher : à la suite d'efforts répétés pour se traîner et passer dans les fentes étroites, son corps s'est allongé et ses pattes, non utilisées, ont finalement disparu.

Ne parvenant pas à isoler les espèces, Lamarck estima que celles-ci descendaient les unes des autres et qu'elles possédaient une stabilité temporaire apparente en fonction de la stabilité de l'environnement. Pour lui les modifications de l'environnement provoquent des modifications des besoins, car les espèces contractent de nouvelles habitudes qui entraînent le changement de leurs actions sur leur nouvel environnement. Le travail d'un organe le fortifie tandis que son non-usage s'accompagne d'une atrophie voire de sa disparition totale.

Le point-clé de sa théorie est une modification de l'environnement et/ou des habitudes des espèces devant toujours précéder les changements de structures qui héréditairement se présenteront naturellement sous formes innées dans les générations suivantes.

La théorie de Lamarck repose sur deux postulats.

Le besoin et la fonction créent l'organe : l'usage le fortifie et l'accroît et le non-usage entraîne son atrophie voire sa disparition.

Le caractère acquis par une espèce sous l'influence des conditions de l'environnement est transmis génétiquement : le caractère acquis est donc héréditaire.

L'environnement et les habitudes exercent une action incontestable sur l'organisme. C'est dans un environnement différent que les organismes répondent par des changements physiologiques qui peuvent être ou non accompagnés de transformations morphologiques. L'organisme répond toujours à l'action de l'environnement, à l'effort et au traumatisme par une modification « utile ». On pourrait se demander si l'utilité d'un organe est une raison suffisante pour déterminer son apparition. Comment un être pourrait-il ressentir le besoin d'un organe qu'il ne possède pas et dont il ne connaîtrait pas l'effet à l'avance ? Et pourtant, c'est ce que l'évolution naturelle a fait de façon inconsciente et intelligente.

Je voudrais faire un parallèle entre les idées de Lamarck au niveau des organismes et ce qui se passe dans le cerveau humain lors de l'invention d'outils et de la créativité. Le cerveau de l'homme invente certaines choses dont il ne connaît pas les effets à l'avance. Il lui arrive d'inventer des choses inutiles et qui même lui sont néfastes. Tout le monde sait qu'il a fallu beaucoup d'expériences ratées pour créer le premier avion volant. Pour aller sur la lune, les échecs ont été moindres et le développement technologique très rapide : cela coïncide bien avec la loi sur la vitesse de l'évolution qui dit que plus l'évolution est avancée, plus les processus de développement sont perfectionnés. La disparition d'espèces pourrait par analogie être comparable à des expériences ratées de l'évolution du vivant. Les caractères acquis des nouvelles espèces créées peuvent-ils être mémorisés dans le code génétique ? Jusqu'à l'édition du livre de Jacques Monod, *Le hasard et la nécessité*, les biologistes croyaient impossible l'hérédité des caractères acquis. Depuis, il a été prouvé expérimentalement que l'environnement immédiat du code génétique dans la cellule pouvait changer la configuration de l'ADN. Donc toute l'information contenue dans l'ADN, qui permet à un embryon de se développer, ne se fait pas que dans un seul sens puisque des informations externes à cet ADN peuvent s'inscrire dans celui-ci en le modifiant par une enzyme, la transcriptase inverse, qui peut être considérée comme étant du lamarckisme.

Pour moi, les caractères sont des règles d'auto-développement par auto-apprentissage.

Monod, 1970.

J. Rostand et A. Tétry écrivent ce qui suit dans leurs critiques du lamarckisme au sujet de l'hérédité des caractères acquis :

Rostand et Tétry, 1962.

« *Un certain nombre de faits sont troublants et difficiles à expliquer. Une plante maritime cultivée loin du littoral conserve ses caractères adaptatifs (pilosité, tissus succulents), tandis qu'une autre, dans les mêmes conditions, perdra ses caractères adaptatifs. Chez la première, les caractères sont inscrits dans le patrimoine héréditaire; chez la seconde, malgré la durée, ils ne le sont pas; ils constituent des somations. Pourquoi cette différence ? La question demeure sans réponse* ». Ils ajoutent : « *Il est vrai que si le lamarckisme était exact, il donnerait une explication séduisante et bien simple de nombreux faits biologiques : l'architecture des os, les callosités héréditaires, la cécité des cavernicoles, la courbure abdominale des Pagures vivant dans des coquilles, etc.* »

L'architecture des os chez les vertébrés et chez l'homme répond aux exigences de la mécanique rationnelle !

4.2 Le darwinisme

D'après Rostand et Tétry, 1962.

Charles Darwin, 1809-1862, publia son livre « L'origine des espèces » en 1859 après 22 ans de travail.

Il est assez amusant de constater que Darwin fut influencé par l'économiste Malthus qui écrivit « *Essai sur le principe de population* » et qui avait montré que la population s'accroît selon une progression géométrique alors que les disponibilités alimentaires n'augmentent pas aussi rapidement. Les différences de croissance entre la population et les disponibilités alimentaires entraînent une série de maux et de luttes pour conquérir la nourriture : la victoire, pour Malthus, appartient à ceux qui possèdent des avantages supérieurs sur leur compétiteur. De là sont nées les notions de lutte pour la vie et de sélection naturelle.

Pour Darwin, l'accroissement de la population entraîne nécessairement une lutte pour la survie. Tout individu dans sa zone de subsistance est en concurrence avec ses semblables pour la nourriture et pour l'occupation. Les individus porteurs de caractéristiques avantageuses comme l'habitude, la morphologie ou la reproduction, subsisteront; ce tri naturel est défini par Darwin par la sélection naturelle qui conduit à la survivance du plus apte. Cette sélection naturelle agit sur les grands nombres et au bout de longues périodes de temps.

4.3 L'ultra-darwinisme

Une première modification du darwinisme a été réalisée dès 1880 par ceux que l'on appelle les ultra-darwiniens.

Des biologistes, comme August Weismann (1834-1914), portèrent à l'extrême les principes de Darwin, en acceptant l'explication de Darwin moins sa partie lamarckienne, c'est-à-dire l'hérédité des caractères acquis. Pour eux, les individus qui présentent par hasard une variation avantageuse par hasard dans les organes, survivront. Le tri des plus aptes, opéré par la sélection se répète sur des générations successives et détermine un progrès lent et continu des organes.

Au vu des faits, les différences entre éliminé et non-éliminé sont souvent minimes et il semble que ce soit le type moyen qui soit conservé, les types extrêmes étant éliminés, et parfois même les individus les moins bien adaptés survivent. Dans un environnement à peu près constant, la sélection naturelle conduirait à des organismes ayant des caractéristiques moyennes et il est difficile de comprendre que la mort conduit dès lors vers une différenciation. Elle serait plutôt conservatrice, car elle ne crée rien, mais elle augmente dans certaines limites les caractères déjà existants.

Une composante essentielle de la stabilité des différentes espèces est due aux relations qu'elles ont entre elles. Dans ce cas-ci, la sélection qui est essentiellement quantitative et non qualitative est due à la relation proie-prédateur entre les oiseaux et les papillons. Il est assez curieux de noter qu'aucune des grandes théories de l'évolution ne tient compte des interactions des différentes espèces entre elles ou même des individus au sein d'une même espèce, c'est-à-dire des relations intraspécifiques ou interspécifiques. Dans les modèles de l'évolution, on doit donner un rôle important à **l'architecture de l'ensemble des inter-relations entre les individus et les espèces en considérant trois composantes essentielles, la composante temporelle, la composante spatiale et la composante structurelle.** Les espèces ont des capacités d'apprentissage qui sont également négligées dans les grandes théories de l'évolution.

Nous voudrions ici relater l'histoire des papillons blancs et noirs en Angleterre, il y a une centaine d'années. Avant la révolution industrielle, la population des papillons noirs était inférieure à 1%. Après cette révolution, les abondantes fumées de charbon ont pollué l'air et des dépôts de suies ont noirci les troncs et les branches des arbres. Les oiseaux prédateurs de ces papillons, ont dès lors mieux vu les papillons blancs sur les arbres noircis, les papillons noirs devenant pratiquement invisibles. La population des papillons noirs est actuellement de l'ordre de 90% en quantité.

Renguet and Dubois, 1981.

4.4 Le mutationnisme

Une deuxième modification du darwinisme a été réalisée vers 1900 par une nouvelle théorie, le mutationnisme.

Hugo De Vries substitue la notion de variation discontinue à celle de variation continue de Lamarck et Darwin, rejette l'hérédité des caractères acquis par le soma sous l'influence de l'environnement, de l'usage ou du non-usage des organes et lui substitue la notion de mutation s'inscrivant dans le patrimoine héréditaire. Cette théorie fut renforcée par la découverte des lois de l'hérédité de Mendel qui avait montré comment les mutations se transmettaient et se combinaient pour donner naissance à des nouveautés.

Alors que la sélection naturelle élimine les variants, la sélection artificielle les conserve, mais en diminue la robustesse. Plus encore, par des croisements judicieux faits artificiellement par l'homme, on peut réunir des qualités ou des défauts. Ce qui a amélioré le blé, les betteraves à sucre et les pommes de terre. Par cette sélection artificielle, on a même créé de nouvelles races de chiens, de vaches ou de chevaux de très petite taille, etc.

Si l'on pense que la sélection naturelle agit comme la sélection artificielle, il faut considérer qu'il y a une intelligence sous-jacente à cette sélection naturelle. Pour nous, une intelligence inconsciente semble exister en dehors des cerveaux.

En 1902, Cuénot proposa une nouvelle hypothèse qui s'incorpore dans le mutationnisme : la préadaptation. La préadaptation consiste à voir les individus, préadaptés à un nouvel environnement, s'implanter de façon plus importante que les autres au cas où les conditions du biotope présentent des changements brutaux. Dans ce cas la mort entraîne une différenciation et la sélection se fait au niveau des formes préadaptées. En résumé, une mutation désavantageuse dans un certain environnement devient avantageuse lorsque cet environnement change.

A part les grands cataclysmes qui provoquent des dégâts certains parmi les organismes vivants, en général, la transformation de l'environnement est relativement lente. L'hypothèse de Cuénot semble donc inadaptée dans le cas général.

Dans les environnements terrestre et aquatique, on remarque des différences fondamentales de la combinaison des différentes espèces, c'est l'aspect qualitatif, mais également de grandes différences au niveau du nombre d'individus, c'est l'aspect quantitatif. L'habitat dans lequel vivent différentes espèces, habitat présentant un environnement homogène, est appelé en écologie une « niche écologique ». Des individus d'une espèce ou de plusieurs espèces, moins bien adaptés que les autres à la niche écologique à laquelle ils appartiennent, n'ont pas toujours besoin d'attendre un changement de leur biotope. Ils ont la faculté de migrer dans une autre niche écologique mieux adaptée à leurs structure et fonction. Il y a évidemment un danger pour ces émigrants car ils ne savent pas à l'avance si leur nouvelle niche écologique leur sera plus profitable. Le filtrage va ainsi s'effectuer au sein de ces individus mi-

Préadaptation : le préfixe « pré » marque l'antériorité : une préadaptation précède une adaptation.

grateurs et dès qu'ils auront atteint une niche écologique bien adaptée, ils pourront s'y établir et s'y multiplier.

Une des critiques que nous ferons au mutationnisme est le fait que le hasard joue sur deux plans : les mutations naturelles et la migration vers une niche écologique bien adaptée sont dues au seul hasard.

Comme le disent J. Rostand et A. Tétry : « *comment concevoir que des mutations au hasard engendrent des séries orthogénétiques, c'est-à-dire des variations effectuées au cours des âges dans un même sens, ou des organes aussi compliqués qu'un oeil, une oreille ? En outre, les lignées orthogénétiques ne se déroulent pas toujours dans un sens favorable à l'espèce; des organes s'accroissent et deviennent gênants, nuisibles; les dysharmonies et les hypertélies (développement exagéré d'un caractère morphologique) sont fréquentes. Pourquoi ne sont-elles pas éliminées par la sélection ? ... et quelle est la valeur évolutive des mutations ? Les mutations sont le plus souvent soustractives et rarement additives; mais surtout elles n'apportent rien de nouveau; elles ne sont pas constructives* ».

4.5 La théorie synthétique

Cette théorie de l'évolution défendue par les anglo-Saxons est une synthèse entre la théorie ultra-darwinienne encore appelée néo-darwinienne, et le mutationnisme. Pour eux, **entre l'équilibre préexistant et un nouvel équilibre se place un intervalle qu'ils appellent le quantum biologique, durant lequel le système est instable. Cette évolution quantique donnerait trois solutions possibles** : retourner à l'état antérieur, disparaître ou trouver un nouvel équilibre. Le déroulement de cette évolution quantique se fait sur de petites populations complètement isolées et en trois phases. Une phase d'inadaptation, dans laquelle le groupe perdrait son équilibre. Une phase de préadaptation qui entraînerait le groupe vers un autre équilibre, qui pourrait être leur disparition. Enfin, une phase de postadaptation, où le groupe atteindrait un nouvel équilibre.

Dubois, 1979.   A partir de simulations déterministes et stochastiques spatio-temporelles réalisées sur ordinateur, nous estimons que ce sont essentiellement les relations entre proies et prédateurs qui déterminent la micro-évolution des écosystèmes. En simulant deux espèces en compétition pour la même nourriture, on observe la disparition plus ou moins rapide de l'une d'entre elles; par contre si ces deux espèces ont un prédateur commun, il existe un état d'équilibre pour les trois espèces. De plus si on donne une nourriture variable dans le temps à la proie, c'est la quantité de prédateurs qui varie avec une grande amplitude tandis que la quantité de proies reste pratiquement constante. N'est-ce pas là un embryon d'intelligence, mais **cette intelligence n'est pas dans le cerveau de la proie, elle se situe au niveau des relations hiérarchiques existant entre les différentes espèces.**

Le mutationnisme n'est sans doute pas le seul mode de variation des êtres vivants. Il est responsable de ce que l'on appelle la micro-évolution, c'est-à-dire une évolution ne bouleversant pas fondamentalement l'ensemble des espèces; ce serait plutôt une adaptation. A côté de cette micro-évolution, il y a la macro-évolution, c'est-à-dire une évolution où apparaissent de nouvelles espèces, sur des échelles de temps très grandes. Le développement embryonnaire y jouerait-il un rôle important ?

« *Dalcq, embryologiste éminent, envisage des transformations subites, profondes, voire radicales, et cependant viables survenant dans le cytoplasme de l'oeuf; elles provoqueraient une altération brusque des mécanismes anaboliques. (...) Si la marche orientée de l'évolution est contestée, comment expliquer les phénomènes de convergence donnant naissance à des organes similaires chez des animaux non-alliés ? (...) Les mêmes difficultés se retrouvent pour les organes complexes à structures grandement coordonnées, tels que l'oeil, l'oreille, le cerveau humain. En 1860, Darwin écrivait que le problème de l'oeil lui donnait la fièvre* ».

Rostand et Tétry, 1962.   En ce qui concerne la macro-évolution, nous pensons que le code génétique, c'est-à-dire l'ADN, est une véritable boîte à outils permettant un nombre incalculable de possibilités pour l'embryon de se développer. J'explique **l'apparition d'une nouvelle espèce** de la manière suivante. Une molécule d'ADN, qui garde en mémoire une partie importante de la macro-évolution qui lui a donné naissance, peut avoir mémorisé également les capacités potentielles et/ou réelles de combinaisons de ces différents outils, cela sous forme de règles de combinaisons qui s'actualiseraient en fonction de conditions de son micro-environnement, c'est-à-dire l'oeuf dans lequel le code génétique donne des ordres aux différentes molécules biochimiques pour le développement embryonnaire. Cette hypothèse est à retenir : D. Lenat, un spécialiste américain en intelligence artificielle, a émis l'hypothèse que le code génétique correspondrait à un ensemble de règles obéissant à la logique du vivant de la même manière qu'un système expert en intelligence artificielle.

Cfr notre modèle décrit au chapitre V.

Lenat, 1984.

Les biologistes parlent toujours du programme génétique du développement de l'embryon : cela veut dire que le code génétique est traduit au fur et à mesure du développement des êtres vivants. Des règles sont activées en fonction des conditions où elles se trouvent.

Au lieu d'un développement, c'est une évolution qui peut se produire, même s'il y a une faible différence pour certaines conditions dans lesquelles se trouve le code génétique.

La théorie des catastrophes montre bien qu'il peut y avoir des solutions très différentes les unes des autres pour un modèle mathématique non-linéaire, en fonction de valeurs peu différentes des paramètres. Les changements de comportement des solutions se font de façon brutale et discontinue et peuvent être de grande amplitude pour des variations lentes des paramètres du modèle. Cela va à l'encontre des idées des biologistes, qui pensent qu'il y a des maillons manquants dans la chaîne de l'évolution.

Thom, 1977.

Renguet et Dubois, 1981.

Les biologistes actuels reconnaissent la continuité du monde vivant et la différenciation des formes végétales et animales les unes des autres, mais le désaccord existe lorsqu'il faut expliquer les causes et les déterminismes des transformations du monde vivant. Le problème de l'évolution est un problème crucial de la biologie. L'évolution implique le changement par la succession continue ou discontinue mais toujours par filiation. Elle se base sur le changement et non sur la fixité. L'évolution est l'histoire des changements présentés par la matière vivante depuis deux milliards d'années.

4.6 Les théories récentes de l'évolution

La théorie synthétique de l'évolution est depuis 45 ans la plus généralement admise. De récentes découvertes viennent modifier cette théorie. D'une part, la génétique a permis de savoir que les gènes (éléments des chromosomes d'une cellule conditionnant la transmission et la manifestation d'un caractère héréditaire bien déterminé) déterminent les caractères sur lesquels la sélection naturelle agit. Les gènes, unités héréditaires d'information génétique, codent le développement de la structure et le fonctionnement des organismes. Un gène est constitué d'un millier de nucléotides, molécules biochimiques, disposés dans un ordre bien déterminé qui donne un sens à l'information mémorisée et transmise. Un assemblage au hasard des nucléotides serait aussi improbable qu'un assemblage désordonné d'un millier de lettres pour former un texte compréhensible. D'autre part, les études en écologie ont mis en évidence le rôle des interactions et de la répartition spatiale des populations dans l'apparition d'espèces nouvelles.

L'évolution moléculaire

D'après Stebbins et Ayala, 1985.

La quantité d'informations du code génétique, l'ADN, présente dans chaque cellule d'un organisme, augmente régulièrement des bactéries aux animaux supérieurs. De très nombreux segments identiques d'ADN sans fonction connue ont été observés dans des organismes très divers. Cette découverte a fait supposer que l'évolution moléculaire est déterministe et non due au hasard et à la sélection naturelle. La répétition d'une courte séquence sur des sites adjacents d'un même chromosome est un mécanisme qui semble avoir produit, au cours de l'évolution, des gènes entièrement nouveaux. Les gènes, qui, par duplication depuis le gène qui leur a donné naissance, ont des séquences homologues, sont appelés pseudogènes. Ils ont subi des mutations qui n'ont pas été éliminées par la sélection naturelle, parce que les cellules disposeraient toujours d'une copie fonctionnelle du gène. Le gène original et le gène dupliqué sont généralement transmis ensemble aux descendants de l'organisme où s'est produite la duplication. Mais, parfois, on trouve le gène original dans une espèce et le gène dupliqué dans un organisme qui n'a pas de relation avec elle.

Ce nouveau mécanisme d'évolution au niveau génétique s'appelle **transfert horizontal d'ADN, car l'ADN passe d'une espèce à une autre, à l'opposé du transfert vertical**, qui s'effectue par filiation chez une même espèce. On ne connaît pas encore les modalités de ce mécanisme. Est-ce que ce transfert horizontal d'ADN est nécessaire pour expliquer la présence d'un gène semblable au gène dupliqué d'une espèce dans un organisme qui n'a pas de relation avec elle ? Nous pensons que l'hypothèse de C. Petit et E. Zuckerlandl est intéressante. En effet, ils envisagent l'existence de systèmes de contrôle qui, en intervenant dans la régulation de l'expression génétique, orienteraient l'expression des mutations, ce qui limiterait l'effet du hasard. La stabilisation de certains processus de contrôle entraînerait la déstabilisation de certaines autres. Ce qui conduirait à l'apparition parallèle d'innovations dans des lignées indépendantes mais descendant d'un même ancêtre déstabilisé.

Ce mécanisme s'apparente aux phénomènes holographiques fractals.

Petit et Zuckerlandl, 1976.

La théorie neutraliste de l'évolution

Cette théorie est venue concurrencer la théorie synthétique de l'évolution. Elle est fondée sur la variabilité génétique dont l'importance a été révélée par la biologie moléculaire. M. Kimura défend depuis 1968 l'idée que les mutations touchant l'ADN sont souvent neutres. Si un gène se maintient et se répand, ce n'est pas parce qu'il confère un avantage sélectif, mais parce que les hasards de la reproduction ont favorisé sa survie.

Kimura, 1984.

Les neutralistes pensent que si les différences génétiques sont dues à la sélection naturelle, la variabilité génétique devrait être faible, car les variations favorables d'un point de vue adaptatif devraient être amplifiées et les variations défavorables devraient disparaître.

La théorie des équilibres ponctués

Cette théorie proposée par N. Eldredge et S. Gould, base ses arguments sur l'évolution morphologique, c'est-à-dire la modification des caractères visibles, plutôt que sur l'évolution moléculaire. Alors que les neutralistes pensent que les rythmes d'évolution moléculaire sont trop réguliers, les ponctualistes estiment, à partir de données paléontologiques, que les rythmes d'évolution morphologique sont moins régu-

D'après Stebbins et Ayala, 1985.

liers que ne l'exige la théorie synthétique. Pour les ponctualistes, l'apparition soudaine de nouvelles espèces résulte d'explosions évolutives entre lesquelles les espèces changent très peu pendant de longues périodes de temps. L'opposition entre la théorie synthétique et la théorie des équilibres ponctués est essentiellement fondée sur une différence d'échelle chronologique. En effet, l'échelle de temps des généticiens qui ont formulé la théorie synthétique, est différente de celle des paléontologues qui soutiennent la théorie des équilibres ponctués.

N. Eldredge et S. Gould associent les changements morphologiques à l'intérieur d'une lignée évolutive, appelés l'anagenèse, et la division d'une espèce en deux espèces distinctes, appelée cladogenèse.

Les ponctualistes ont défini le concept de sélection spécifique en généralisant celui de sélection naturelle. Alors que la sélection naturelle agit sur les gènes des individus, la sélection spécifique conserve les espèces dans leur globalité. En effet, les ponctualistes prétendent que l'évolution au sein des espèces a peu de rapport avec le mouvement global de l'évolution. Les changements morphologiques constituent, pour eux, des réponses à des modifications de l'environnement, par exemple l'installation sur un autre territoire, ou à des interactions avec d'autres espèces, telle la présence de nouveaux prédateurs. Par contre, la spéciation, c'est-à-dire l'apparition d'une nouvelle espèce, résulte de la structure particulière de la population comme, par exemple, une répartition cloisonnée de la population dans de petits habitats.

D'après Carton, 1988.

La coévolution

Les biologistes admettent qu'un réseau d'interactions variées s'établit entre les diverses espèces qui vivent dans un même écosystème, c'est-à-dire des espèces en interactions entre elles et avec l'environnement. Si, pour survivre, chaque espèce dépend strictement de l'existence d'autres espèces, ce qui est le cas, par exemple, des parasites par rapport à leur hôte, toute modification de l'une entraîne une modification des autres. Si les modifications sont d'origine génétique, cela conduit à des modifications conjointes des patrimoines héréditaires des espèces. Il y aurait alors coévolution, concept créé par R. Ehrlich et P. Raven, en 1964.

L. Van Valen suggère que la coévolution à l'intérieur d'un écosystème ressemble à une course sur place. Tout progrès adaptatif acquis par une espèce a pour conséquence une dégradation de l'environnement des autres espèces. Les populations les mieux adaptées s'étendent en utilisant davantage les ressources naturelles. Les autres populations moins bien adaptées répondraient en rétablissant leur potentiel adaptatif. Van Valen a donné à cette forme de coévolution le nom de « modèle de la Reine Rouge » par allusion aux personnages du roman de Lewis Carroll, « De l'autre côté du miroir » : Alice, entraînée par la Reine Rouge, doit courir très vite pour rester sur place.

Van Valen, 1973.

En 1982, J. Thompson, de l'université de Washington à Pullman, interprète les différents types d'interaction entre espèces tels que le parasitisme, la prédation ou la compétition, comme étant des exemples du processus coévolutif. Pour Van Valen, tout processus évolutif est coévolutif. M. Hafner et S. Nadler ont découvert la similitude entre l'arbre évolutif de huit espèces de rongeurs et celui de leurs parasites, des poux qui leur sont spécifiquement attachés. Le processus coévolutif se développe-t-il indéfiniment ? D'après des simulations sur ordinateur de modèles théoriques, on peut aboutir à une situation d'équilibre aussi bien qu'à une instabilité conduisant à l'extinction de l'espèce. La coévolution doit être continue, même dans un environnement stable, du fait de la continuité des interactions exercées par les espèces entre elles.

Hafner and Nadler, 1988.

May and Anderson, 1987.

Stenseth and Maynard, 1984.

« *Le concept de coévolution ne relève d'aucune discipline en particulier, que ce soit l'écologie, la biologie et la génétique ou encore la biologie moléculaire. Il ne faut surtout pas qu'après bien des errements dans un sens trop descriptif le concept de coévolution sombre, sous prétexte de rigueur apparente, dans une conception réductionniste, qui serait celle du seul recours à la biologie moléculaire* ».

Carton, 1988.

5. LE LABYRINTHE DE L'ÉVOLUTION

La critique essentielle que l'on peut porter à toutes ces théories de l'évolution, aussi nombreuses qu'il y a de spécialistes (biologistes moléculaires, biologistes cellulaires, écologistes environnementalistes, paléontologues, thermodynamiciens, physiciens et mathématiciens jusqu'aux philosophes) **est que ces spécialistes ont seulement une connaissance d'un niveau particulier du système global qu'est le système vivant planétaire en interaction avec son environnement terrestre et solaire.** Ils ont une vue partielle de la réalité et ne considèrent souvent qu'**un seul niveau de description des systèmes** (ADN, cellules organiques, espèces écologiques, etc).

Comme le dit I. Prigogine, chaque théorie résulte de la créativité d'un scientifique. La créativité dépend des connaissances innées et acquises de chacun. Les connaissances acquises sont le reflet de la culture dans laquelle l'intelligence s'est développée et des moyens technologiques d'observation de la nature. Les connaissances inculquées depuis l'enfance par apprentissage sont le reflet de la culture dans laquelle les parents et les éducateurs ont été eux-mêmes élevés. Dans notre définition de l'apprentissage, nous avons souligné que l'objectif de l'intelligence consiste en une connaissance aussi bonne que possible de la réalité pour devenir autonome, mais qu'on devient dépendant de la culture dans laquelle l'éducation s'est faite. Nous sommes dépendants des connaissances du moment, de nos organes des sens, de la structure de notre organisme et de notre cerveau en particulier, fruits de l'évolution et des événements extérieurs de l'environnement sur lesquels nous n'avons qu'une emprise limitée. Nous sommes tels qu'une molécule d'eau entraînée par le courant dans un cours d'eau.

Les occidentaux ont une vue réductionniste de la réalité et leur manière de comprendre les phénomènes est analytique. Tandis que les orientaux ont une vue globale de la réalité et leur manière de résoudre les problèmes est synthétique.

Il est intéressant de se pencher sur les idées évolutionnistes orientales.

5.1 Le modèle oriental de l'évolution

La théorie darwinienne rencontre une vive résistance au Japon. Le principal représentant du transformisme japonais hétérodoxe est K. Imanishi, Professeur émérite à l'université de Kyoto.

Halstead, 1985.

Pour Imanishi, la culture occidentale est empreinte d'individualisme et de la lutte pour la vie.
« *Les conceptions occidentales, toujours d'après Imanishi, vont de pair avec des valeurs patriarcales ; la violence n'est jamais bien loin. La théorie de la sélection naturelle, au fond, signifie que « l'élite » s'affirme par la force. Dieu, pour résumer un commentaire d'Imanishi, est du côté des gagnants ; et si cette façon d'expliquer l'évolution de la nature plaît aux Occidentaux, c'est peut-être parce qu'elle s'accorde bien avec les schémas chrétiens* ».

Thuillier, 1986.

Les Orientaux, par contre, chez qui la philosophie et la religion sont basées sur la solidarité et l'organisation coordonnée, prônent l'harmonie des mondes végétal et animal. Pour eux, les êtres vivants coopèrent en s'appropriant collectivement les territoires en pratiquant le mutualisme. Au principe de compétition, ils substituent le principe de coexistence. La nature favoriserait une progression stable de l'évolution par la coordination harmonieuse des cellules, des organismes et des populations. « *Tous les individus changent en même temps lorsqu'arrive le moment de changer* ».

Imanishi, 1984, cité par Thuillier, 1986

Un autre japonais, M. Kimura, défend depuis 1968 sa théorie neutraliste de l'évolution. Comme nous l'avons décrit plus haut, d'après lui, les mutations de l'ADN sont souvent neutres : elles sont incapables de donner une supériorité réelle dans la lutte pour la vie. Cette conception va à l'encontre de l'idée de certains néo-darwiniens tentés par le pansélectionnisme, comme J. Monod, et selon laquelle toute mutation conservée est une mutation sélectivement utile et que seuls survivent les gènes qui confèrent un avantage sélectif dans la lutte pour la vie.

Kimura, 1984.

Monod, 1970.

En conclusion, les deux experts japonais rejettent la sélection naturelle et la lutte pour la vie.

Il est intéressant de souligner que les Occidentaux commencent à orienter leur recherche sur l'évolution dans une direction semblable à celle des Orientaux.

Ho, Saunders, Fox, 1986.

M.-W. Ho, P. Saunders et S. Fox remettent en question la théorie synthétique en soulignant l'importance des propriétés structurales et dynamiques des organismes qui engendreraient des perturbations dans des directions bien définies et limitées en nombre. Plutôt que de voir l'évolution comme une accumulation de perturbations accidentelles contrôlées par la sélection; ils estiment que « *les néo-darwiniens sont trop analytiques, c'est-à-dire trop portés à raisonner comme si les organismes étaient construits à partir d'éléments préfabriqués, à la manière des moteurs de voitures fabriqués dans une chaîne de production* ». *Il faudrait plutôt mettre en relief le fait que certaines formes apparaissent plus facilement que d'autres et que le développement est un* « *processus coordonné* ».

Thuillier, 1986.

Comme on le voit, **nous errons toujours dans ce labyrinthe de l'évolution.** Nous pensons que **la structure du labyrinthe est à l'image de celle de la mémoire du cerveau.**

Par analogie avec le modèle fractal de la mémoire, proposé au chapitre II, nous allons présenter **un modèle fractal de l'évolution.**

5.2 Une théorie fractale de l'évolution

La mémoire du cerveau n'a jamais été localisée : elle semble être partout et nulle part à la fois. En fait, elle n'existe que par le réseau de connexions dont les noeuds sont les neurones. Toutes les cellules d'un organisme sont issues d'une cellule unique qui s'est multipliée et différenciée pour former des organes pratiquement autonomes. Et pourtant, chaque cellule a le même contenu génétique sous la forme de l'ADN. Le développement dans le temps d'un organisme pluricellulaire est réalisé par la multiplication cellulaire, et chaque cellule se différencie en fonction de la place qu'elle occupe parmi les autres. L'organisme va alors acquérir une structure particulière; les cellules d'un organe sont pratiquement autonomes, mais dépendent les unes des autres pour assurer une certaine coordination et les organes, eux-mêmes pratiquement autonomes dépendent les uns des autres en vue également d'assurer une certaine coordination. Les organismes aussi sont pratiquement autonomes, mais dépendent des organismes de leur espèce (pour l'accouplement, par exemple), d'espèces différentes (prédation, par exemple) et de l'environnement (nourriture, par exemple) avec lesquels ils sont en interactions. L'ensemble des espèces forme avec l'environnement l'écosystème terrestre, pratiquement autonome, mais dépendant de la rotation de la terre autour du soleil (énergie solaire permettant la photosynthèse qui transforme le gaz carbonique en oxygène, l'apport en chaleur et la lumière). Le système solaire est pratiquement autonome mais dépend de la galaxie, et ainsi de suite jusqu'à l'univers dans sa totalité infiniment grande.

De manière imagée, on peut dire que la structure de l'univers est constituée d'un emboîtement de systèmes les uns dans les autres comme les poupées russes. L'emboîtement commence dans l'infiniment petit, les particules élémentaires appelées quarks pour former des neutrons, des protons et des électrons qui forment à leur tour des atomes qui s'assemblent en molécules jusqu'à l'ADN.

L'univers est donc structuré en niveaux, où chaque niveau est un système pratiquement autonome mais dépendant des niveaux supérieurs et inférieurs. Chaque système, de n'importe quel niveau que ce soit, est en interaction avec son environnement que sont les niveaux supérieurs et dont la structure est conditionnée par les niveaux inférieurs.

5.3 L'auto-apprentissage du code génétique

Le code génétique, l'ADN (acide désoxyribonucléique) est constitué par deux fibres associées dont chacune est un assemblage séquentiel de nucléotides de quatre types différents notées A (Adénosine), G (Guanine), C (Cytosine) et T (Thymine). Ce sont les lettres de l'alphabet génétique. Les deux fibres sont complémentaires en ce sens que la molécule A d'une fibre est associée à une molécule T de l'autre, G à C, T à A et C à G. Cette structure est schématiquement représentée par la figure IV-1.

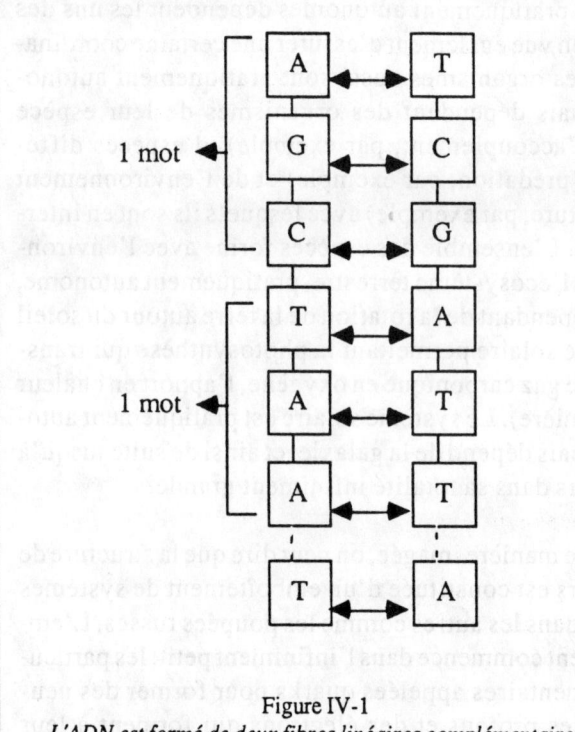

Figure IV-1
L'ADN est formé de deux fibres linéaires complémentaires composées de l'assemblage séquentiel de quatre lettres A, G, C et T

La structure de l'ADN peut s'accommoder de toutes les séquences possibles de paires et n'est pas limitée en longueur. Les deux fibres se séparent pour permettre leur lecture par réplication. La séquence des lettres d'une fibre constitue le texte des informations du code génétique. Comment les cellules lisent-elles ce texte ? Le texte est constitué de mots de trois lettres successives appelées des triplets.

Avec un alphabet de quatre lettres, on peut former soixante-quatre mots de trois lettres. Or, il n'y a que vingt mots spécifiés par les amino-acides, dans le dictionnaire génétique (trois triplets sont dits non-sens, parce qu'ils ne spécifient aucun amino-acide mais jouent cependant un rôle comme signes de ponctuation dans la lecture de la séquence nucléotidique).

Que signifient ces vingt mots du code génétique ? Pour nous, ils représentent vingt règles fondamentales d'auto-organisation des organismes vivants. La diversité des organismes s'expliquerait par des combinaisons différentes des vingt règles, les espèces semblables ayant des combinaisons semblables. **La cellule est l'unité fondamentale insécable de traduction du code génétique : c'est le processeur comparable à un micro-ordinateur qui traiterait le programme du code génétique formé à l'aide des vingt règles fondamentales.** L'exécution du programme du code génétique est fonction de la structure interne de la cellule et des interactions de la cellule avec son environnement, l'environnement étant constitué par les autres cellules dans le cas des organismes multi-cellulaires, l'environnement formé par les autres organismes, et l'environnement proprement dit.

On retrouve le phénomène d'emboîtement des systèmes dans leurs différents environnements. D'une part, c'est dans la structure interne de la cellule que des règles d'auto-apprentissage d'une partie du code génétique se déclenchent pour son développement et sa multiplication. D'autre part, l'environnement de la cellule agit pour sa différenciation; d'autres règles d'auto-apprentissage d'une autre partie du code génétique s'activent et conditionnent la structure de la cellule et ses relations avec son environnement. La structuration spatio-temporelle des cellules est due à une coopération des processus darwinien et lamarckien : la sélection naturelle des règles d'auto-apprentissage qui se déclenchent a son origine dans l'environnement direct du code génétique, c'est-à-dire les cellules, et l'environnement dans lequel elles se trouvent.

Ces vingts règles seraient-elles similaires aux vingt règles proposées pour un réseau de neurones formels, au chapitre V ?
En prenant un codage binaire des quatre nucléotides A, G, C et T représenté par 00, 01, 10 et 11, j'ai démontré qu'on ne pouvait générer que 20 figures fractales différentes en les prenant 3 à 3, ce qui correspond aux 20 mots spécifiés par les amino-acides. Une séquence de 6 bits, c'est-à-dire un codon, peut générer 1, 2, 4 ou 6 séquences différentes mais redondantes, ce qui conduit à 20 possibilités sur les 64 normalement prévues par la statistique classique ($4^3 = 64$).

Le développement des cellules du cerveau, c'est-à-dire des neurones, se réalise à partir du même principe. Tous les neurones contiennent le même code génétique. Ils se multiplient et se différencient par la sélection naturelle de règles d'auto-apprentissage en fonction de leurs structures internes, de leurs interactions mutuelles et des interactions avec l'environnement de l'organisme à partir des organes de perception et d'action. **L'ensemble des neurones forme un réseau fractal à l'image des règles d'auto-apprentissage du code génétique qui ont été activées par sélection naturelle sous l'influence de l'environnement.** La structuration spatio-temporelle du cerveau est soumise à **trois conditions fondamentales** pour son développement :

La théorie des algorithmes génétiques en intelligence artificielle est basée sur le mutationnisme (e.g. Holland, 1975). Le darwinisme neuronal proposé par G. Edelman (1987), ne fait pas référence au lamarkisme. En ce qui me concerne, je pense que ces deux approches prometteuses trouveront un champ d'application plus large en reconsidérant les lois de l'évolution sous l'angle fractal, telles que je les développe. Si la sélection des règles d'auto-apprentissage des neurones est un processus darwinien, le connexionnisme neuronal obéit à un processus lamarckien. Au lieu de s'opposer, Darwin et Lamark sont complémentaires.

— un noyau de base : le neurone et son code génétique;
— les règles d'auto-apprentissage sélectionnées pour la multiplication et la différenciation des neurones (processus darwinien) pour former un réseau fractal;
— les interactions des neurones entre eux et avec l'environnement (processus lamarckien) pour orienter le réseau fractal à l'image de la réalité.

Ces trois conditions sont à la base, pour nous, de la dynamique de tout système intelligent, que ce soit le développement de l'intelligence du cerveau, l'embryogénèse, le développement, la multiplication et l'évolution des espèces. L'ovule fécondé est à l'image de la première cellule à l'origine de la vie : il se multiplie en cellules qui se différencient en fonction des interactions entre elles et avec leur environnement immédiat, le placenta qui contient le liquide amniotique. L'embryon se développe dans ce liquide, semblable à de l'eau de mer où la vie est apparue, en repassant par les différents stades de l'évolution de la vie. La naissance est à l'image de la première espèce aquatique qui a évolué vers le milieu terrestre avec l'apparition du système respiratoire. L'évolution des espèces est à l'image du développement d'un système vivant. Les espèces qui interagissent entre elles et avec l'environnement forment les noeuds d'un vaste réseau fractal. Ce réseau a évolué et se développe en fonction de règles fondamentales identiques contenues dans le code génétique de toutes les espèces : ce qui différencie les espèces, c'est la combinaison originale des règles fondamentales formant leurs règles d'auto-apprentissage. Les règles sont sélectionnées naturellement en fonction des interactions de l'ADN avec son environnement constitué d'un ensemble emboîté de systèmes : cellules, organes, organismes, espèces et environnement.

Nous pensons, pour terminer, que les règles d'auto-apprentissage de l'ADN des organismes vivants contiennent non seulement les règles d'auto apprentissage de leur développement, mais également de leur évolution, y compris la stabilisation des espèces qui n'évoluent plus et peut-être la disparition de certaines espèces à l'image de tous les organismes dont l'arrêt du développement à l'âge adulte et le vieillissement sont génétiquement programmés.

5.4 Les sept fractales de l'évolution

L'évolution des espèces consiste en l'apparition de nouvelles structures spatio-temporelles aux niveaux ADN, cellule, organe, individu, espèce, écologie et écosystème. La succession temporelle des événements conduisant à l'apparition d'une nouvelle espèce suit, pour nous, les sept étapes du processus symbolique développé pour les structures intellectuelles des enfants. La chronologie se fait en trois stades essentiels :

Voir chapitre I, Le symbole, clé de voûte de l'apprentissage

1. Apparition de nouvelles combinaisons des règles d'auto-apprentissage intégrées au niveau cellulaire.
2. Apparition de nouveaux organes conduisant à une nouvelle espèce.
3. Intégration de la nouvelle espèce dans le milieu écologique et interaction avec l'environnement.

La chronologie en sept étapes se présente de la manière suivante.

1.1. L'ADN « trouve » de nouvelles combinaisons des règles fondamentales par une succession d'essais aléatoires (mutationnisme) ou acquiert de nouvelles règles par la transcriptase inverse. On sait que l'ADN a une grande variabilité sur laquelle la sélection naturelle n'a pas de prise (théorie neutraliste).

1.2. De nouvelles règles d'auto-apprentissage se développent au niveau cellulaire à partir des nouvelles règles fondamentales de l'ADN. Il y a, par multiplication et différenciation, apparition de nouvelles cellules en qualité et quantité.

1.3. Les cellules des organes d'une espèce interagissant entre elles, il y a activation des nouvelles règles et d'anciennes inhibées et inhibition d'autres qui étaient jusqu'alors actives. Les organes d'une espèce évoluent séparément (évolution en mosaïque) par sauts quantiques (théorie synthétique de l'évolution) conduisant à l'apparition de nouveaux organes en qualité et quantité.

2.4. Une nouvelle espèce apparaît par ré-équilibrage de l'ensemble des nouveaux organes de l'ancienne. La structure change brutalement (théorie des équilibres ponctués). La dynamique de ce saut brutal, de la même manière que les sauts quantiques au niveau des organes, est en accord avec la théorie des catastrophes : dans un environnement lente-

Il y a sept types fondamentaux de catastrophes (Thom, 1977).

ment variable, une structure évolue d'abord lentement pour aboutir, à un moment donné à une catastrophe, c'est-à-dire à l'apparition brutale d'une nouvelle organisation de la structure.

2.5. L'ensemble des individus de la nouvelle espèce, trouve un équilibre intraspécifique par activation/inhibition des règles d'auto-apprentissage d'interaction interspécifique.

3.6. La nouvelle espèce interagit avec les autres espèces en déclenchant des règles d'auto-apprentissage d'interaction interspécifique. L'apparition de la nouvelle espèce influencera évidemment l'équilibre écologique précédent.

3.7. Ré-équilibrage de l'ensemble des espèces (l'écologie) en face de l'environnement. L'écosystème (système écologique et environnement) se modifie pour trouver un nouvel équilibre provisoire par une variation lente, ce qui conduit à une adaptation des espèces, ou brutale qui conduit à la disparition d'une autre espèce dans l'écosystème; cette disparition peut être localisée spatialement et n'être pas l'extinction totale de l'espèce. De plus, la présence d'une nouvelle espèce prédatrice peut stabiliser la présence de deux espèces proies qui, seules, sont instables, c'est-à-dire qu'une des deux proies disparaît de l'écosystème.

Dubois, 1980-81.

Ainsi, nous considérons l'évolution comme étant un phénomène qui se passe à tous les niveaux du vivant. **Les sept fractales fondamentales de la pyramide de la vie se situent aux sept niveaux suivants :**
1. ADN
2. Cellules
3. Organes
4. Individus d'une espèce
5. Interaction intraspécifique
6. Interaction interspécifique
7. Ecosystème.

La complexification du vivant se réalise donc aux niveaux des sept fractales de l'évolution. L'évolution des structures du vivant suit-elle la loi de la croissance de l'entropie ?

5.5 L'entropie de l'évolution

Classiquement, on considère que l'évolution du vivant va à l'encontre de la seconde loi de la thermodynamique qui dit que l'entropie de l'univers tend vers l'infini, c'est-à-dire que son désordre ne fait que croître.

Nicolis et Prigogine, 1977.

Prigogine a montré qu'un système ouvert pouvait voir son entropie diminuer par le jeu d'échange énergétique avec l'environnement.

De Rycker et Dubois, 1986.
Dubois, 1987 c.

Nous avons introduit au chapitre III, deux concepts différents pour définir l'entropie.

D'une part, l'endotropie, s, de la matière, réversible, peut croître ou décroître. Pour nous, la complexification du vivant au cours de l'évolution correspond à une diminution d'endotropie. Durant l'évolution, la molécule d'ADN n'a cessé de devenir de plus en plus longue en mémorisant de plus en plus d'informations. L'endotropie de l'ensemble hiérarchisé des sept fractales n'a cessé de décroître, c'est-à-dire que les informations n'ont cessé de croître. Comme elle est réversible, les informations de l'ADN peuvent s'actualiser durant le développement des organismes vivants sans altération des informations. Cette réversibilité permet à la molécule d'ADN de se voir enrichie d'informations par la transcriptase inverse, c'est-à-dire la transcription d'informations provenant de la cellule vers l'ADN.

D'autre part, l'exotropie, S, de l'énergie de fonctionnement irréversible, qui ne peut que croître, correspond à une dégradation de l'énergie de plus en plus optimale durant l'évolution.

Il y a un équilibre qui s'établit entre l'endotropie de la structure vivante d'un système vivant et l'exotropie de l'énergie nécessaire à son développement, son maintien et son évolution. Le bilan entropique global est une augmentation d'entropie, en accord avec la théorie classique.

De plus, la structuration spatio-temporelle en niveaux formant naturellement une hiérarchie de plus en plus complexe, n'est pas en contradiction avec la deuxième loi sur la croissance de l'entropie.

En effet V. Weiskopf a introduit une quatrième loi de la thermodynamique qui dit que tout système se trouvant dans un environnement chaud (la terre recevant de l'énergie thermique du soleil) a une tendance natu-

Weiskopf, 1977.

Nous avions déjà défendu la même idée dans Dubois et Schoffeniels, 1976.

relle vers une structuration hiérarchique de plus en plus complexe en accord avec le deuxième principe de la thermodynamique. Notre approche de l'évolution en sept fractales est en accord avec ce quatrième principe de la thermodynamique.

Mais quel est le mécanisme intime de l'augmentation de l'ordre au cours de l'évolution : le hasard ?

I. Prigogine considère que *l'ordre naît du chaos*. Or le chaos n'est pas synonyme de désordre absolu, il est engendré naturellement par des fractales. Le comportement des systèmes chaotiques peut être décrit par une géométrie fractale qui fait apparaître des relations causales là où nous n'en imaginions pas. Cela confirme notre proposition du principe de déterminisme stochastique pour l'évolution des systèmes intelligents vers un maximum d'autonomie, dont une représentation schématique est donnée à la figure IV-2.

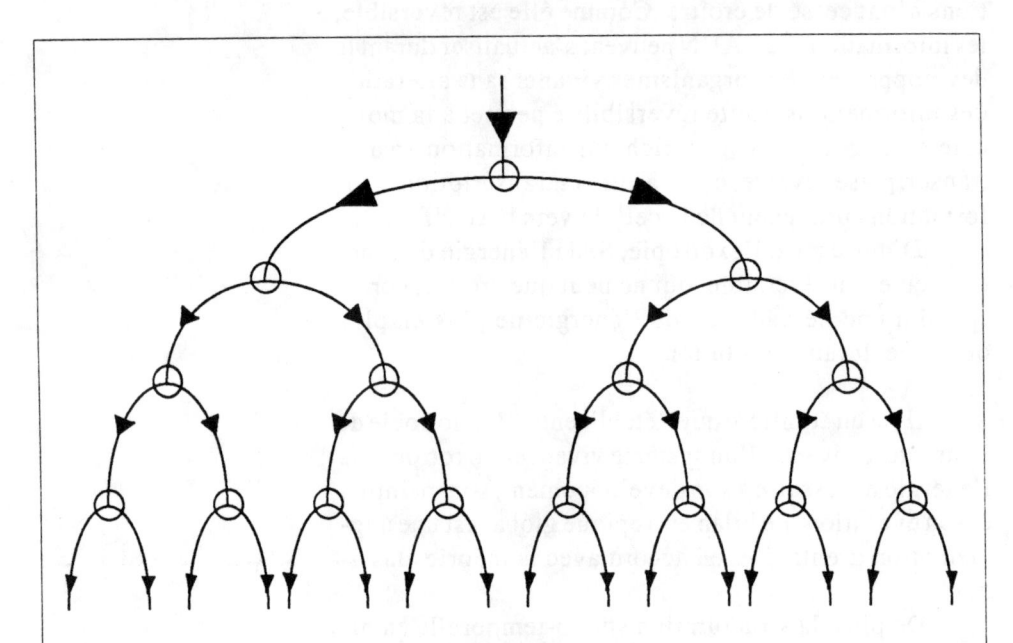

Prigogine, 1972.
Crutchfield et al, 1987

F. Bailly, F. Gaill et R. Mosseri, Modèle dynamique et embryogénèse, in AFCET, 1989, pp. 559-569.

A. Le Méhauté, Géométrie fractale, dissipation et auto-organisation, in AFCET, 1989, pp. 485-492.

Figure IV-2
Représentation schématique du principe de déterminisme stochastique pour l'évolution de la complexité du vivant vers un maximum d'autonomie. Le déterminisme est représenté par les flèches et le choix stochastique par les bifurcations. L'équation à la base de ce processus stochastique est du type : $x_{n+1} = (1 + \rho)x_n - \rho x_n^2$ (voir chapitre III).

CHAPITRE V

UN MODÈLE DE REPRÉSENTATION DES SYSTÈMES INTELLIGENTS

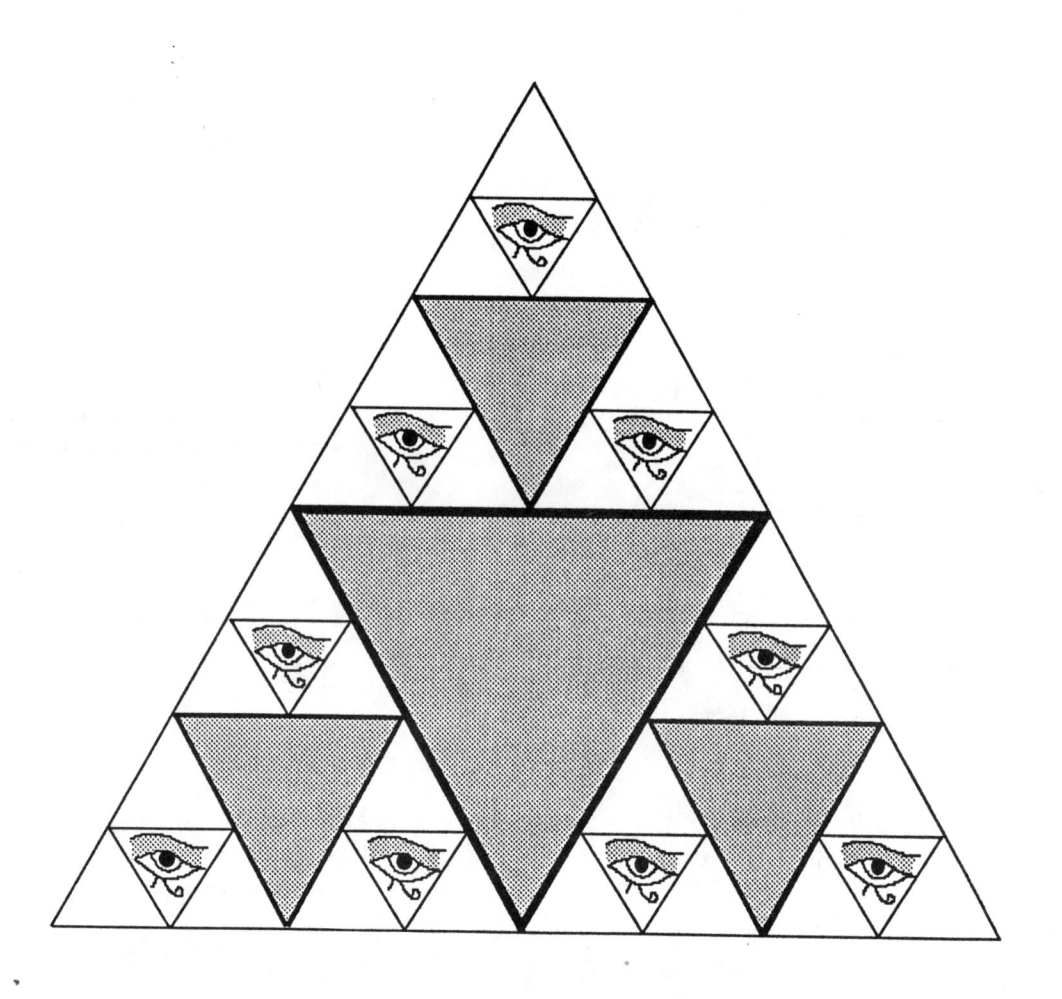

CHAPITRE V

UN MODÈLE DE REPRÉSENTATION
DES SYSTÈMES INTELLIGENTS

1. UN MODELE FRACTAL DES SYSTEMES INTELLIGENTS

A l'intérieur du labyrinthe de l'intelligence, truffé de voies sans issues et de fausses pistes, essayons de déterminer les conditions nécessaires et suffisantes pour qu'une intelligence existe, et de savoir si celle-ci est liée à une conscience.

D'après Dubois et Godart, 1987a, b.

1.1 Conditions d'existence d'une intelligence

L'intelligence semble liée à l'objectif visé. On ne peut apprécier l'intelligence d'une sorte de système, humain ou autre, naturel ou artificiel, sans avoir compris à quel type d'action elle s'emploie.

Quelles informations le système intelligent utilise-t-il pour élaborer sa stratégie ? Tout ce qu'on peut espérer, c'est de définir les conditions a posteriori qui sont à la source d'un comportement intelligent.

Le premier type de conditions est que le système ait une intention, c'est-à-dire qu'il poursuive un objectif pour arriver à un but.

Si on prend comme étalon de l'intelligence, l'intelligence humaine, il faut envisager un deuxième type de conditions, l'appréhension globale du problème à résoudre et de sa solution. Ce qui n'exclut pas, aux balbutiements du système un certain nombre de tâtonnements plus aléatoires que d'origine intentionnelle. En effet, la capacité d'anticiper, qui conduit à la prévision, implique la connaissance précise et la compréhension des phénomènes qui se traduira par une capacité de généralisation de plus en plus pointue. La généralisation qui semble d'origine inductive, est une aptitude en relation avec la compréhension des phénomènes. Le rêve d'Einstein n'était-il pas cet objectif de généraliser les lois de la physique pour comprendre l'univers ?

La seule intelligence que je comprends est la mienne, parce que je la ressens. Les conditions de son existence sont finalistes à partir du moment où on essaie de l'expliquer. L'explication est basée sur une compréhension des phénomènes a posteriori. Comme conséquence du déterminisme stochastique de la nature, a priori, rien ne peut indiquer quelles voies l'intelligence va parcourir dans son labyrinthe car elles sont imprévisibles.

Voici une histoire vécue dans une classe de 2ème maternelle. Daniela, une petite Chilienne de 4 ans parlait souvent de son pays « où elle aimerait bien retourner, mais ses parents ont dû partir et elle ne pourra jamais y aller ». En fait, les parents de cette petite fille sont des réfugiés politiques du Chili. Ils ont dû s'enfuir et n'ont jamais rien dit à l'enfant. Elle avait juste entendu parler ses parents entre eux de ce sujet.
Suite à ce qu'avait dit la petite Chilienne, les autres enfants de la classe, ont demandé des explications à l'institutrice. Celle-ci a essayé de leur expliquer le plus simplement possible cette situation en se demandant d'ailleurs s'ils allaient comprendre ce qu'est la dictature L'institutrice leur a d'abord montré où se trouve le Chili sur une carte de géographie et a expliqué que malheureusement on ne pouvait pas y faire ou y dire ce qu'on voulait; que si on n'était pas d'accord avec ce qu'avait décidé le chef de ce pays, on était mis en prison. Alors, beaucoup de gens ont préféré s'enfuir plutôt que de faire des choses auxquelles ils ne croyaient pas. Avaient-ils compris?
L'institutrice a été rassurée quand Laurent, 4 ans, a dit « C'est comme si tu nous disais qu'aujourd'hui on devait colorier et que, si moi je n'avais pas envie, que je préférerais parler des étoiles, alors, tu me punirais ».

La compréhension, c'est la capacité de faire correspondre une idée définie dans un contexte, à celle définie dans un autre contexte de manière analogique. L'intelligence est la capacité de transposer une idée, qui a un sens, formulée sous une certaine forme dans une autre forme : c'est la base du langage symbolique pour lequel la fonction est invariable, mais la structure change.

Mais, qui dit intention, dit anticipation, ce qui implique peut-être une conscience à réaliser un but. Qui dit but, dit que le système doit être motivé pour atteindre son but.

Un troisième type de conditions pour avoir un système intelligent est qu'il possède une mémoire. En effet, comment se comporter intelligemment si on ne se rappelle rien. Cette mémorisation s'effectue sous forme analytique, particulaire et sous forme globale, synthétique. La conscience est en relation directe avec la notion de temps, élément fondamental de la mémoire. La conscience, c'est la conscience du passé, du présent et du futur. L'objectif est cette capacité intentionnelle liée à la réalisation future d'un but.

La mémorisation doit être codée par un langage pour qu'une information puisse être récupérée ou servir de fondement à l'anticipation. Le symbolisme est un langage universel à la base de la pensée, analogique pour l'hémisphère droit du cerveau et logique pour l'hémisphère gauche, qui réalise des inférences déductives et inductives. Nous voilà à un point crucial du labyrinthe. Analogique ou logique, synthétique ou analytique sont les quatre points cardinaux du langage intelligible, voies de l'intelligence.

1.2 Conditions de développement d'un système intelligent

Le problème de la compréhension de l'intelligence repose sur un postulat de base : « *Tous les systèmes vivants, à un niveau suffisant d'abstraction, sont régis par des mécanismes universels basés sur des processus de communication interne et avec leur environnement* ».

Dubois, 1986.

Le développement de l'intelligence chez les enfants se fait par des mécanismes semblables à ceux du développement embryonnaire, en se plaçant à un niveau d'abstraction suffisant pour qu'un modèle général, universel et objectif puisse être construit. De manière imagée, on transpose la multiplication et la différenciation cellulaire durant les différentes phases du développement embryonnaire à l'acquisition de symboles par l'enfant en interaction avec son environnement, ce qui conduit au développement de son intelligence. L'environnement structuré sert de contenu d'informations pour le cerveau au même titre que l'ADN pour la cellule.

Dubois, 1986.

Le modèle fractal des systèmes intelligents naturels et artificiels, basé sur un processus génératif, donne une représentation des processus de communication plutôt que de traitement d'informations. En effet, la communication peut être décrite par un modèle objectif et universel tandis que l'information doit être définie par rapport aux récepteurs et dans le cadre de leur environnement pour constituer une donnée objective.

De plus, les systèmes d'informations ont les systèmes de communication comme support et à partir des informations reçues ou traitées, le système de communication se complexifie et ainsi de suite.

En faisant le parallèle avec le développement de l'intelligence naturelle, plusieurs conditions nécessaires doivent être remplies pour le développement d'un système intelligent :
– un noyau de base doit exister qui permette le développement du système intelligent (partie innée de l'intelligence naturelle);
– le développement ne pourra se faire que s'il y a interaction entre le système intelligent et l'environnement (acquisition d'information et action);
– le système intelligent, pour se développer et évoluer en s'adaptant continuellement, doit être capable d'auto-apprentissage.

L'approche présentée ici considère deux aspects essentiels du développement d'un système intelligent : d'une part, un modèle génératif stratifié qui se réplique automatiquement donnant une architecture modulaire où la connectique (entre les modules) joue un rôle

Connectique : contraction de connexion automatique.

important, et d'autre part, un auto-apprentissage qui permet au système de s'auto-construire et de générer automatiquement la connectique.

L'élaboration des systèmes intelligents artificiels se heurte de manière persistante à l'obstacle de l'apprentissage. La plupart des systèmes, en effet, sont trop « rigides », peu ou incapables de s'adapter, de réorganiser leurs connaissances pour réagir aux sollicitations nouvelles de l'environnement.

Pour pallier à ces inconvénients, les systèmes d'intelligence artificielle devront d'abord être dotés de capteurs appropriés pour entrer en communication avec l'environnement. Ils devront ensuite être capables de « comprendre » et de mémoriser les informations construites à partir des perceptions de l'environnement; bref, ils devront être capables d'auto-apprentissage.

Morin, 1986.

L'apprentissage ne peut pas être considéré comme un simple transfert d'information de l'extérieur vers le système, pour autant qu'un tel concept ait un sens.

Au contraire, les stimuli en provenance de l'environnement progressent et sont transformés au travers d'un système complexe de communication qui aboutit à la construction de plusieurs modèles représentatifs de la réalité et pertinents pour les besoins du système.

La cohérence de ces modèles est vérifiée par le jeu d'une confrontation interne au système. Leur validité opérationnelle est ensuite testée par le biais de l'action du système dans l'environnement. Cette procédure, qui permet au système de vérifier à la fois la cohérence interne et l'adéquation externe de ses modèles, est recommencée autant de fois que nécessaire et décrit de ce fait une série de boucles de rétroactions imbriquées.

Cette conception est à rapprocher de celle de A. de Callataÿ (1986).

Ces confrontations des représentations construites par le système avec la réalité sont à la base même du processus d'apprentissage. Elles montrent qu'un système intelligent se rapproche davantage d'un robot intelligent capable de rétroagir sur son environnement que d'un ordinateur, système essentiellement fermé et donc inapte à l'apprentissage.

Les processus de communication jouent dès lors un rôle central dans la construction et la vérification de ces modèles. L'objectif de ce chapitre est précisément de proposer un modèle génératif du processus d'apprentissage au travers d'un système complexe de communication.

Un tel modèle devrait d'abord dénouer l'écheveau des échanges entre environnement et système. C'est pourquoi ce modèle est fondamentalement un modèle de système de communication. La généralité est ainsi préservée car seule la communication est universelle et objective, tandis que l'information est relative au récepteur, elle est donc particulière et contingente.

Pour atteindre ce but, une série de contraintes doit être respectée.

D'une part, le modèle doit rendre compte de la complexité naturelle de la communication dans les systèmes « intelligents » (« comprenant » leur environnement).

Par ailleurs, par analogie avec les systèmes naturels, il faut qu'il reste suffisamment simple et général. La récursivité dans l'application du modèle de base devrait refléter le mécanisme de complexification croissante des systèmes naturels.

Enfin, le modèle doit respecter une hiérarchie et une hétérarchie qui assurent une indépendance fonctionnelle suffisante entre modules. Cette condition d'« interactions faibles » est nécessaire vu la complexité du système.

Ces contraintes ont conduit à élaborer un modèle de base en sept couches représentatives du processus communicationnel général. La propriété essentielle de ce modèle est son auto-réplication : il constitue la « brique » fondamentale du système. Celui-ci est constitué d'un assemblage complexe de répliques isomorphes du modèle de base. Ces répliques s'articulent soit par imbrication pour former des niveaux : une couche peut à son tour être décomposée en sept couches selon une réplique isomorphe du modèle de base (hiérarchie); soit par adjonction de différentes répliques du modèle de base pour former des strates (hétérarchie).

Dubois, 1986.

1.3 Description du modèle de base

Ce modèle est constitué de couches dont chacune remplit une fonction de base du processus de communication.

Chaque couche est dotée d'un banc de mémorisation des informations pertinentes pour cette couche (le « contenant »), d'organes de gestion et de traitement des informations et enfin d'interfaces de communication élémentaire avec les couches adjacentes et, pour la couche supérieure du modèle, avec son environnement (figure V-1). L'environnement d'une réplique quelconque isomorphe du modèle de base peut être une autre réplique de ce modèle.

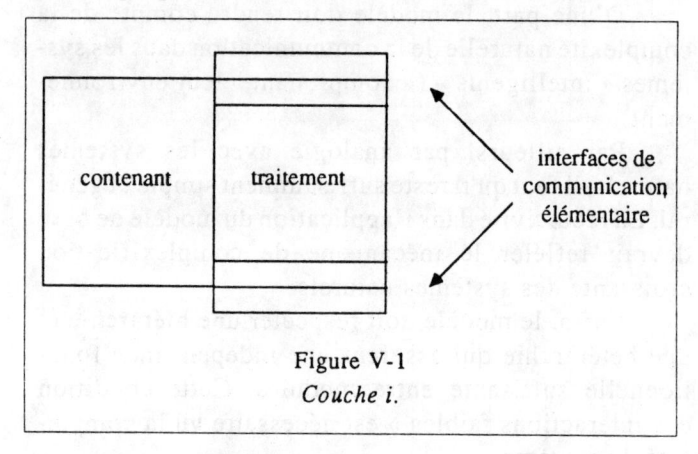

Figure V-1
Couche i.

contenant | traitement | interfaces de communication élémentaire

Le « contenant » permet la mémorisation sous une forme appropriée, pertinente au niveau considéré, des représentations construites (innées pour certaines) au fur et à mesure de l'évolution temporelle du système.

L'organe de gestion et de traitement réalise les opérations de perception-réception-traduction-interprétation-reconstruction-activation.

L'organe de transfert réalise un simple « passage de paramètres » intercouches. C'est pourquoi on parle de communication « élémentaire » et d'interactions « faibles ».

Le modèle de base est structuré comme suit :
couche 7 : ensemble des moyens d'interaction avec l'environnement;
couche 6 : module de traduction/interprétation;

couche 5 : module de simulation;
couche 4 : moteur d'exploitation;
couche 3 : gestion des liaisons réelles entre symboles;
couche 2 : gestion des liaisons potentielles entre symboles;
couche 1 : gestion des symboles.

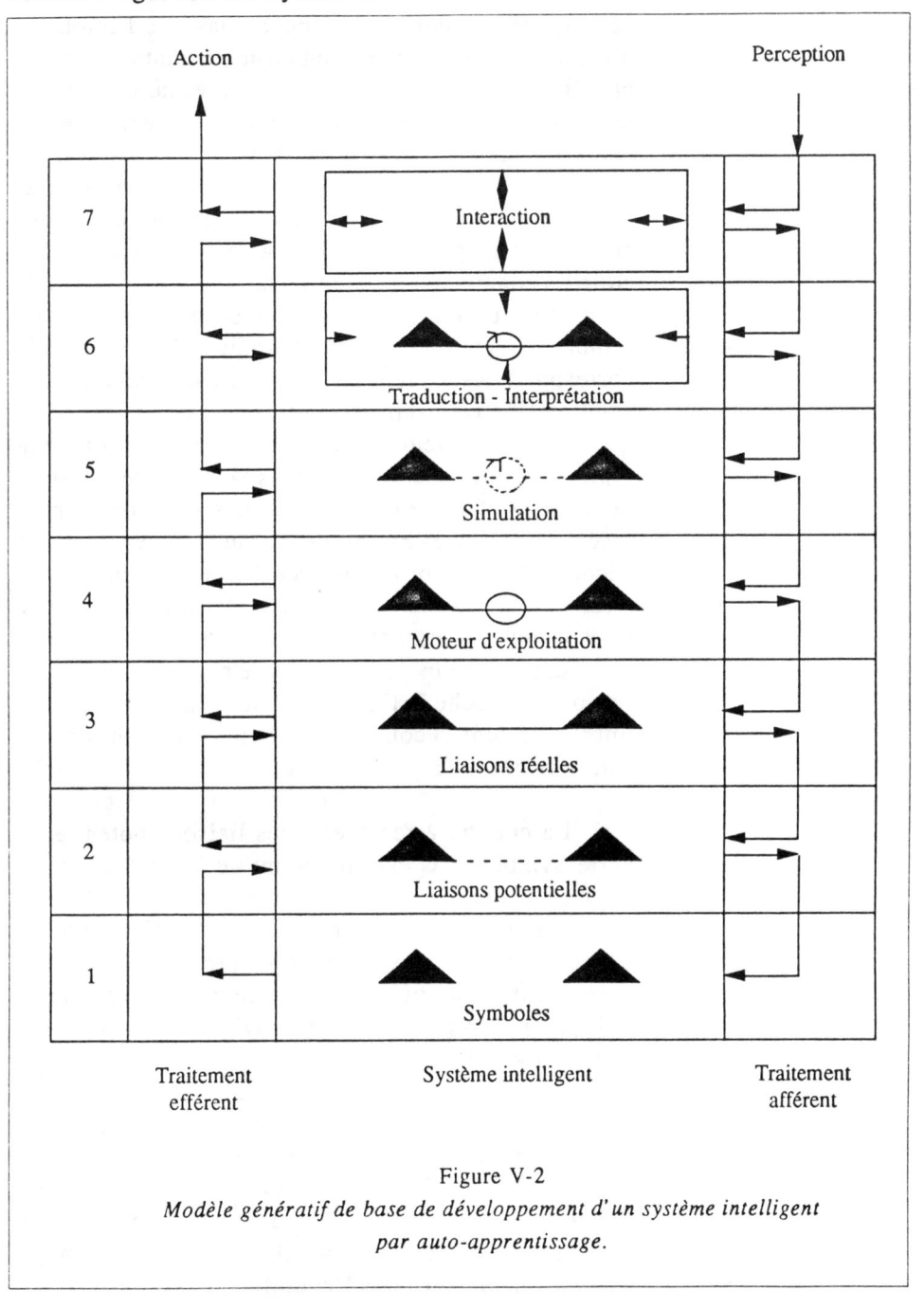

Figure V-2
Modèle génératif de base de développement d'un système intelligent par auto-apprentissage.

Le mot « symbole » vient du grec SUMBOLON qui signifie « morceau d'objet partagé entre deux personnes pour servir entre elles de moyen de reconnaissance ».

Dubois, 1986

La **couche 1** contient les symboles. Le symbole est une expression généralement concrète, qui doit éveiller un concept abstrait. Il y a un mécanisme de dualité ou d'ambivalence. Le symbole est donc une expression duale, un concept binaire. Le symbolisme est en réalité un langage, un moyen de communication. Et ce langage symbolique ne touche pas que l'intellect, c'est-à-dire l'intelligence logico-mathématique, il touche également l'émotif, les sens, le vécu, c'est aussi une forme de langage artistique, car l'art exprime des émotions, des sentiments au moyen de symboles. La technique du langage symbolique procède par association analogique. On associe à quelque chose de concret, un concept abstrait. Il y a toujours association entre un concret et un abstrait. Dans la chronologie des sept stades de l'apprentissage, le premier consiste en l'apprentissage du doublet « stimulus-réponse ». Cela correspond exactement à la définition du symbole. Les symboles peuvent être en fait des entités aussi complexes que l'on veut. Cela dépend de la position de la réplique du modèle de base dans la structure générale du système. Ou bien les symboles sont normalement créés et mémorisés à partir des stimuli convenablement décodés et transformés provenant des couches extérieures. S'ils existent déjà, ils sont simplement « activés » sous les injonctions des couches supérieures.

Les symboles peuvent encore résulter d'un transfert par la couche 7 d'une réplique du modèle de base, imbriquée dans la couche 1 par le jeu d'une auto-réplication isomorphe.

La **couche 2** représente les liaisons potentielles entre symboles. C'est en somme le banc d'essai sur lequel s'exerce le module de simulation pendant une phase de construction de représentation. Cette couche est désactivée si le système est en présence d'un environnement stable puisque, dans ce cas, le système ne doit pas générer de modèles provisoires à confronter avec l'environnement.

La **couche 3** gère l'ensemble des liaisons réelles entre symboles. Ces liaisons réelles participent à l'élaboration du modèle reconstruit (ou activé, s'il existe) qui sera finalement émis vers l'environnement. Elles décrivent la structure du modèle de représentation qui finalise une boucle dans l'évolution du système.

La **couche 4** est le moteur d'exploitation. Son rôle est essentiellement dynamique (en collaboration avec la couche 3). Son rôle est d'exécuter les injonctions de la couche 5 en réalisant ou supprimant les liaisons entre symboles prescrites par le module de simulation. Cette couche assure en quelque sorte la gestion pratique, l'intendance, le « house-keeping » des couches inférieures. La face intelligente de cette activité est contrôlée par la couche 5 (dans le cas de création de nouveaux modèles) ou par la couche 6 dans le cas d'activation de modèles pré-existants.

La **couche 5** contient le module de simulation du système. C'est la partie « intelligente », créatrice du système, puisqu'elle va « essayer » plusieurs possibilités de lier les symboles entre eux pour satisfaire les besoins des couches supérieures qui doivent « rendre compte » à l'environnement des créations du système. La couche 5 s'appuiera sur ses modèles existants pour construire de nouveaux modèles, plus adéquats. Elle sera capable d'anticipation.

La **couche 6** est la couche de traduction-interprétation. Elle joue à l'égard de la couche 7 un rôle analogue à celui de la couche 4 (exploitation) vis-à-vis de la couche 5 (simulation). Elle gère donc les opérations de traduction-interprétation fournissant aux couches inférieures les données ou paramètres nécessaires pour activer une représentation existante ou pour en créer une nouvelle. Elle réalise les opérations de filtrage, de rejet de l'accessoire en se fondant sur les macro-symboles (ou représentations) dont elle dispose.

La **couche 7**, enfin, est la couche d'interaction avec l'environnement, qui peut être une autre réplique isomorphe du modèle de base. Cette couche recueille les stimuli de l'environnement et ordonne une recherche qui aboutira finalement à l'élaboration d'un modèle adéquat pour préparer la réponse à l'environnement. Elle obtient une instantiation de ces modèles qu'elle va pouvoir livrer à l'extérieur aux fins d'action-vérification.

1.4 Dimensions du système

Le système est construit à partir de répliques isomorphes du modèle de base à sept couches conduisant à une géométrie fractale à trois dimensions.

Le premier mode de construction du système est la construction d'un réseau topologique en strates de ces répliques. Chaque élément du réseau correspond aux fonctions principales à assurer pour construire un modèle d'apprentissage : langage, vision, audition, pensée logico-mathématique, etc...

Le deuxième mode de construction du système est réalisé par la décomposition structurelle en niveaux de certaines couches du modèle en une nouvelle réplique du modèle de base. Cette décomposition aboutit à la création d'une imbrication complexe des répliques du modèle.

A côté de ces dimensions topologiques et structurelles, il faut ajouter une dimension temporelle qui crée de nouvelles répliques du modèle de base liées à d'autres par le seul jeu de la chronologie en sept étapes ou stades. Cette dimension rend compte de la création de souvenirs multiples d'une même réalité avec laquelle le système a interagi à des moments différents.

1.5 Fonctionnement du système génératif

La construction en couches, niveaux et étapes décrite au paragraphe précédent confère au modèle des processus de communication une certaine modularité structurelle et fonctionnelle, qui systématise les phases du processus de perception-interprétation suivi de recréation-rétroaction qui est la trame même du processus d'apprentissage.

La couche 1 contient les éléments de base du sous-système de conservation des informations. Ces éléments sont des symboles. La couche 1 peut, comme on l'a dit, se décomposer en une réplique isomorphe du modèle de base. Si la couche 1 n'a pas subi ce processus de génération-décomposition, nous dirons que les symboles qu'elle contient sont « passifs ». Si, au contraire, elle est en relation avec une réplique imbriquée, les symboles qu'elle contient sont précisément les macro-symboles mis à sa disposition par la couche 7 du modèle imbriqué. De tels symboles sont dits « actifs ».

L'appellation de « symboles passif et actif » est à rapprocher de celle de Hofstadter (1985).

Quels sont les facteurs qui déclenchent la décomposition de la couche 1, par exemple, en une réplique du modèle de base ?

Lorsque des stimuli proviennent de l'environnement, ceux-ci sont pris en charge par la couche 7 d'interaction. Si la couche 7 dispose déjà dans son contenant des représentations adéquates pour « comprendre » ces stimuli, il ne faut pas aller plus loin. Ces représentations ou macro-symboles disponibles sont alors prêts à servir les besoins de l'action du système sur l'environnement. Comment se fait-il que de tels macro-symboles soient disponibles à un moment donné ?

Environnement au sens large : externe ou interne dans le cas de répliques imbriquées.

Trois cas peuvent se présenter :
— Certaines représentations, certains macro-symboles sont « innés ». Ils ont permis au système de fonctionner au début de son histoire.
— Certains symboles ont été activés en réponse à des stimuli antérieurs. C'est le cas de l'évolution du système au cours d'un scénario : certains éléments de l'environnement restent stables, les symboles correspondants restent activés pendant le déroulement du scénario.
— Certains symboles doivent être construits de toutes pièces. Le module de simulation a élaboré des modèles provisoires. Ces modèles sont « poussés » à la couche 7 et sont confrontés à l'environnement. Le rythme de rétroaction s'intensifie pour adapter le modèle jusqu'à obtenir une représentation opérationnellement adéquate. Pendant ce processus de construction de représentation nouvelle, il peut se faire que l'ensemble des symboles disponibles dans la couche 1, même tournés et retournés par le module de simulation, se révèlent inadéquats. Ces symboles ont une structure trop pauvre pour permettre la construction d'un modèle convenable. Un besoin de macro-symboles plus complexes, plus riches en liaisons potentielles se fait sentir. La réponse du système est alors de provoquer une décomposition de sa couche 1 de symboles. Une réplique du modèle de base est créée et les symboles trop simples de la couche 1 initiale sont repoussés dans la couche 1 de la réplique imbriquée du modèle de base. Ce proces-

sus de décomposition de la couche des symboles traduit un véritable saut qualitatif dans les capacités d'adaptation du système. Il a de ce fait appris une réalité nouvelle après avoir ressenti le besoin de dépasser le niveau antérieur de connaissance.

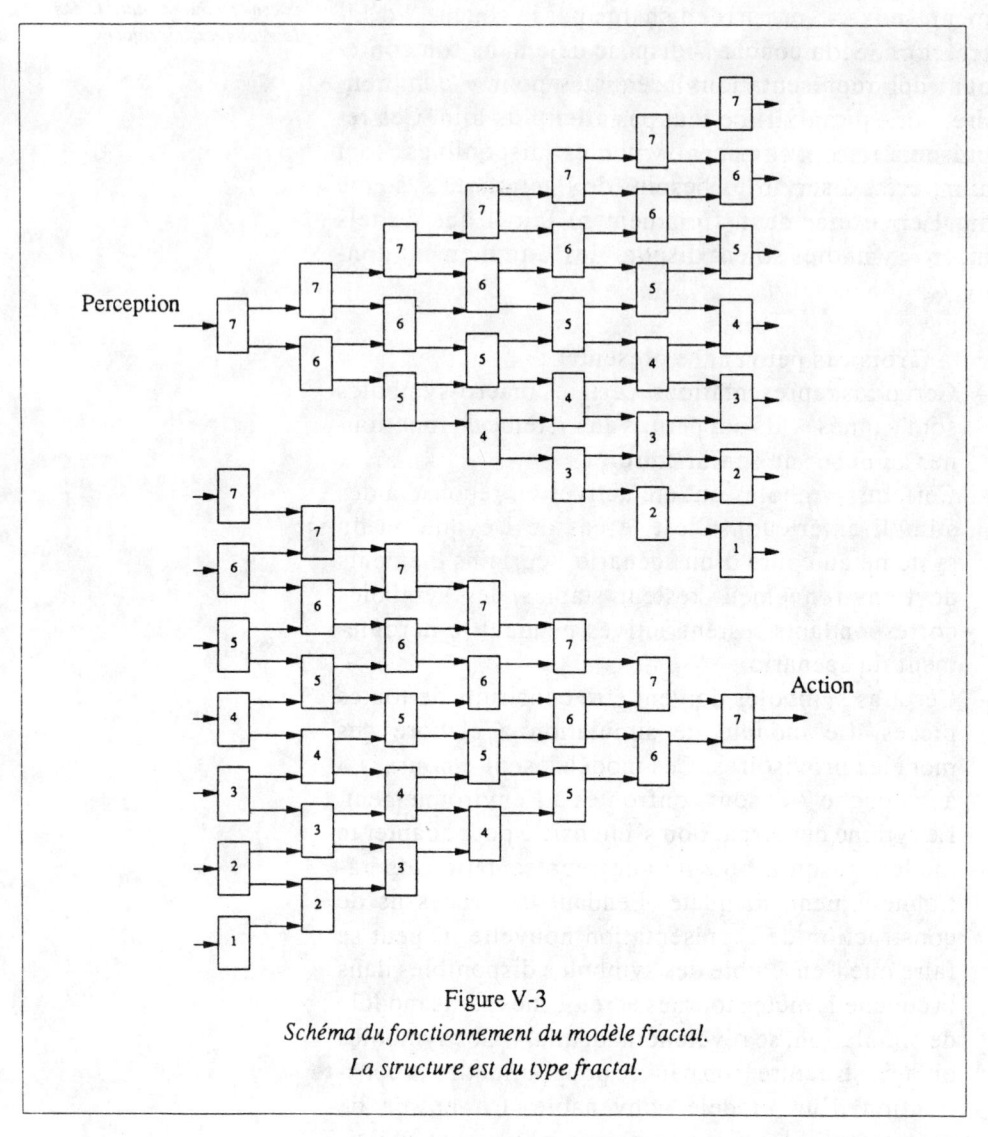

Figure V-3
Schéma du fonctionnement du modèle fractal.
La structure est du type fractal.

De la même manière, chaque couche peut se décomposer en couches isomorphes du modèle de base. La figure V-3 en donne un schéma.

Cette récurrence de couches peut être non-uniforme, c'est-à-dire que certaines couches pourront être récurrentes à des profondeurs plus ou moins grandes suivant le type de système. Des strates peuvent également se former : ils seront adjacents l'un à l'autre. La chronologie de création de couches, niveaux ou strates est chaque fois réalisée en sept étapes ou stades.

Le symbole du caillou

Une anecdote réelle illustre ce processus de création-décomposition-reconstruction de symboles qui implique les trois premières couches.

Une petite fille avait appris le mot *caillou*, et elle y assimilait tout ce qui était d'un volume et d'un poids comparable à un caillou : aussi bien un cube, une boule, un cendrier, etc. Donc, pour elle, un ensemble d'objets de la réalité était vu comme étant le symbole « caillou ». Elle ne faisait pas de différence entre ces objets. Tout ce qui était caractérisé par ces deux paramètres, volume et poids d'un caillou, entrait automatiquement dans la classe du symbole *caillou*.

Cette anecdote va nous permettre d'expliquer comment de nouveaux symboles peuvent se créer dans notre cerveau à partir d'un symbole primitif.

Au premier stade, on a la situation suivante :
Symbole *caillou* [volume d'un caillou, poids d'un caillou] = ensemble d'objets de la réalité [caillou, cube, boule, cendrier, etc]

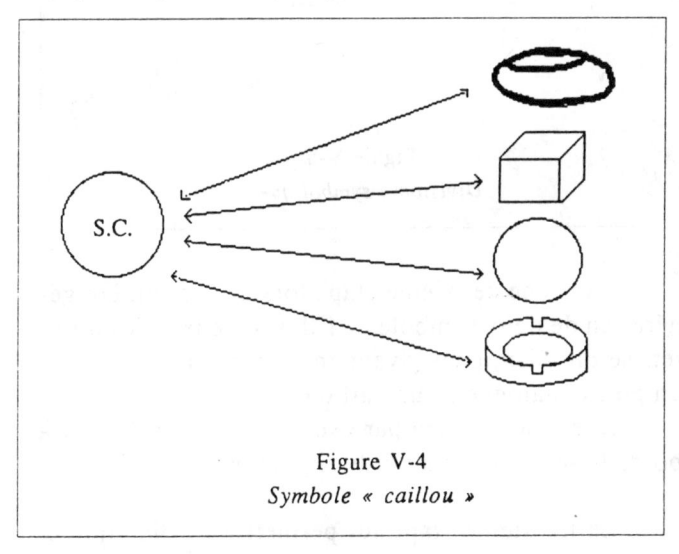

Figure V-4
Symbole « caillou »

C'est « comme si » la main de la petite fille ne mesurait que deux paramètres : un volume et un poids, les autres caractéristiques n'étant pas encore perçues.

Au fur et à mesure qu'elle apprendra à reconnaître d'autres caractéristiques (différence entre un cube et une sphère par ex.) son symbole « caillou » se sera dupliqué en autant de symboles différents qui auront chacun des paramètres discriminés différemment.

C'est exactement le même processus qui se passe lors de la division cellulaire et de la spécialisation des cellules lors de l'embryogénèse. Une cellule initiale se divise en deux cellules, identiques à l'origine. De par leur position dans l'embryon et les interactions les unes avec les autres, ces cellules vont se différencier.

Dubois, 1986

En transposant analogiquement ce processus cellulaire au processus symbolique, on peut proposer l'explication suivante du phénomène de division du symbole *caillou*. Le symbole *caillou* va se diviser en autant de symboles *cailloux* identiques par réplication (ou copie).

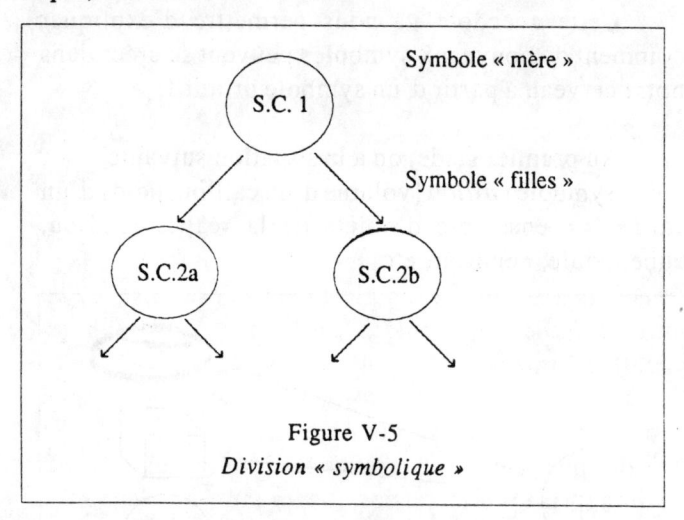

Figure V-5
Division « symbolique »

Dans une deuxième étape lors de la première génération de deux symboles « filles », deux types d'objets seront distingués, ayant en commun un volume et un poids analogues à un caillou.

Elle discriminera par exemple les « cailloux » à bords lisses de ceux à bords anguleux.

La troisième étape lui permettra de discriminer les quatre objets précités.

Il est assez remarquable de noter que, d'après les études psychologiques sur les jeunes enfants, la discrimination s'opère par dichotomie. Après ce stade dichotomique, le stade discriminatoire multiple **va se déclencher**, ce qui permettra d'emblée à l'enfant de reconnaître un objet sans passer de façon consciente par les étapes dichotomiques. L'activation des liaisons dichotomiques se fera de façon inconsciente, ce qui permet à l'enfant de se concentrer consciemment sur un ensemble de caractéristiques à la fois.

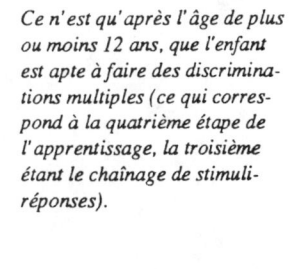

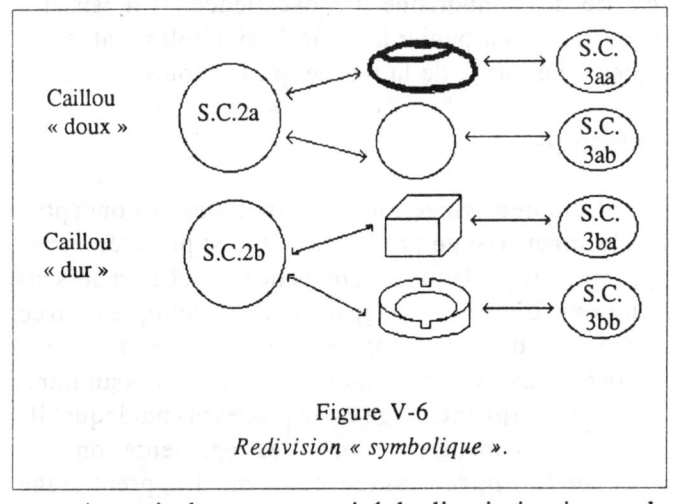

Ce n'est qu'après l'âge de plus ou moins 12 ans, que l'enfant est apte à faire des discriminations multiples (ce qui correspond à la quatrième étape de l'apprentissage, la troisième étant le chaînage de stimuli-réponses).

Figure V-6
Redivision « symbolique ».

A partir de cette capacité de discrimination multiple, l'enfant sera alors capable de voir des points communs entre des objets différents. C'est le cinquième stade, où alors il sera capable d'élaborer des concepts. Prenons l'exemple du déplacement : une voiture se déplace en roulant, un homme se déplace en marchant, une pomme tombe de l'arbre, une boule roule par terre, etc. Cela correspond à l'apprentissage de paramètres communs à des objets tout à fait différents. C'est le phénomène inverse de la discrimination. Après avoir appris les différences, il apprend les ressemblances. Ce niveau d'apprentissage des ressemblances est un métaniveau du niveau de l'apprentissage des différences et y est faiblement associé. Dans tous les phénomènes biologiques, on constate cette alternance « différenciation » et « intégration » à un niveau supérieur, puis différenciation de ce dernier niveau qui sera réintégré à un niveau supérieur, et ainsi de suite. Toute une hiérarchie complexifiante se crée alors. Au fur et à mesure de la montée dans cette hiérarchie, les concepts vont devenir de plus en plus abstraits jusqu'à la formulation de principes, dans la septième étape.

Prenons l'exemple de la gravitation universelle,

découverte par Newton en regardant tomber une pomme d'un arbre. Sans pouvoir appréhender directement les causes par les organes des sens, on peut en expliquer les effets : la pomme tombe, c'est un effet visible, mais la cause reste invisible, c'est-à-dire la gravitation. La plus grande conquête de l'homme avec son troisième cerveau, c'est d'avoir inventé la logico- mathématique, science du symbolisme par excellence. Il a réussi à reconstruire sur papier à partir de symboles mathématiques, une image de la réalité qui l'entoure.

1.6 Moments de l'apprentissage

L'apprentissage cache quatre types de concepts :

Apprentissage avec surperviseur
1. L'**apprentissage** proprement dit est précisément le processus par lequel se créent de nouvelles représentations. L'apprentissage peut être « inculqué », en ce sens que des représentations toutes faites sont proposées aux systèmes intelligents qui les assimilent.

Apprentissage sans superviseur
2. L'**auto-apprentissage** est le processus par lequel ils créent eux-mêmes de nouvelles représentations.
3. Le **méta-apprentissage** concerne l'apprentissage de l'apprentissage. Il peut être « inculqué » sous forme de règles qui guident ou canalisent le processus d'apprentissage.
4. Enfin, le **méta-auto-apprentissage** relatif à la réflexion du système intelligent sur ses méthodes d'auto-apprentissage. En cela, il s'apparente au phénomène de conscience.

Dans le schéma de la figure V-2 qui décrit les sept couches du modèle, les fonctions de traitement ont été, par commodité, séparées en deux parties : une branche afférente de traitement des stimuli externes (décodage, interprétation, filtrage) et une branche de traitement efférent en vue de pourvoir le système en modèles et représentations pertinents (reconstruction, traduction, focalisation).

Chaque moment de l'apprentissage privilégie un ou l'autre traitement.

Au moment de l'initialisation du système, seule la branche afférente est mobilisée. Les contenants de chaque couche sont remplis des données de base qui permettent au système de démarrer. Dans les systèmes naturels, cette phase d'initialisation résulte du programme inné inscrit dans le système génétique. **Dans cette phase d'initialisation du système, la branche efférente est complètement désactivée.**

En dehors de cette phase d'initialisation, tous les moments de l'apprentissage exploitent d'une façon ou l'autre les deux branches du traitement.

Ainsi, pendant la phase « réceptive » d'un apprentissage – le cours « ex-cathedra » – la branche efférente est loin d'être inactive. Le système confronte sans cesse ses propres représentations avec celles qui lui sont proposées.

La confrontation est réalisée dans la couche 7. Si nécessaire, le moteur d'exploitation du système active de nouvelles liaisons entre symboles via la couche 6. Eventuellement même, en réponse aux questions « muettes » que l'élève se pose au fur et à mesure de l'exposé, le module de simulation générera de nouveaux modèles qui répondent mieux aux besoins du moment. Comme on le voit, l'apprentissage procède par « différences finies » qui résultent de la comparaison incessante des modèles disponibles et des perceptions provenant de l'environnement.

La résolution de chacun de ces pas différentiels mobilise toutes les fonctions du système. Si nécessaire, celui-ci décomposera l'une ou l'autre de ces couches en répliques imbriquées du modèle de base. En fonctionnement stationnaire (environnement stable ou variant dans des limites prédéterminées), le système se contentera des représentations construites à partir des expériences antérieures. Le moteur d'exploitation active les symboles et les liaisons entre symboles qui lui permettent d'adapter finement ses représentations.

Ce fonctionnement stationnaire s'apparente à celui d'un robot « intellectuellement passif » dans un environnement décrit une fois pour toutes.

Le symbole de la droite concrète et des points abstraits

Piaget a fait des recherches expérimentales concernant l'apprentissage logico-mathématique chez les enfants. Très intéressant est le phénomène de réversi-

Piaget, 1948.

bilité du point de vue intellectuel.

Dans un premier temps, l'instructeur essaye d'inculquer à l'enfant le fait qu'une droite est formée d'une suite illimitée de points.

Après assimilation par l'enfant de ce concept abstrait, Piaget dit que l'enfant n'a vraiment compris le concept qu'à partir du moment où il est capable de reconstruire une droite à partir d'un ensemble infini de points.

Le « vrai » processus d'apprentissage est donc un processus réversible : à partir d'une décomposition analytique, l'enfant, par auto-apprentissage, est capable de reconstruire un « global » à partir des éléments de « l'analytique ». Ce qui correspond bien à l'approche en deux processus analytiques et globaux, intimement imbriqués en s'appuyant sur une reconstruction de la réalité sur base de symboles créés à partir du réel.

La dérive de la représentation

La plupart du temps, lorsque l'environnement évolue de façon lente et continue, les modifications apportées aux représentations de l'environnement ne portent que sur un simple ajustement des paramètres de cette représentation : notre cerveau actualise constamment la représentation de cet environnement, la dérive de cette représentation restant quasi inconsciente (par exemple : le passage des différentes saisons qui se fait de façon relativement lente).

C'est un phénomène important du point de vue auto-apprentissage, car en intelligence artificielle, un module qui réalisera cette adaptation pourra avoir des répercussions pratiques telles que :
- la reconnaissance de voix différentes;
- la reconnaissance d'écritures différentes;
- la reconnaissance d'images différentes.

Après un certain laps de temps toutefois, les distorsions entre modèle et réalité ne peuvent plus être réduites par une simple adaptation des paramètres; le système doit « reconstruire », créer une nouvelle représentation.

Thom, 1977. Cette adaptation radicale se fait avec un certain retard (hystérésis) et son caractère soudain s'apparente à une catastrophe, au sens de R. Thom.

1.7 Principe motivant d'un système d'apprentissage

A la différence d'un système expert traditionnel, dans lequel des heuristiques adéquates ont été implémentées pour résoudre les problèmes qui lui seront posés, un système d'apprentissage doit contenir un principe directeur qui le motive à enrichir ses connaissances. C'est cette motivation artificielle qui devra assurer le déroulement des processus de reconstruction de l'environnement : les données provenant de cet environnement alimentent constamment le système intelligent et lui permettent ainsi d'évoluer. Sans données pertinentes provenant de l'environnement, le système intelligent (comme le cerveau humain) ne sait plus s'enrichir. Tant qu'il n'aura pas une représentation pertinente du monde réel qui l'entoure, il computera pour y arriver, en recherchant sans cesse des données dans cet environnement et en agissant le cas échéant sur lui par des actions en suivant des stratégies conditionnées par les buts qu'il s'est assignés.

Par analogie, on peut comparer ce déroulement de processus cognitifs, avec la théorie des structures dissipatives pour des réactions chimiques irréversibles « loin de l'équilibre » suivant la terminologie de Prigogine. Pour qu'un système de ce type puisse fonctionner et se structurer, il faut l'alimenter sans cesse en réactifs chimiques sous peine de quoi le système atteindra un point d'équilibre sans fonctions ni structures. Alan Turing a été le premier à proposer une théorie de la morphogenèse pour les processus cellulaires. De la même façon, une machine thermique en régime stationnaire ne peut fonctionner que si on lui fournit de l'énergie sous une forme ou une autre, pour compenser le travail fourni à l'environnement et la production d'entropie. On sait que, de façon naturelle, une transmission d'énergie thermique se réalise entre un corps chaud vers un corps froid, cette transmission se faisant avec production d'entropie. Pour un système intelligent, le corps chaud est l'environnement avec toutes ses données que le système intelligent appréhende, et le corps froid est le système intelligent lui-même. Tant qu'il existe une « tension » entre données et représentations de l'environnement par le système intelligent, ce dernier pourra les exploiter : la motivation étant basée sur cette tension. Quel objectif peut-on donner à

Nicolis and Prigogine, 1977.

Turing, 1952.

Dubois, 1986.

un système intelligent pour qu'il ait en quelque sorte une « motivation » pour s'enrichir en représentation de la réalité et agir sur son environnement ?

Nous pensons à une généralisation de la loi de Lenz en électricité : si on applique un champ magnétique à un solénoïde, un courant va se créer au sein du fil conducteur, qui aura pour effet de contrecarrer le champ magnétique qui lui a donné naissance.

Solénoïde : fil conducteur enroulé autour d'un cylindre et fermé sur lui-même.

En transposant au niveau d'un système intelligent, on peut généraliser la loi de Lenz en disant : *un système intelligent a pour objectif de reconstruire la ou les meilleures représentations de son environnement afin d'obtenir la meilleure autonomie possible et d'être le moins possible sensible aux fluctuations et incertitudes de l'environnement.*

Dubois et Godart, 1987a et b.

2. CONCEPTION DE SYSTÈMES INTELLIGENTS FORMELS

Ce modèle fractal va nous servir de méthodologie pour la conception de systèmes d'intelligence artificielle. Par auto-apprentissage le système enrichira ses connaissances. Dans le même temps, sa structure se complexifiera pour, d'une part, répondre aux besoins de représentations de plus en plus complexes et diversifiées et, d'autre part, pour maintenir à chaque niveau de récursivité un degré de complexité contrôlable.

La démarche intellectuelle du modèle est basée sur des principes très simples mais dont la géométrie fractale en donnera toute la complexité.

2.1. La machine de Turing universelle

Alan Turing, 1912-1954, inventa en 1936 un «ordinateur» abstrait, de mémoire potentiellement infinie, qui peut simuler le fonctionnement de n'importe quel ordinateur, appelé machine de Turing universelle. Elle caractérise de manière formelle les tâches qu'une machine à calculer automatique puissent exécuter en réduisant chaque processus en une série d'opérations élémentaires. Turing montra que, pour chaque opération conventionnelle (addition, multiplication, etc.), un programme peut être élaboré avec des opérations plus complexes construites à partir des élémentaires. De cette façon, sa simple machine était capable d'exécuter n'importe quelle procédure sur une machine à calculer. Toutes les caractéristiques qui peuvent être attribuées à la machine de Turing s'appliquent en principe à tous les ordinateurs, indépendamment des différences techniques.

Turing démontra que tout système formel, c'est-à-dire tout système contenant des propositions qui peuvent être inférées ou décidées, peut être calculé avec cette machine.

Les ordinateurs et leurs programmes ne sont donc rien de plus que des systèmes formels.

2.2. Le Théorème d'Incomplétude de Gödel

En 1931, Kurt Gödel, 1906-1978, démontra qu'il n'y a pas de système formel consistant qui peut produire des énoncés vrais de la mathématique. C'est le célèbre Théorème d'Incomplétude de Gödel qui établit que « *tout système formel qui ne démontre que des énoncés arithmétiques vrais est nécessairement incomplet, car certains énoncés arithmétiques vrais ne pourront pas y trouver de démonstration* ».

Jean-Paul Delahaye écrit : « *L'existence de ces indémontrables, ou indécidables, a profondément troublé certains mathématiciens éminents comme John von Neumann, mais ce ne fut pas le cas de la majorité d'entre eux qui les considérèrent comme des singularités exceptionnelles qui ne se rencontrent pas dans «les vraies mathématiques », en tout cas pas en arithmétique. On pouvait donc les négliger, de même que les courbes continues sans dérivées « n'existaient pas » pour un physicien... Pourtant les courbes fractales ont envahi aujourd'hui les sciences de la nature. De leur côté, les énoncés indécidables sont loin d'être rares. G. Chaitin se fonde sur des techniques de la théorie algorithmique de l'information pour démontrer qu'ils sont très fréquents, parfois très simples et que certains d'entre eux résident au cœur même de l'arithmétique la plus élémentaire* ».

Delahaye, 1989, pp. 12-15.

G. Chaitin (1987), du centre de recherches d'I.B.M. près de New York.

Le contenu en information, appelé la complexité, d'un énoncé composé d'une suite finie de symboles et représentée par G. Chaitin par le nombre Ω, compris entre 0 et 1, s'écrit en base deux sous la forme $a_1, a_2, a_3, a_4, ..., a_k$, où a_k désigne le $k^{ème}$ bit. C'est un nombre incompressible dont l'écriture en base deux n'est absolument pas redondante. Il est qualifié d'aléatoire, car il n'existe aucune méthode meilleure que le jeu de pile ou face pour parier sur les bits qui le composent.

Cette complexité d'une suite, ou aussi bien d'un énoncé, mesure donc son contenu incompressible d'information, son entropie, mesure du désordre, diraient les thermodynamiciens.

« *Le nombre aléatoire Ω est égal à la probabilité qu'une machine de Turing universelle s'arrête au bout d'un nombre fini d'étapes quand elle a été alimentée par un programme tiré au sort* ».

Chaitin conclut : « *la dynamique non linéaire et la mécanique quantique ont montré que le hasard était présent dans la nature. Je crois avoir montré qu'il est aussi présent en mathématiques pures, en fait même dans la plus élémentaire des branches de la théorie des nombres* ».

Qu'est-ce que cela implique pour les systèmes intelligents ?
Bien que la machine de Turing peut générer toutes les chaînes de caractères dans un système formel, suivant Gödel, des énoncés vrais mais improuvables peuvent encore apparaître. « *Pour prouver tous les vrais énoncés, nous aurions besoin d'une hiérarchie infinie de systèmes formels, et elle ne peut pas être simulée par une machine de Turing.*
Si nous supposons que la pensée humaine est fondamentalement consistante, alors la thèse de Gödel implique que, même si un système formel peut prouver les mêmes propositions que la pensée humaine, nous sommes incapables d'établir ce fait formellement. Si nous supposons aussi que la pensée humaine est capable de résoudre tous les problèmes mathématiques, il s'ensuit qu'il n'y a pas d'ordinateurs qui puissent complètement simuler l'intelligence humaine avec sa capacité de s'observer lui-même et interpréter ses expériences, parce que les ordinateurs ne peuvent pas raisonner comme l'homme, comme l'écrivit Joseph Weizenbaum ».

Schwärtzel, 1989, pp. 6-9.

Je reste perplexe devant de telles affirmations car c'est réduire l'Intelligence à tout ce qui se raisonne, c'est-à-dire s'explique. Or les faits montrent qu'on peut comprendre des choses sans se les expliquer et vice-versa. La compréhension permet, pour moi, de combler les «trous noirs» de l'explication. C'est ce que semblent faire les deux hémisphères du cerveau humain. Et, pour reprendre D. Hofstadter : « *Je ne doute pas de l'existence théorique d'une explication totalement réductionniste, mais totalement incompréhensible, du cerveau ; le problème, c'est de savoir comment le traduire dans un langage que nous pouvons percer* ».

Le langage de la géométrie fractale peut nous aider à le percer.

2.3. Mon interprétation fractale du Théorème de Gödel

J'interprète personnellement le Théorème d'Incomplétude de Gödel comme suit.

Un modèle de représentation d'un système formel ne peut décrire un méta-modèle de représentation de lui-même, y compris ce méta-modèle, simultanément; ce méta-modèle ne peut être qu'une représentation d'un état antérieur, où le système se trouvait.

En géométrie fractale, ce théorème d'incomplétude s'énonce : **une fractale géométrique de génération n contient une représentation auto-similaire d'elle-même à la génération n-1 tout au plus**. En faisant tendre n vers l'infini, la représentation auto-similaire à la génération n, est de plus en plus proche de celle à la génération n-1, s'il y a convergence du processus de construction.

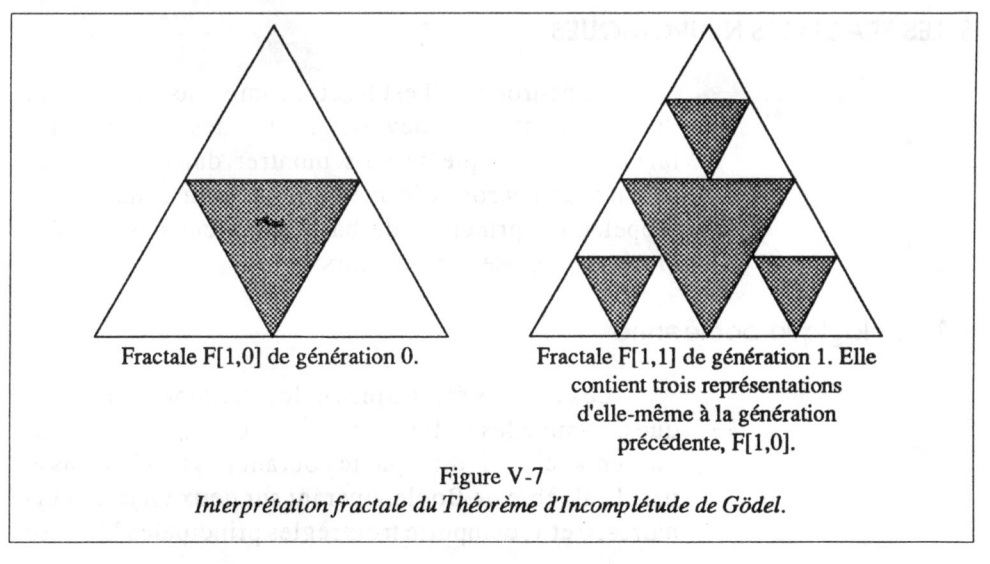

Fractale F[1,0] de génération 0.

Fractale F[1,1] de génération 1. Elle contient trois représentations d'elle-même à la génération précédente, F[1,0].

Figure V-7
Interprétation fractale du Théorème d'Incomplétude de Gödel.

La figure V-7 montre ce que ce théorème d'incomplétude signifie en géométrie fractale.

L'équation mathématique de base de la construction d'une fractale est du type

$$x_{n+1} = f(x_n, p) \text{ avec } x_0 = x(t=0)$$

où x_n est l'état du système formel à la génération n, p un paramètre de commande, f une fonction non-linéaire et x_0 l'état initial du système. La figure V-8 donne le schéma de la boucle de rétroaction qui génère la fractale.

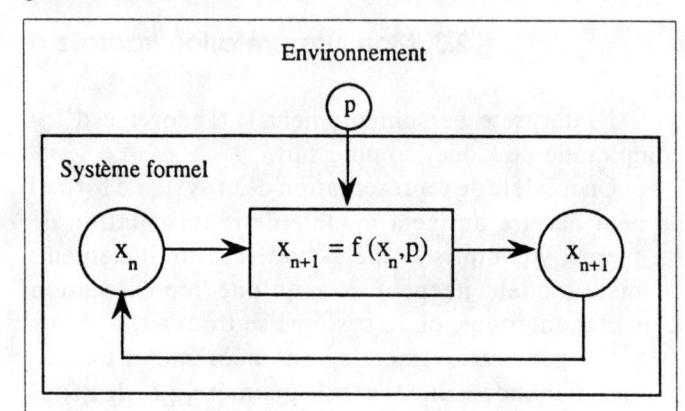

Figure V-8
Schéma de la boucle de rétroaction itérative auto-référente de la construction d'un système auto-similaire. La variable x_n est l'état de la fractale à la génération n, p un paramètre de commande et f une fonction non-linéaire.

3. LES FRACTALES NEURONIQUES

Le neurone, s'il est fractal comme je l'ai soutenu dans le chapitre II, devrait générer des figures fractales. C'est ce que je vais montrer dans le cas des réseaux de neurones formels. Mais, pour cela, je vais rappeler les principes de base du calcul des circuits électroniques des ordinateurs.

3.1. La logique booléenne

Les circuits électriques et les machines électroniques, comme les ordinateurs, fonctionnenent en « tout ou rien », c'est-à-dire que le courant passe ou ne passe pas. L'algèbre de Boole, opérant sur deux éléments binaires, 0 et 1, comporte trois règles principales à la base du fonctionnement de tout ordinateur classique.

Règle A : La somme logique, représentée par le symbole V, vaut 1 si l'une au moins des variables vaut 1 ; on a toujours xVx = x,
$$0 \vee 0 = 0$$
$$0 \vee 1 = 1$$
$$1 \vee 0 = 1$$
$$1 \vee 1 = 1$$

Règle B : Le produit logique, représenté par le symbole •, vaut 1 si et seulement si les deux variables valent 1 ; on a toujours x•x = x,
$$0 \cdot 0 = 0$$
$$0 \cdot 1 = 0$$
$$1 \cdot 0 = 0$$
$$1 \cdot 1 = 1$$

Règle C : La négation est une opération à une seule variable, représentée par le symbole $\bar{x}$; le résultat vaut 1 si la variable vaut 0, et inversement,
$$\bar{0} = 1$$
$$\bar{1} = 0$$

Ces trois règles sont relatives aux opérations «OU», «ET» et «NON» de la théorie des ensembles.

« *Par ensemble, j'entends toute collection d'objets bien distincts de notre perception ou de notre pensée...* ». Cette phrase du mathématicien allemand Georg Cantor, 1845-1918, marque le point de départ de la théorie des ensembles, à partir de laquelle la mathématique toute entière peut être construite... y compris le Théorème d'Incomplétude de Gödel.

Mais ce professeur de l'université de Berlin construisit en 1872 une fonction continue qui n'était dérivable nulle part : sa courbe représentative n'admettait aucune tangente ! Ce type de fonction dont le mathématicien français Charles Hermite se détournait « avec effroi et horreur », est revenu récemment sur le devant de l'actualité avec les travaux de Benoît Mandelbrot sur les courbes fractales.

Percevoir notre environnement de manière continue me semble être une illusion d'optique et/ou

En fait, jusqu'aux travaux de Karl Weierstrass, 1815-1897, la théorie des fonctions, considérant comme intuitive la notion de continuité, répondait par l'affirmative à la question de savoir s'il est possible de tracer une tangente en tout point d'une courbe continue. Un de ses élèves, Georg Cantor, introduit l'idée de nombre infini. « Ses considérations mathématico-philosophiques ont bien sûr choqué ses contemporains et l'ont lentement poussé vers la folie. » (voir Mémo, Larousse, 1989, p. 86).
Cantor, sûrement convaincu de la nature discrète de notre perception et de notre pensée, inventa-t-il le concept de nombre infini pour donner raison à son maître et ses précédesseurs convaincus de la continuité de la nature ? Par exemple, on enseigne que la droite est une ligne continue formée d'un ensemble infini d'objets, bien distincts, les points, de dimension spatiale nulle !

cérébrale : l'œil et le cerveau sont formés de cellules, objets bien distincts.

Si je représente une fonction continue par un ensemble limité de points, **la notion de dérivée doit être remplacée par celle de différence.** Comme nous l'avons vu, dans la première partie de ce chapitre, l'enfant perçoit d'abord les différences entre les objets et ensuite les ressemblances. La division symbolique que nous avons introduite montre bien le caractère discret d'une dichotomie. Il est d'ailleurs utile de rappeler que tous les organes des sens sont plus sensibles à la variation, la différence des choses qu'à leur valeur, et à leur ressemblance.

Existe-t-il des règles comparables à celles de Boole pour décrire des opérations « DIFFERENCE » et « RESSEMBLANCE » ?

3.2 Une analogique digitale

Il ne faut pas prendre le mot « analogique » dans le sens de traitement analogique qui est un traitement des fonctions continues en calcul analogique.

Les neurones du cerveau fonctionnent par analogie, c'est-à-dire d'après les rapports de ressemblance que présentent deux ou plusieurs choses. Je ne prends pas l'adjectif analogique dans le sens opposé à numérique : je définis le substantif « analogique » qui signifie « par analogie ».

Les deux règles supplémentaires que je propose sont relatives aux opérations «DIFFERENCE» et «RESSEMBLANCE».

Cette règle D correspond au « OU exclusif » (noté XOR en anglais) en algèbre de Boole.

Règle D : La différence logique, représentée par le symbole : –, vaut 1 si et seulement si les deux variables sont différentes ; on a toujours $x : - x = 0$
$$0 : - 0 = 0$$
$$0 : - 1 = 1$$
$$1 : - 0 = 1$$
$$1 : - 1 = 0$$

La règle E est complémentaire à la règle D : 0 est remplacé par 1 et 1 par 0.

Règle E : La ressemblance logique, représentée par le symbole |, vaut 1 si et seulement si les deux variables sont égales ; on a toujours $x | x = 1$,
$$0 | 0 = 1$$
$$0 | 1 = 0$$
$$1 | 0 = 0$$
$$1 | 1 = 1$$

Ces règles génèrent des fractales.

Considérons un réseau de neurones formels obéissant à la règle D. En excitant un neurone de la couche d'entrée, on observe, à la figure V-9, que la propagation de cette excitation « dessine » la figure fractale bien connue, appelée napperon de Sierpinski.

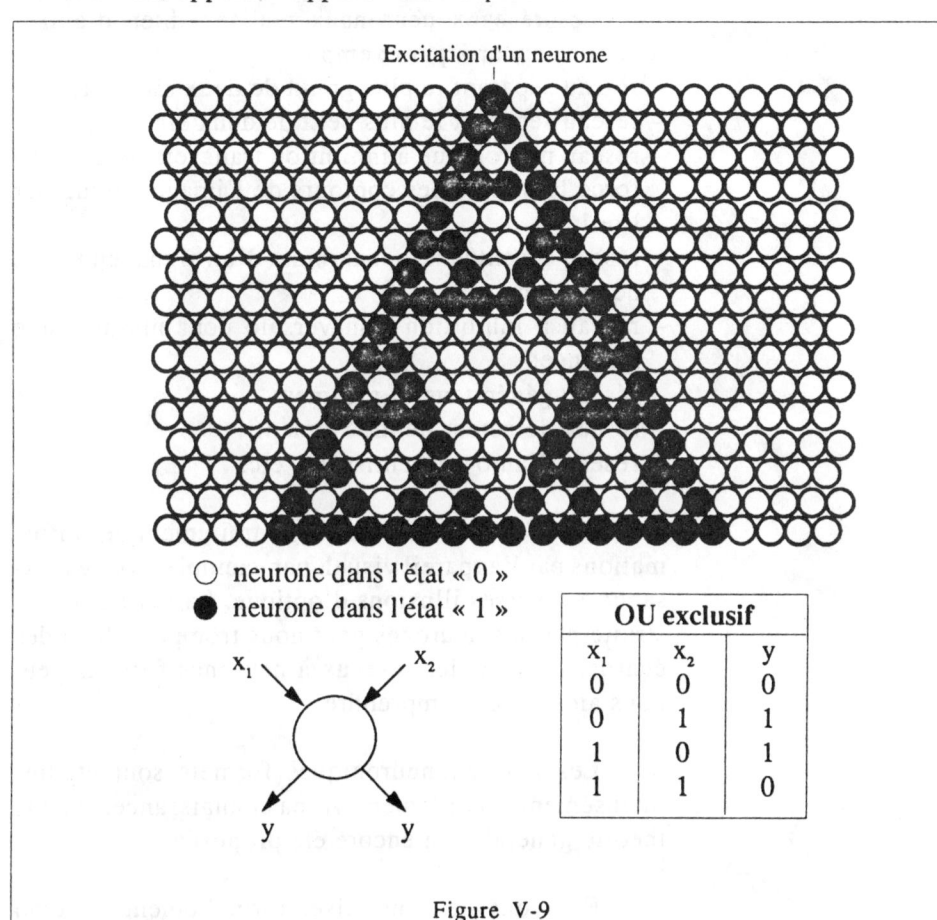

OU exclusif		
x_1	x_2	y
0	0	0
0	1	1
1	0	1
1	1	0

Figure V-9
Dans un réseau de neurones, les formules obéissant à la règle D, on obtient la propagation de l'excitation initiale (un neurone ● dans la couche d'entrée du réseau) qui donne une figure fractale bien connue, appelée le napperon de Sierpinski, une fractale d'un triangle qui se subdivise indéfiniment en quatre.

D'après les données neurophysiologiques, les réseaux de neurones peuvent réaliser les fonctions logiques « OU » et « ET » dans le cadre du modèle discret des neurones formels. En logique continue, les modèles analogiques du neurone montrent que ces réseaux peuvent réaliser la fonction « module de dif-

Fonction « module de différence » :
$y = |x_1 - x_2|$ où x_1 et x_2 sont les deux signaux d'entrée et, y le signal de sortie.
D'après Fomine et Berkinblit, 1973, pp. 101-125.

férence » ou ne laisser passer un signal vers la sortie qu'en cas d'égalité des signaux d'entrée.

Les règles D et E réalisent ces deux dernières fonctions mais en « analogique discrète » et non en logique analogique continue.

Les réseaux neuronaux réalisent bien d'autres fonctions encore; par exemple,
- réseau séparant le plus grand de deux signaux;
- réseau séparant le plus petit de deux signaux;
- réseau neuronique à inhibition transversale qui renforce la netteté des contours de l'image perçue par l'œil;
- réseau accentuant le maximum d'un signal en forme de cloche;
- réseau à inhibition transversale pour mesurer une distance;
- réseau générateur de rythmes;
- réseau détecteur de mouvement;
- réseau d'auto-apprentissage, etc.

Il ne faut pas oublier que le traitement des informations par l'appareil visuel, par exemple, donne naissance à diverses illusions d'optique. La réalité reconstruite par nos neurones peut nous tromper à bien des égards. L'étude des réseaux à neurones formels peut nous aider à les comprendre.

Les réseaux neuroniques formels sont étudiés intensément actuellement. A ma connaissance, aucune théorie générale n'a encore été proposée.

Essayons de généraliser formellement les cinq règles précédentes.

Pour ce faire, j'ai considéré toutes les possibilités combinatoires des entrées-sorties d'un neurone à deux entrées et à deux sorties (cfr figure V-9), en utilisant le système binaire, 0 et 1, comme dans l'algèbre de Boole et dans l'analogique digitale (règles A, B, C, D et E).

3.3. Les vingt règles d'auto-apprentissage

Le tableau V-1 donne le résultat de cette combinatoire et m'a laissé assez stupéfait des résultats obtenus graphiquement.

Tableau V-1
Classification des 16 règles de fonctionnement d'un neurone formel à 2 entrées (x_1, x_2) et 2 sorties identiques, y; en binaire.

R1			R3			R5			R7		
x_1	x_2	y	x_1	x_2	y	x_1	x_2	y	x_1	x_2	y
0	0	0	0	0	0	0	0	1	0	0	1
0	1	1	0	1	1	0	1	1	0	1	1
1	0	1	1	0	1	1	0	1	1	0	1
1	1	1	1	1	0	1	1	0	1	1	1

R2			R4			R6			R8		
x_1	x_2	y	x_1	x_2	y	x_1	x_2	y	x_1	x_2	y
0	0	0	0	0	1	0	0	1	0	0	0
0	1	0	0	1	0	0	1	0	0	1	0
1	0	0	1	0	0	1	0	0	1	0	0
1	1	1	1	1	1	1	1	0	1	1	0

R9			R11			R13			R15		
x_1	x_2	y	x_1	x_2	y	x_1	x_2	y	x_1	x_2	y
0	0	0	0	0	1	0	0	0	0	0	1
0	1	0	0	1	0	0	1	0	0	1	0
1	0	1	1	0	1	1	0	1	1	0	1
1	1	0	1	1	1	1	1	1	1	1	0

R10			R12			R14			R16		
x_1	x_2	y	x_1	x_2	y	x_1	x_2	y	x_1	x_2	y
0	0	1	0	0	0	0	0	1	0	0	0
0	1	1	0	1	1	0	1	1	0	1	1
1	0	0	1	0	0	1	0	0	1	0	0
1	1	1	1	1	0	1	1	0	1	1	1

Règles R1 à R8 (voir tableau V-1)
Ces règles donnent des figures symétriques gauche-droite (cfr la règle R3 identique à la règle D qui donne, à la figure V-9 la fractale du napperon de Sierpinski).

Les règles de Boole sont données par R1 et R2 pour les opérations « OU » et « ET » respectivement.

Les règles analogiques sont données par R3 et R4 pour les opérations « DIFFERENCE » et « RESSEMBLANCE ».

Les règles R5 et R6 donnent des franges alternées de 1 et de 0.

Les règles R7 et R8 mettent tous les neurones à 1 ou 0, respectivement.

Règles R9 à R16 (voir tableau V-1)
Ces règles donnent des figures asymétriques gauche-droite (cfr la règle R9 qui donne, à la figure V-10 la propagation d'une excitation 1 vers la droite).

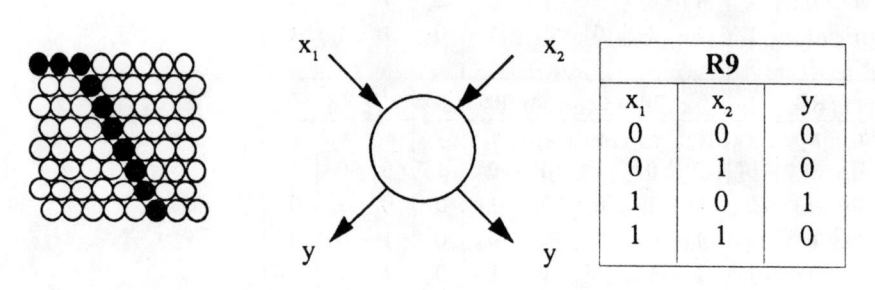

R9		
x_1	x_2	y
0	0	0
0	1	0
1	0	1
1	1	0

○ neurone dans l'état « 0 »
● neurone dans l'état « 1 »

Figure V-10
L'application de la règle R9 donne la propagation d'un signal (comme le potentiel d'action le long de la fibre nerveuse) de gauche à droite.

Les règles R9 et R10 donnent une propagation de 1 vers la droite ou de 0 vers la gauche.

Les règles R11 et R12 montrent une propagation de 0 vers la droite ou de 1 vers la gauche.

Les règles R13 et R14 présentent une propagation groupée vers la droite, uniforme et alternée, 0 et 1, respectivement.

Les règles R15 et R16 donnent une propagation groupée vers la gauche, alternée, 0 et 1, et uniforme, respectivement (voir figure V-11).

L'opération « NON », la négation de l'algèbre de Boole n'apparaît pas dans ce tableau, et pour cause, il s'agit d'une logique appliquée à un système à une entrée et une sortie. Comment en sortir ?

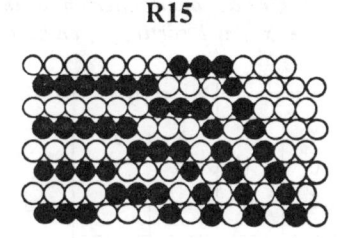

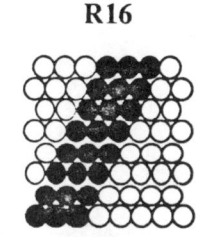

Figure V-11
*Schéma de représentation des règles R15 et R16
donnant une propagation groupée à gauche, uniforme
et alternée respectivement.*

Dans le chapitre II, la description du neurone montre une liaison possible entre son axone et le corps du neurone, qui jouerait un rôle de rétroaction qui, de l'avis d'un de mes collègue neurologue, n'a pas encore trouver une explication neurophysiologique. J'ai représenté à la figure V-12, le schéma d'un neurone formel à une entrée, x, et une sortie, y ; les secondes sortie et entrée étant reliées entre elles pour former une boucle de rétroaction. Avec une entrée et une sortie, j'obtiens quatre possibilités de fonctionnement : les quatre règles R17, R18, R19 et R20 sont données au tableau V-2. J'ai retrouvé l'opération de négation booléenne « NON », la règle 17.

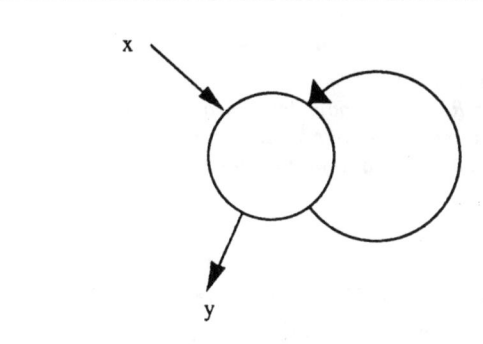

Figure V-12
*Schéma d'un neurone formel à une entrée et une sortie.
La seconde sortie du neurone boucle sur lui-même
par la seconde entrée.*

Tableau V-2
*Classification des 4 règles de fonctionnement d'un neurone
formel à 1 entrée, x ; et 1 sortie, y ; en binaire.*

R17		R19	
x	y	x	y
0	1	0	1
1	0	1	1
R18		R20	
x	y	x	y
0	0	0	0
1	1	1	0

Règles R17 à R20 (voir tableau V-2)
La représentation graphique de ces quatre règles est donnée à la figure V-13.

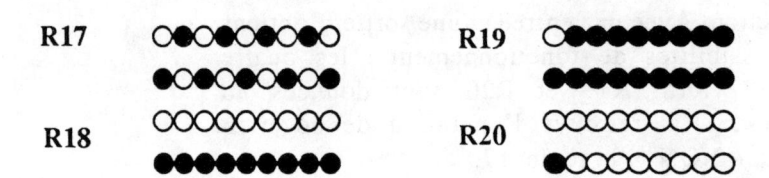

Figure V-13
Schéma de l'application des règles R17 à R20 pour les neurones formels avec rétroaction à une entrée et une sortie; le premier neurone est dans l'état 0 et 1 respectivement avant d'appliquer les règles.

La règle R17 est l'opération négation «NON» de l'algèbre de Boole : le signal s'inverse.

La règle R18 est l'opération que j'appelle affirmation « OUI » : le signal sortant est égal au signal entrant; cela correspond à une transmission pure et simple du signal.

La règle R19 donne un signal de sortie 1 quelque

soit le signal d'entrée, 0 ou 1 ; elle correspond à l'auto-excitation inconditionnelle du neurone.

La règle R20 représente un signal de sortie 0 quelque soit le signal d'entrée : cela correspond à une coupure de transmission du signal, une auto-inhibition inconditionnelle du neurone.

3.4. L'avenir du modèle neuronique fractal

Notre théorie est encore au stade de Recherche & Développement. Donnons quelques résultats déjà obtenus avec la règle R3 (OU exclusif).

La règle R3 peut être décrite par la loi non-linéaire

$y = 2x (1 - x/2)$ avec $x = x_1 + x_2$

identique à celle décrite au paragraphe sur le chaos déterministe pour $\rho = 1$ (chapitre III).

Dubois, 1990.

L'implémentation de neurones formels sur un réseau cartésien donne également les triangles de Sierpinski, à partir de cette loi non-linéaire.

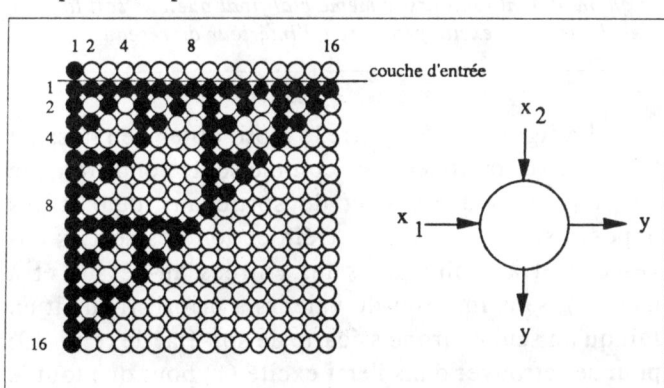

Figure V-14
Représentation cartésienne des triangles de Sierpinski de la figure V-9, obtenue à partir de la loi non-linéaire
$y = 2x (1 - x/2)$ avec $x = x_1 + x_2$
en imposant un seul neurone excité dans la couche d'entrée dans un réseau de 16 x 16 neurones.

*Je pense être le premier à montrer que la règle du OU exclusif peut être réalisée à l'aide d'un seul neurone à partir d'une fonction de transfert quadratique. Les théories classiques proposent une fonction de transfert de type sigmoïdal qui nécessite plusieurs neurones pour cette règle : e.g. Minsky et Papert, 1988. La première édition de leur livre en 1960, a-t-elle été à la base du ralentissement considérable de la recherche sur les perceptrons ? Leur conclusion sur la faible applicabilité des perceptrons pour des problèmes d'application pratique était basée sur l'utilisation de cette loi de type sigmoïdal.
Ce qui revient à utiliser la loi $y = 2x(1 - x/2)$ pour x compris entre 0 et 1 c'est-à-dire une fonction monotone croissante.*

On peut également utiliser des fonctions sinusoïdales :

$y = \sin \pi x/2$ ou $y = (1 - \cos \pi x)/2$

qui donnent les mêmes valeurs de y pour x = 0, 1 et 2.

Fombellida et al. (1990) utilisent des fonctions non-monotones pour le OU exclusif avec également un seul neurone dans des perceptrons multi-couches.

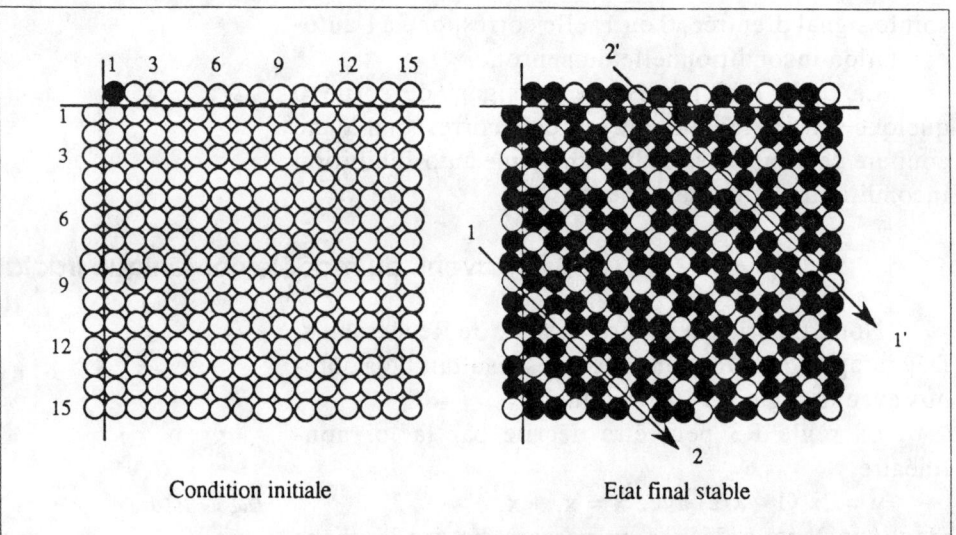

Figure V-15

En imposant des séquences d'entrée égales à celles des sorties aux côtés opposés par itérations successives dans un réseau de 15 x 15 neurones en imposant un seul neurone excité dans la couche d'entrée, j'obtiens une symétrie torique rappelant les cellules de Bénard. En partant de 1, le signal se propage en 2 et continue en 2' vers 1'. Il est important de faire remarquer qu'on obtient toujours le même état final quelque soit la condition initiale : le neurone excité peut être à l'intérieur du réseau.

On se trouve ici en présence d'une structure dissipative au sens de Prigogine. Une petite fluctuation (un neurone excité) s'amplifie et entraîne le réseau vers un état final stable loin de l'équilibre.

On retrouve ici la force aveugle du hasard (chapitre III) : le hasard initiateur de structures complexes.

La figure V-15 montre le motif obtenu en laissant le réseau se stabiliser avec comme seule condition que les séquences d'entrée et de sortie aux deux côtés opposés soient identiques (réinjection des sorties en-dessous et à droite, dans les entrées au-dessus et à gauche), sans imposer de valeurs a priori. Il suffit en fait qu'un seul neurone s'écarte de son état de repos (0) pour se retrouver dans l'état excité (1) pour que tout le réseau se stabilise dans un état structuré loin de l'équilibre. Le résultat est assez surprenant, car j'obtiens une symétrie de type cellules de Bénard dans une topologie torique. En conséquence, on peut penser que les réseaux neuroniques pourront simuler ce qu'on appelle la « physique qualitative », en intelligence artificielle.

L'équation du nombre d'or est
$$\Phi^n = \Phi^{n-1} + \Phi^{n-2}$$
$$\Phi^2 = \Phi + 1$$
$$\Phi = 1,618$$
$$\Phi^2 = 2,618$$
$$1/\Phi = 0,618$$
Ghyka, 1985, p. 27.

On peut de plus relier cette loi à celle du « *nombre d'or* » : pour x = 1,618, la valeur de sortie vaut y = 0,618, ce qui est très encourageant pour créer de l'esthétique artificielle avec des réseaux neuroniques fractals. La beauté artificielle ne sera pas exclue de l'intelligence artificielle.

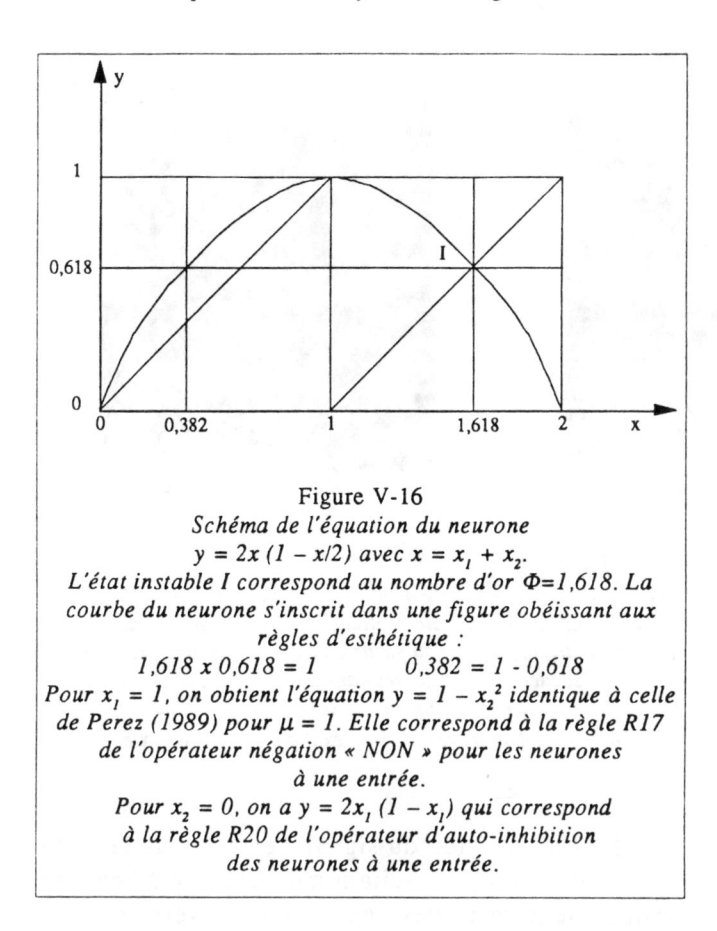

Figure V-16
Schéma de l'équation du neurone
$y = 2x (1 - x/2)$ avec $x = x_1 + x_2$.
L'état instable I correspond au nombre d'or $\Phi=1,618$. La courbe du neurone s'inscrit dans une figure obéissant aux règles d'esthétique :
$1,618 \times 0,618 = 1 \qquad 0,382 = 1 - 0,618$
Pour $x_1 = 1$, on obtient l'équation $y = 1 - x_2^2$ identique à celle de Perez (1989) pour $\mu = 1$. Elle correspond à la règle R17 de l'opérateur négation « NON » pour les neurones à une entrée.
Pour $x_2 = 0$, on a $y = 2x_1 (1 - x_1)$ qui correspond à la règle R20 de l'opérateur d'auto-inhibition des neurones à une entrée.

A la figure V-17a, on donne une séquence d'entrée de 16 bits 0 (blanc) et 1 (noir). La couche de sortie, la 16ème, rend la même séquence. En fait, la règle suivante s'applique : pour n = 0, 1, 2, 3, ..., la séquence des 2^n premiers bits à la couche 2^n est identique à celle des 2^n bits donnés en entrée. De plus, entre deux couches successives 2^m, 2^{m+1}, on retrouve la même règle, et ainsi de suite. Par exemple, entre les couches 8 et 16, il y a 1 bit identique à la couche 9, 2 à la couche 10, 4 à la couche 12, propriété bien fractale. Cette règle correspond à la loi bien connue en théorie fractale du doublement de périodes par bifurcation mais appliquée à une période spatiale plutôt que temporelle.

Enfin à la figure V-17b, en changeant les bits en position 2 et 4, on remarque que la représentation interne des neurones cachés des couches 0 à 16 est bouleversée mais la séquence de sortie est toujours identique à celle d'entrée.

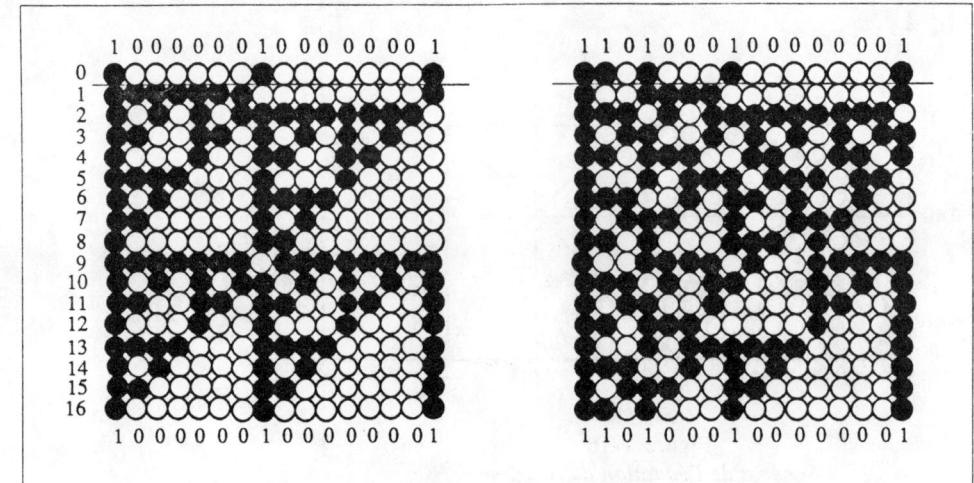

Figures V-17a et 17b
Un modèle de mémoire directe : en imposant une séquence d'entrée de 16 bits 0 (blanc) et 1 (noir), la couche de sortie rend la même séquence. Si on réinjecte continuellement la séquence de sortie dans la couche d'entrée (symétrie cylindrique), le réseau garde en mémoire dynamique cette séquence. En pratique, on peut entrer 16 séquences successives dans un tel réseau et, dans ce cas, chacune d'elle réapparaîtra en sortie de manière périodique et dans l'ordre dans lequel on les a entrées. Les propriétés holographiques d'un tel réseau sont expliquées dans le texte.

La transmission du signal d'entrée vers la sortie ne se réalise pas par excitation de neurone à neurone. En quelque sorte, le message passe « à travers » certains neurones sans les exciter ! En analysant le phénomène, on se rend compte d'un effet de mémorisation de type holographique dans la représentation des neurones cachés avec une délocalisation de l'information à travers tout le réseau.

S. Patarnello et P. Carnevali (1989), du Centre IBM ECSEC à Rome, ont montré les possibilités d'apprentissage de réseaux booléens en simulant le cerveau d'amibes artificielles.

La figure V-18 montre l'utilisation de la règle R3, deux fois, en tenant compte de l'état x_0 du neurone lui-même : en soumettant au réseau deux séquences d'entrées L_0 et C_0 et en le laissant auto-apprendre, il se stabilise sur quatre états différents qui se répètent indéfiniment. Quand le neurone est à l'état $x_0 = 0$, la réponse aux entrées x_1 et x_2 obéissent à la règle complémentaire R4. Deux états stables par règle conduit bien à quatre états stables pour deux règles. En conséquence, la topologie des connexions entre neurones entraîne des comportements qui peuvent obéirent à des combinaisons des vingt règles présentées. Il faut remarquer que des entrées différentes conduisent à quatre états stables chaque fois différents, ce qui est encourageant pour simuler

Un modèle de représentation des systèmes intelligents

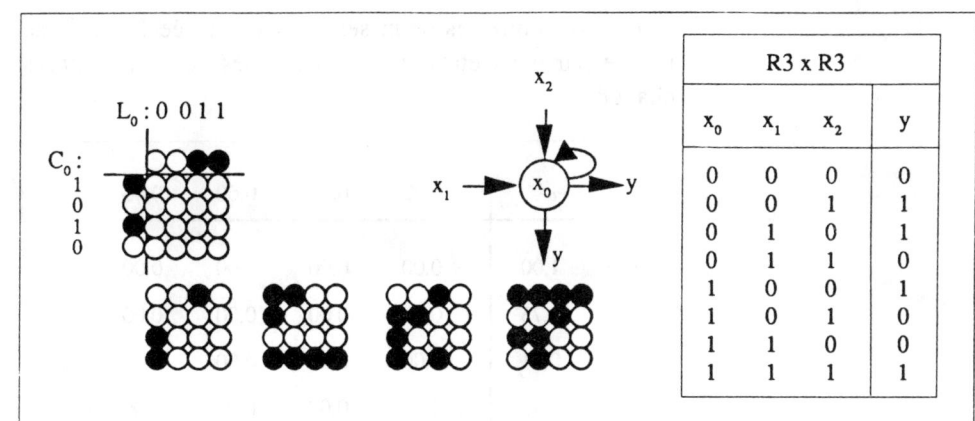

Figure V - 18
Réseau 4x4 quadristable.
En tenant compte de l'état x_0 des neurones, le réseau auto-apprend : les couches de sortie sont réinjectées par itérations successives dans les couches d'entrée, après avoir soumis les séquences L_0 et C_0 au réseau.
Il se stabilise sur quatre états que se succèdent indéfiniment.

R3 x R3			
x_0	x_1	x_2	y
0	0	0	0
0	0	1	1
0	1	0	1
0	1	1	0
1	0	0	1
1	0	1	0
1	1	0	0
1	1	1	1

une mémoire associative durant l'apprentissage. Le nombre d'états est donc fonction de la grandeur du réseau mais également du nombre de connexions : ainsi en ajoutant deux entrées aux neurones du réseau ci-dessus (deux entrées provenant des neurones à droite et en-dessous), le nombre d'états stables successifs est de six !

L'équation que je propose permet à un réseau d'auto-apprendre aussi bien avec des nombres binaires (automates cellulaires) qu'avec des nombres réels (réseaux connexionnistes).

Il est important de noter que les réseaux neuroniques obéissant à des règles booléennes sont classés par les scientifiques dans la catégorie de ce qu'on appelle des automates cellulaires.

Les figures V-19 et V-20 montrent le résultat de simulations numériques de l'équation du neurone pour un réseau 4x4 en utilisant des nombres réels au lieu de booléens. Les résultats sont encourageants pour développer des applications pratiques où l'auto-apprentissage et la mémoire associative jouent un rôle essentiel en intelligence artificielle.

En soumettant les entrées L_0 et C_0 à un réseau neuronique fractal au repos obéissant à l'équation du neurone et en le laissant auto-apprendre, on obtient deux états stables qui se succèdent sans fin avec un motif fait de sept valeurs numériques se répartissant diagonalement. En prenant d'autres valeurs d'entrées L_0 et C_0, on obtient des motifs semblables mais avec sept valeurs différentes. La mémoire associative entre les deux séquences d'entrée L_0 et C_0 se réalise par deux états stables composés de sept nombres chacun.

	L_0 :	0,22	0,84	0,60	0,46
C_0 :	1,00	0,00	0,00	0,00	0,00
	0,75	0,00	0,00	0,00	0,00
	0,81	0,00	0,00	0,00	0,00
	0,93	0,00	0,00	0,00	0,00
		0,94	0,15	0,98	1,00
		0,60	0,94	0,15	0,98
		0,69	0,60	0,94	0,15
		0,95	0,69	0,60	0,94
		0,10	0,96	0,69	0,60
		0,99	0,10	0,96	0,69
		0,98	0,99	0,10	0,96
		0,15	0,98	0,99	0,10

Figure V- 19
Réseau 4x4 bistable.
En utilisant l'équation $y = 2x(1 - x/2)$ avec $x = x_1 + x_2$
la simulation de l'auto-apprentissage des séquences L_0 et C_0
conduit à un réseau bistable : les séquences des sorties sont
réinjectées en entrée aux côtés opposés par itérations successives.

En soumettant des entrées identiques L_0 et C_0 à un réseau neuronique fractal au repos, obéissant à l'équation du neurone et en le laissant auto-apprendre, on obtient deux états stables qui se succèdent indéfiniment. Il faut remarquer que les valeurs d'entrée sont proches de zéro et identiques. Si les valeurs avaient été nulles, le réseau serait resté à l'état de repos initial. Le motif des états stables est composé de quatre valeurs différentes se répartissant diagonalement. Les valeurs 0,88 et 0,36 sont identiques dans les deux réseaux dont une en position identique.

	L_0 :	0,01	0,01	0,01	0,01
C_0 :	0,01	0,00	0,00	0,00	0,00
	0,01	0,00	0,00	0,00	0,00
	0,01	0,00	0,00	0,00	0,00
	0,01	0,00	0,00	0,00	0,00
		0,92	0,36	0,88	0,99
		0,36	0,92	0,36	0,88
		0,88	0,36	0,92	0,36
		0,99	0,88	0,36	0,92
		0,03	0,99	0,88	0,36
		0,99	0,03	0,99	0,88
		0,88	0,99	0,03	0,99
		0,36	0,88	0,99	0,03

Figure V-20
Réseau 4x4 bistable.
Même simulation que celle de la figure V-19 mais pour un apprentissage de séquences L_0 et C_0 identiques. L'état bistable est le même quelque soit les séquences d'entrée. Il semble qu'on soit en présence de la dynamique d'une mémoire associative.

Il est important de noter que ces deux états stables sont identiques pour n'importe quelles séquences de nombres, identiques aux deux entrées : par exemple,
L_0 = (0,00; 0,33; 0,67; 1,00)
et C_0 = (0,00; 0,33; 0,67; 1,00).
Il semble évident, a posteriori, que la mémoire associative pour deux informations identiques soit sans intérêt excepté le fait que le réseau « s'en rend compte » en donnant une réponse unique et bien définie.

En conclusion, les réseaux neuroniques fractals basés sur une équation itérative quadratique se comportent comme des automates cellulaires en mode binaire et comme des réseaux connexionnistes en mode réel. Mon modèle jette un pont théorique entre deux disciplines souvent considérées comme disjointes.

Dubois D., 1990 et 1991.

Je propose l'équation itérative canonique

$$X_{n+1} = 4\mu X_n (1 - X_n)$$

avec $X_n = (x_1 + x_2)/2$
et X_n compris entre 0 et 1,

Pour des neurones à plus de deux entrées, il suffit d'appliquer, en cascade, la même équation à chaque noeud des dendrites (cfr. la règle R3xR3 à la figure V-18) d'un neurone.

pour décrire les neurones à deux entrées x_1 et x_2 dont la sortie y est donnée par la suite des itérés X_{n+1}. Les valeurs de μ, comprises entre 0 et 1, fournissent des comportements très complexes au neurone suivant les règles d'interconnexion choisies. En faisant croître la valeur de μ, on obtient 2^n bifurcations, n=0, 1, 2, 3, etc, puis le chaos déterministe. La suite des itérés X_{n+1} décrit l'électroneurogramme (ENG) d'un neurone.

Notre équation du neurone est une fonction quadratique semblable à celle de l'attracteur proposé par le neuro-biologiste F. Varela

Varela, 1983.

$$X_{n+1} = 1 - \mu X_n^2$$

avec μ compris entre 0 et 2,
et X_n variant de -1 à +1.

Perez, 1989.

Cet attracteur, utilisé par J.-Cl. Perez, correspond à la partie réelle de l'ensemble de Mandelbrot. Pour μ compris entre 0,5 et 1, l'attracteur présente un grande intérêt pour l'intelligence artificielle à cause de la propriété de ce que Perez appelle, l'effet MOEBIUS. Les itérés successifs ressemblent à la partie vrillée d'un ruban de MOEBIUS.

Bien que mon équation du neurone soit semblable à celle de Varela-Perez, son interprétation en est différente d'un point de vue neuro-biologique.

Je pense que ce modèle fractal servira à la compréhension du fonctionnement du cerveau, des réseaux neuroniques formels et pourra servir de base pour l'élaboration d'une langage fractal pour la programmation des ordinateurs parallèles; des prototypes **pourront** être implémentés sur des ordinateurs classiques. Je suis convaincu que ces règles peuvent s'appliquer notamment dans le cadre des systèmes experts : je vois la troisième génération des systèmes experts, pour 1995, comme étant des systèmes experts neuronaux à auto-apprentissage.

Voir la simulation d'une machine fractale à la figure VI-6 du chapitre suivant.

Ce modèle permet de dégager les lignes de force d'une théorie unitaire du fonctionnement de systèmes intelligents naturel ou artificiel qui ne peuvent évoluer en l'absence des sollicitations de l'environnement. L'ordinateur, fermé à ces sollicitations, ne pourrait actuellement être le support de tels systèmes. Au contraire, le robot intelligent captant des informations et confrontant dans l'action ses représentations avec l'environnement en constitue le support obligé.

Pour utiliser une formule lapidaire : **un système intelligent artificiel sera un robot ou ne sera pas.** Toutefois, un ordinateur peut simuler un robot intelligent : pour cela, il devra avoir accès aux données adéquates de son environnement pour résoudre le problème du contexte dans lequel il se trouve. On ne peut pas demander plus à un système qu'à un être humain en fonction des données qu'on lui soumet.

Mais, où en est-on aujourd'hui dans la réalisation de systèmes intelligents ? C'est ce que nous allons voir dans le prochain chapitre qui traite des ordinateurs qui apprennent.

CHAPITRE VI

LES MODÈLES NEUROMIMÉTIQUES EN INTELLIGENCE ARTIFICIELLE

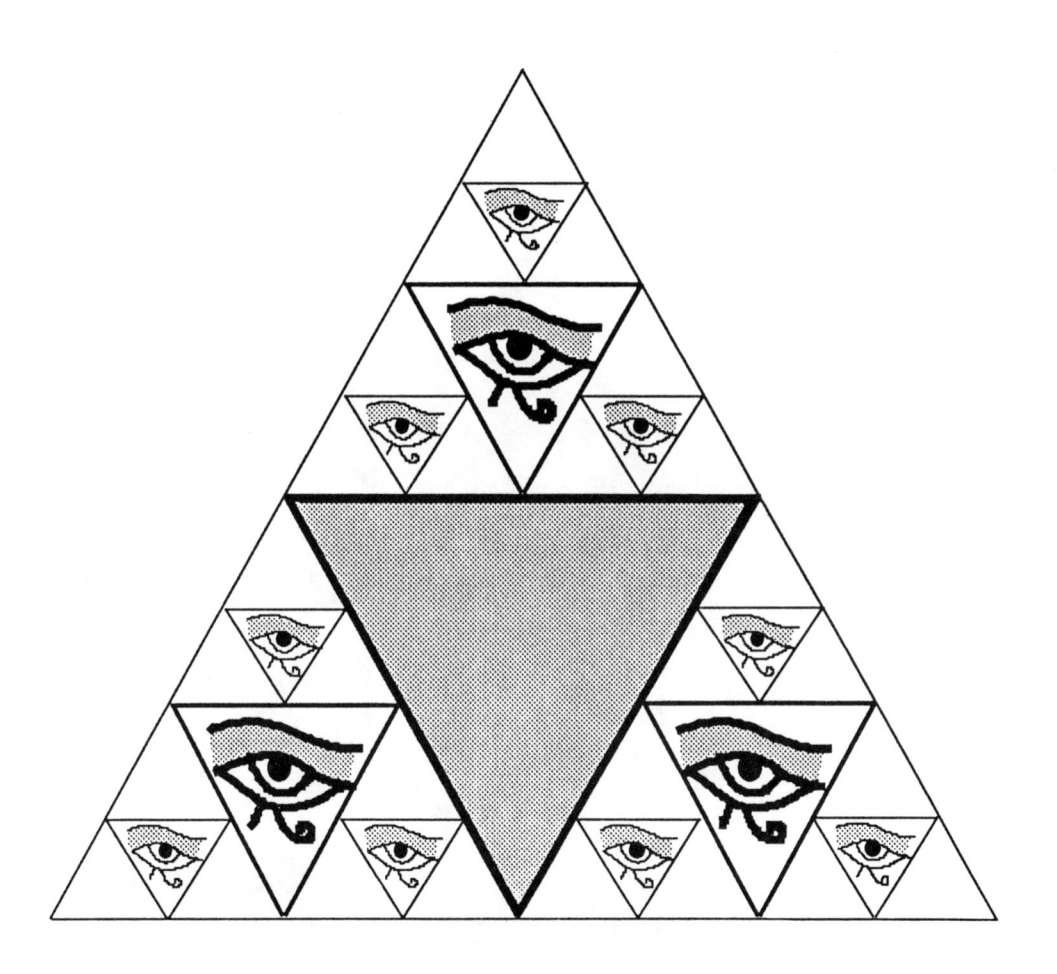

1. LE NEUROMIMETISME

L'homme, après s'être mesuré maintes et maintes fois à la nature sous des formes toujours différentes se retrouve aujourd'hui face à lui-même. D'un côté, il cherche à créer la vie, de l'autre il cherche à créer l'intelligence.

Modifié d'après Perrier, 1986, et Dubois, De Rycker-Dandoy et Perrier, 1989.

Pratiquement tout le monde a maintenant compris que l'on est en train de subir une transformation fondamentale et irréversible de l'environnement. Après la révolution industrielle du début de ce siècle, le monde entre aujourd'hui dans une révolution de l'information. Non pas tellement parce qu'on manipule, trie, stocke, diffuse des quantités de plus en plus importantes d'informations à des vitesses de plus en plus stupéfiantes, mais bien parce qu'on commence à demander aux machines de créer elles-mêmes de l'information.

L'impact de la révolution industrielle sur la vie de tous les jours a été considérable. Beaucoup de gens ont été pris à son piège et en ont souffert. Mais les esprits intelligents ont su s'en servir et en tirer bénéfice. Ceci pour une raison bien simple : cette révolution concernait surtout notre force et notre habileté physique par l'utilisation de machines. La révolution qui naît actuellement est d'une autre nature. Elle s'attaque directement à nos capacités intellectuelles, qu'elle entend transformer par le biais de machines.

C'est après la dernière guerre mondiale, qu'un nouveau type de machine, inventé par K. Zuse, a révolutionné les possibilités de l'homme dans le domaine intellectuel : l'ordinateur, dénommé depuis lors « ordinateur de la première génération ». Avec les progrès technologiques, il est devenu de plus en plus compact et rapide pour en arriver aujourd'hui au stade de la quatrième génération (tels les ordinateurs personnels que l'on retrouve un peu partout). L'informatique classique

Dubois, 1983.

libère l'homme de tâches intellectuelles fastidieuses. Conçus et développés par l'homme, les programmes informatiques deviennent de plus en plus complexes et sont utilisés dans des domaines de plus en plus nombreux. La plupart de ces programmes sont algorithmiques, c'est-à-dire que les problèmes qui sont informatisés doivent être des problèmes précis (par exemple, la comptabilité d'une entreprise) pour lesquels un schéma de résolution doit exister.

Or, les problèmes intellectuels à résoudre sont en grande partie imprécis, car les informations disponibles sont elles-mêmes incertaines, par exemple en gestion et en économie, et leur résolution doit faire appel au savoir-faire, voire à l'intuition humaine. Egalement impossibles à résoudre de façon algorithmique sont les problèmes combinatoires, tel que le jeu d'échec où le nombre de possibilités de déplacement des pièces est quasiment infini. Bien qu'ici, la logique et les informations soient précises (les règles du jeu et la position des pièces sont connues), on ne voit pas actuellement comment un programme informatique permettrait à un ordinateur de battre à coup sûr un joueur expérimenté. En tout cas, ce n'est pas un programme algorithmique qui le pourrait, car il lui faudrait à chaque coup un temps presqu'infini pour calculer toutes les possibilités, et cela se répéterait jusqu'à la fin de la partie. Il est également certain que le cerveau humain ne suit pas une logique de raisonnement algorithmique.

Jusqu'à présent, l'ordinateur n'effectuait que des tâches répétitives non intelligentes : l'homme fait confiance à la machine, au point même parfois de lui confier sa vie : les trains, les avions fonctionnent de plus en plus automatiquement. L'homme accepte cette situation, car ce qu'il introduit dans la machine, c'est la liste de ses propres décisions pour chacun des cas qu'il a au préalable envisagés. La machine n'a pas de responsabilité intrinsèque. Mais maintenant, on exige des machines qu'elles fassent de moins en moins appel à l'homme, ce qui décuple la complexité des programmes. Finalement, on en vient à réclamer de la machine qu'elle conçoive elle-même ses programmes. La différence est de taille, car, du rang d'esclave, la machine risque de passer à celui de maître. Cette nouvelle faculté s'appelle « l'intelligence artificielle ». Les « systèmes experts » qui fleurissent un peu partout ne sont en fait que des programmes un peu plus perfectionnés que les autres, stockant des décisions déjà exprimées par les humains. Les programmes des systèmes experts sont développés pour des ordinateurs classiques ou symboliques de quatrième génération, qui les exécutent séquentiellement. Or, les neurones du cerveau humain fonctionnent en parallèle. Un nouveau type d'ordinateurs, les ordinateurs parallèles, est en train de se développer. Ces ordinateurs de cinquième génération sont plus difficiles à programmer : il faudra développer des langages pour assurer une programmation automatique par apprentissage. Plus proche de la structure du cerveau sont les ordinateurs de sixième génération, appelés réseaux de neurones formels, ordinateurs neuronaux ou machines neuromimétiques. Ces machines ont un embryon de possibilité d'apprentissage et cela sans programmation.

Les recherches actuelles en intelligence artificielle s'orientent dans une multitude de directions.

L'intelligence artificielle est la capacité donnée à une machine de concevoir, d'analyser, de comprendre, de décider, d'improviser, en un mot : de créer.

Est-ce vraiment possible ?

Devant cette question, deux attitudes peuvent être adoptées.

D'une part, prétendre que l'intelligence artificielle est irréalisable et que seuls des pastiches sont possibles. Si cela se révèle inexact, les nations qui auront eu une attitude négative seront irrémédiablement dominées par celles qui auront réussi. Et l'accélération du savoir sera telle dans le camp de ceux qui auront fait le bon choix que les autres n'auront plus aucun espoir de relever la tête.

Dreyfus, 1984

D'autre part, on décide de s'attaquer au problème. Si l'intelligence artificielle est une chimère, les recherches n'auront peut-être pas apporté les résultats escomptés, mais elles auront sans aucun doute largement aidé à comprendre les mécanismes de la pensée, et auront ainsi fait comprendre à l'homme sa position particulière dans l'univers. Mais si les recherches aboutissent à des résultats concrets, alors le bénéfice sera double. La puissance de recherche et de création du cerveau sera décuplée, un peu à la façon dont la force physique l'est par les bulldozers sur les gros chantiers.

La conception **actuelle** des ordinateurs est très largement dominée par l'esprit de Descartes, qui est fondamentalement déterministe. Lorsque l'on connaît les données de départ et les processus appliqués à ces données, on peut prédire avec certitude les résultats. Si on applique le même processus aux mêmes données plusieurs fois, on obtient à chaque fois le même résultat.

L'esprit cartésien est en réalité, non pas une forme de pensée, mais une forme d'expression. C'est la façon dont un être humain exprime, traduit un processus de son cerveau qu'il ne comprend pas lui-même.

Lorsqu'un être humain expose un raisonnement cartésien, il fait un retour en arrière dans sa mémoire et exprime comment, logiquement, il aurait pu raisonner pour arriver au résultat à partir des données de départ. A l'origine, ses pensées lui sont « venues à l'esprit »; c'est-à-dire sont devenues conscientes par un phénomène d'apparition nommé « intuition ». Les personnes très performantes dans ce domaine sont dites « intuitives ». Les autres, celles qui raisonnent, sont dites « déductives ».

La différence entre une personne « déductive » et une personne « intuitive » réside dans l'étendue de la globalisation de la forme de pensée. Chez la première, le processus pour arriver au résultat est la succession d'un plus ou moins grand nombre de plus petits processus de pensée analytique. Chez la seconde, un seul processus de pensée globale non partitionné permet d'arriver au même résultat. La différence d'efficacité est stupéfiante : un intuitif arrivera beaucoup plus rapidement au résultat qu'un déductif.

On voit d'ores et déjà que si la « compréhension » a des chances d'être plus fiable chez le déductif à cause de tous ces paliers où des vérifications peuvent être faites, elle sera beaucoup plus puissante et beaucoup plus rapide chez l'intuitif. L'ordinateur actuel, purement déductif peut battre le cerveau humain en fiabilité de calcul, mais est tout à fait désarmé devant la puissance de création et de compréhension de l'homme. La machine doit donc se tourner vers un mécanisme de « pensée globale » si elle veut approcher la puissance des cerveaux humains.

Ce mécanisme de création par la pensée globale fait d'ailleurs partie de la connaissance populaire. Qui n'a pas dit dans sa vie : « Tiens, aujourd'hui, j'ai eu une idée lumineuse »; ou « Newton, en voyant tomber une pomme, a eu l'idée de génie ». Le mécanisme d'apparition de cette « idée » est tout à fait indémontrable. On peut a posteriori bâtir un raisonnement qui arrive au même résultat. Ceci ne veut pas nier que des raisonnements servent souvent comme déclencheurs à ces générations d'idées, bien au contraire. Mais la base de la créativité n'est pas cartésienne contrairement à ce que certains scientifiques croient.

Par analogie, l'une des raisons fondamentales qui rend la machine très efficace en matière de déductivité, est qu'elle est de fonctionnement séquentiel, mécanisme garant de l'intégrité de la pensée cartésienne. Beaucoup ont reconnu ce point et de nombreux travaux sont en cours dans le domaine des machines, hier inaccessible technologiquement, à haut degré de parallélisme.

Cependant, cette nouvelle technologie reste souvent conditionnée par des raisons de « vitesse d'exécution » des programmes. Or, la rapidité d'exécution d'un programme n'a pas de lien avec l'intelligence. Bien sûr, plus les machines seront rapides, plus elles pourront consulter de grandes bases de connaissances, et cela sera d'une grande utilité pour les systèmes experts. Mais aucun pas n'aura été fait vers l'imitation du cerveau humain.

En plus de ces concepts de « **globalisation** » et de « **parallélisme** », d'autres concepts sont **primordiaux dans le fonctionnement du cerveau humain, et des analogies machines doivent être mises sur pied. Ce sont : le savoir, la compréhension, la conscience.**

Le savoir d'abord. Il faut être capable de stocker en machine le « savoir » et ceci sous toutes ses formes, depuis les plus simples jusqu'aux plus complexes. Ce domaine est déjà très connu. C'est celui des systèmes experts, et on s'inspirera avec avantage des très nombreuses recherches et applications déjà réalisées dans le monde.

Ensuite la compréhension. Il s'agit d'un domaine relativement vierge. Même les définitions manquent. A priori, seul le fait d'avoir réussi à réaliser de l'intelligence artificielle pourra prouver si oui ou non la machine sera capable de comprendre.

Enfin la conscience. Là, le terrain est totalement vierge. Bien sûr, il faut entendre ce terme dans son sens « avoir conscience de ». Par exemple avoir conscience d'avoir compris, encore qu'il ne soit pas certain que cette faculté soit indispensable. Peut-être n'est-elle nécessaire que dans un sens encore plus restreint ? Nous y reviendrons dans le dernier chapitre.

Ceci amène à définir la stratégie pour réaliser une véritable intelligence artificielle. Il faut :
1. Faire de la « reconnaissance de situation », ou mathématiquement parlant, de la reconnaissance d'ensembles (en fait, globaliser l'information et son traitement).
2. Manier des concepts plutôt que des données et supprimer la frontière entre ceux-ci et le programme.
3. Exclure des programmes la reproductibilité des résultats.
4. Rendre le fonctionnement de la machine, donc ses résultats, dépendant du temps.
5. Enfin, supprimer la notion de programme indépendant ayant un début et une fin et se tourner vers un fonctionnement permanent.

La connaissance humaine est formée de l'ensemble des concepts admis par les individus, ainsi que des relations existant entre eux. Les programmes d'intelligence artificielle devront donc être capables de reconnaître qu'un concept fait partie d'un ou plusieurs ensembles, et qu'un ensemble de concepts est ou non contenu, ou même intersectionne un ou plusieurs autres ensembles. Ils seront capables de développer d'autres fonctions de relation que celles, bien connues, d'appartenance, d'union ou d'intersection, et exprimer la nature ainsi que l'importance des liens reliant ces différents concepts et ensembles de concepts. La notion de vrai ou de faux en informatique actuelle, est totalement insuffisante. Il faut pouvoir décrire, par exemple qu'un concept est la pièce maîtresse d'un ensemble ou que deux ensembles ne s'intersectionnent que très rarement. Le doute doit faire partie intégrante des concepts de base.

En ce qui concerne la non-reproductibilité des résultats, donnons un exemple.

A quoi bon lancer deux fois de suite le même programme sur les mêmes données. La machine devrait être capable de reconnaître qu'on lui demande les mêmes calculs, et donc afficher immédiatement le résultat trouvé précédemment. Le fait d'avoir déjà effectué un travail devrait, à la limite, empêcher de le recommencer sur base de données identiques. Cette capacité donnée à la machine d'être consciente de son travail décuplerait ses performances, par exemple lors de recherches dans les très grandes bases de données.

Cette dernière réflexion doit permettre de créer un environnement de travail dans lequel sont plongés l'utilisateur et sa machine : petit à petit la machine s'adapte à l'homme, et accroît ses performances pour les besoins spécifiques de l'utilisateur. L'ère où l'homme devait s'adapter à la machine et non le contraire, touche peut-être à sa fin.

Une machine fonctionnant en intelligence artificielle est condamnée à apprendre. Son programme, lorsque lancé pour la première fois, ne doit rien « savoir » d'autre que de savoir apprendre et auto-apprendre. Un programme d'intelligence artificielle doit être capable de se construire lui-même au fur et à mesure de son fonctionnement. La base de départ doit être réduite au strict minimum, ceci afin d'être perfectible tous azimuts au gré des besoins. Il est beaucoup plus facile et beaucoup plus performant d'apprendre une nouvelle théorie à un esprit neuf qu'à quelqu'un qui a déjà des idées préconçues sur la question. Ceci peut sembler difficile à atteindre au départ. Il est donc probable qu'il faut se tourner vers la possibilité de remplacer des fonctions préprogrammées par des fonctions réalisées par la machine elle-même après apprentissage. Sinon, on risquerait d'aboutir à un dilemne similaire à la question : qu'est-ce qui a existé d'abord, l'oeuf ou la poule ?

1.1 Les trois phases du symbolisme de l'informatique

Il y a bien sûr mille façons de définir les phases de l'évolution de l'informatique. Celle qui est décrite ici, est basée sur le niveau symbolique de stockage et de manipulation d'informations.

La manipulation d'objets

Dans cette phase, ce qui est enregistré dans la machine est un ensemble de chaînes de caractères et de nombres. Seul l'homme qui les a entrées ou qui les voit sortir peut leur trouver une signification. Parfois certaines de ces chaînes de caractères ou de nombres représentent des « codes » qui seront utilisés dans les méthodes de manipulation. Ceux-ci ne changent pas vraiment la signification des informations. Le niveau de symbolisme est nul ou extrêmement restreint. Il s'agit en fait de signes et non de symboles et les données sont appelées des données déclaratives.

Si on prend comme exemple la gestion du personnel, les nom, prénom, âge, salaire, etc... de chacun des membres du personnel seront rangés de façon ordonnée dans un fichier. C'est la manière de ranger ces éléments qui définira leur signification. Par exemple le mot «Jacques» sera soit un prénom, soit un nom, suivant la place qu'il occupera. De même, si on désire trier les membres du personnel par ordre croissant il sera nécessaire de connaître l'organisation du fichier, on dira par exemple : « tri du fichier selon les caractères 1 à 25 dans l'ordre croissant ».

Les programmes manipulent donc des signes, c'est-à-dire des chaînes de caractères et des nombres. L'analyste doit connaître les méthodes de stockage et de manipulation disponibles, pour pouvoir présenter à l'utilisateur les résultats sous une forme telle que le cerveau de celui-ci transforme la présentation en signification conceptuelle.

La manipulation de symboles

La méthode précédente ayant montré rapidement ses limites, on a cherché alors à rendre le fonctionnement de la machine dépendant de la signification des informations. On a conceptualisé, symbolisé les informations d'une façon telle que la machine, en interprétant ces symboles et les règles les régissant, puisse conduire la procédure suivant les règles attachées aux symboles.

Ceci est la base des langages de l'intelligence artificielle comme le LISP et PROLOG. A côté des données déclaratives, il y a les connaissances appelées connaissances procédurales.

En reprenant l'exemple précédent, dans ce système, on représentera l'ensemble des membres du personnel par un symbole qui peut être manipulé en tant que tel, sans toutefois déplacer ses constituants. De plus, pour chaque information concernant chaque membre du personnel, on attachera sa signification :

(Jacques, Nom)

L'analyste n'a plus alors à se préoccuper de la façon dont ces informations sont stockées. Toujours dans l'exemple précédent, il lui suffit d'écrire quelque chose comme : « tri du personnel dans l'ordre croissant des salaires ». De plus, si on a préalablement donné à la machine la règle [haut salaire, dirigeant], le programme sera capable d'exécuter une instruction du genre : « donnez-moi les quatre plus hauts dirigeants de la société ».

Il ne faut cependant pas croire que la séparation entre cette phase et la précédente soit nette. Elle est au contraire très floue et on peut dire que les deux phases se recoupent partiellement.

Le passage de la phase un à la phase deux n'a pas été brusque. Tout au long de l'histoire de l'informatique, les hommes ont cherché à symboliser de plus en plus l'information et la façon de la traiter. D'où la naissance de langages de plus en plus évolués jusqu'à l'apparition des systèmes experts.

Dans ces systèmes experts, non seulement l'information est symbolisée, mais les règles régissant cette information sont elles-même symbolisées, conceptualisées : on ne définit plus ce que la machine doit faire, mais ce que l'on désire obtenir. Cependant ce symbolisme est en train de nous montrer ses limites.

D'abord, un problème de volume se pose. Les données et connaissances étant, du point de vue informatique, discontinues, on est obligé pour chacune d'entre elles, de faire une nouvelle déclaration. Du point de vue « règles » le problème est le même : chaque cas doit être envisagé et décrit. A ceci s'ajoute le fait que ces descriptions dépendent d'une double traduction : celle de l'esprit de l'homme en parole et celle de la parole en langage symbolique. Ces traductions ne sont, bien sûr, pas exemptes d'erreurs et d'incertitudes.

Les règles portent **alors** non seulement sur les propositions certaines mais aussi sur les incertitudes, les programmes étant chargés d'attribuer des coefficients de confiance aux résultats. Le nombre de règles nécessaires à écrire devient rapidement considérable, et bien sûr le temps de traitement et de leur interprétation encore plus. Des langages supports de ces « données, connaissances et règles » naissent dans chaque centre important de recherche.

Le neuromimétisme

La proposition de solution exposée ci-après et appelée neuromimétisme est une phase naissante de l'informatique. Cette technique prétend imiter le fonctionnement du cerveau.

L'honnêteté scientifique oblige à reconnaître que l'on ne possède pas de preuve concernant la manière dont la connaissance est stockée dans le cerveau, ni même la façon dont celui-ci la manipule. Le neuromimétisme est donc en fait une modélisation du cerveau qui s'appuie sur un certain nombre d'hypothèses. La crédibilité de celles-ci est étayée par de nombreux travaux dont certains remontent à fort longtemps et qui ont été effectués par des personnalités du monde philosophico-scientifique. Il ne faut pas être surpris d'avoir de grandes difficultés à étudier le fonctionnement du cerveau avec son propre cerveau. Cette étude ne peut, par définition même, être objective. Il faut donc accepter qu'elle ne le soit pas.

Le neuromimétisme est avant tout un stockage et une manipulation intégrés de connaissances dans un univers informationnel relationnel.

Autrement dit, c'est un système où il n'y a pas de différence de nature entre l'information et sa manipulation. Il n'y a pas de « machine » qui manipule des objets, mais quelque chose de continu qui se transforme.

La théorie du neuromimétisme s'écarte résolument de la tentation d'imiter la constitution biochimique du cerveau pour, au contraire, s'appuyer sur des principes mathématiques et logiques établis. Son objet est de modéliser le fonctionnement profond du cerveau et pas seulement les raisonnements, règles et autres traductions conscientes et inconscientes de l'aboutissement de son fonctionnement.

1.2 Les hypothèses fondamentales du neuromimétisme

Hypothèse 1.

Le « raisonnement » est une forme d'expression et non une méthode de fonctionnement du cerveau. Il est lié à l'auto-apprentissage. En d'autres termes, l'apparition d'une idée est provoquée par un processus dont la prise de conscience est soudaine et souvent qualifiée de fortuite. Si aucun « raisonnement » ne peut étayer cette idée, il s'agit alors d'intuition.

L'*intuiférence* (inférence par intuition) est cette génération d'idées à partir d'autres idées, par un phénomène d'intuition. Une intuiférence est, par définition, non consciente (figure VI-1).

Par contre, durant un apprentissage conscient, le cerveau fonctionne par le biais de l'attention durant son éducation. La matière est assimilée, transmise au fur et à mesure dans l'inconscient (figure VI-2). Le comportement de l'individu devient alors principalement automatique (cfr hypothèse 4). Il est entrelacé de moments de prises de décisions conscients.

Il y a deux exceptions : les très jeunes enfants qui apprennent sans conscience et la perception subliminaire.

Hypothèse 2.

La connaissance n'est pas stockée dans le cerveau sous une forme « granulaire » à la manière dont on stocke actuellement les informations dans les ordinateurs, mais sous une forme continue non localisable parfaitement. Il est possible de localiser la « zone » où l'information se trouve. Cependant, si on cherche à préciser cette localisation, on ne voit plus où elle se trouve exactement.

C'est un peu comme si on cherchait à localiser exactement un électron.

Ceci est à rapprocher du principe d'incertitude d'Heisenberg en physique : plus on connaît avec précision la vitesse d'un électron, moins on connaît sa position exacte.

Hypothèse 3.

A un instant donné, plusieurs processus de pensées sont actifs simultanément. Ils présentent des phases de conscience, certains sont totalement inconscients et d'autres sont dans une frange à la limite du conscient et de l'inconscient, dans le subconscient.

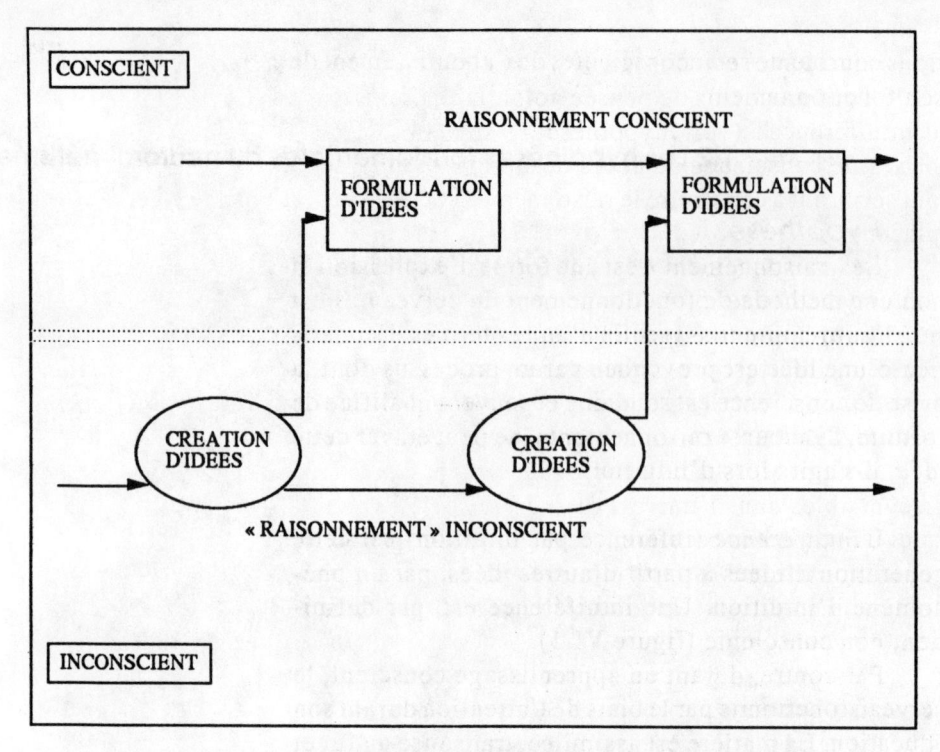

Figure VI-1
Emergence d'idées de l'inconscient vers le conscient (d'après Perrier, 1986)

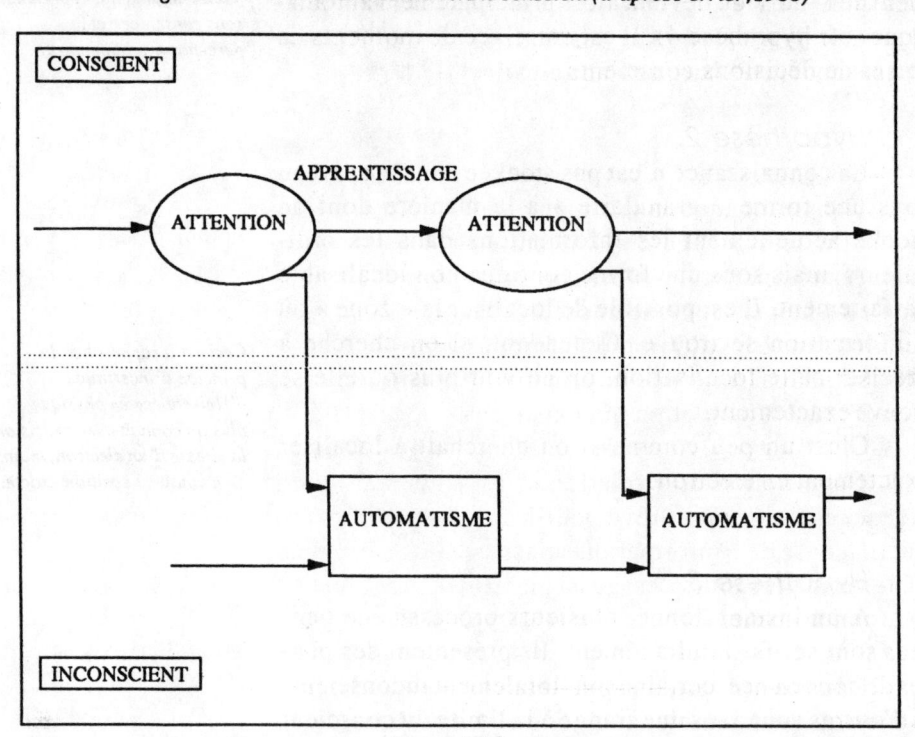

Figure VI-2
Plongeon de l'apprentissage conscient vers un automatisme inconscient.

Hypothèse 4.

Tout processus de pensée volontaire est une suite d'intuiférences (voir hypothèse 1) séparées par des prises de conscience au cours desquelles les éléments qui serviront à construire le raisonnement se mettront en place.

Hypothèse 5.

La création intellectuelle est le résultat du choc de plusieurs intuiférences simultanées.

Hypothèse 6.

Tout processus de pensée crée des modifications irréversibles dans l'univers de connaissances dans lequel il évolue : en corollaire, tout processus de pensée, toute intuiférence est non reproductible puisque ayant lieu dans un univers de connaissances toujours différent.

Hypothèse 7.

Le temps fait partie intégrante des processus de pensée et son écoulement relatif influe sur les résultats des intuiférences. Le cerveau possède la connaissance du temps. Il a la notion de passé, de présent et de futur, et est capable de faire de l'anticipation.

1.3 Mémorisation de l'information

Tout le monde connaît maintenant la méthode relationnelle de stockage de l'information. Les bases de données relationnelles stockent, en plus de l'information elle-même, quelque chose de très important : les relations entre les différentes informations. Ceci permet bien sûr de passer d'une information A à une information B grâce à la relation qui existe entre elles.

C'est à mettre en parallèle avec la loi de Hebb sur la mémoire associative.

Cette notion de « relation », parfaitement cartésienne, est un support rêvé pour les raisonnements déductifs, base de l'informatique classique. Mais, comme on le verra plus loin, c'est aussi un élément essentiel du neuromimétisme.

Dans ce qui suit, on appellera « objet » une information qui peut sembler avoir une existence propre; les relations entre objets sont les propriétés de ces objets. La distinction entre objets et relations est très difficile à faire car ces définitions sous-entendent que ce qui est appelé ici « objet » n'est pas forcément matériel.

Une pomme est un objet. La couleur rouge est un objet : le fait que la pomme soit rouge est une propriété de la pomme et, du point de vue de notre définition, une relation entre la pomme et la couleur rouge.

Le neuromimétisme représente l'information à plusieurs niveaux hiérarchisés à la fois : l'information passe de la forme analytique à des formes synthétisées en parcourant les niveaux comme le modèle présenté au chapitre précédent.

On peut dire que le pommier est un objet de même que la notion de fruit. La pomme, qui peut être définie comme le fruit du pommier peut donc être définie comme la relation entre le concept *fruit* et l'arbre pommier. Mais à son tour, le pommier est un arbre fruitier, qui peut donc être représenté par une relation entre le concept *arbre* et le concept *fruit* plus ... quelques autres relations, ne serait-ce que pour faire la différence entre un pommier et un cerisier.

On voit donc que, d'un point de vue purement théorique, on peut représenter n'importe quel objet par un ensemble de relations entre concepts qui peuvent à leur tour être représentés par d'autres relations entre d'autres concepts et ainsi de suite.

L'information est un ensemble de relations entre d'autres relations, ce qui explique pourquoi dans notre cerveau elle n'est jamais localisable parfaitement (hypothèse 2).

Il aurait été possible d'approcher cela d'une autre manière : en reconnaissant intuitivement que dans notre cerveau une pomme n'a pas d'existence propre, si ce n'est par ses caractéristiques (aspect, goût, provenance, etc ...). La formidable imbrication des neurones stocke en fait une non moins formidable imbrication de relations, des macro-symboles comme définis au chapitre précédent.

On peut aussi remarquer que cette méthode n'est pas opposée à la globalisation du traitement de l'information, bien au contraire. En effet, l'ensemble de l'information étant représentée par ces relations, il suffit, pour faire varier le niveau de globalisation de traitement de faire varier la profondeur de pénétration de ce traitement à l'intérieur des « amas » de relations.

Ces différents concepts peuvent être accédés soit superficiellement, soit très en détail, soit encore suivant certaines de leurs particularités. Ainsi il devient tout à fait possible, en comparant un avion et une bicyclette de leur trouver en commun le fait que tous deux sont des fabrications de l'homme et tous deux sont des moyens de transport. A l'inverse, si l'on constate facilement que l'un vole et l'autre pas, on pourra aussi découvrir que le diamètre utilisé pour l'écrou gauche du pédalier de la bicyclette est justement le même que celui de la mille deux cent cinquante et unième vis de l'avion.

On voit ainsi toute la puissance cognitive de cette représentation pouvant varier du synthétisme intégral à la décomposition infiniment détaillée de chacun de ses éléments, en passant par les concepts philosophiques qui sont nécessairement attachés aux différents constituants. Cette propriété essentielle de l'information est en accord avec le modèle fractal de la mémoire et du réseau neuronal du cerveau.

Dubois, 1989.

A. Koestler définit la créativité en tant que choc fortuit, ou en tout cas inexpliqué de deux contextes différents et sans aucun lien apparent. C'est le cas par exemple d'Archimède dans sa baignoire. Il existe dans le cerveau de ce dernier un premier contexte au centre duquel se trouve la couronne aux formes complexes et la nécessité d'en mesurer le volume. Il existe aussi un second contexte au centre duquel se trouve le plaisir de prendre un bain dans une baignoire remplie à ras bord, et le désagrément de voir l'eau déborder lorsqu'on y pénètre. C'est le choc entre ces deux contextes qui provoque la naissance de sa théorie de mesure des volumes.

Koestler, 1980.

Koestler appelle *bisociation* cette confrontation de plusieurs contextes (matrices de raisonnement selon ses termes).

Si on se réfère à la théorie de Koestler sur la créativité, on voit très nettement que, si on veut que la machine soit créative, elle doit posséder les qualités suivantes :
 a. être capable de penser « à côté », pouvoir avoir l'esprit « libre »;
 b. être capable d'oublier;
 c. être capable de faire des corrélations inhabituelles;
 d. être capable de mener plusieurs processus de pensée en parallèle, dont certains inconscients.

En terme de neuromimétisme cela veut dire :
 a. être capable de lancer un processus d'intuiférences en dehors du contexte présent à un instant donné;
 b. être capable de rendre totalement inactives des parties du champ informationnel (c'est le rôle de notre vecteur « temps »);
 c. être capable de provoquer des corrélations entre zones du champ étant peu ou pas liées entre elles;
 d. lancer plusieurs chaînes d'intuiférences en parallèle.

On admettra que la machine aura fait preuve de créativité dès lors qu'elle sera capable de faire apparaître un concept valable qui ne peut se déduire de la masse des informations déjà existantes dans la machine.

2. DES ORDINATEURS QUI APPRENNENT

Les recherches actuelles s'orientent vers la réalisation de programmes informatiques capables d'apprendre, c'est-à-dire d'acquérir par eux-mêmes des connaissances, dont ils pourraient par la suite se servir. La programmation des ordinateurs dépend de la faculté humaine d'identifier, modéliser et représenter d'énormes quantités de connaissances permettant de mener à bien un raisonnement. Le but des systèmes intelligents artificiels capables d'auto-apprentissage, est qu'ils feraient tout cela à notre place.

La « bible » de l'apprentissage en intelligence artificielle est le livre de Michalski et al (1983) basé sur les actes du First Machine Learning Workshop qui a eu lieu en 1980 à l'Université Carnegie-Mellon.

En fait, c'est dans les années 1960, quand les premiers systèmes experts ont vu le jour, qu'une autre approche s'est manifestée, celle de l'apprentissage symbolique. Winston, Directeur du Laboratoire d'Intelligence Artificielle du MIT, est le plus fervent défenseur de cette approche. Yves Kodratoff écrit ce qui suit : « *On*

Winston, 1975.

Kodratoff, 1985.

commence alors à savoir manipuler en machine des connaissances représentées sous une forme symbolique à l'aide de formalismes empruntés à la logique mathématique ou à la psychologie. Et, se dit-on, si un programme peut manipuler des connaissances explicitement fournies par l'homme telle que : "Un triangle est un polygone à 3 côtés", ne pourrait-il par la suite "apprendre", par exemple, que "ce qui distingue un triangle isocèle d'un triangle quelconque, c'est qu'il possède deux côtés égaux" ? ». Des résultats dans ce sens ont été obtenus à l'Université de Stanford avec un des premiers systèmes experts, Dendral. Buchanan réalisa Meta-Dendral, capable d'engendrer par apprentissage des règles destinées à Dendral, à partir d'exemples fournis par les experts.

Buchanan, 1978.

L'approche actuelle de l'apprentissage tente de répondre à la question : comment représenter, gérer, accroître et modifier les connaissances ?

Toujours d'après Yves Kodratoff : « *Un préalable à tout processus cognitif est de pouvoir "nommer" les choses. Et nommer suppose le recours à des procédures de classification. Or, si nous savons reconnaître un tournevis, ce n'est pas parce que nous connaissons la définition que les dictionnaires donnent de ce mot, mais parce que nous avons "appris", à force d'exemples, à associer à ce terme des objets présentant certaines caractéristiques. Nous appelons "apprentissage de procédures de classification" la contrepartie artificielle de cette forme d'acquisition de connaissances, dans laquelle il s'agit d'intégrer un "concept" déjà défini et présenté à l'aide d'exemples et de contre-exemples* ». Dans l'apprentissage de procédures de classification abordé d'une manière purement symbolique, il s'agit de dégager ce qui est le plus efficace, et aussi de savoir ce qui est le plus signifiant.

Kodratoff, 1985.

A côté de cette forme simple d'apprentissage par une procédure de classification à partir d'exemples, une forme plus complexe, appelée « généralisation », a été réalisée par Mitchell et al dans le système LEX. Ce système apprend à intégrer en générant automatiquement des problèmes : il analyse ensuite sa démarche après coup, la façon dont il vient de résoudre un problème. Il généralise en se référant à une hiérarchie prédéfinie. En plus de la capacité de généraliser, un

Mitchell et al., 1983.

système d'apprentissage doit aussi être capable de choisir la bonne hiérarchie. Il devrait enfin être capable d'apprentissage inventif.

Une autre approche actuelle des systèmes intelligents consiste en la programmation automatique. Un système intelligent génère automatiquement un programme réalisant certaines fonctions données. Cette nouvelle discipline fait appel à la notion de fonction ou prédicat récursivement définie, c'est-à-dire dont la définition fait référence à elle-même.

Mitchell travaille sur un système expert en conception de circuits intégrés VLSI qui apprendra progressivement à aider l'utilisateur à concevoir un circuit remplissant une fonction définie par lui. Le système aura deux caractéristiques bien particulières. Premièrement, il n'aura pas de « mode d'apprentissage », c'est-à-dire que l'apprentissage sera permanent et invisible pour l'utilisateur, qui sera en train d'utiliser le système pour réaliser ses circuits VLSI. L'information sera extraite sans qu'il en soit informé (n'ayons pas peur des mots : ce système « espionnera » – avec leur consentement – ses utilisateurs). Deuxièmement, en cas de succès, le système sera distribué à de nombreux exemplaires et pourra ainsi rencontrer un nombre de problèmes de construction de circuits bien plus grand que n'importe quel humain ne le pourrait au cours de sa vie.

D'après Kodratoff, 1985.

Les chercheurs s'orientent actuellement dans deux directions de philosophie tout à fait différentes pour la conception d'ordinateurs qui apprennent.

D'une part, les Américains et les Japonais travaillent activement à la mise au point d'ordinateurs dits massivement parallèles ou réseaux de processeurs. D'autre part, les Américains et les Européens proposent de nombreux modèles pour le développement de ce qu'il est convenu d'appeler les ordinateurs neuronaux ou même réseaux de neurones formels.

Une machine qui apprend « Bon—jour—Mon—si—eur » est en train d'apprendre à lire. Elle commence par ânonner, distingue mal les voyelles des diphtongues. Puis progressivement, le débit s'accélère, les mots sont convenablement séparés. Et finalement, la phrase est convenablement prononcée. Elle, c'est Net-

Talk, un ordinateur capable d'apprendre à lire un texte. Le réseau NetTalk, machine simulée sur un ordinateur classique, a été conçu en France par T. Sejnowski et C. Rosenberg, et est inspiré de la structure du cerveau humain.

D'après Commiot, 1987.

Sejnowski and Rosenberg, 1986.

Cette idée n'est d'ailleurs pas nouvelle, mais n'avait jamais abouti par manque d'une théorie mathématique adaptée. En effet, le neuropsychiatre W. Mac Culloch et le logicien W. Pitts, tous deux américains, ont publié un article sur le calcul logique des idées immanentes dans l'activité nerveuse. Ils étaient partis de l'hypothèse que l'activité du cerveau est du type tout ou rien, c'est-à-dire que les neurones sont actifs ou inactifs et qu'ils transmettent ou non de l'information. Ils ont assimilé un ensemble de neurones à un réseau de neurones formels, à deux états stables. Ces neurones formels sont en fait un modèle simplifié des neurones réels du cerveau. Ils sont composés d'une entrée qui reçoit la somme des influences de tous les autres neurones du réseau et d'une sortie dont la valeur est -1 lorsque le neurone est inhibé et +1 lorsqu'il est activé. Chaque neurone formel compare le stimulus global qu'il reçoit en entrée à un seuil critique, pour en déduire la réponse qu'il donnera à sa sortie, c'est-à-dire d'être actif ou inactif à un instant donné. Les connexions le reliant aux autres, appelées synapses, permettent de calculer l'influence globale que le réseau exerce sur lui. Chaque connexion est caractérisée par sa nature, d'une part, inhibitrice ou excitatrice et, d'autre part, par la force de l'influence réciproque de deux neurones donnés.

Mac Culloch and Pitts, 1943.

2.1 Le perceptron

Cette idée sera reprise au début des années 1960, notamment par l'américain F. Rosenblatt qui conçoit une machine théorique : le *perceptron*, qui, assure-t-il, « *sera capable d'écouter n'importe quelle conversation et de prendre des notes (restituées sur imprimante), comme n'importe quelle secrétaire* ».

Cité par Dreyfus, 1984.

Le perceptron était censé être capable d'apprendre et de reconnaître des formes. Quelques années plus tard, M. Minsky et S. Papert ont démontré que de telles machines fonctionnent très bien, mais pour des problèmes très simples. Quand les tâches à exécuter devien-

Minsky and Papert, 1988.

nent trop complexes, leurs performances s'écroulent. Dans les années 1970, les recherches en intelligence artificielle se sont alors éloignées de ces réseaux de neurones formels.

Mais les travaux en intelligence artificielle ont alors buté sur des problèmes théoriques qui paraissent insurmontables, notamment à propos des mécanismes de l'apprentissage : comment apprend-on ? Comment parvenir à doter une machine de la capacité d'appliquer des connaissances accumulées, des expériences et de l'intuition comme les hommes ?

Il s'agit plus d'une architecture des ordinateurs que de puissance et de vitesse de calculs. Il suffit de 45 millièmes de seconde pour qu'un cerveau humain reconnaisse un visage connu, même dissimulé, alors que les neurones sont beaucoup plus lents que les circuits électroniques. Les neurones travaillent en parallèle; ils peuvent donc traiter simultanément les informations transmises par l'oeil.

Etant donné les limites des ordinateurs classiques qui fonctionnent de manière séquentielle, les informaticiens ont développé des architectures de machines capables d'exécuter des traitements en parallèle.

2.2 Les ordinateurs parallèles

Hillis, 1985.

L'exemple le plus célèbre d'ordinateur parallèle est celui de la *Connection Machine* inventée par l'américain D. Hillis et dont le premier prototype est apparu en 1985.

Le principe de base est simple : alors que les ordinateurs classiques ne comportent qu'une ou quelques unités de traitement et ne peuvent traiter les problèmes que de façon séquentielle, en enchaînant les calculs les uns à la suite des autres, la Connection Machine, avec 65536 processeurs (unités de traitement), travaille au contraire en parallèle, c'est-à-dire que tous les processeurs calculent et communiquent entre eux simultanément.

L'idée de base est d'assigner un concept à chacun des processeurs pour modéliser des problèmes de raisonnement de bon sens. Le réseau de communications internes entre ces processeurs modélise les relations entre ces concepts.

D. Hillis donne l'exemple suivant : « on pourrait attribuer le concept "potiche" à l'un des processeurs, le concept "mère" à un deuxième et "aimer" à un troisième et les connexions entre ces trois processeurs correspondraient à des propositions comme "ma mère aime sa potiche"; d'autres connexions, avec d'autres processeurs, représenteraient la forme de la potiche, sa composition ou son histoire ».

Hillis, 1987.

Il existe d'autres architectures d'ordinateurs parallèles. Schématiquement, on les regroupe suivant deux classes; d'une part, ceux dotés de relativement peu de processeurs, mais individuellement très puissants : c'est ce qu'on appelle des ordinateurs parallèles à gros grains. D'autre part, ceux qui comportent un grand nombre de processeurs de puissance réduite, mais avec de grandes possibilités de connexions entre eux; c'est ce qu'on appelle des ordinateurs parallèles à grains fins.

Ces dernières machines, auxquelles appartient la Connection Machine, sont difficiles à programmer, car il faut que les informaticiens apprennent à penser en termes de traitement parallèle. Un des avantages de ce type de programmation parallèle est de démultiplier la puissance de calcul (2500 instructions par seconde) et de simuler des processus rencontrés dans les systèmes vivants telle que la vision. En effet, les informations reçues de l'environnement par la rétine de l'oeil sont traitées par un ensemble de neurones travaillant en parallèle. Ce type d'ordinateur sera donc capable de traiter les images, les textes, etc ... Une autre application importante sera de simuler l'écoulement des fluides : notamment les courants marins et les mouvements de l'air pour prédire le temps sur toute la surface du globe terrestre.

Mais, fondamentalement, ce type d'ordinateur reste une machine de type Von Neumann, c'est-à-dire basée sur le traitement séquentiel de programmes dans chaque processeur, même si les processeurs travaillent en parallèle. Construire des ordinateurs parallèles ne résout toujours pas le problème de l'apprentissage et surtout de l'auto-apprentissage des machines.

C'est alors que les travaux anciens sur les réseaux de neurones formels refont surface, mais avec un objectif avoué : développer des modèles d'ordinateurs neuronaux dont l'organisation soit aussi proche que possible de l'organisation des flux d'information et de la communication du cerveau humain. Mais entre-temps, le modèle de W. Mac Culloch et W. Pitts va bénéficier des travaux des américains J. Hopfield et J. Anderson et des européens T. Kohonen et C. Von der Marsburg qui ont développé des modèles théoriques d'ordinateurs neuronaux simulés sur des ordinateurs classiques. Avec le développement prodigieux de la micro-électronique, il est devenu possible de passer du stade de la simulation à celui de l'expérimentation sur des réseaux réels. J. Alspector et ses collaborateurs ont réalisé le premier prototype d'un réseau surnommé Machine de Boltzmann, conçue par G. Hinton. Le circuit de cette machine n'est pas numérique mais analogique, c'est-à-dire qu'au lieu de traiter des informations sous forme d'impulsions électriques représentant les chiffres binaires 0 et 1, il traite directement les informations contenues dans l'intensité et le sens de parcours des courants électriques qui le traversent.

Hopfield, 1982.
Kohonen, 1984.
Von der Marsburg, 1986.
Alspector, 1987.
Hinton, 1985.

2.3 Un modèle de circuits neuronaux

Tank et Hopfield, 1988.

Comme le disent bien D. Tank et J. Hopfield : « *Les ordinateurs sont des nouveau-nés dans la grande famille des systèmes du traitement de l'information; au contraire, les ordinateurs biologiques (le cerveau et le système nerveux de l'homme et des animaux) ont déjà des millions d'années d'existence, et ils assurent de façon inégalée le traitement des informations sensorielles et la commande des interactions de l'organisme avec l'environnement* ».

Comme les systèmes biochimiques, les systèmes écologiques et les systèmes nerveux, les réseaux de neurones formels font partie de la même classe de systèmes : les systèmes dynamiques. Ils sont formés d'un ensemble d'entités qui, par leurs interactions mutuelles, modifient continuellement et quasi-simultanément leurs états.

L'idée fondamentale est basée sur le fait que, pour les systèmes physiques, on étudie le fonctionnement collectif d'entités à partir de schémas élémentaires. Par exemple, l'hydrodynamicien ramène la dynamique complexe des collisions moléculaires à un niveau macroscopique particulier par la description de propriétés macroscopiques comme la température. De même, pour modéliser le fonctionnement d'un grand ensemble de neurones formels, J. Hopfield et D. Tank ont utilisé des versions simplifiées des traitements individuels effectués par les cellules nerveuses et leurs synapses. Ils ont ainsi mis en évidence des principes généraux du traitement collectif des données dans ces circuits. Cette approche suit en fait le courant de la pensée synthétique, contrairement au courant de la pensée analytique qui considère que le fonctionnement du cerveau doit nécessairement passer par la connaissance ultra-détaillée des neurones.

Tank and Hopfield, 1986.

Cfr J.-P. Changeux (1983) qui soutient la thèse analytique qui me semble trop dangereusement réductionniste pour les extrapolations psycho-philosophiques qu'on pourrait en tirer !

Tous les systèmes partent d'un état initial pour passer dans un état final correspondant à une réponse, en subissant une série de transformations. Les physiciens représentent ce processus par une trajectoire reliant l'état initial à l'état final dans ce qu'ils appellent l'espace des configurations du système, c'est-à-dire dans un espace dont les différentes coordonnées sont les variables et les paramètres de description du système. Le système évolue pas-à-pas, selon sa dynamique propre, et chaque étape représente un point dans son espace de configuration, l'ensemble des étapes définissant une trajectoire. Exactement comme un enfant se laisse glisser vers le bas sur un toboggan, un réseau de neurones, lorsqu'il est activé à partir d'un état initial (le haut du toboggan), évolue sur une trajectoire (la configuration du toboggan) vers des états stables appelés des attracteurs (l'enfant suit la trajectoire du toboggan par l'attraction terrestre pour aboutir finalement sur le sol).

Dans les réseaux de neurones, on peut penser que l'information est stockée, non pas dans une cellule mémoire comme dans un ordinateur classique, mais par la configuration du réseau de neurones représenté par l'ensemble de leurs états et de leurs relations. Par exemple, pour la reconnaissance de formes, on commence par apprendre au réseau des formes définies, comme des images ou des caractères. L'apprentissage s'effectue en imposant des « formes » à l'entrée et à la sortie du réseau. Les neurones intermédiaires s'auto-organisent en modifiant la valeur de leurs connexions de telle sorte que, par les attracteurs du réseau, les configurations stables représentent ces formes. Après l'apprentissage, lorsqu'on fournit au réseau une forme quelconque, à partir d'un état initial, il évoluera de lui-même vers un des attracteurs exprimant la forme mémorisée; et cela, même si la forme fournie est floue, parce que le réseau de neurones formels fonctionne comme une mémoire associative : il est capable d'associer à une forme apprise, une autre forme identique ou qui lui ressemble quelque peu. En fait, le réseau de neurones formels est très peu sensible aux informations parasites, au bruit de fond. Ainsi, un chercheur français, Y. Le Cun a constaté que, entre un B très voisin d'un E et le modèle de B pourtant différent du B à reconnaître, le réseau associait bien le B au modèle. Un autre résultat spectaculaire vaut la peine d'être cité : en France, J.-P. Nadal, G. Toulouse, J.-P. Changeux et S. Dehaene ont retrouvé un résultat de la psychologie expérimentale en ce qui concerne la mémoire immédiate, à l'aide d'un réseau neuronal. En apprenant cent configurations à ce réseau, celui-ci ne retient que les sept dernières environ.

Le Cun, 1985.

Cités par Commiot, 1987.

C'est surprenant quand on sait que la mémoire immédiate chez l'homme ne retient qu'environ sept formes en moyenne.

Cfr Miller, 1956.

Revenons un instant à l'analogie entre l'enfant qui glisse sur un toboggan et la trajectoire d'un réseau de neurones formels. A l'altitude de l'enfant à chaque point de sa trajectoire correspond une énergie potentielle due à la pesanteur terrestre. De la même manière, l'ensemble des neurones évoluent vers un état final stable correspondant à un minimum de ce qu'on appelle une énergie de calcul dans l'espace de configurations (voir figure VI-3). L'énergie de calcul E est définie par une formule mathématique explicite qui décrit les caractéristiques des neurones formels, de leurs connexions et du signal d'entrée. La réponse donnée est le signal de sortie correspondant à l'énergie minimum. Cette énergie de calcul est en fait une fonction de Lyapunov, utilisée en physique pour l'étude de la stabilité des systèmes complexes.

*Le modèle de machine neuromimétique virtuelle appelée l'*Intuitron, *proposé par P. Perrier (1986), donne d'une part une importance particulière à la notion de temps, et d'autre part se base sur un espace multivectoriel où l'énergie joue un rôle semblable à l'énergie de calcul dans l'espace configurations des réseaux de neurones formels.*

De nombreux chercheurs étudient des circuits neuronaux de philosophie différente de celle de D. Tank et J. Hopfield. Le *perceptron* s'est révélé efficace pour certaines applications, car il a un comportement dynamique simplifié et une capacité de calcul limitée. Par contre, de nombreuses règles d'apprentissage ont été

On se doit de citer les travaux du groupe PDP, Parallel Distributed Processing, D. Rumelhart et J. McClelland (1986).

○   Etat imparfaitement défini
X   Etat parfaitement défini
→   Trajectoire de minimisation de l'énergie

Figure VI-3
*Le graphe de l'énergie de calcul dans l'espace
des configurations d'un réseau de neurones formels
(D'après D. Tank et J. Hopfield, 1988).*

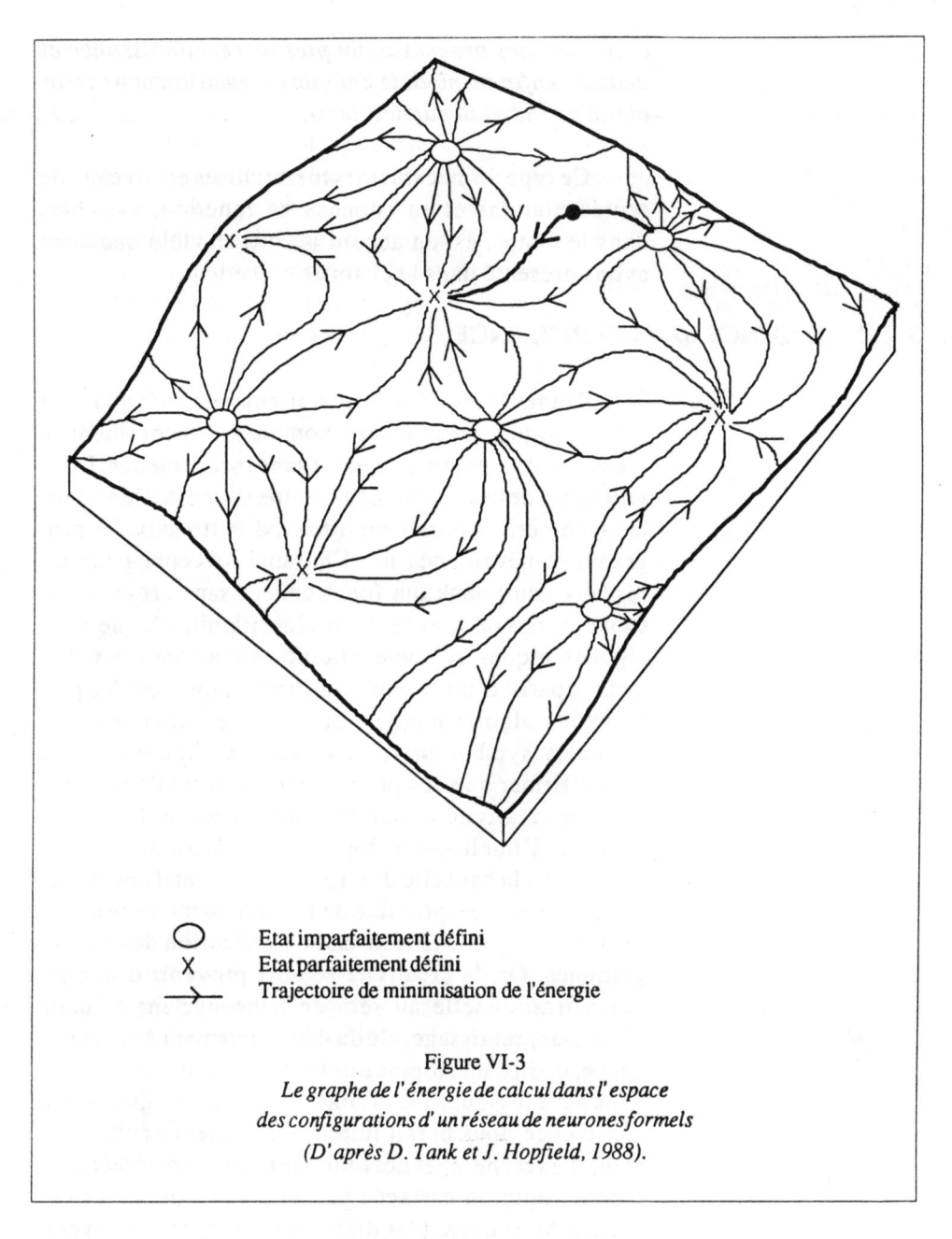

découvertes qui ont permis de développer de meilleurs schémas de connexions.

Enfin, nous voudrions reprendre la conclusion de D. Tank et J. Hopfield : « *Les systèmes de décision doivent très souvent tenir compte d'informations arrivant en continu, par exemple, qu'il s'agisse de reconnaître quelqu'un à distance, à sa démarche : il faut d'abord*

Tank et Hopfield, 1988.

*appliquer des processus **simples** de reconnaissance et déduire enfin un modèle complexe, que l'on peut associer à un individu particulier ».*

Ce type de mécanismes hiérarchisés en niveaux de représentations et en couches de fonction, variables dans le temps, est en accord avec le modèle que nous avons présenté dans le chapitre précédent.

3. L'INTELLIGENCE SANS CONSCIENCE

Toutes les machines de traitement d'informations créées jusqu'à présent par l'homme sont aconscientes, c'est-à-dire sans conscience et sans inconscience. L'intelligence de ces machines a comme support, d'une part, la machinerie proprement dite et, d'autre part, les programmes développés par l'homme, excepté pour les réseaux neuronaux qui fonctionnent sans programme. Ces programmes, aussi bien algorithmiques que non-algorithmiques, sont une imitation du raisonnement humain, à partir d'un ensemble d'instructions pour les programmes algorithmiques, et de règles pour les programmes symboliques, dits non-algorithmiques. On peut affirmer que ces programmes sont totalement dénués de créativité et que les instructions et les règles reflètent l'intelligence logico-mathématique des humains sans la capacité d'auto-apprendre et d'apprendre à apprendre. Il est possible de prévoir de manière déterministe et logique le résultat de l'exécution de ces programmes. Or, la créativité semble provenir d'une logique irrationnelle au sein de l'inconscient humain. L'auto-apprentissage, clé du développement de l'intelligence, obéit à une logique qui n'a pas encore été percée. Sans cette logique, une véritable intelligence même sans conscience nous paraît impossible à créer artificiellement. Les recherches doivent s'intensifier dans cette direction, opinion partagée par de plus en plus de chercheurs. Mais devant les difficultés rencontrées, un certain nombre d'entre eux pensent que la cause profonde des échecs proviendrait de la structure du support matériel des machines et que, par programmation, il est improbable de simuler des processus d'apprentissage. A l'image du cerveau humain, l'émergence d'une intelligence artificielle aurait pour origine une architecture des machines semblable à un réseau de neurones qui coopèrent : il n'y aurait pas de distinction bien nette entre le niveau des neurones et celui de la pensée. En quelque sorte, le « programme » de la pensée serait implicitement inclus dans la dynamique du réseau neuronal. Le réseau serait plus que le support matériel de la pensée, il contiendrait la pensée elle-même qui rétroagirait sur le réseau. Or, dans les ordinateurs programmés, le support matériel n'influence nullement le déroulement des programmes : ce sont les programmes seuls qui activent leurs circuits physiques. En quelque sorte, la machine est « l'esclave » des directives données par le programme « maître ». La création de machines neuronales est une voie intéressante pour comprendre le fonctionnement du cerveau. On s'est rendu compte que ces réseaux de neurones formels sont capables d'apprendre, et cela, sans aucune programmation humaine. Mais on n'est pas encore parvenu à formaliser explicitement les règles de cet apprentissage qui émerge de ces réseaux artificiels. Seraient-elles implicites ?

Cela aurait alors pour conséquence que les ordinateurs programmables ne verront jamais une intelligence artificielle en émerger. Nous ne le croyons pas et cela pour deux raisons. D'une part, les réseaux de neurones formels peuvent être simulés sur les ordinateurs classiques et d'autre part, toute création humaine, invention ou découverte ont pu jusqu'à présent s'expliquer par une approche logico-mathématique a posteriori, excepté, jusqu'à présent, les mécanismes de l'intelligence d'où elles émergent.

3.1 L'intelligence fractale

L'approche rationnelle cartésienne trop analytique de l'intelligence est, pour nous, la cause profonde de l'échec à comprendre l'intelligence et, par là, d'en créer une, artificielle. Une approche synthétique globale à l'image de la pensée orientale, en opposition à la pensée occidentale, devrait être également vouée à l'échec. Voir les choses de loin en négligeant les détails est aussi néfaste que de les voir au microscope sans s'inquiéter des effets à grande échelle.

La dynamique de l'intelligence se réalise, simultanément, à **toutes les échelles à la fois**, de la plus petite, c'est-à-dire à **l'échelle d'un neurone pour le cerveau humain, et à l'échelle du cerveau dans toute sa globalité** en passant par un ensemble d'échelles intermédiaires définissant les niveaux de description de la réalité reconstruite.

On en revient à nos deux idées que, d'une part, **l'intelligence aurait les caractéristiques de la turbulence au sein d'un fluide** et d'autre part, qu'elle aurait une **géométrie fractale, dont la mémoire pourrait en être la preuve la plus concrète.**

Pour certains patients atteints de troubles psychiques, le recours à l'électrochoc conduit à des résultats spectaculaires immédiats. Le cerveau serait, en quelque sorte, remis en état de « turbulence » électrobiochimique. Ce même type de technique est utilisé pour le coeur, avec des succès certains.

En effet, la caractéristique d'un fluide turbulent est la suivante : quelle que soit l'échelle à laquelle on observe la turbulence, en centimètres, mètres, kilomètres, etc, les propriétés de diffusion des masses du fluide, depuis le niveau moléculaire jusqu'au niveau hydrodynamique, sont semblables. **La turbulence obéit à une géométrie fractale** dont la caractéristique essentielle est **l'auto-similarité des propriétés à toutes les échelles.**

Il est intéressant de savoir que les ordinateurs parallèles auront comme application principale immédiate la résolution de problèmes relevant de la mécanique des fluides comme la prévision du temps en météorologie, par exemple.

Hofstadter, 1985.

D. Hofstadter ne compare-t-il pas la couche d'air planétaire au matériel d'un ordinateur, et le temps qu'il fait au logiciel. Le mouvement moléculaire est identifié au langage machine, c'est-à-dire au niveau de description le plus fin, tandis que les brouillards, cumulonimbus, ouragans et alizés sont assimilés au langage évolué, c'est-à-dire au niveau de description le plus global. Il suggère que l'utilisation d'un niveau de description intermédiaire, les petites trombes, rafales, etc, permettrait de mieux prévoir le temps. Les différents niveaux sont emboîtés les uns dans les autres.

Tout le monde sait que les prévisions météorologiques, malgré les moyens technologiques modernes, ne sont pas très fiables. Le météorologiste Lorenz avait appelé « effet papillon », l'influence considérable que pouvait avoir le battement des ailes d'un papillon sur le temps à l'échelle de la terre.

Par analogie, la créativité du cerveau humain pourrait être issue d'une cause minime comparable à l'« effet papillon » sur le temps. Certains chercheurs pensent que des fluctuations quantiques, imprévisibles par le principe d'incertitude d'Heisenberg, peuvent s'amplifier dans les organismes vivants pour aboutir à des effets significatifs.

3.2 Un « bébé ordinateur »

En 1950, A. Turing publia un article qui eut un grand retentissement « Calculateurs et intelligence », dans lequel il soulignait que « l'intérêt actuel pour les machines à penser a pris naissance avec l'apparition d'une catégorie particulière de machines, généralement appelées calculateurs numériques ou ordinateurs électroniques ». Il y posait la question : « De telles machines sont-elles capables de penser ? » et proposait un test qu'il nomme jeu d'imitation. Il concluait son article par des suggestions sur ce qu'il conviendrait de faire pour créer des machines intelligentes.

Turing, 1964, p. 7.

Turing, 1964, p. 5. Le test de Turing est présenté au chapitre IV.

« *Il est permis d'espérer que les machines finiront par rivaliser avec les hommes dans toutes les tâches purement intellectuelles. Mais par quoi vaut-il mieux commencer ? Il y a là, déjà, une décision difficile à prendre. Nombreux sont ceux qui pensent qu'une activité foncièrement abstraite, comme le jeu d'échecs, est sans doute préférable. Mais on peut également soutenir que le mieux serait de doter la machine des meilleurs organes sensoriels possibles, et ensuite de lui apprendre l'anglais, le comprendre et le parler. Le processus suivi pourrait être celui que l'on utilise auprès d'un enfant : chaque objet serait désigné, puis nommé, etc. Là encore, j'ignore quelle option est la meilleure, mais je pense que l'on devrait explorer les deux voies.* »

C'est cette seconde voie que nous empruntons, et qui a été peu explorée.

Comme le souligne H. Dreyfus, ce qui manque, c'est « un ensemble de règles permettant de convertir en une série d'instructions n'importe quelle activité de l'intelligence ».

Dreyfus, 1984, p. 13.

« *Chez ceux qu'intéresse toujours la question théorique de savoir si l'on peut, à l'aide des ordinateurs, reproduire toute la gamme de comportements d'une intelligence humaine, la thèse que je développe ici est désormais généralement admise : l'intelligence sous-entend la compréhension au sens fort, et pour doter un ordinateur de la faculté de comprendre, il faudrait aussi lui fournir ce « sens commun » dont disposent les êtres humains adultes par le simple fait qu'ils possèdent un* corps, qu'ils sont en interaction avec le monde matériel, enfin, qu'ils ont été formés à une culture ».

<small>Dreyfus, 1984, p. 34.</small>

Seymour Papert, du M.I.T. a déclaré que « *l'on ne pourra pas espérer des machines qu'elles réagissent en adultes tant qu'on ne leur aura pas fourni d'abord un enseignement, et que ce qu'il faudrait obtenir serait une machine douée de la faculté d'apprendre comme un enfant* ».

<small>Cité par Dreyfus, p.63.</small>

Marvin Minsky, un pionnier de l'intelligence artificielle, considère qu'un programme intelligent doit posséder un modèle de son propre fonctionnement.

« *Pour qu'un programme soit capable de se perfectionner lui-même de manière substantielle, il faut qu'il ait une certaine compréhension, au moins rudimentaire, de ses propres processus de résolution de problèmes, ainsi qu'une certaine faculté de reconnaître pour telle une amélioration quand il en découvre une. Aucune raison intrinsèque ne permet d'affirmer qu'une machine soit incapable de le faire. Si on lui fournit un modèle de son propre fonctionnement, elle doit pouvoir utiliser son aptitude à résoudre des problèmes pour s'attaquer au problème de se perfectionner elle-même...*

<small>Le théorème de Gödel pourrait être un obstacle à réaliser, un système qui possède un modèle complet de lui-même (Cfr Hofstadter, 1985.)</small>

Du jour où nous aurons conçu des programmes authentiquement dotés de la faculté de se perfectionner eux-mêmes, nous assisterons à une rapide évolution. Au fur et à mesure que la machine se perfectionnera et qu'elle perfectionnera le modèle qu'elle aura d'elle-même, nous verrons apparaître chez elle tous ces phénomènes associés aux termes de « conscience », « intuition » et intelligence. Il est malaisé de dire à quelle distance nous nous trouvons encore de ce seuil, mais une fois qu'il aura été franchi le monde ne sera plus le même ».

<small>Minsky, 1966.</small>

Roger Schank conçoit l'idée de tout apprendre jusqu'aux thèmes généraux de la vie, exactement comme le font les humains.

« *Nous espérons arriver à concevoir un programme capable d'apprendre, comme un enfant, à exécuter lui-même tout ce dont il a été question dans cet article, sans qu'il soit besoin de lui fournir par le menu, à la becquée, l'énorme masse d'informations nécessaires. Il se pourrait qu'il faille, avant d'y parvenir, attendre la création de systèmes efficaces combinant vision et préhension, ainsi que la lecture d'images ».*

Schank, 1972.

La notion de contexte de situations qui indique quels faits sont à prendre en compte et quel sens leur assigner, est importante étant donné la relativité de la notion d'information. Plutôt que de considérer un ensemble de contextes emboîtés les uns dans les autres pour former une régression hiérarchique. H. Dreyfus considère une régression temporelle pour la reconnaissance d'un contexte particulier.

« *Mais dès qu'il s'agit d'exprimer cette nouvelle approche en termes informatiques, on s'aperçoit que, loin de fournir une solution au problème de la reconnaissance du contexte, elle transforme la régression hiérarchique en une régression temporelle : le recours à un contexte plus large devient alors recours à une situation antérieure. Comment a démarré cette situation que l'être humain reporte et transpose ? Pour le programmeur, la question se pose dans les termes suivants : comment faire pour sélectionner au départ, dans l'infinité des faits, ceux qui conviendraient pour déterminer un contexte de « vie humaine », qu'il suffirait ensuite de mettre à jour au fil du temps ? Ici, la réponse semble bien être la suivante : les humains, tout simplement, sont « câblés » de telle sorte que, bébés, ils réagissent à certains faits de leur environnement – tétons et sourires, entre autres – qui sont d'une importance cruciale pour leur simple survie. Programmer ces réflexes initiaux et laisser l'ordinateur apprendre en douceur serait peut-être le moyen de sortir de ce problème de la reconnaissance du contexte. Mais il faut noter ici deux réserves importantes. D'abord, aucune recherche, actuellement, n'est faite en ce sens en intelligence artificielle. En fait, l'intelligence artificielle, telle qu'elle est présentement définie, que ce soit par Feigenbaum, Simon, Minsky, Weizenbaum ou d'autres, semble n'avoir pour objectif que de créer une intelligence pleinement adulte, un peu comme Athéna naquit jadis, achevée, parfaite, tout droit du crâne de Zeus. D'autre part, rien ne prouve que la démarche proposée permette réellement d'éviter le dilemme. Rien n'explique comment l'enfant, à partir de réactions invariables à des traits invariables de son environnement, va passer à la faculté de donner un sens aux choses en fonction de leur contexte, faculté dont même les cher-*

cheurs de l'intelligence artificielle s'accordent à reconnaître qu'elle caractérise l'adulte. A partir du moment où l'enfant est capable de déterminer le sens des choses en fonction de la situation, il est à coup sûr en mesure de mettre à jour cette situation en permanence, mais ce qui nous manque toujours, c'est de savoir comment s'est faite la transition originelle entre réponse fixe et réponse adaptable ».

Dreyfus, 1984, pp. 284 - 285.

Cela rejoint l'approche de l'auto-apprentissage des enfants par un processus temporel en étapes. La mémorisation des choses apprises s'auto-organise sous une forme hiérarchique en niveaux de description depuis l'analytique jusqu'au synthétique.

Dubois, 1987b.

T. Winograd envisage que, dans la communication courante, « *la signification est une notion multidimensionnelle, qui ne peut être formulée qu'en fonction d'un tout, ensemble complexe formé d'objectifs et de savoirs, et reconnu des deux partenaires en présence, celui qui émet le message et celui qui le reçoit* ».

Winograd, 1976, p. 262.

Ces connaissances forment « *un corps de postulats spécifiques (exprimés sous forme de structures symboliques), qui représente le « modèle du monde » selon le sujet* ».

Winograd, 1976, p. 268.

C'est à partir de ces postulats que Winograd et ses collaborateurs développent un langage de représentation des connaissances, le K.R.L., Knowledge Representation Language. Les postulats spécifiques sont représentés sous forme de descriptions symboliques d'objets prototypes multidimensionnels, dont les aspects pertinents sont fonction du contexte. L'organisation de ces prototypes est basée sur la nécessité que n'importe quelle sorte de description, depuis la plus simple dénomination jusqu'à la procédure, puisse être insérée dans la structure de représentation des connaissances. Ce qui permet de définir les représentations les unes par les autres, et aboutit à « une vision globalisante de la représentation, par opposition à une vision réductionniste ».

Bobrow et Winograd, 1977.

Bobrow et Winograd, 1977, p. 7.

La structure du modèle fractal que nous proposons permet d'insérer ce schéma de description des situations sous forme de contexte. L'être humain est toujours « déjà en situation », une situation dans laquelle les faits sont déjà interprétés.

« *Cette thèse suggère également que le vaste contexte – le contexte de référence ultime – au sein duquel se situent les humains dépend de leurs desseins, qui dépendent à leur tour de leur corps, de leurs désirs et de leurs besoins; or ces derniers ne sont pas fixés une fois pour toutes, ils sont interprétés et spécifiés au cours du processus d'acculturation, en sorte qu'ils peuvent évoluer avec l'idée que l'homme se fait de lui-même. Aussi comprenons-nous, en dernière analyse, pourquoi il ne saurait exister de faits chargés d'une signification intrinsèque, ni de formes invariables d'existence humaine que l'on pourrait espérer programmer.*

Tout cela n'est pas nier que l'enfant soit pourvu, au départ, d'un certain nombre de réactions constantes – et d'ailleurs, si tel n'était pas le cas, aucun processus d'apprentissage ne pourrait jamais s'amorcer; mais, au cours de la maturation ces réponses primitives sont bientôt dépassées et laissées pour compte: Et, dans le comportement de l'adulte, plus rien ne reste de ces réactions invariables qui ne soit dominé par la situation et par les contraintes qu'impose sa signification particulière.

Mais ne pourrions-nous, alors, programmer l'ordinateur de telle sorte qu'il se comporte comme un enfant, et le mettre ainsi en mesure de développer lui-même sa propre intelligence ? Cette question nous emmène très au-delà de nos connaissances actuelles, tant en psychologie qu'en informatique ». *Dreyfus, 1984, p. 373.*

Et Dreyfus se pose la question : Un « bébé ordinateur » pourrait-il faire ses débuts dans l'existence avec un stock de réactions indépendantes du contexte, puis apprendre progressivement ?

« *Tout dépend du rôle que jouent, lors de l'apprentissage, les besoins indéterminés et la faculté de réagir à un contexte global. Les travaux de Piaget sur l'apprentissage, par exemple, tendent à suggérer que l'apprentissage requiert les mêmes formes de « traitement de l'information » que l'exercice de l'intelligence adulte, et que l'intelligence se développe par « révolutions conceptuelles ». Cela ne devrait pas nous surprendre. Les ordinateurs ne peuvent traiter que des faits, mais l'être humain – source de faits – n'est ni un fait ni un ensemble de faits, mais un être vivant qui se crée lui-même et qui crée l'univers des faits tout simplement en vivant dans* cet univers. L'univers des hommes, avec ses objets identifiés, est organisé par les hommes qui utilisent leurs aptitudes d'être incarnés pour satisfaire leurs désirs et leurs besoins d'êtres incarnés. Et rien ne laisse supposer qu'un monde ainsi structuré en fonction de ces aptitudes humaines fondamentales puisse être accessible par quelque autre moyen ».

Dreyfus, 1984, pp. 373 - 374.

3.3 L'avenir de l'intelligence artificielle

Question fondamentale : la recherche en intelligence artificielle doit-elle s'orienter vers la création d'un être artificiel, copie conforme de l'homme ? Non. Toutes les inventions réalisées par l'homme pour imiter la nature n'utilisent pas les mêmes moyens. Par exemple, un avion vole comme un oiseau, mais pas de la même manière. Si la fonction « voler » est la même, la structure de l'avion n'a rien à voir avec celle de l'oiseau.

D'après Dubois, 1989-1990.

La recherche actuelle en intelligence artificielle s'intéresse à différents domaines rapidement abordés ci-après et dont l'intégration devrait permettre la réalisation du robot doté d'intelligence fractale.

La programmation logique

L'objectif de la programmation logique est de ne plus dire à la machine ce qu'elle doit faire, mais seulement ce qu'elle doit savoir pour bien faire.

Citons Alain Colmerauer :
« *Le problème idéal met en oeuvre un raisonnement sur des inconnues dont on connaît un certain nombre de propriétés. Un problème bien formulé. Comme un système expert : sachant ceci et cela sur le cas étudié, sachant sur le domaine considéré un certain nombre de choses exprimées en Prolog, tentons par une série de déductions de répondre à la question posée. Ce langage est idéal dans les études de cas. Exemple : un système expert bancaire étudiant un dossier de demande de prêt.* »

Colmerauer, 1989.

Pour l'inventeur du langage Prolog, si Prolog est inadéquat, par exemple dans le domaine des problèmes dynamiques comme la simulation numérique, par contre, il se prête bien à la réalisation de superviseurs de logiciels complexes parce qu'il permet de raisonner sur les besoins des utilisateurs avant de confier chaque tâche à un module écrit dans un autre langage. « *Il n'existe pas à mon sens de machine qui se "déduirait de Prolog" ... Les Japonais ont sous-estimé les difficultés et se sont rués sur les machines Prolog. On travaille beaucoup actuellement sur des variétés regroupées sous le label "programmation par contraintes". L'équipe de Jean-Louis Lassez, au centre IBM de Yorktown, l'une des plus connues, a développé CLP(R). A l'ECRC de Munich, le centre de recherche commun de Bull, ICL et Siemens, on a réalisé Chip, dont est dérivé Charme* ».

Alain Colmerauer, du Groupe d'Intelligence artificielle, GIA, à l'Université d'Aix-Marseille, est l'inventeur du langage Prolog, le langage de l'intelligence artificielle avec le LISP.

La qualité d'un programme informatique dépend du langage utilisé. Les recherches se sont toujours orientées vers des langages qui obéissent à une logique cartésienne basée sur la déduction et l'induction. Une véritable intelligence artificielle devra être capable de créativité. Si le raisonnement humain conscient est séquentiel, le raisonnement inconscient ne suit pas nécessairement la même logique rationnelle, et a recours à un traitement des informations parallèle, simultané. Parce qu'elles sont plus proches de ce dernier mode de traitement, les machines à programmation parallèle devraient ouvrir des voies privilégiées de progrès dans le domaine qui nous occupe. Pour ces machines parallèles, je pense qu'il faudra inventer des langages fractals de programmation ayant comme propriété essentielle l'auto-similarité par auto-réplication de modules de programmes par auto-apprentissage. **Les premiers langages fractals pourraient voir le jour vers 1997.**

Dubois, 1990.

Les systèmes experts

L'intelligence artificielle aurait dû trouver son deuxième souffle grâce aux systèmes experts, mais les réalisations, citées maintes fois en exemple, sont restées à l'état de maquette. L'intelligence artificielle va-t-elle être condamnée à entamer une nouvelle traversée du désert ? Pour H. Gallaire, il n'y a pas de remise en cause fondamentale de l'approche système expert, si l'on fait référence aux modes d'exploitation des connaissances proches des règles. Il faut combiner les techniques de l'intelligence artificielle aux techniques classiques de l'informatique. Les systèmes experts apparaissent nécessaires quand la modélisation n'est pas évidente, pour accéder à un niveau conceptuel élevé : les modèles ne sont pas complexes en soi, mais la structure des contextes des situations, c'est-à-dire le domaine d'expertise doit être bien compris. Ils sont indispensables quand n'existe pas de solution avec un algorithme pur et dur et qu'une approche heuristique s'impose. Les applications sont nombreuses dans des domaines bien appropriés comme les applications bancaires, la gestion de production et l'analyse du risque dans les assurances.

D'après Gallaire, 1989.
Hervé Gallaire est Directeur de l'ECRC de Munich, un centre de recherche commun aux constructeurs Bull, ICL et Siemens, spécialisé en intelligence artificielle.

L'étape décisive des systèmes experts sera franchie quand des règles d'auto-apprentissage seront trouvées et implantées avec les connaissances à partir d'un modèle fractal. Un modèle du système lui-même est nécessaire ainsi que des modèles des utilisateurs. Un programme de base devra être conçu qui permettra aux systèmes experts de s'auto-développer à partir de leurs interactions avec l'environnement, notamment le dialogue homme/machine. **L'année 1995 devrait être marquée par un nouvel essor des systèmes experts capables d'auto-apprentissage.**

Dubois, 1989.

Dubois, 1990.

La vision par ordinateur

« Les dernières recherches en laboratoire, qui débouchent sur une vision tridimensionnelle d'objets en mouvements, colorés et partiellement cachés, commencent à être transférées vers l'industrie, en particulier à travers des projets européens de type Esprit ou Eurêka ».

Faugeras, 1989.

D'après O. Faugeras, les applications sont nombreuses et variées : le traitement d'images de scanners dans le domaine médical, le comptage de cellules, à partir d'images prises au microscope, la détection des défauts dans le secteur industriel, l'imagerie aérienne et par satellite. Dans le secteur militaire, le guidage d'avions ou de missiles utilise depuis longtemps, la vision artificielle. Il faut aussi souligner l'importance de la reconnaissance de caractères dactylographiés, mais nous sommes encore loin de pouvoir identifier les caractères manuscrits. Les recherches actuelles essayent de copier la nature.

Olivier Faugeras est Directeur du projet Vision par ordinateur et robotique de l'INRIA, Institut National de Recherche en Informatique et Robotique à Sophia - Antipolis, en France.

Le laboratoire de O. Faugeras vient de faire l'acquisition de la Connection Machine, un ordinateur à traitement parallèle qui compte seize mille processeurs travaillant ensemble, chacun d'eux étant dédié à un point image.

« Puisque notre oeil est constitué par douze millions de récepteurs optiques, et que les informations sont interprétées simultanément par notre cerveau, nous tentons de recréer les mêmes conditions à l'aide de machines. Le traitement massivement parallèle de l'information peut être une solution pour augmenter sérieusement les performances des systèmes de vision ».

Si l'on peut être convaincu que les machines parallèles vont améliorer fortement la vitesse de traitement des informations, toute la difficulté sera de développer le programme d'interprétation de ces images. Nous pensons à un programme, capable d'auto-apprentissage, qui construira un modèle de son environnement. Ce programme devra avoir une structure fractale de représentation des objets à trois dimensions. **Des programmes fractals de vision devraient être opérationnels en l'an 1995.**

Dubois, 1989-1990.

Traitement du langage

La compréhension du langage écrit par une machine est un vieux rêve dont la réalisation pratique reste limitée, mais M. Gross estime que des produits opérationnels arriveront sur le marché dans un an ou deux. Il s'agira « *d'outils de recherche d'expressions, c'est-à-dire de programmes qui constituent des classes d'équivalence d'expressions correspondant à une unité de sens. Par exemple,* « *dans l'état actuel des connaissances* » *et* « *en l'état actuel des connaissances* » *font partie de la même classe* ». « *Trois applications sont importantes : les pages jaunes du minitel, le dépouillement de questionnaires et la recherche documentaire.* « *Le traitement du langage naturel est typiquement adapté au calcul parallèle. Dans ces applications, il existe un double parallélisme : la bibliothèque peut être découpée par cotes ou par ordre alphabétique et par formes d'expressions. Il y a de quoi faire travailler de concert un nombre important de processeurs.* ».

Gross, 1989.
Maurice Gross est Professeur d'informatique linguistique à l'Université de Paris-VII. Il dirige aussi le Laboratoire d'automatique documentaire et linguistique du CNRS ainsi que le Centre d'études et de recherches en informatique linguistique, le Céril.

Je fais la même remarque que pour la vision par ordinateur : les machines parallèles vont accélérer la vitesse de traitement des informations, mais la faiblesse reste toujours au niveau d'un programme de compréhension du langage. L'apprentissage du langage écrit, guidé par l'auto-apprentissage de la machine en dialogue avec l'homme tout d'abord, est une voie nécessaire à de véritables progrès dans ce domaine. Après un apprentissage de base, la machine devrait être capable de se débrouiller seule pour traiter les problèmes qui lui seront demandés. Comme le langage écrit se présente sous forme linéaire, mais perçu par l'oeil de manière spatiale, le programme doit l'analyser de manière séquentielle. Nous pensons à un programme capable de traiter des séquences temporelles à toutes les échelles : les lettres, les mots, les phrases, les **paragraphes**, le texte et le contexte. Il aura une structure fractale permettant de traiter toutes ces échelles simultanément. **L'an 2005 verra des réalisations opérationnelles.**

Dubois, 1989-1990.

La reconnaissance vocale

La difficulté de la reconnaissance vocale tient à la nature éminemment variable de la chose parlée. J. Mariani cite « *le phénomène de « coarticulation », c'est-à-dire la déformation que subit un phonème (son élémentaire) au contact d'autres sons, les phonèmes qui le précèdent et le suivent, ainsi que la variabilité de chaque voix, les différences entre locuteurs, la manière de prendre le son, l'environnement. Certaines langues se reconnaissent plus aisément que d'autres. L'italien est facile à décrypter : environ quatre-vingt règles suffisent pour passer de la parole à l'écrit. En français, nous sommes allés jusqu'à mille règles sans résultat probant. Prenons, par exemple, la simple phrase : « J'ai mal aux pieds ». Elle comprend neuf phonèmes en tout. Il existe plus de trente-deux mille possibilités pour simplement trouver les mots orthographiques correspondants, sans tenir compte de la syntaxe. De la même manière, si cent syllabes suffisent pour prononcer tous les mots de la langue japonaise, il en faut plus de cinq mille en français.* »

J. Mariani, 1989.
Joseph Mariani est Directeur de recherche au CNRS et Directeur du Limsi, Laboratoire d'informatique pour la mécanique et les sciences de l'ingénieur, à Orsay.

J. Mariani estime que les réseaux de neurones artificiels laisseront percer de grands progrès d'ici à un ou deux ans.

La reconnaissance vocale aura une application importante dans les domaines de la dactylographie automatique et de la commande de machines par la voix. La difficulté essentielle rencontrée en reconnaissance vocale provient du fait que les machines actuelles ne « comprennent pas ce qu'elles entendent ». La situation et le contexte jouent également un rôle important. Un pas décisif devrait être franchi quand on couplera le système de reconnaissance vocale au traitement du langage auquel il est intimement associé. **Un programme fractal d'analyse séquentielle simultanément à différentes échelles devrait ouvrir de larges horizons à ce problème** qui devrait trouver une solution vers l'an 2005. La **traduction automatique**, quant à elle, devrait réellement voir le jour en 2010.

Dubois, 1989-1990.

La traduction automatique

La TAO, la Traduction Assistée par Ordinateur, ne permet pas de traduire automatiquement n'importe quel texte, même pour deux langues proches. Ce que la TAO sait faire, écrit Ch. Boitet, « *c'est traduire des textes concernant un seul sujet très pointu. Les bulletins météo canadiens sont ainsi traduits à concurrence de quarante mille mots par jour, avec un taux de correction humaine de seulement trois pour cent* ».

Pour atteindre un meilleur niveau de qualité de traduction, il faut mettre de l'intelligence dans nos machines. Assez en tout cas, pour qu'elles soient capables de comprendre le texte avant de le traduire. Deux voies restent praticables : décrire l'univers de référence des textes ou interroger les personnes qui entrent le texte dans la machine. Tout l'art consiste à poser les bonnes questions en langue naturelle au rédacteur. Nous suivons cette dernière voie dans notre laboratoire.

Dans un domaine aussi complexe que la linguistique, il y a impossibilité pour une machine de dépasser les performances humaines ».

Boitet, 1989.
Christian Boitet est Directeur scientifique du Groupe d'Etudes pour la Traduction Automatique, le GETA, de Grenoble.

La voie choisie pour Christian Boitet est certainement la moins prometteuse, car toute l'intelligence restera au niveau du rédacteur humain. De plus, un rédacteur ne peut pas être spécialisé dans tous les types de textes, de même que les traducteurs professionnels.

La compréhension automatique des textes avant leur traduction doit passer par les progrès dans le traitement du langage et dans la reconnaissance vocale pour la traduction simultanée. De plus, la description de l'univers de référence des textes doit faire partie intégrante du programme d'intelligence artificielle qui devrait être développé, comme pour la reconnaissance vocale et le traitement du langage, dans un langage fractal. La propriété d'auto-similarité des fractales devrait faciliter la traduction automatique : un texte traduit doit être de même structure fractale que le texte original au niveau de la signification du contenu, en tout cas pour les langues basées sur un alphabet.

En ce qui concerne les langues comme le chinois et le japonais, les idéogrammes font références à des idées exprimées de manière globale et non analytique. Or, une des propriétés des fractales est justement de présenter une structure définie à toutes les échelles à la fois, de l'analytique au global. Il faudrait, pour **traduire des idéogrammes dans des langues alphabétiques**, pouvoir définir **une fractale duale de la fractale originale**, comme dans la théorie des graphes.

Il est intéressant de noter que le siège des langues « alphabétiques » est dans l'hémisphère gauche du cerveau humain et que celui des langues « idéogrammatiques » est dans l'hémisphère droit. Les styles cognitifs des deux hémisphères sont différents : l'hémisphère gauche explique les choses tandis que l'hémisphère droit les comprend. La traduction entre les deux types de langues sera toujours imparfaite à cause de la nature intrinsèque des deux types de pensées qu'elles expriment. Ce problème d'indétermination est également vrai, mais moins prononcé, pour deux langues de type identique de part le dictionnaire des mots, les règles de grammaire et les expressions propres de chaque langue dues à l'héritage culturel.

Voir le chapitre VII.

Les machines parallèles

« Une machine parallèle est construite sur une structure réplicative par adjonction d'unités relativement semblables. C'est un gage de flexibilité. Ce qui est important, ce n'est pas tant de savoir caser cent mille processeurs dans une machine que de pouvoir en intégrer autant que nécessaire pour l'application à réaliser, avec une méthodologie de programmation qui reste toujours la même

La question de la programmation influence davantage le marché que l'apparition des machines. Certaines d'entre elles ont tout simplement disparu parce que les logiciels d'application n'étaient pas prêts ou pas assez au point.

Les machines parallèles ne sont pas spécialisées. Mais, du côté de l'utilisateur final, les besoins en matière de parallélisme s'expriment encore très peu. »

D'après Muntean, 1989.

Les machines parallèles sont basées sur la répartition du travail sur des dizaines de milliers de processeurs. Il faut l'organiser, savoir quoi faire à tel moment, synchroniser l'activité de ces processeurs et leur permettre d'échanger des informations. Cela pose le problème de la topologie à adopter, c'est-à-dire le mode d'interconnexion physique : un réseau qui relierait chaque processeur à tous les autres impliquerait un nombre de liaisons égal au carré du nombre de processeurs. Il ne semble pas nécessaire d'interconnecter tous les processeurs les uns aux autres, mais seulement avec leurs voisins à l'image du réseau neuronal du cerveau. Dans le cas de la machine parallèle appelée « l'hypercube », la topologie est un cube de dimension n, dans lequel logent 2^n processeurs aux « sommets » du cube, chacun étant directement relié à ses n voisins les plus proches, les liaisons correspondant aux « arêtes » du cube. Dans le projet Supernode, l'architecture choisie repose sur une technologie « à étages » : chaque noeud du réseau « primaire » est en fait un « supernoeud » de dix-huit processeurs et plusieurs supernoeuds peuvent être interconnectés, tout comme les noeuds. **IBM a le projet de réaliser un supercalculateur massivement parallèle, TF1, pour 1995.**

Traian Muntean est Directeur de recherche à l'Imag à Grenoble. Il participe, au sein du programme Esprit, au projet Supernode qui a donné naissance à un supercalculateur parallèle commercialisé en France.

A côté de ce problème de topologie, se pose la question cruciale de pouvoir en assurer la programmation : « penser parallèle » n'est pas évident du tout. Les langages de programmation les plus couramment utilisés ont été mis au point pour le séquentiel : le cerveau humain raisonne plus de façon séquentielle que parallèle. La seule solution nous paraît être la mise au point d'un logiciel de programmation parallèle automatique. La programmation dépend évidemment de toute la connectique du réseau parallèle. Dans le cas de l'hypercube, la connectique est de type fractal et dans celui du Supernode, la connectique est de type hiérarchique fractal. L'auto-similarité de la connectique doit se présenter également dans la logique de la programmation. Nous pensons à une logique fractale. Le logiciel d'auto-programmation serait exécuté dans chaque processeur à l'image de la logique des neurones du cerveau où la division des cellules neuronales est suivie de leurs différenciations en fonction d'informations génétiques et environnementales par auto-apprentissage. **Les recherches sur les réseaux neuronaux devraient permettre de définir les concepts de base d'une telle logique fractale.** Les premières réalisations de laboratoire devraient se situer aux alentours de 1995 et des ordinateurs fractals pourraient être commercialisés vers l'an 2010.

Dubois, 1989-1990.

Les machines neuronales

D'après G. Dreyfus, l'intérêt soudain pour les réseaux neuronaux, alors que les premières recherches sont déjà anciennes, provient du sentiment de déception vis-à-vis de l'intelligence artificielle « classique » et du dynamisme des chercheurs américains et européens qui font des annonces prometteuses.

« Les réseaux neuronaux en sont toujours au stade de la recherche ». Les domaines d'application de ces machines sont « essentiellement ceux de la reconnaissance des formes, du traitement du signal et de la commande de processus.(...) La recherche s'oriente notamment vers la reconnaissance vocale. (...) La machine parvient, après une période d'apprentissage, à reconnaître les injonctions de son "maître".

En quelque années seulement, nous sommes parvenus à égaler, et même à dépasser, les performances auxquelles l'intelligence artificielle était parvenue en trente ans de recherche. C'est encourageant. Et les applications tout évidemment nombreuses. Mais, il ne faut pas perdre de vue que les réseaux neuronaux ne sont absolument pas des machines universelles. Ce sont des coprocesseurs destinés à apporter une aide limitée sur un problème précis ».

Les recherches dans le domaine des réseaux neuronaux devraient permettre de comprendre les mécanismes de l'apprentissage, et de **formuler des concepts qui seraient à la base de logiciels fractals qui s'auto-développeraient automatiquement par l'interaction avec l'environnement.**

Une question importante qui se pose ici est de savoir si la machine intelligente du futur sera du type machine parallèle ou machine neuronale. La différence essentielle entre les deux types de machines est lourde de conséquences : on a, d'une part, la machine parallèle universelle pour laquelle la programmation est un casse-tête et, d'autre part, la machine neuronale dédicacée, c'est-à-dire non-universelle, qui ne demande aucune programmation. Quant aux ordinateurs classiques séquentiels de type Von Neumann, ils sont programmables de manière plus aisée, car la logique de programmation séquentielle se rapproche davantage de la logique « apparente » séquentielle du raisonnement conscient humain. La logique du raisonnement inconscient semble irrationnelle du point de vue séquentiel, mais

---

Dreyfus, 1989.
Gérard Dreyfus est Professeur à l'ESPCI, Ecole Supérieure de Physique et de Chimie Industrielle de la ville de Paris, et Directeur du laboratoire d'électronique de cet établissement.

Dubois, 1989-1990.

une logique basée sur le parallélisme pourrait expliquer l'émergence de la créativité. En effet, les phénomènes de coïncidences, les bisociations, qui excluent toute logique de cause à effet, admettent qu'une proposition cohabite avec la proposition contraire.

Par exemple :
- Qui se ressemble, s'assemble.
- Les opposés s'attirent.

4. LA MACHINE FRACTALE

Les programmes informatiques écrits dans des langages artificiels, depuis le langage machine jusqu'aux langages évolués, sont composés d'instructions séquentielles. Celles-ci sont identifiées par des mots réservés, c'est-à-dire des mots dont la signification est univoque, sans ambiguïté, qui suivent une syntaxe stricte, c'est-à-dire une grammaire élémentaire avec des règles sans exception.

Or, l'objectif conscient ou inconscient, des concepteurs des langages de programmation, a toujours été de se rapprocher le plus possible des langues naturelles comme le français, l'anglais, etc. Avec les langues naturelles, toutes les nuances de la pensée peuvent être décrites et stockées sur divers supports (papier, disques magnétiques ou optiques, etc..). La structure des langues naturelles est sans doute isomorphe à la structure du cerveau humain. Ce n'est pas le cas en informatique, où les langages (excepté les langages machines) sont indépendants de la structure des ordinateurs et où, il n'y a donc pas d'isomorphisme. Il n'y a qu'une seule exception, ce sont les ordinateurs à neurones formels qui ne demandent pas de programmation. Mais on peut les simuler par programmation sur des ordinateurs classiques.

Or, on connaît les avantages de performance des langages proches de la machine. Et les seules machines qui commencent à apprendre sont celles à neurones formels.

D'après Dubois, 1989-1990. J'ai présenté mon projet de Machine Fractale lors d'une conférence invitée au « 1st Workshop on the Future of Research in Artificial Intelligence » organisé par l'A.I.S.G., Artificial Intelligence Specialists Group, sous l'égide de l'I.F.I.P., International Federation for Information Processing, à Détroit, U.S.A., le 23 août 1989, dans le cadre de l'I.J.C.A.I. '89, International Joint Conference on Artificial Intelligence (le congrès mondial de l'Intelligence Artificielle, qui a lieu tous les deux ans).

4.1 Le langage fractal

Ce qui manque aux langages informatiques pour qu'une intelligence artificielle puisse en émerger, c'est une structure qui serait à l'image des langues naturelles. La base des langues naturelles est le dictionnaire de mots qui se définissent les uns par les autres. Chaque mot est défini par un ensemble d'autres mots, qui eux-mêmes sont définis par d'autres mots, etc, pour aboutir à tous les mots du dictionnaire, lui-même défini par l'ensemble de tous les mots.

La géométrie fractale présente la même structure où le tout est dans les parties qui sont dans le tout, et où les parties peuvent régénérer le tout de manière plus ou moins fidèle, suivant l'échelle des parties considérées. De plus, un mot n'a pas toujours qu'un sens bien défini, c'est son contexte qui en lève l'ambiguïté : cet aspect sémantique fait l'objet de nombreuses recherches en intelligence artificielle. Enfin, un texte n'a de sens que dans le contexte d'une situation, c'est l'aspect pragmatique, également très étudié. Les aspects sémantiques et pragmatiques sont inhérents à la structure fractale des langues naturelles. Vouloir les traiter séparément conduit à des échecs.

E. Morin propose une approche semblable à la nôtre.

« *La texture sémantique du langage est à sa façon hologrammatique : quand on se réfère au dictionnaire d'une langue, on voit qu'un mot se définit par d'autres mots, qui eux-mêmes se définissent par d'autres mots, et, de proche en proche, la définition de chaque mot implique en elle la plupart des mots de cette langue. Si nous lisons un texte, la formation du sens est un processus dialogique/récursif : les mots les plus usuels ont plusieurs sens virtuels, et la précision du sens d'un mot dans une phrase dépend du sens des mots faisant partie de la même phrase ou du même discours ; le sens de ces différents mots prend forme en fonction du sens global de la phrase ou du discours, lequel prend forme en fonction du sens particulier des différents mots. Ainsi nous comprenons la phrase à partir du sens des mots en même temps que le sens des mots se cristallise à partir de celui qui émerge de la phrase.*

Ajoutons que nous faisons appel au contexte pour éclairer le sens du texte, ce qui fait que toute lecture, et surtout toute lecture d'un texte difficile ou d'une langue étrangère, se fait à partir d'une dialogique récursive

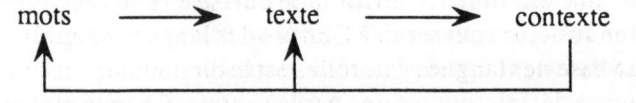

mots ⟶ texte ⟶ contexte

jusqu'au surgissement définitif du sens.

Cet exemple, concernant la sphère spirituelle émergeant de l'activité cérébrale, renvoie indirectement à celle-ci. Nous pouvons maintenant supposer que l'organisation hyper-complexe de l'esprit/cerveau est inséparable du complexe trinitaire.

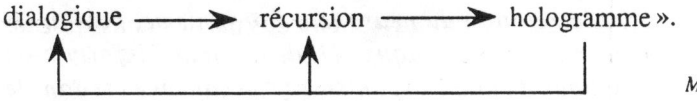

dialogique ⟶ récursion ⟶ hologramme ».

Morin, 1986, p. 105.

Il semble que la géométrie fractale est plus judicieuse que l'approche hologrammatique. La construction d'une géométrie fractale se fait par un processus récursif et dialogique de facto (voir figures VI-4a et 4b), tandis que la physique des hologrammes joue sur un aspect ondulatoire de la représentation des objets par le rayonnement *laser*.

Ce qui a séduit E. Morin, ce sont les propriétés des hologrammes et non la physique de leur réalisation, à savoir :

« *a) Les parties peuvent être singulières ou originales tout en disposant des caractères généraux et génériques de l'organisation du tout;*

b) les parties peuvent être douées d'autonomie relative;

c) elles peuvent établir des communications entre elles et effectuer des échanges organisateurs;

d) elles peuvent être éventuellement capables de régénérer le tout.

Dans l'univers vivant, le principe hologrammatique est le principe clé des organisations polycellulaires, végétales et animales; chaque cellule y contient l'engramme génétique de tout l'être; chaque cellule demeure singulière, justement parce que, contrôlée par l'organisation du tout (elle-même produite par les interactions entre cellules), une petite partie de l'information génétique qu'elle contient s'y exprime; mais elle demeure en même temps porteuse des virtualités du tout, qui pourrait éventuellement s'actualiser à partir de ces virtualités; ainsi il serait possible de reproduire par clonage l'être tout entier à partir d'une cellule même extrêmement spécialisée ou périphérique de l'organisme.

> *C'est en fonction de cette aptitude que les êtres polycellulaires produisent des cellules singulières spécifiquement vouées à reproduire le tout : les germes, graines, et, merveille hologrammatique, l'oeuf, à partir duquel se forme l'être tout entier. La poule contient l'oeuf qui contient la poule.*
>
> *En ce qui concerne le cerveau, on peut déjà remarquer que le principe hologrammatique se trouve présent dans la relation du neurone à l'organisme, puisqu'un neurone, comme chaque cellule, détient l'information génétique de tout l'organisme : l'organisme est dans le neurone qui est dans l'organisme.*
>
> *Il n'en va pas de même pour la relation cerveau/neurone, où l'idée stricto sensu d'hologramme semble ne pas convenir; on peut toutefois, comme avait fait Lettwin, constatant qu'un même neurone peut accomplir simultanément des opérations différentes ayant trait chacune à des circuits différents, reconnaître l'inadéquation de tout modèle linéaire et évoquer l'idée leibnizienne de « monade », unité première qui, d'une certaine façon, contient le tout qui la contient.*
>
> *C'est surtout pour essayer de comprendre la représentation, l'inscription en mémoire et la remémoration que l'on peut, à la suite de Pribram, faire appel au principe hologrammatique.* »

Morin, 1986, pp. 102 - 103.

Pour E. Morin lui-même, l'idée *stricto sensu* d'hologramme semble ne pas convenir. L'approche par la géométrie fractale fournit les mêmes propriétés sans l'inconvénient de passer par une représentation de la réalité par des interférences lumineuses, plutôt que de garder une vraie géométrie isomorphe à la réalité tridimensionnelle.

Comme la pensée de l'intelligence naturelle peut être communiquée par des langues naturelles mémorisées sur des supports physiques autres que le cerveau, un langage d'intelligence artificielle à leur image devrait être réalisable pour programmer un cerveau artificiel. Ce langage, c'est le langage fractal, et ce cerveau artificiel, c'est une machine fractale. Les machines parallèles présentent déjà des caractéristiques de la géométrie fractale par la réplication de leurs processeurs.

Quelles seraient les **caractéristiques de ce langage** fractal ?

Le langage fractal devrait rendre possible une auto-programmation à partir d'un noyau pré-programmé par l'homme. Ce noyau devrait être capable au moins d'apprendre et d'auto-apprendre, pour s'auto-développer en fonction des interactions avec l'environnement et l'homme en particulier. L'auto-développement du programme se ferait par multiplication du noyau de base et différenciation des répliques en fonction des connaissances accumulées. Les connaissances seraient de deux types : un modèle de la réalité construite et un modèle de la structure du programme. Le modèle de la réalité se réaliserait par une boucle de programmation dialogique récursive entre la machine et son environnement, tandis que le modèle du système lui-même, la machine et son programme, serait automatiquement et implicitement réalisés par leur structure fractale. La différenciation des répliques serait à l'image des connaissances accumulées. **Le schéma de la base de connaissances aurait ainsi une structure obéissant aux propriétés fractales** (hologrammatique, dialogique, récursive) :

1. les sous-schémas de la base de connaissances peuvent être singuliers ou originaux tout en disposant des caractères génériques de l'organisation de toute la base de connaissances;
2. ils peuvent être doués d'autonomie relative;
3. ils peuvent établir des communications entre eux et effectuer des échanges organisateurs;
4. ils peuvent être capables de régénérer des parties perdues ou erronées.

Une image de l'auto-développement d'un programme fractal est donné aux figures VI-4a et 4b, à partir de principes simples, pour la construction d'une figure géométrique fractale. Les figures VI-5a et 6b montrent la structure fractale de la résolution du problème des Tours de Hanoï.

4.2 Croissance fractale par auto-réplication

La fractale F[1,0] de première génération est un triangle dont la géométrie est structurée à partir de trois triangles identiques F[0,0] (fractale de génération zéro). *Voir la figure VI-4a.*

La fractale F[2,0] de 2ème génération est générée par l'addition de deux répliques de la fractale F[1,0]

F [0,0]

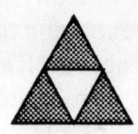

F [1,0]

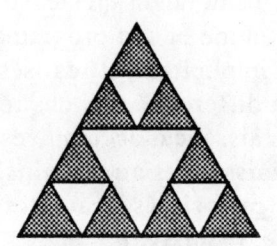

F [2,0]

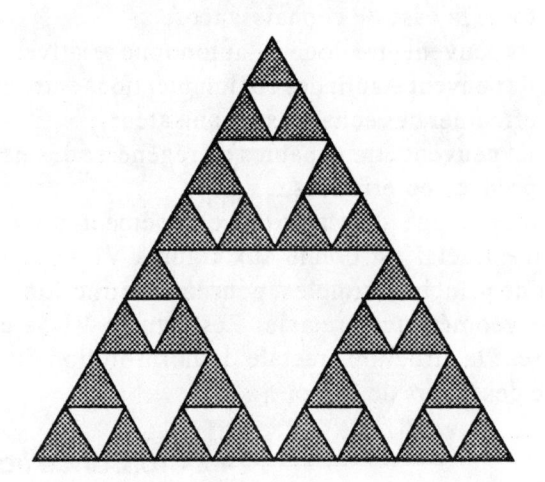

F [3,0]

Figure VI-4a
*Croissance fractale par auto-réplication.
La fractale est identifiée par la fonction F[n, m] où l'indice n
représente le numéro de génération de la fractale.*

F [1,0]

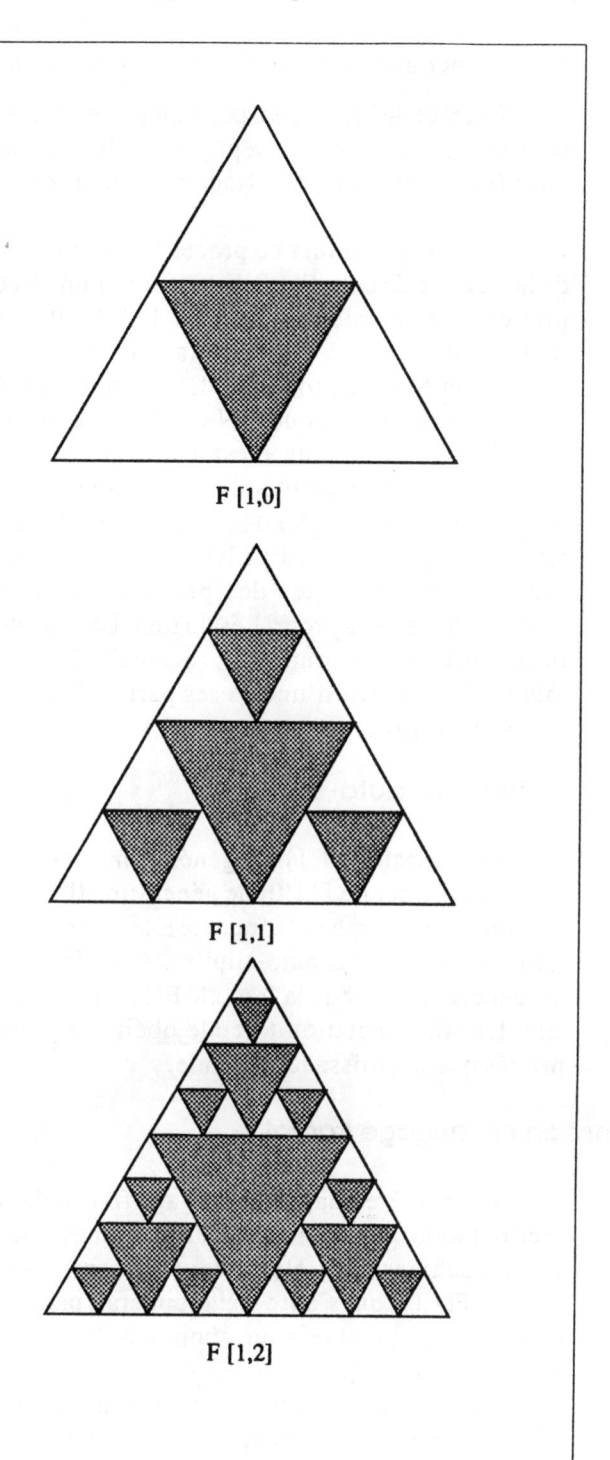

F [1,1]

F [1,2]

Figure VI-4b
*Différenciation fractale par auto-similarité.
L'indice m de F[n, m] indique le degré de la différenciation.*

pour former une nouvelle fractale isomorphe à F[1,0].

La fractale F[3,0] de troisième génération est générée par l'addition de deux répliques de la fractale F[2,0] pour former une nouvelle fractale isomorphe à F[2,0].

On peut continuer ce processus de multiplication de la fractale de base F[1,0] pour former une fractale de plus en plus complexe : une fractale F[N,0] de génération N est formée à partir de la fractale F[N-1,0] de génération N-1. Le processus de génération est à la fois récursif, c'est-à-dire que F[N+1,0] est générée à partir de F[N,0], et dialogique, c'est-à-dire que la complexité globale d'une fractale F[N,0] est expliquée par la place occupée par les complexités parcellaires de sous-fractales F[1,0], ..., F[N-1,0] : les propriétés du tout sont formées des propriétés des parties, qui contiennent potentiellement les propriétés du tout. La fractale N a les propriétés des hologrammes : reconstitution de la fractale F[N,0] à partir d'une de ses parties F[1,0], F[2,0], ... ou F[N-1,0].

4.3 Différenciation fractale par auto-similarité

Voir la Figure VI-4b.

La fractale F[1,1] de génération 1 est générée à partir de la fractale F[1,0] de génération 0. La différenciation est isomorphe à la fractale elle-même, ce qui conduit à la propriété d'auto-similarité. La fractale F[1,2] est générée à partir de la fractale F[1,1] par auto-similarité. La différenciation fractale obéit aux mêmes propriétés que la croissance fractale.

4.4 Auto-programmation en langage fractal

De manière imagée, le langage fractal devrait permettre l'auto-programmation de machines fractales, de types machines parallèles, à partir d'un pré-programme de base F[1,0], qui s'auto-développerait par auto-réplication multiplicative pour aboutir à des programmes F[N,0], F[N+1,0], etc de plus en plus nombreux se répartissant sur les différents processeurs des machines fractales. Par apprentissage et auto-apprentissage, le programme fractal accumulerait des connaissances de plus en plus précises qui seraient stockées dans la machine fractale par différenciation F[N,M], F[N,M+1], etc. Le schéma de la base de connaissances est fractal en ce sens qu'il est définit par l'ensemble de ses sous-schémas fractals, eux-mêmes définis par le schéma global : la signification des connaissances se développe à partir de la signification des connaissances dans les sous-schémas, en fonction de leur signification dans le schéma par une boucle dialogique récursive. Une propriété importante de ces bases de connaissances fractales est que la mémoire serait hologrammatique qui permettrait une auto-génération d'éléments perdus ou erronés. Enfin, le piratage d'un sous-schéma de la base de connaissances ne permettrait pas de les utiliser, car leur signification dépendrait de la possession de l'ensemble des sous-schémas.

4.5 Graphes fractals des Tours de Hanoï

Les Tours de Hanoï furent proposées par le grand spécialiste français des mathématiques amusantes, Edouard Lucas en 1883. Le jeu consiste, dans l'exemple donné par le dessin, à transférer les 3 disques numérotés 1, 2 et 3 de la première aiguille vers la deuxième aiguille, en n'en déplaçant qu'un à la fois, et en ne posant jamais un disque sur un plus petit. Il y a, dans ce cas-ci, sept étapes codées par trois chiffres.

D'après Stewart, 1989.

Voir la figure VI-5a.

La deuxième position est codée par la séquence 211, chaque chiffre indiquant l'aiguille portant ce disque : l'aiguille 2 porte le disque 2, l'aiguille 1 porte le disque 2 et l'aiguille 1 porte le disque 3.

Avec trois disques, le jeu s'appelle les Tours de Hanoï de degré 3 : Hanoï-3; avec n disques, on a les Tours de Hanoï de degré n, notées Hanoï-n. On peut représenter l'ensemble de toutes les positions des disques sur les trois aiguilles par un graphe dont chaque noeud est identifié par le codage. Dans ce graphe, les liaisons entre les noeuds indiquent les déplacements permis entre deux positions successives. Ian Stewart a trouvé récemment que ce graphe a une structure qui ressemble de plus en plus à un napperon de Sierpinski si l'on augmente sans cesse le nombre de disques, ce napperon ayant une géométrie fractale semblable à la fractale F[1,N] où N serait grand.

Voir la figure VI-5b.

Stewart, 1989.

Voir la figure VI-4b.

Le graphe des positions des Tours de Hanoï à trois disques, Hanoï-3, est représenté par un ensemble de billes numérotées par le codage des positions des trois

Figure VI-5a
Les Tours de Hanoï-3 :
ce jeu-ci consiste à transférer les disques 1, 2 et 3 de l'aiguille 1 vers l'aiguille 2 en n'en déplaçant qu'un à la fois, et en ne posant jamais un disque sur un plus petit.

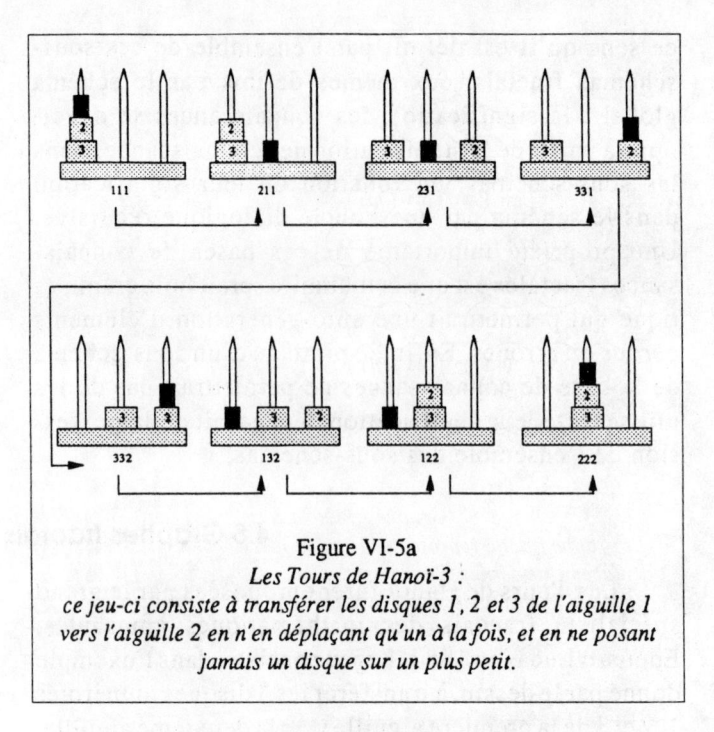

disques sur les trois aiguilles : deux billes en contact direct indiquent un déplacement permis d'un disque.

La structure de la Hanoï-3 est fractale et est isomorphe à la structure de la fractale F[2,0] de la figure VI-4a, tandis que la Hanoï-5 a une structure fractale isomorphe à celle de la F[3,0].

La résolution du problème de la figure VI-5a, qui consiste à trouver les déplacements des disques sur les trois aiguilles, se présente comme étant la recherche d'un chemin dans la fractale de la Hanoï-3 en joignant la bille de départ notée 111 à la bille d'arrivée 222 en passant de billes en billes par leurs contacts. La solution visuelle est immédiate : le chemin le plus court est 111, 211, 231, 331, 332, 132, 122, 222. Comme le dit Ian Stewart : « *En somme, les problèmes de ce type ne sont que des labyrinthes déguisés, tout comme un labyrinthe n'est qu'un graphe représenté d'une certaine manière* ».

Stewart, 1989, p. 103.

Les propriétés des fractales, comme la récursivité, se retrouvent dans les graphes des Hanoï-n.

La solution d'une Hanoï-(n+1) se détermine par celle d'une Hanoï-n. Le graphe d'une Hanoï-n devient un sous-graphe de la Hanoï-(n+1) dont elle est issue.

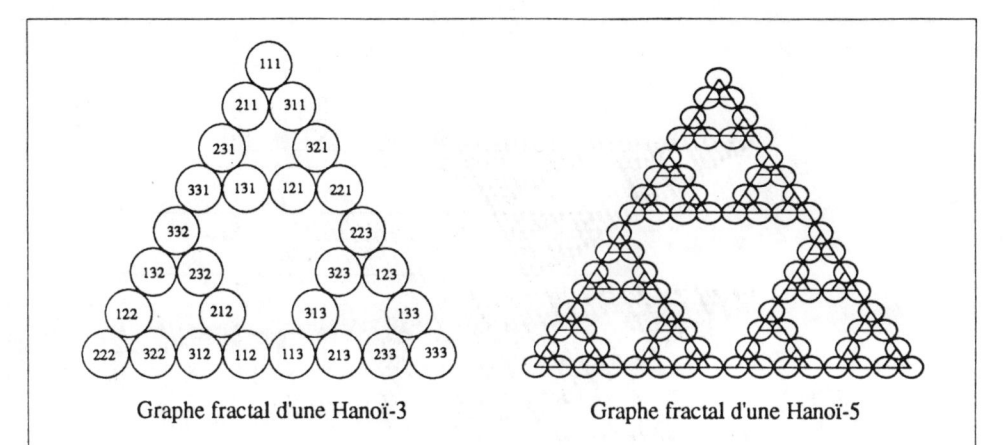

Figure VI-5b
*Graphes fractals des Tours de Hanoï-3 et Hanoï-5.
Le graphe fractal représente les positions des trois ou cinq disques sur les trois aiguilles et les déplacements permis. Pour passer d'une configuration initiale à une configuration finale, il faut trouver le chemin le plus court dans ces labyrinthes fractals. Par leur propriété fractale, ces labyrinthes contiennent des sous-labyrinthes auto-similaires.
La Hanoï-3 est semblable à la fractale F[2,0] et la Hanoï-5,
à la fractale F[3,0] de la figure VI-4a.*

Cet exemple est encourageant pour le développement d'un langage fractal qui permettrait de construire des bases de connaissances fractales en intelligence artificielle.

4.6 L'ordinateur de septième génération

La figure Vi-6 montre la simulation du processeur d'une machine fractale qui contient un niveau d'entrée (0) et 16 niveaux de traitement (le seizième étant le niveau de sortie). Chaque niveau contient 32x32=1024 neurones fractals obéissant à la règle R3 (OU exclusif) généralisée à trois dimensions.

En donnant, en entrée, la figure de Sierpinski, avec 32 couches de neurones, générée par la même règle R3, cette machine donne la même figure en réduction avec 16 couches de neurones. On peut remarquer que chaque niveau réduit la dimension de la figure d'une couche de neurones et que le dessin est complètement différent d'une figure à l'autre pour réapparaître identique à celle d'entrée, mais en réduction. C'est bien une propriété du cerveau humain de reconnaître les objets quelque soit leur échelle.

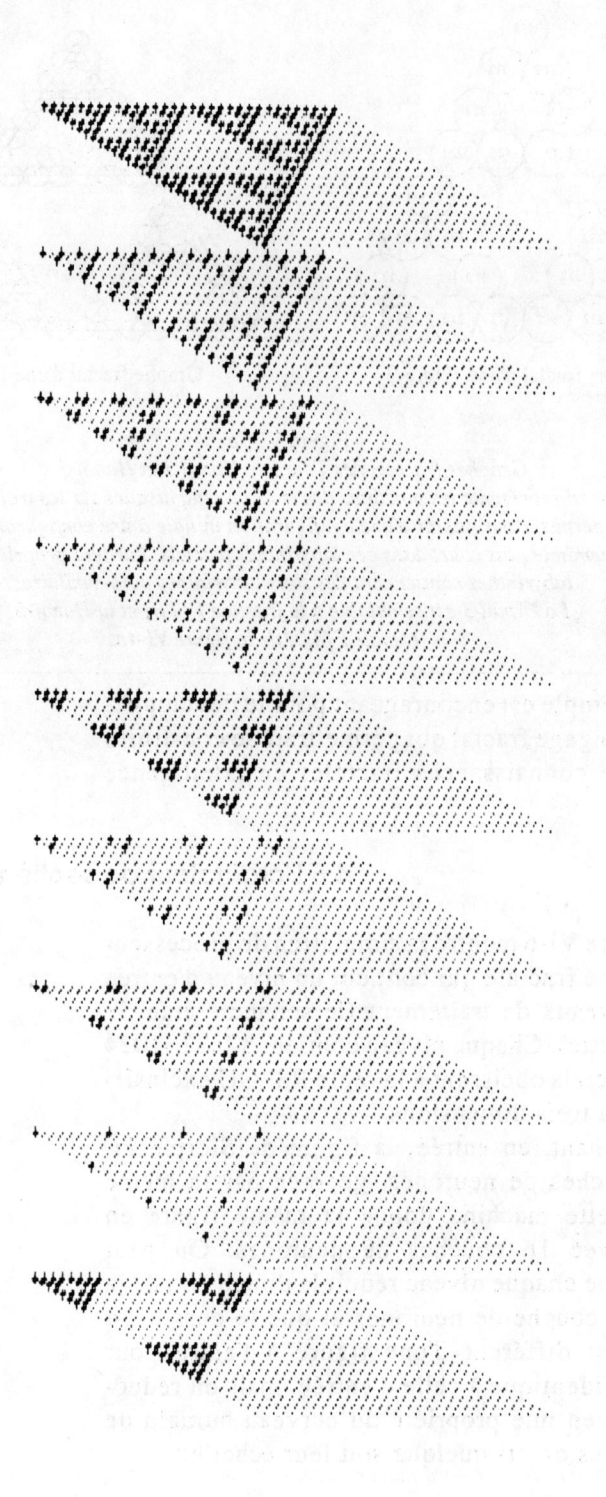

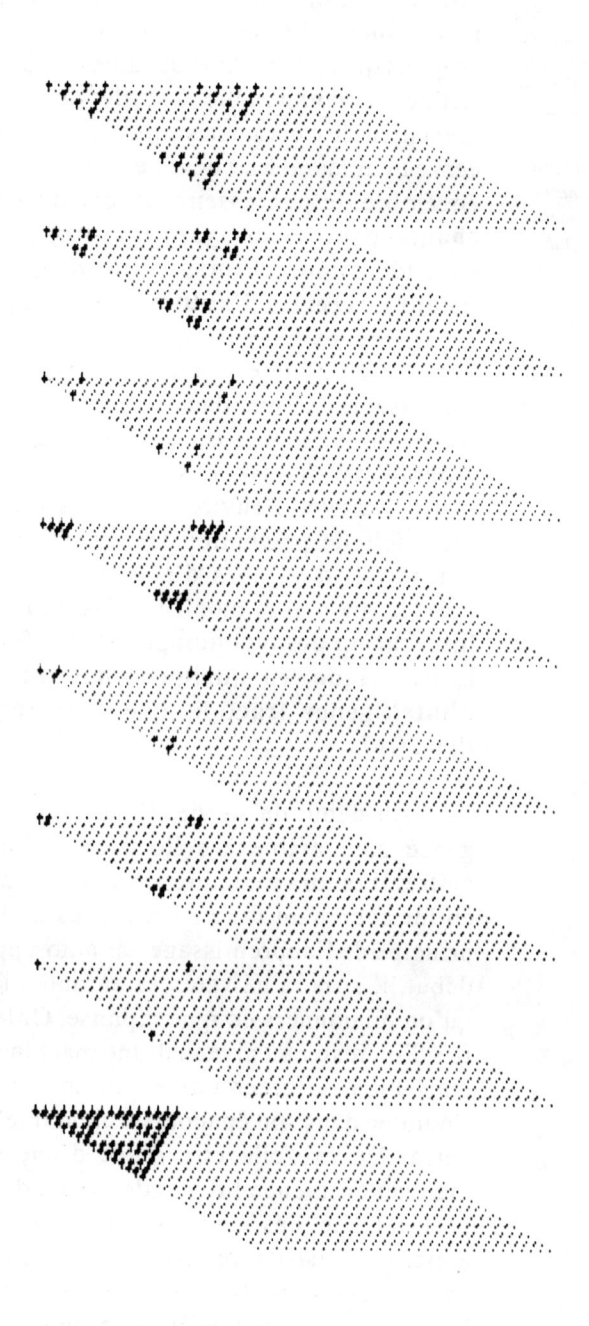

Figure VI-6
Simulation sur micro-ordinateur du processeur central d'une machine fractale

Data News, 1995, année des SE neuronaux, article sur la conférence de D. Dubois, lors du séminaire sur l'I.A.O., l'Intelligence Assistée par Ordinateur, A.I.Lg., Liège, 8 décembre 1989, n° 2, 1990, p. 3.

Intermédiaire, **Intelligence Artificielle : Ordinateurs neuronaux, mémoire fractale**, interview de D. Dubois, n° 37, 1989, pp. 3-6.

Tendances, 2017 : Année de l'androïde !, compte rendu du séminaire sur l'I.A.O., 4 janvier 1990, pp. 30-31.

Sans vouloir jouer au voyant extra-lucide, nous voudrions imaginer ce que sera la véritable machine intelligente, l'ordinateur de la septième génération. En faisant une synthèse de ce que nous avons appris, nous croyons qu'une machine capable de développer une intelligence comparable à celle de l'homme devrait présenter des caractéristiques analogues à celles du cerveau humain. Elle devra être constituée d'un **grand ensemble de processeurs interconnectés entre eux, chaque processeur ayant un programme fractal de base identique à l'image du code génétique et contenant des règles d'auto-apprentissage**. La structure d'interconnexions des processeurs devra présenter une géométrie fractale : emboîtement d'ensembles de processeurs les uns dans les autres. La gestion de la connectique sera assurée par la coopération des programmes fractals des processeurs. Cette structure interagira avec l'environnement à l'aide de capteurs artificiels de perception tels que la vue, l'ouïe et le toucher, et d'organes d'action artificiels tels que la voix, la main et la mobilité. **Cette machine sera une intégration des technologies de l'informatique et de la robotique, en quelque sorte un androïde doté d'intelligence fractale,** que nous entrevoyons pour l'an 2017.

Au début de sa vie, l'androïde aura une intelligence comparable à celle d'un enfant qui vient de naître. Il faudra l'éduquer comme on éduque un enfant en lui apprenant toutes les choses de la vie : c'est le principe de l'apprentissage par auto-apprentissage. Au début, il aura la naïveté des enfants : il croira tout ce qu'on lui donnera comme réponse. Or le but final n'est pas d'en rester au niveau d'une machine irresponsable, mais bien de créer une machine géniale qui aidera l'homme dans son épanouissement intellectuel et vice-versa. Devra-t-elle être dotée d'une conscience, ou bien la conscience lui viendra-t-elle d'elle-même ? Se posera-t-elle des questions philosophiques sur son existence ? Est-il utopique de penser que, si l'évolution des espèces a abouti à l'émergence du cerveau humain, l'homme, avec son intelligence consciente, devrait être capable de créer une nouvelle espèce, artificielle cette fois, dotée d'intelligence et peut-être de conscience ?

CHAPITRE VII

LES QUESTIONS DE LA CONSCIENCE DE L'INTELLIGENCE

1. LA SORTIE DU LABYRINTHE DE L'INTELLIGENCE

La conscience est cette faculté qu'a l'homme de connaître sa propre réalité et d'y appliquer son attention.

Classiquement, d'une part on définit la conscience psychologique qui est la connaissance immédiate de sa propre activité psychique, de soi et du moi. Avoir conscience, c'est en quelque sorte sentir qu'on sent. D'autre part, il y a la conscience morale qui est la faculté de porter des jugements de valeur morale sur ses actes.

La conscience se comporte comme un organe des sens, même si cet organe n'est pas matériel, éprouvant l'intelligence de manière spéculaire. En effet, le sens est cette faculté d'éprouver les impressions que font les objets matériels. Le sens interne, intime, définit la conscience psychologique, et le sens moral conduit à la conscience morale.

Le sens se définit également comme étant une idée ou un ensemble d'idées intelligibles que représentent des symboles ou des signes. Le support d'un sens, appelé le *signifiant*, est la manifestation matérielle de symboles ou de signes, comme par exemple une suite de phonèmes, de lettres ou de caractères d'un texte. Le *signifié* est le contenu des symboles ou des signes, ce qu'ils signifient. Il dépend du contexte quand il s'agit d'un symbole; la signification d'un signe est bien déterminée puisqu'elle a été définie de manière explicite. Par exemple, la balance est le symbole de la justice, tandis que les panneaux routiers sont des signes que l'on ne peut interpréter qu'en référence au code de la route. La *signification* est le sens d'un symbole ou d'un signe. Elle est le rapport réciproque qui unit le signifiant et le signifié.

Le labyrinthe de l'intelligence

Les consciences psychologique et morale sont en relation directe avec la psychologie introspective, subjective, et avec la psychologie objective de réaction et du comportement.

Mais la conscience n'est que la partie visible de l'iceberg de la psychologie. On sait par la psychanalyse, que l'inconscient joue un rôle essentiel dans le comportement des êtres vivants. L'inconscient est ce qui échappe entièrement à la conscience, même quand le sujet cherche à le percevoir. Le cerveau peut mémoriser des symboles ou des signes sans en avoir conscience quand leur durée de perception sur la rétine est très courte. C'est ce qu'on appelle la _perception subliminaire ou subliminale_.

Lorsqu'on apprend à skier, on fait attention à tous les mouvements qu'on exécute; par la pratique, les mouvements deviennent automatiques et inconscients. Il est assez amusant de remarquer que si on y refixe trop fortement son attention, on risque de tomber !

La couche supérieure de l'inconscient, c'est le subconscient qui intervient comme élément des processus mentaux actifs. Entre la conscience et le subconscient, il y a continuellement des échanges d'informations. D'une part, toute l'information, que l'on mémorise de manière consciente lors d'un apprentissage, finit par passer dans l'inconscient et le comportement se référant à cet apprentissage devient automatique, instinctif et machinal. D'autre part, l'inconscient travaille pour nous en silence. N'avez-vous jamais fait l'expérience d'essayer de vous rappeler le nom d'une personne sans y parvenir ? Quelques jours après, le subconscient vous présente ce nom sur le plateau d'argent de votre conscience. Il en va de même pour tout ce qui est de la créativité. L'inconscient, siège de la créativité silencieuse et mystérieuse, propose à votre conscience la solution du problème qui vous tracassait. L'inconscient recherche dans la mémoire et l'environnement les éléments qui aboutissent à la construction de cette solution; celle-ci correspond souvent à une idée intuitive que notre cerveau ne peut comprendre de manière déductive de type logico-mathématique. N'a-t-on pas vu des mathématiciens donner une fausse démonstration pour un théorème correct suggéré par leur inconscient ? Une bonne démonstration en a seulement été trouvée après.

1.1 L'apparition du septième sens : la conscience

Les anthropologistes modernes considèrent toutes les races humaines comme des variantes d'une espèce unique, l'*Homo sapiens*. De l'homme le plus ancien à l'homme moderne, une série de transformations anatomiques se sont manifestées dont les caractéristiques sont l'architecture crânienne et la denture. L'homme apparaît comme un être primitif à caractère généralisé : il a progressé sans changer fondamentalement de structure, car il a été dès l'origine capable d'inventer, de fabriquer et d'utiliser des outils artificiels, même si le développement de ses capacités a été extrêmement lent au début. Le phénomène de l'hominisation s'est caractérisé par de faibles changements somatiques et par de profondes transformations psychiques. Les premiers hommes différaient entre eux non pas par leur structure anatomique, mais par leurs activités et leur industrie. L'*Homo sapiens* était chasseur, pêcheur et pratiquait le culte des morts. Cette pratique du culte des morts chez nos ancêtres impliquait l'émergence dans leur cerveau d'une certaine prise de conscience, sans laquelle ils ne se seraient pas posé des questions de type philosophique : « Qu'y a-t-il après la mort ? » est sans doute une des premières questions que l'ancêtre de l'homme a dû se poser. L'évolution humaine offre bien les caractères de l'évolution en général : en effet, on y retrouve les mêmes règles telles la loi de Cope, la loi de l'irréversibilité et la loi des relais.

La station droite de l'homme a eu pour conséquence première la libération de la main. Le perfectionnement du fonctionnement de la main a probablement influencé l'évolution du cerveau, dont la structure a été longue à se réaliser.

Avec l'hominisation, il y a franchissement d'un seuil qui consiste en un saut psychique qui semble lié anatomiquement à l'accroissement du volume du cerveau et de sa complexité structurale. Si le cortex d'un singe anthropomorphe compte environ trois milliards de cellules provenant de trente et une divisions cellulaires, le cortex du cerveau humain comprend environ dix milliards de cellules provenant de trente-trois divisions successives.

L'hominisation se caractérise par l'apparition de la conscience qui a pris sans doute plusieurs millions d'années pour se développer, mais le mécanisme de cette novation psychique nous est encore inconnu.

En considérant une dimension fractale du cerveau de 2,6 (la dimension du cerveau est comprise entre une surface et un volume), j'ai calculé que le nombre de neurones excités donnant des figures fractales est de l'ordre de ± 5 %. Il n'y aurait donc que 5 pourcents des neurones du cerveau humain qui seraient à l'origine de l'intelligence ? En considérant 10 milliards de neurones, il y en aurait 500 millions d'excités à la fois, les 9,5 autres milliards n'étant là que comme support passif des informations.
On peut faire deux remarques. D'une part, expérimentalement, on a observé que seulement quelques pourcents des neurones sont actifs.
D'autre part, les neurones passifs seraient-ils le siège de l'inconscience, cette partie cachée de l'iceberg du cerveau humain dont la partie visible, siège de la conscience, ne représenterait que 5 % ?

De par sa conscience, l'homme occupe une place de choix parmi les autres espèces : il devient responsable de l'orientation et du devenir de son évolution ultérieure. Le futur de l'humanité sera ce que l'homme conscient pourra en faire. Mais, l'homme utilise la plupart du temps son intelligence ou plutôt ses intelligences, sans conscience, par automatisme. Les outils que les hommes ont fabriqués et fabriquent aujourd'hui sont en fait le prolongement de leurs mains, et par là, le prolongement de leurs cerveaux naturels. La plus grande révolution intellectuelle du 20ème siècle est sans doute la fabrication par l'homme de l'outil le plus fabuleux de toute l'histoire de l'évolution : le cerveau électronique. L'ordinateur, ce cerveau artificiel, aide l'homme dans ses tâches intellectuelles, mais sans conscience. Le prochain saut dans l'évolution humaine consistera en l'apparition de robots dotés d'intelligence artificielle de plus en plus perfectionnés qui vont inéluctablement conduire l'humanité vers une ère nouvelle.

Les neurones fonctionnent en parallèle, chaque neurone ou, même, les sous-ensembles de neurones évoluent dans le temps sans « connaître » les phénomènes de cause à effet qui sont déterminés au niveau global des ensembles. Les interactions neuronales se réalisent de manière simultanée à chaque moment donné. Ils réagissent les uns par rapport aux autres et évoluent comme si le phénomène était atemporel. Les causes et les effets ne se succèdent plus de manière séquentielle mais parallèle et, de par ce fait même, les causes et les effets ne peuvent plus être identifiés, car chaque cause a un effet, et chaque effet entraîne une cause. Les causes et les effets agissent simultanément en évoluant parallèlement dans le temps.

Les ordinateurs classiques, dits de Von Neumann, sont capables de simuler les phénomènes de cause à effet, de rétroaction et d'antéroaction. En théorie, il faut des ordinateurs parallèles non Von Neumannien, pour simuler des ensembles d'entités interagissant simultanément entre elles. Mais si on simule par exemple des interactions simultanées entre neurones, il est possible de le faire sur un ordinateur classique, étant donné qu'il y a un temps non nul pour qu'un neurone réagisse dès que ses dendrites ont été excitées par les axones via les synapses.

La structure du cerveau (le cortex, par **exemple**) permet la division du travail. Le cerveau peut ainsi fonctionner en même temps sur plusieurs échelles de représentation reconstruite, voire « inventée » de la réalité. Tous les neurones fonctionnent quasi-simultanément et comportent les informations à des échelles de représentations différentes : de l'analytique au global.

Watzlawick, 1984.

Par exemple, en regardant un paysage, nous voyons ce paysage aussi bien au niveau des détails qu'au niveau de l'impression d'ensemble en passant par tous les niveaux intermédiaires. Cela permet au cerveau d'identifier intuitivement ou consciemment les objets ou mouvements qui sont nécessaires pour le comportement.

Un autre exemple, une question posée récemment par un ami. « *En parcourant mon journal, je le feuillette en regardant les titres principaux à la recherche de sujets qui m'intéressent particulièrement. De temps en temps, en le refermant, un mot particulier émerge brusquement et je suis surpris de constater que ce mot provient d'une rubrique qui n'avait pas attiré mon attention, car loin de mes préoccupations habituelles, le mot lui-même n'y faisant pas référence. J'ai alors lu l'article, qui m'a beaucoup intéressé et m'a ouvert des horizons nouveaux* ».

En conduisant une voiture, nous sélectionnons automatiquement les éléments nécessaires à la bonne conduite de l'automobile. Par un procédé de filtrage, le cerveau repère les éléments utiles : la route, les panneaux indicateurs et le mouvement des autres véhicules. L'oeil est plus attiré par les objets en mouvement que par les objets statiques. Cela ne veut pas dire que nous ne voyons pas les objets statiques en regardant la route. Le paysage défile devant nous et nous sommes alors attirés, de façon inconsciente, par les variations les plus fortes, paysage et/ou circulation.

Si une voiture surgit soudainement au sommet d'une côte, le cerveau accentue quasi-instantanément son attention sur cette voiture qui risque de percuter la nôtre et nous agissons en freinant et en nous rabattant au maximum sur la droite afin d'éviter une collision frontale.

Nous en donnons l'explication suivante.

Par sa structure fractale, le cerveau « voit » chaque page du journal aussi bien au niveau des mots que des phrases et des titres. Si, consciemment, on est attentif aux titres, de façon inconsciente, le cerveau repère des informations en fonction de notre intelligence sans conscience, qui est tout aussi attentive aux informations. L'intelligence inconsciente fonctionne sans doute beaucoup plus que celle qui est consciente. L'inconscient transmet au niveau conscient le résultat de son analyse dont nous n'avons pas conscience. La conscience travaille au niveau supérieur du cerveau. Il n'empêche qu'une image vue par l'oeil pendant un laps de temps très court soit mémorisée de manière non consciente et s'inscrive dans notre banque de connaissances cérébrale. Ce n'est que si l'image est proposée pour un laps de temps suffisant que la mémorisation se fait de manière consciente. La mémorisation sans conscience est appelée subliminaire.

1.2 Les deux styles cognitifs du cerveau humain

Springer et Deutsch, 1985.

S. P. Springer et G. Deutsch considèrent que les deux hémisphères du cerveau ont chacun leur propre style cognitif. Ils correspondent à des processus séparés des deux hémisphères cérébraux.

Les sept couches du modèle de base peuvent être décomposées en deux parties correspondant aux deux hémisphères du cerveau représentés schématiquement à la figure VII-1.

Dubois, 1987b.

Chez certains épileptiques graves, on pratique une intervention chirurgicale consistant à sectionner le corps calleux, c'est-à-dire les fibres nerveuses unissant l'un à l'autre les deux hémisphères du cerveau. L'effet de cette section du corps calleux est de supprimer toute communication entre les deux hémisphères. Cela permet de mieux connaître les fonctions de chacun d'eux. Les personnes ayant subi ce « split-brain » ont un comportement apparemment normal, même après plusieurs années.

Sperry, 1970.

A l'aide du dispositif expérimental mis au point par un chercheur américain, Michael Gazzaniga, on montre à une personne ayant subi cette intervention chirurgicale, une photo représentant un visage dont la moitié est un demi-visage de femme et l'autre moitié, un demi-visage d'homme. On lui présente ensuite les photos des visages complets de la femme et de l'homme. On lui demande de dire laquelle des deux photos il a vue : il répond « La photo de la femme ». On lui demande alors de montrer avec le doigt la photo qu'il a vue : il pointe son doigt sur la photo de l'homme !

Springer et Deutsch, 1985.

On a même vu un « split brain » chercher à battre sa femme d'une main et à la protéger de l'autre. Toujours avec le dispositif expérimental de Gazzaniga, on a montré le mot « cheval » à l'hémisphère droit d'un « split-brain ». A la question : « *Qu'avez-vous vu ?* », il a répondu : « *Je n'ai rien vu* ». Mais quand on lui a demandé de dessiner le « mot », il a tracé les contours de l'animal avec précision tout en affirmant : « *C'est absurde, puisque je n'ai rien vu !* ».

D'après Christen et Bloom, 1988.

L'hémisphère gauche sait comment manipuler des symboles, mais ne sait pas pourquoi. Pour trier des

Les questions de la conscience de l'intelligence

	Côté droit (hémisphère gauche)	Côté gauche (hémisphère droit)
7	Interactions objectives avec l'environnement	Interactions subjectives avec l'environnement
6	Traduction et explication rationnelle et dirigée	Traduction et compréhension intuitive et libre
5	Apprentissage par vérification	Apprentissage par imagination
4	Moteur d'exploitation temporel	Moteur d'exploitation spatial
3	Connexions séquentielles réelles	Connexions parallèles réelles
2	Connexions logiques potentielles	Connexions analogiques potentielles
1	Symboles analytiques abstraits	Symboles globaux concrets

ENVIRONNEMENT

Interactions

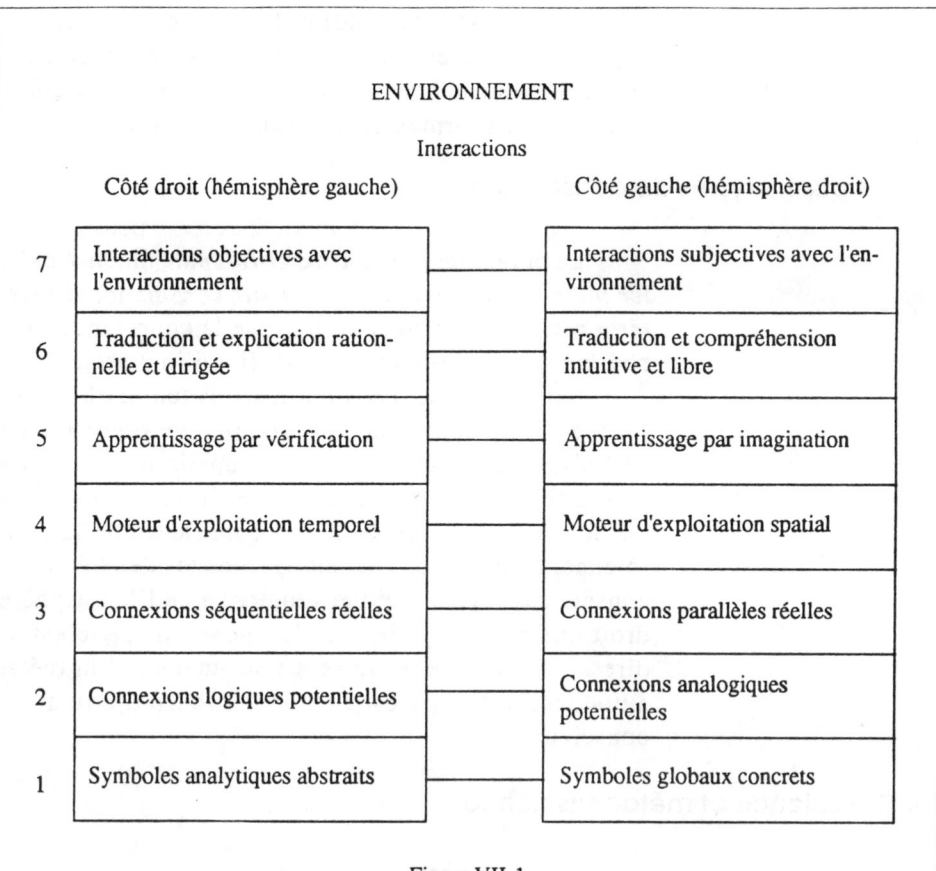

Figure VII-1
Les sept couches du modèle de Dubois et Godart (1987a) sont décomposées en deux parties en interactions correspondant aux deux hémisphères du cerveau humain (Dubois, 1987b).

objets, l'hémisphère gauche considère des critères basés sur le calcul, tandis que le droit considère des critères globaux tels que la forme des objets. Ces résultats montrent les propriétés complémentaires des deux hémisphères du cerveau. Il semble important de tenir compte de ces processus symboliques de l'intelligence naturelle des êtres humains en intelligence artificielle.

Contrairement à l'idée classique que le siège de la conscience est dans l'hémisphère gauche du cerveau, nous pensons que chaque hémisphère du cerveau a sa propre conscience, mais avec des propriétés différentes. D'ailleurs, Robert Sperry, prix Nobel, affirme que nous n'avons pas une conscience, mais au moins deux : « Il y a deux libre arbitres sous un même crâne ». L'hémi-

Schoffeniels, 1976.

Cité par Christen et Bloom, 1988.

sphère gauche serait le siège de la conscience psychologique objective et l'hémisphère droit, la conscience psychologique subjective. Chacune de ces deux consciences serait formée de deux entités distinctes.

1.3 Les quatre types de conscience

La phrase de J.-P. Sartre : « *La seule façon d'exister pour la conscience, est d'avoir conscience d'exister* » reflète, pour nous, le fait que la conscience sans conscience d'elle-même, est un état d'inconscience.

Sur cette base, nous définissons tout d'abord les deux états de conscience psychologique objective de l'hémisphère gauche que nous appellerons la *conscience*, c'est-à-dire la conscience de ses actes, et la métaconscience, c'est-à-dire la conscience de la conscience. Ensuite nous développerons les deux états de conscience psychologique subjective de l'hémisphère droit que nous appellerons l'*autoconscience*, c'est-à-dire la conscience de se sentir soi-même, et la méta-autoconscience, qui est l'autoconscience d'être autoconscient.

1.4 Conscience et métaconscience

Avoir la conscience de ses actes est une conscience objective, car dirigée vers des objets internes ou externes de l'individu. La conscience et la métaconscience se trouvent dans une boucle dialogique récursive où elles interagissent l'une sur l'autre.

Morin, 1986.

Afin d'éviter d'avoir une boucle infinie, c'est-à-dire la conscience est consciente de la conscience qui est consciente de la conscience qui est consciente, etc, nous avons hiérarchisé la conscience objective en deux niveaux : la conscience proprement dite qui est inconsciente d'exister et la métaconscience qui est consciente de la conscience, mais pas d'elle-même. Elles contiennent toutes les deux des référentiels moraux innés et acquis.

Pour la conscience, l'acquisition de règles d'action se fait par apprentissage. Nous pensons que les animaux ont une conscience, mais pas de métaconscience : ils auraient une conscience de leurs actes, inconsciente, innée et acquise. Le chien sauvage vivrait

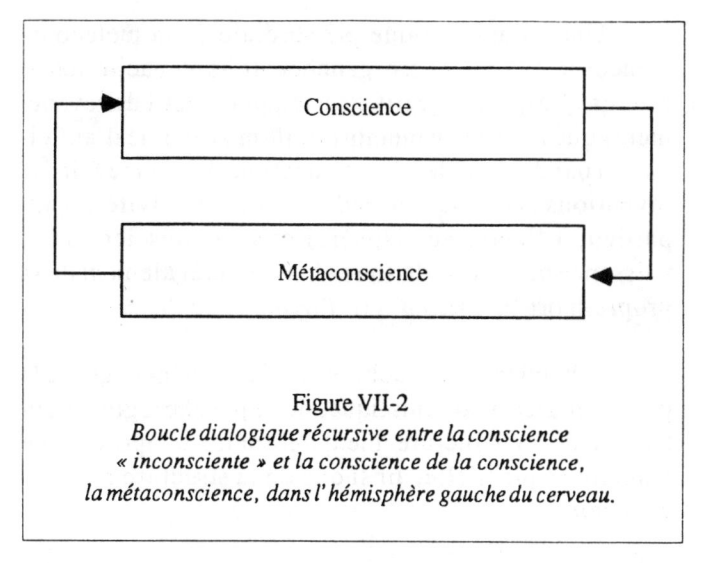

Figure VII-2
Boucle dialogique récursive entre la conscience
« inconsciente » et la conscience de la conscience,
la métaconscience, dans l'hémisphère gauche du cerveau.

de manière inconsciente de ses actes, ses actes se basant sur un référentiel inné de règles « morales » qui sont propres à son espèce. Le chien dressé quant à lui, par dressage, c'est-à-dire par apprentissage, augmente ses règles « morales » par les ordres que son maître lui apprend, par exemple « au pied », « attaque », etc. Il se comportera de manière plus adaptée au milieu humain, mais de manière inconsciente. Comme pour les jeunes enfants avant 6 ans, le dresseur pourra lui apprendre n'importe quoi, même des stupidités, sans qu'il ne s'en rende compte : il accepte tout.

Quant à l'humain qui possède une métaconscience innée et acquise, la partie acquise se fera par le méta-apprentissage, c'est-à-dire par la faculté d'apprendre à apprendre à vérifier tout d'abord ce qu'on lui apprend; après l'âge de 6 ans, il n'accepte plus tout ce qu'on lui dit. Il se croit responsable de ses actes, car sa faculté d'explication des choses s'est développée : il explique la connaissance de sa connaissance. Il atteint l'âge de raison, en d'autres termes le pouvoir de raisonnement. C'est l'intelligence objective.

L'hémisphère gauche voit son être comme acteur dans son environnement en se regardant dans un miroir. Il est bien connu, que tout jeune, l'enfant ne fait pas de distinction entre sa propre identité comme objet et l'environnement : l'univers, qui comprend soi et l'environnement, c'est soi, et soi, c'est l'univers.

Une caractéristique primordiale de la métaconscience de l'hémisphère gauche est sa capacité de se référer à l'espace objectif et au temps objectif des événements que le cerveau mémorise. Il sera capable d'anticipation par des boucles d'antéroaction : l'homme fait des inventions (à ne pas confondre avec la créativité qui appartient à l'autre hémisphère) et sera conscient de la naissance prochaine de son enfant, mais également de sa propre mort future.

L'hémisphère gauche est le siège du langage, de la pensée logico-mathématique, de la psychologie objective et de la structure mentale spatio-temporelle de manière séquentielle, ainsi que de la structure mentale musicale.

Les sept structures mentales sont en fait présentes dans les deux hémisphères, mais de manière différente du point de vue qualitatif et quantitatif. La même remarque doit être faite au sujet des quatre apprentissages qui appartiennent aux deux hémisphères.

Ce que certains appellent l'esprit par opposition à l'âme appartiendrait à l'hémisphère gauche. Le libre arbitre lui appartient également puisqu'il est responsable de ses actes de manière rationnelle.

Alors que les processus intellectuels de l'hémisphère gauche sont essentiellement séquentiels, autrement dit que le raisonnement se fait pas-à-pas, il n'en va pas de même de l'hémisphère droit, comme nous allons le voir.

1.5 L'autoconscience et la méta-autoconscience

Avoir la conscience de se sentir soi, c'est l'autoconscience, la conscience subjective, inconsciente quand il n'y a pas de méta-autoconscience, comme chez les animaux. Chez l'homme, l'autoconscience et la méta-autoconscience se trouvent dans une boucle où elles interagissent l'une sur l'autre de manière récursive et dialogique.

Comme pour la conscience et la métaconscience, on sépare l'autoconscience et la méta-autoconscience également en deux niveaux distincts afin d'éviter une boucle infinie.

Figure VII-3
Boucle dialogique récursive entre l'autoconscience « inconsciente » et l'autoconscience de l'autoconscience, la méta-autoconscience, dans l'hémisphère droit du cerveau.

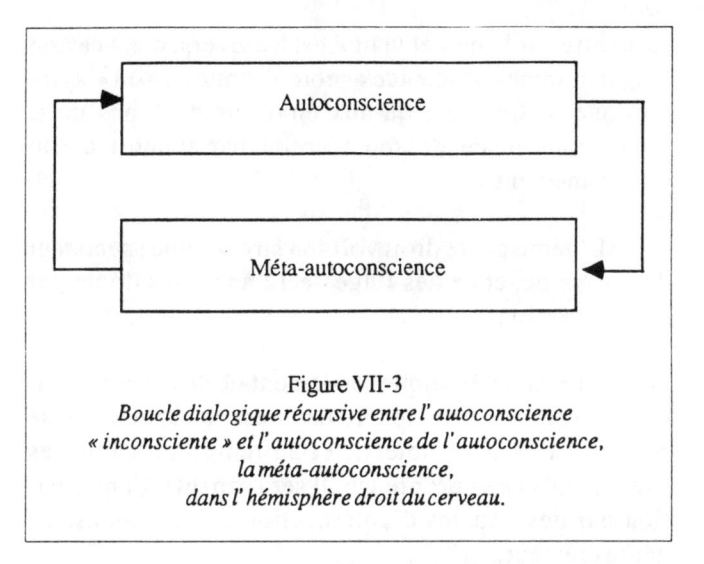

L'autoconscience proprement dite est inconsciente d'exister et la méta-autoconscience est consciente de l'autoconscience, mais pas d'elle-même. Elles contiennent toutes les deux des référentiels d'égoïsme innés et acquis. Pour l'autoconscience, l'acquisition de règles de comportement se fait par auto-apprentissage.

Chez l'humain, qui possède une méta-autoconscience innée et acquise, la partie acquise se fera par le méta-auto-apprentissage, c'est-à-dire par la faculté d'auto-apprendre à auto-apprendre à se connaître soi-même par l'intermédiaire des sens de la perception : il a l'intuition de son intuition en sentant qu'il sent. Mais la compréhension issue de son instinct lui est inexplicable, c'est l'hémisphère gauche qui va essayer de l'expliquer, mais à sa manière déductive ou inductive de façon incomplète et mystérieuse.

Nous pouvons mettre en parallèle cette intuition avec l'instinct, la foi, l'âme et la perception d'un libre arbitre. A la formule : « Je fais ce que je veux de mon corps », nous préférons la suivante « Je fais ce que je veux de ma conscience ».

Freud et Piaget ont souligné que l'enfant, au cours de ses premiers mois, ne fait pas de différence entre le moi et l'environnement. Il a conscience d'événements, mais non de lui-même comme entité distincte. Il vit dans un état de symbiose mentale avec le monde extérieur, en continuant la symbiose biologique prénatale. L'univers est centré sur le moi et le moi est l'univers; c'est ce que Piaget nomme conscience « protoplasmique » ou « symbiotique ». Ce n'est qu'aux environs de 6 ans qu'il prend conscience de son identité par rapport à son environnement.

L'hémisphère droit voit son être comme spectateur de lui-même, et ce dès l'âge de 12 ans, sans doute par l'introspection.

Une caractéristique fondamentale de la méta-autoconscience de l'hémisphère droit est sa capacité de se référer à l'espace subjectif et au temps subjectif des événements de sa propre vie. Il sera capable d'anticipation par des boucles d'antéroaction : l'homme est un génie créateur.

L'hémisphère droit est le siège des structures intellectuelles somato-kinesthésique et psychologique subjective ou introspective, et des structures musicale et spatio-visuelle. L'hémisphère droit du cerveau humain rend l'homme irresponsable de ses actes, donc libre. Cet hémisphère fonctionne comme si le temps objectif n'existait pas : l'homme a créé les concepts des dieux et des anges immortels. Après sa mort, il deviendra immortel de par son âme.

1.6 La conscience globale

Nous avons essayé de séparer les quatre consciences en deux niveaux suivant les deux hémisphères, mais en pratique, ils interagissent en parallèle. Il existe une boucle dialogique récursive entre eux, ce que nous appellerons la *conscience globale*.

La figure VII-4 montre de manière imparfaite l'ensemble des boucles dialogiques et récursives de la conscience de l'intelligence. En fait, la conscience a une structure fractale à l'image de la mémoire du cerveau. Elle n'est pas localisable précisément. Quand on essaye de l'expliquer, on ne la comprend pas très bien, car nous sommes incapables d'expliquer analytiquement ce que l'on ressent globalement, c'est-à-dire la conscience globale. Sur la figure VII-4, le conscient est défini comme étant la conscience et l'autoconscience, et l'inconscient par la métaconscience et la méta-autoconscience. Le modèle de la conscience globale est **relativement** semblable à celui proposé par E. Morin par ses concepts de « conscience de la conscience » et de « conscience de soi ».

Morin, 1986, pp. 190 - 202.

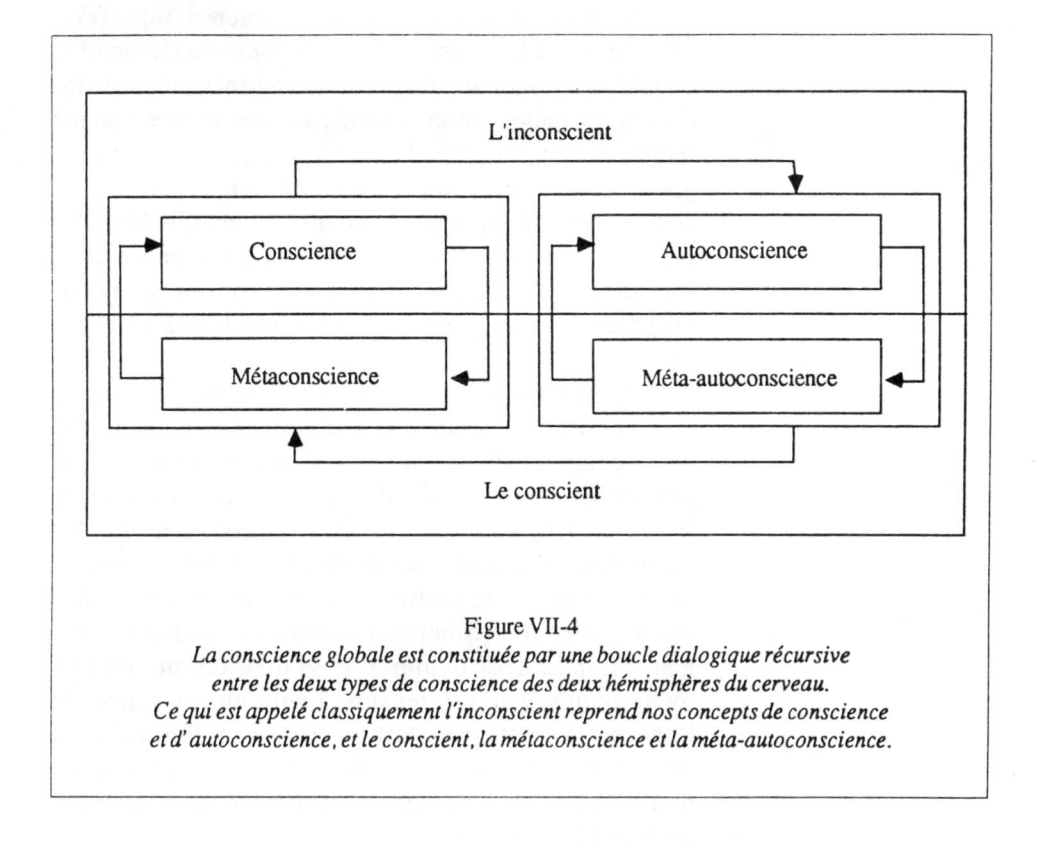

Figure VII-4
La conscience globale est constituée par une boucle dialogique récursive entre les deux types de conscience des deux hémisphères du cerveau. Ce qui est appelé classiquement l'inconscient reprend nos concepts de conscience et d'autoconscience, et le conscient, la métaconscience et la méta-autoconscience.

2. LES QUESTIONS DE LA CONSCIENCE HUMAINE

La connaissance que le système nerveux possède de l'univers doit passer par celle qu'il est en train d'acquérir de lui-même. C'est la manière la plus efficace de transformer l'environnement et les rapports sociaux de telle façon qu'il puisse fonctionner au mieux de ses possibilités imaginatives.

Il y a, de plus, une nécessité fondamentale de la diversité et de la combinaison des informations pour permettre l'évolution biologique. Le cycle qui résulte d'une spécialisation croissante fait apparaître l'évolution des idées comme une succession de transformations, c'est-à-dire des spécialisations et réintégrations au niveau supérieur. On aboutit à l'unité dans la diversité sur un niveau plus élevé.

Dans l'embryon en croissance, des générations successives de cellules se ramifient en tissus diversifiés qui, éventuellement, s'intègrent pour devenir des organes.

Chaque organe possède cette caractéristique fractale d'être à la fois une partie subordonnée à l'ensemble et un tout autonome qui continuera à fonctionner. L'individu lui-même est un tout organique, mais en même temps, il fait partie de la société. A son tour, chaque groupe social possède les caractéristiques d'un tout cohérent et celles d'une partie dépendante de la collectivité ou de la nation. Il n'existe nulle part de partie ni de tout au sens absolu, ce qui en fait ses propriétés originales : c'est le paradigme de la géométrie fractale.

Le groupe social est un rassemblement de pièces élémentaires; c'est un système à niveaux multiples et hiérarchiquement organisés de sous-ensembles, qui contiennent eux-mêmes des sous-ensembles d'ordre inférieur. Ces sous-ensembles possèdent à la fois les propriétés indépendantes d'un tout et les propriétés dépendantes d'une partie. Chaque sous-ensemble doit sauvegarder et affirmer son autonomie, sans quoi l'organisation se désarticulerait et se dissoudrait, mais en même temps, il doit rester subordonné aux exigences de l'ensemble existant qui est en évolution. Les activités des sous-ensembles sont déclenchées, inhibées ou modifiées par des directives venues de niveaux supérieurs de la hiérarchie.

Les interactions moléculaires sont basées sur des effets locaux et d'intégration. Le premier, l'effet local, opère au niveau des sous-ensembles. Le second, l'effet intégral, implique l'ensemble des sous-ensembles. Les deux effets peuvent concerner des mécanismes biologiques distincts : des effets locaux peuvent se voir dans des cas d'excitabilité et le contrôle du transport actif, etc. Ainsi des effets d'intégration seraient spécialisés pour quelques fonctions demandant une amplification importante comme l'initiation et la propagation d'impulsions nerveuses, le mécanisme du stockage de la mémoire dans le cerveau et l'activation de l'oeuf par le spermatozoïde.

L'apparition de nouvelles fonctions biologiques est en général associée à une nouvelle capacité pour la reconnaissance asymétrique : c'est-à-dire la différenciation des cellules.

L'apparition d'une asymétrie est vue comme un processus de diversification, la cassure de symétrie comme dirait Ilya Prigogine. A l'opposé, la stabilisation, c'est-à-dire la coordination ainsi que la fiabilité d'une telle structure nouvellement née serait associée à cette organisation par des édifices symétriques et ordonnés.

Il y a, dans les organismes vivants, y compris les êtres humains et les sociétés, **une balance entre ces deux forces principales : l'asymétrie créative, l'imagination, la révolution et la symétrie coopérative ainsi que la logique ou l'ordre.**

Les vingt règles d'auto-apprentissage données au chapitre V génèrent des figures fractales symétriques ou asymétriques. La logique de Boole donne des figures symétriques.

Le système nerveux central a des entrées et des sorties, et joue le rôle de canal de communication qui combine les informations. D'un côté, on a les stimulations et de l'autre, les réponses dont l'ensemble correspond au comportement du système.

Le système nerveux central étant un système composé d'états distincts, il faut considérer aussi bien les structures spatiales que les structures temporelles des signaux. De nouveau, apparaît le problème de la diversification : d'une part, il faut distinguer les neurones activés, un par un, et les impulsions émises, et le problème de leur intégration dans l'ensemble spatio-temporel des signaux. On peut se demander si ce que notre système nerveux distingue subjectivement, c'est-à-dire comme spectateur, est identique à ce que, objectivement, nous, comme acteurs, pouvons distinguer. L'esprit est-il l'effet de l'intégration des structures spatio-temporelles ?

La plupart des philosophies et religions jusqu'à présent ont présenté l'esprit (ou l'âme) comme étant la cause de notre comportement plutôt que l'effet. Par contre, pour la plupart des biochimistes, l'esprit serait l'effet de l'intégration de structures spatio-temporelles : ceci a pour conséquence que notre comportement ne dépendrait que des informations emmagasinées depuis des siècles (information génétique) et de notre éducation (exploitation de l'information génétique sous l'influence des informations de l'environnement), ce qui pose

J.-P. Changeux, 1983.

évidemment le grave problème de l'irresponsabilité humaine. L'individu qui croit avoir une liberté d'esprit et se croit responsable mènerait sa vie en fonction de ses pulsions les plus intenses. En se référant à notre modèle (décrit plus loin au § 2.6) des mécanismes du comportement par les désirs, nous voyons que cet individu, en fait, n'agirait que comme un automate programmé et que la soi-disant liberté de son esprit ne serait qu'un effet de l'accomplissement de ses moindres désirs. Ainsi, il apparaît que la liberté de l'esprit, comme la volonté, ne serait qu'un effet et non une cause des opérations dont le système nerveux central serait le siège.

A partir du moment où l'individu deviendrait conscient de son irresponsabilité et de l'absence de liberté de son esprit, il pourrait parvenir à se soustraire à la domination de l'environnement et de son organisme sur sa « subjectivité ». La subjectivité serait donc également un effet et non une cause. Le fait pour un individu de connaître ses limites et de connaître les mobiles intimes qui régissent son comportement aurait pour conséquence de lui donner une « objectivité » sur ses jugements, sur ses désirs et sur son comportement.

Tout ce que nous connaissons d'une chose se traduit par la perception que nous en avons : ce qui représente toujours un état d'esprit relatif par rapport à la chose elle-même. Une parole ou un geste, même inoffensif en apparence, peut meurtrir une sensibilité étrangère. Chaque parole ou chacun des gestes n'a jamais que la valeur qu'en éprouve celui auquel il s'adresse directement. L'égoïsme interprète d'après son « Moi », et non pas d'après celui les autres.

2.1 La philosophie et la psychologie

La philosophie de l'homme doué de conscience globale est l'ensemble de conceptions, de connaissances ou de croyances portant sur le pourquoi de l'existence de l'univers, de son propre rôle dans cet univers, et du sens de sa vie. Elle devrait être par définition objective, puisqu'elle est basée sur l'intelligence et que toute réflexion devrait être au départ abordée sans préjugé.

Les questions qui sont à la base de cette philosophie peuvent facilement se résumer comme suit : « D'où viens-je ? Qui suis-je ? Où vais-je ? ».

La philosophie objective aura pour cadre l'étude de l'origine de l'humanité dans son ensemble, c'est-à-dire : « D'où vient l'humanité ? », « Qu'elle est l'humanité ? », « Où va l'humanité ? ».

Le mot objectif provient du latin objectus, placé devant, et concerne l'extérieur, par opposition au sujet pensant.

Mais l'homme raisonne en érigeant ses connaissances subjectives en connaissances absolues et se croit ainsi objectif. En raison de cette constatation, la philosophie est intimement liée à sa psychologie.

Ainsi, la psychologie étudiera l'homme en tant qu'individu égoïste, c'est-à-dire le reflet subjectif de ses informations biologiques innées et acquises sous l'influence de son environnement et du reste des autres humains (par apprentissages) depuis sa conception jusqu'à sa mort. La question : « Qui est l'homme ? » sera résolue par l'étude du « Moi » ou égoïsme de l'homme et aussi du problème de la mort qui répond à la question : « Où va l'homme après la mort ? ». Il est évident que l'homme est un tout par sa tendance à une certaine autonomie, c'est-à-dire à l'affirmation de soi, de son « Moi » et de son égoïsme. Il fait également partie d'un tout qui est la société. L'équilibre de l'individu en tant qu'être égoïste dépend de l'équilibre de l'ensemble de la société, et vice-versa. L'ensemble n'existe que par l'ensemble des parties, et chacune des parties ne peut exister que dans cet ensemble.

La réalisation des équilibres individuel et global doit être fondée sur la morale et l'éthique sur une base objective, et la recherche des racines objectives sur la notion de « progrès » dans le sens évolutionniste du mot (complexification de la vie). La notion de progrès évolutionniste pour l'homme se rapproche très fort de son finalisme puisque, en dehors du domaine anthropomorphique, toute notion de progrès ne sous-entend pas l'existence d'un projet ou d'une orientation a priori. Chez l'homme, c'est une éthique qui change et diffère d'une époque à l'autre et d'une société à l'autre.

La conscience globale montre, par les questions qu'elle se pose, que d'un côté, elle est idoine à se saisir, à s'aviser de ce qui fait mystère, mais de l'autre, ne l'est pas à entrevoir une explication parfaitement objective : une explication revient à la notion de finalité a posteriori de notre existence. Si nous avions l'explication, c'est-à-dire la finalité définie a priori, la vie vaudrait-elle d'être vécue à la façon d'un automate programmé dans un certain but ?

L'ingénieur qui invente une machine en connaît sa finalité, car elle correspond à un certain but. Dans ce cas, nous dirons que la finalité est subjective, car seul celui qui l'a conçue en connaît le but. Mais l'homme a cette faculté de transmettre son savoir et la finalité de ses inventions par apprentissages. Cette conception finalisée est le fruit du cerveau intelligent et conscient du but à atteindre, la conscience globale étant intimement liée à la notion du temps. L'imagination de l'homme lui permet d'anticiper le but et la réalisation de la machine qu'il conçoit.

Au contraire, tout système naturel soumis à son environnement évolue dans un certain sens dicté par les lois de la nature. La *finalité objective* est la finalité de la nature, le système univers, non dirigée par une intelligence centralisée et consciente.

Ainsi l'évolution des espèces, depuis la bactérie jusqu'à l'homme, aurait été guidée par une finalité objective. Les mécanismes encore obscurs de cette évolution ont conduit à la formation du cerveau à finalité subjective et à la conscience globale.

Le cortex du système nerveux central chez l'homme paraît voué à cette inconnaissance native de toute réalité. Les connaissances de l'homme sont tributaires, d'une part, des propriétés de ses organes des sens, et d'autre part, du type de traitement des informations qu'il reçoit de son environnement et de lui-même. En fait, le cerveau reconstruit un univers artificiel (une représentation de son environnement et de lui-même) en fonction de ses motivations personnelles, qu'il ne contrôle pratiquement pas. Il filtre les informations qui lui sont nécessaires pour atteindre une autonomie dans le contexte qui l'intéresse consciemment et inconsciemment. Il est bien connu que l'oeil est plus sensible aux objets en mouvement qu'à ceux qui sont immobiles. Tous les sens, l'ouïe, l'odorat, la vue, le goût, le toucher, l'équilibre du corps et la conscience, sont beaucoup plus sensibles aux variations d'informations qu'à des données invariables. Par exemple, une personne habitant près d'une voie de chemin de fer n'entendra plus le bruit des trains qui passent. Elle ne les entendra que si son attention est sollicitée par sa volonté consciente de vouloir écouter ce bruit quotidien.

De la même manière, toute la théorie de la psychologie humaine peut être résumée par ce principe de plus grande sensibilité au relatif qu'à l'absolu. L'attrait pour une personne dont on tombe amoureux est grand au début et, au fur et à mesure de la quotidienneté de fréquentation, l'attrait diminue jusqu'à parfois devenir de l'indifférence. En termes mathématiques, on dirait que les êtres vivants sont plus sensibles à la dérivée de l'information reçue, c'est-à-dire à sa variation, qu'à sa valeur.

2.2 La morale et la conscience

La morale individuelle correspond à la somme des préceptes adoptés par le « Moi ». Elle regroupe les diverses valeurs auxquelles le « Moi » conditionne sa conduite. C'est un idéal théorique auquel l'individu attribue un maximum de logique, même si les principes en sont immoraux au regard d'une autre morale, d'une autre société ou d'une autre époque.

La notion du « Moi », qui est la tendance à l'affirmation de soi, c'est-à-dire l'égoïsme, doit être étudiée dans le cadre plus large de l'environnement dans lequel l'individu évolue. En effet, l'égoïsme correspond a un besoin d'autonomie de l'individu dans son environnement. Par égoïsme, l'homme respectera les règles de la morale individuelle approuvées par lui et ainsi s'éveillera le sens d'un devoir. Il s'obligera à commettre des actes afin d'assouvir son égoïsme pour obtenir un maximum de satisfaction.

Le désir de satisfaire aux exigences de ce devoir peut se laisser supplanter par un autre désir prédominant. Tout acte fait par l'individu correspondra ou non à son « Moi » théorique, suivant que le sujet respectera ou non les consignes de sa morale individuelle.

L'intelligence, en référant l'acte au précepte, compare ce que le « Moi » a fait et ce qu'il aurait dû faire pour être fidèle à sa morale individuelle. Cette comparaison, base de la morale individuelle du « Moi » avec les actes réalisés, c'est l'autoconscience. La discordance qui en sera issue est le remords qui peut être plus ou moins intense. Chaque être humain ayant sa propre morale individuelle et, de ce fait, son autoconscience, son égoïsme considère comme privés d'autoconscience ceux qui n'ont pas les mêmes remords que lui a éprouvés, s'ils ont effectué les mêmes actes que lui.

L'imagination, une propriété essentielle de l'intelligence de l'homme, associe les connaissances et règles antérieurement mémorisées afin d'en créer de nouvelles. Cette imagination est conditionnée par deux facteurs : le premier est l'ensemble des connaissances et règles innées et acquises, le second est basé sur le traitement des informations de son intelligence qui se dégage de ses jugements de valeurs innés et acquis. Ces deux conditions dépendent essentiellement du potentiel génésique de l'éducation dans lequel l'individu a évolué. Si son éducation a été non informative mais dogmatique, comme dans la plupart des cas, elle créera des automatismes de comportements acquis de la même manière que ses automatismes innés. C'est là le rôle inconscient des jugements de valeur, des préjugés, des réflexes conditionnés, des connaissances apprises et mémorisées sans jamais plus être remises en question.

En ce qui concerne l'homme, les jugements de valeur, les notions de propriété, de besoins, de droits et de devoirs, d'amour, d'esthétique, etc. ont été acceptés de génération en génération comme des règles transmises par l'apprentissage et l'éducation, sans qu'il ait la possibilité de les mettre en doute et d'en connaître les raisons fondamentales. Ces automatismes ont été créés par les sociétés successives de plus en plus complexes à la recherche d'un équilibre qu'elles n'atteignent jamais, car en constante évolution.

La morale humaine n'est que le reflet d'une vision inconsciente mais imposante d'une culture. Or, une culture est l'ensemble des automatismes, préjugés et jugements de valeur d'une société particulière à une époque donnée. La civilisation pense toujours être sûre de ses valeurs soi-disant immuables dans un monde en évolution permanente. Jusqu'ici, tout fonctionne encore sur la base de règles issues de la génétique, d'automatismes innés et acquis par l'expérience et l'éducation, de la vie en société.

2.3 L'autoconscience de l'autoconscience

Lorsque le « Moi » se juge, il le fait sur base de ses propres préceptes, en fonction de règles de conduite (conscientes et inconscientes) en continuelle évolution et très souvent conditionnées par la morale admise à ce moment-là par la société. En conséquence, le « Moi » actuel rapporte sa conduite passée à ses conceptions présentes et la confronte aux nouvelles règles de la morale en cours dans la société. Une personnalité en constante évolution peut conduire à des discordances entre ce qu'un individu a été et ce qu'il aurait voulu être. Dès lors, tout ce qui, dans le passé, a pris le sens d'une faute inconsciente, peut devenir une culpabilité, atténuée ou non par le temps. Et pour toute faute ressentie dans le passé, un nouvel examen peut l'innocenter, la faute cessant d'exister aux yeux du « Moi » actuel. Par contre, un acte commis en toute bonne conscience morale dans le passé peut se transformer en remords quand il est confronté à la morale actuelle différente de l'ancienne.

2.4 Les défauts de l'éducation morale traditionnelle

Traditionnellement, l'éducation a une morale déterminée. En analysant les mécanismes d'apprentissage des jeunes enfants, il apparaît qu'ils acceptent tout ce qu'on leur dit sans jugement ni conscience. Les règles se trouvent donc intégrées dans le « Moi » psychique de l'individu, celui-ci leur attribuant par ailleurs un caractère d'absolue véracité. Petit à petit, la conscience globale se développe automatiquement en fonction de règles inculquées sans explication. L'individu se laissera alors guider par le désir égoïste de conformer ses actions et ses pensées au programme qu'on lui a proposé. Ce programme pourra toutefois se modifier ultérieurement par méta-auto-apprentissage.

Dans beaucoup de doctrines morales, la sanction est le facteur déterminant d'obéissance. Les uns cèdent à l'attrait du bien, et les autres à la crainte d'une punition soit immédiate, soit après la mort.

Le principe de **réciprocité** entraîne le respect de l'égoïsme d'autrui, chacun exigeant qu'on respecte le sien. C'est la base du contrat social. En le violant, il faut accepter la sanction qu'on est en droit de réclamer contre un autre si nous-mêmes étions la victime au lieu d'être le coupable. Sans ce principe de réciprocité fondamentalement idéaliste, l'assouvissement des égoïsmes provoquerait le chaos social. Heureusement, dans une société, il y a divers regroupements de personnes pensant de la même manière. La compétition entre ces groupements conduit à une structure complexe de la société. La législation avec ses lois identiques pour tout le monde est interprétée différemment aussi bien par chacun que par les juges, en fonction de facteurs difficiles à contrôler.

D'où le rôle fondamental dans l'éducation morale d'apprendre des règles de morale expliquées à la raison et non d'apprendre à la mémoire les statuts de la société du moment. Il faut révéler à l'homme la réalité du contrat social et lui apprendre des règles de discipline consentie et voulue : c'est la condition d'un équilibre en évolution de la société, mais cela est encore loin d'être appliqué, d'autant plus que, par les caractéristiques du cerveau humain, le premier stade de l'apprentissage d'une morale et de toute autre matière se situe au niveau de la mémoire et non de l'intelligence.

Il est regrettable que le moraliste et l'éducateur en général n'expliquent pas plus souvent à la raison les règles qu'ils imposent. Les enfants bien élevés ne sont-ils pas des automates auxquels on a appris de belles manières ? N'en est-il pas de même des gentlemen dont le comportement en société est régi par les convenances ? Si chez les jeunes enfants, qui n'ont pas encore la conscience de leur conscience, leur comportement est semblable à des singeries, et peut être incontournable, il ne devrait pas en être de même chez l'homme doué de conscience globale.

2.5 L'absolu et le relatif

L'absolu, c'est, pour l'homme, d'être à l'image d'un dieu, sa soif d'infini, sa prédisposition à se croire immortel, impérissable dans un univers atemporel. Cela expliquerait ses aspirations à un autre univers d'où serait banni le relatif, base de toute la psychologie. Mais jamais cet objectif ne se réalisera, car tout disparaîtrait, s'anéantirait sans laisser la moindre trace, et cela au moment même où il toucherait au but.

Si l'intelligence ne le raisonne pas, l'homme crée le concept du Dieu et rêve de perfection ou d'immortalité afin d'avoir l'apaisement. Le nouveau dieu de la civilisation occidentale, c'est la science qui expliquerait tout.

La méta-autoconscience conditionne la vie spirituelle de l'homme. Etant un effet de l'évolution de la vie, il devrait être évident que la mort, étant une absence de vie, entraîne sa suppression. La métaconscience est la cause du comportement intelligent humain responsable de ses actes. La conscience globale, n'habitant le corps que durant la vie, dirige partiellement le comportement, car l'organisme est dirigé par les informations endo- et exogénétiques et la liberté est partielle. Une sublimation de l'homme par lui-même ne saurait être atteinte qu'en s'élevant au-dessus des contingences de la vie et des causes qui sont à l'origine de l'existence de son être et du fait de la conscience qu'il a de lui-même, par la culture et la méta-autoconscience.

L'intelligence réellement transcendante ne s'élèvera vers une pure intelligence qu'à ces conditions. La « *pure intelligence* », c'est l'intelligence qui sait se détacher au maximum des causes qui lui donnent naissance et la seule façon de s'en détacher est de connaître les mécanismes internes de ces causes. L'intelligence qui s'élèvera au-dessus de tout son bagage génétique, de toute son éducation, des mécanismes de son fonctionnement et des contingences matérielles, rejoindra l'état de « pure intelligence ». L'avenir de l'homme est justement dans cette évolution. Le besoin d'absolu de l'homme trouve ainsi dans la connaissance de lui-même une apothéose dans l'intelligence pure, l'abstraction totale dans le néant éternel, c'est-à-dire la mort. Ainsi, le besoin d'absolu de l'homme aura pour conséquence une recherche à l'élévation vers une abstraction et c'est au moment où il y arrive qu'il perd tout contact avec la réalité qui lui donnait naissance.

La chose la plus extraordinaire qui puisse nous arriver dans cette vie terrestre serait d'atteindre cet absolu jusqu'à la limite de nos possibilités. Le suicide ne résoudra jamais le problème; le corps humain par lequel nous avons une sensibilité des choses ayant disparu, le suicidé ne pourra jamais plus sentir sa propre existence et son propre esprit puisqu'il aura rejoint cet absolu où il n'y a plus aucune sensation; en effet l'absolu implique nécessairement une absence de sensation puisqu'une sensation n'est qu'un phénomène de relativité.

En conclusion, nous donnerons comme définition de la *philosophie scientifique objective* : l'élévation de notre intelligence au-dessus des causes qui lui ont donné naissance en connaissant les mécanismes de ces causes par la conscience globale, afin de pouvoir juger l'univers dans son entièreté, ainsi que soi-même, en s'objectivant par les connaissances scientifiques des mécanismes de notre comportement.

Une question primordiale se pose : « Comment et pourquoi s'est-il créé un univers formé d'éléments (les atomes) possédant la capacité extraordinaire de s'agencer jusqu'à former des êtres aussi complexes que l'homme, doué de la faculté tout aussi extraordinaire de prendre conscience de sa propre existence et de celle de l'univers ? » Cette finalité objective des éléments à pouvoir se complexifier est la plus grande énigme qui se pose à l'homme.

Un modèle élémentaire de l'univers pourrait être constitué par un ensemble d'éléments interagissant les uns sur les autres suivant une géométrie fractale. Chaque élément représenterait une tendance à la différenciation tandis que l'intégration de l'ensemble aurait pour conséquence la création de l'espace-temps (relativité généralisée) courbé. La totalité représenterait le néant en faisant la somme des relativités, exactement comme la force d'attraction d'un noyau sur un électron compense la force centrifuge de fuite de l'électron, la somme des deux forces étant zéro, mais il y a comme résultat un électron stabilisé.

De nouveau, à la base d'une théorie de l'univers, interviendraient les notions de tendance à la différenciation et à l'intégration vers la complexification de l'univers créant ainsi une finalité objective de l'ensemble. Toutes les possibilités d'agencement de ces éléments se feront dans l'univers limité dans l'espace et le temps. Le phénomène « homme » n'est qu'une possibilité par rapport à toutes les autres.

De tous les éléments qui se sont créés, ceux dont la stabilité a été grande, ont une durée de subsistance d'espace-temps assez grande pour pouvoir former des ensembles plus complexes par leur arrangement. Les recherches entreprises actuellement sur les particules élémentaires et les « résonances », c'est-à-dire des particules ayant des durées de vie extrêmement brèves, pourront sans doute donner dans les prochaines décades des réponses à ces problèmes. La stabilité de l'ensemble de l'univers dépend étroitement de la stabilité des éléments qui le composent; les deux extrêmes, particules élémentaires, briques de l'univers, et univers, sont intimement liés, ainsi que leur avenir et celui de l'homme.

Le rôle de l'homme dans cet univers se réduit donc à un effet de durée limitée dans un espace limité dont la cause est le néant, cet absolu que l'homme aime à appeler Dieu et qu'il rejoindra à sa mort.

Les tissus organiques s'altèrent avec le temps : ils dégénèrent et vieillissent jusqu'à provoquer la mort. Cette dégénérescence provient-elle de causes endogènes et exogènes ? Par cause externe, nous entendons que le phénomène de dégénérescence cellulaire est peut-être la conséquence des « erreurs » aléatoires dans la réplication de l'information génétique : l'usure par l'accumulation d'erreurs aléatoires n'est sans doute pas la seule explication du vieillissement. Une preuve en est la durée de vie très différente d'espèces animales ayant des caractéristiques anatomiques semblables. Seuls les unicellulaires sont pratiquement immortels si les conditions de leur environnement restent compatibles avec leur existence. Une cellule se divise en deux qui se redivisent en deux, etc. On peut donner les exemples des bactéries et des cultures de cellules en laboratoire. La différenciation cellulaire conduisant à un être vivant de plus en plus complexe durant l'embryogenèse pourrait être la cause de leur mort. La coordination du fonctionnement de l'ensemble des cellules ne serait que transitoire sur une échelle de temps correspondant à la durée de vie de l'être vivant. Certaines cellules, comme les neurones, ne se reproduisent plus une fois le cerveau formé et les neurones qui meurent ne sont pas remplacés (à la fin de la vie, le cerveau humain a perdu en activité 1/1.000ème de ses neurones). Pourquoi les neurones sont-ils les seules cellules à ne pas être remplacées dès leur mort ? Si ce n'était pas le cas, le support structurel du cerveau perdrait sa stabilité, ce qui entraînerait une non-fiabilité de sa mémoire et de son fonctionnement qui sont à l'image des connaissances et règles d'apprentissage innées et acquises tout au long de son existence. On pense qu'il sera bientôt possible de faire des greffes de parties de cerveaux, par exemple chez des personnes ayant eu une embolie. Des expériences de greffes de tissus ont été faites sur des animaux. Après quelque temps, les neurones originaux se sont connectés via les axones et dendrites aux neurones greffés.

Un message de vieillissement et de mort dans le code génétique doit être sérieusement envisagé, le développement d'un organisme vivant étant dicté par son information génétique. Le flux d'informations dictant le développement d'un organisme vivant depuis la naissance du foetus s'arrête à un moment donné de la vie d'un organisme : un organisme vivant étant sur sa « lancée » lors de son développement ne peut brusquement rester à un état stable sans évoluer. Une espèce d'inertie est inhérente au développement. De plus, les neurones en quantités finies du cerveau contrôlant les fonctions vitales de l'organisme tout entier s'altèrent avec le temps et ne sont jamais renouvelés.

Le vieillissement ne doit pas être comparé à une usure mais à la continuation du développement de l'organisme; on se trouve simplement à la fin du cycle de cet organisme et il n'y a plus de flux d'informations vers les différentes cellules, qui finissent par être livrées à elles-mêmes et c'est la désintégration – au sens où les informations partielles ne sont plus intégrées les unes avec les autres –; chaque cellule devient son propre maître et se divise comme bon lui semble. Le cancer semble être dû à une prise d'autonomie d'un organe par rapport au reste du corps. De nouveau, on retrouve ce problème de coordination qui pourrait être la cause de la mort des êtres vivants. Un fait qui semble intéressant à souligner est que, suite à un choc psychologique, un cancer peut se déclencher de la même manière que la mort d'un homme suite à une crise cardiaque provoquée par une perturbation sérieuse du fonctionnement de son cerveau due à ce choc. Au même titre qu'un organisme vivant ne voit pas son intégrité se modifier par le remplacement continuel des cellules mortes par des nouvelles, de la même façon nous devons regarder l'humanité toute entière dans sa globalité sans nous préoccuper du remplacement continuel des hommes par d'autres hommes.

L'humanité se développe sans cesse suivant un programme qui nous transcende et il est tout à fait illusoire et anthropomorphique de s'imaginer que l'homme tienne dans le cadre de l'univers une position plus privilégiée qu'une simple cellule qui se fait remplacer par une autre dès sa mort.

La chose la plus dramatique pour l'homme est qu'il se rend compte de cet état de choses et il a toujours essayé de justifier sa vie au moyen d'arguments plus subjectifs qu'objectifs. Et comme son cerveau érige en absolu sa relativité, l'homme se croit absolu et immortel. Et tout cela a pour cause la structure propre de son cerveau. Il ne peut sentir les choses que relativement.

Les conclusions à en tirer sont d'ordre humain, éthique et métaphysique; la science se révèle objective dans ses découvertes mais subjective dans sa signifiance.

L'homme érige en absolu la connaissance relative qu'il construit tout au long de sa vie malgré le caractère objectif de l'univers qui semble le priver d'un sens à sa vie et de toute notion d'utilité.

2.6 L'irresponsabilité de l'intelligence naturelle

Beaucoup pensent que l'homme n'est qu'un irresponsable, bête ou génial, coupable ou méritant, que chacun de ses actes découle d'un automatisme inhérent à sa condition. En effet, l'homme dépend de toute sa génétique et de l'environnement dans lequel il se développe. De manière naïve, on pourrait penser que tout s'est déclenché à l'aube de l'humanité, voire de l'univers, et que par une succession de causes à effets, tout est prédéterminé et que l'homme, comme le reste de l'univers, subit une loi aveugle dont il n'est pas responsable. Donc, lui-même étant le résultat de cette évolution serait également fondamentalement irresponsable. Mais le « Moi » inné peut s'élever par l'éducation, comme il peut s'avilir par les circonstances de la vie. Si, donc, le « Moi » cède à une pulsion condamnable, c'est qu'il y a eu une insuffisance dans l'éducation morale ou une incapacité de s'élever au-dessus d'un « Moi » primaire.

Qu'il s'agisse d'un acte normal ou d'un acte anormal, c'est une question de morale ou de conscience : le phénomène psychologique de la résolution déterminante ne varie jamais. Tout acte, quel qu'il soit, est issu de l'accomplissement d'un désir décisif ou d'une idée prépondérante. L'acte lui-même s'explique par ce désir ou cette idée qui, à un moment donné, a supplanté toutes les autres alternatives en leur substituant une décision dominante, génératrice d'une réaction particulière parmi une multitude d'autres. L'acte répréhensible constitue l'aboutissement d'une décision qui a outrepassé la morale par une envie intense. Le sentiment dominant a changé les règles des mécanismes mentaux du sujet de façon permanente ou intermittente, non seulement par la priorité qu'elles ont acquises, mais aussi par le changement de références qu'elles ont provoqué dans la conscience globale et la raison. Ainsi se sont escamotées les notions normales du bien et du mal, du juste et de l'injuste, du logique et de l'illogique. Chez le coupable d'un acte répréhensible, on constate une altération profonde du sens moral, par la suprématie d'un égoïsme impératif.

Il est de plus en plus proposé que, parallèlement à la punition, le coupable soit soumis à une rééducation dirigée qui, si elle est bien comprise et admise, ne sera plus reniée par la raison. On peut en effet espérer que les principes ainsi acquis susciteront chez l'anormal ou le primaire un désir sincère, volontaire et donc durable de suivre une morale en accord avec le contrat social.

Chez les êtres conscients, admettre ne signifie pas accepter docilement, c'est en comprendre la véracité, l'excellence, la logique, et s'en faire un ensemble de règles. Par contre, les jeunes enfants admettent docilement tout ce qu'on leur apprend. Ce n'est qu'à partir du moment où ils deviennent conscients qu'ils peuvent analyser des connaissances et des règles innées ou acquises de leur comportement, mais malheureusement pas toutes. En effet, le cerveau fonctionne automatiquement et la conscience globale ne parvient pas à décortiquer les fondements de sa structure et de son fonctionnement. La conscience globale se présente plutôt comme étant un sens qui perçoit le cerveau sous une forme globale et intuitive. De plus, comme beaucoup se joue avant l'âge de 6 ans, l'homme risque de rester pour une bonne part l'esclave d'automatismes acquis avant sa véritable prise de conscience. Il ne sera capable que de contrôler l'ensemble des règles de son comportement. En ce sens, il n'est pas tout à fait libre de changer les règles bien ancrées dans son cerveau. Si son cerveau « analytique » est en contradiction avec son cerveau « intuitif » il y aura nécessairement conflit. Comme, par son égoïsme, il recherche exclusivement son plaisir et son intérêt personnel, il trouvera a posteriori une logique qui sera en accord avec ses automatismes. Les actes automatiques pourront être conscientisés et cela lui donnera une impression de libre-arbitre et de bonne conscience.

La mathématique devient le symbole de la connaissance suprême de notre époque. La société moderne tend à lui donner un rôle quasi mythique par une éducation rationaliste. La mathématique est non seulement un instrument, mais devient une justification pour formaliser toutes les réalités quelles qu'elles soient et les rendre abstraites. Cette connaissance se présente comme une science qui garantit l'objectivité de tout ce qui se fait en son nom. De plus, elle fonctionne comme moyen de sélection privilégié. Cette valorisation des sciences conduit à une philosophie pratique qui tend à caractériser notre civilisation moderne ; c'est une nouvelle conception de l'existence qui donne à la vie sociale en particulier une certaine hiérarchie des valeurs. La vérité actuelle est identique à la connaissance scientifique : celle-ci est définie par tout ce qui peut être exprimé de façon cohérente en termes quantitatifs et doit pouvoir être répétée en laboratoire. Cette conception mécanistique a de plus en plus pour conséquence d'estropier spirituellement et intellectuellement l'esprit de l'homme pour l'apparenter à un système cybernétique de plus en plus spécialisé.

Si de nouvelles structures permettant une meilleure conscience des connaissances scientifiques ne se créent pas, l'intelligence ne risque-t-elle pas d'être réduite par des valeurs mécanistes trop éloignées des besoins profonds de sa personnalité ?

Le labyrinthe de l'intelligence

K. Zuse, l'inventeur de l'ordinateur, avait déjà mis en garde, en 1970, les humains des conséquences d'une super-technicité.

Zuse, 1970, pp. 215 - 216.

« _Les bouleversements techniques nous obligent à prévoir leur impact sur notre vie sociale. Si l'aspect social ne doit pas freiner les recherches, il faut en même temps étudier les moyens d'éviter un conflit entre le monde des humains et le monde de la technique. Des limites à la super-technique devraient être envisagées si elle menaçait la survie de l'homme. Ce que nous faisons pour protéger la survie des animaux sauvages, nous devons également le faire pour l'être humain. J'avoue n'avoir aucune solution à proposer dans ce domaine, et si, à l'occasion de certains échanges de vues, mes interlocuteurs m'ont paru être conscients du problème, aucun d'eux ne m'a semblé séduit par l'idée d'approfondir la question._ »

3. LA CONSCIENCE ARTIFICIELLE

3.1 L'irresponsabilité de l'intelligence artificielle

Depuis la révolution informatique, l'homme confie aux ordinateurs de plus en plus de tâches intellectuelles qui lui incombaient. Ces tâches peuvent, à l'image des programmes informatiques, être aussi bien de type algorithmique que non-algorithmique. Dans le premier cas, la machine exécute des programmes pour lesquels un raisonnement intellectuel logico-mathématique bien précis est rigoureusement établi, comme la comptabilité d'une entreprise, le contrôle de processus industriels ou le calcul de la trajectoire d'une fusée. La résolution de tels problèmes, à partir des données encodées, suit une logique rationnelle conduisant à une solution unique.

Dubois, 1989.

Par contre, dans le second cas qui est du domaine de l'intelligence artificielle, avec notamment le développement des systèmes experts, c'est le raisonnement faisant appel au savoir-faire, à l'intuition et à l'expérience humaine qui constitue la trame des logiciels d'applications. Ces applications vont du diagnostic médical à la sélection du personnel d'une entreprise, en passant par l'analyse du risque en assurance. Dans ces domaines, il n'y a pas de technique de résolution des problèmes qui soit unique et objective. Un système expert simule un raisonnement d'un expert humain dans un domaine bien précis, sous forme de règles à appliquer sur des connaissances subjectives, y compris les décisions à prendre. A partir des faits encodés pour la résolution d'un problème, on demande au système expert la meilleure décision à prendre parmi l'ensemble des décisions a priori possibles encodées dans le système. Le but de ces systèmes experts, et on peut élargir notre propos aux systèmes d'intelligence artificielle en général, est d'une part, pour certains, de les distribuer à des personnes non expertes du domaine qui appliqueront sans esprit critique les décisions proposées par le système expert, et d'autre part, pour d'autres, de les coupler directement à un système qui automatiquement exécutera les décisions prises par le système expert.

Deux exemples :
- un système expert de choix de médicaments en fonction des troubles des patients, qui est utilisé par du personnel médical non spécialisé dans la brousse africaine;
- un système expert de déclenchement automatique de la mise à feu d'ogives nucléaires dans le domaine militaire.

A ce sujet, rappelons le grand émoi suscité par le départ d'un informaticien du projet « Guerre des Etoiles » aux Etats-Unis.

Cet informaticien de grande valeur n'a pas accepté l'idée de laisser les programmes informatiques prendre des décisions qui seraient mises en action sans intervention humaine. Il critiquait essentiellement la non-fiabilité des gros programmes complexes et la faiblesse actuelle des techniques de l'intelligence artificielle.

Parmi les causes de mauvaises décisions que pourraient prendre des systèmes d'intelligence artificielle, citons :
- des erreurs de programmation aussi bien logiques que d'encodage;
- des erreurs dans la collecte des informations dues à des détecteurs physiques défectueux;
- des stratégies inadéquates face à des situations non prévues a priori par les concepteurs des programmes.

Bien que les décisions humaines soient loin d'être infaillibles, il n'en reste pas moins vrai que, face à une situation donnée, l'homme peut, par son intuition, son savoir-faire et son expérience, émettre des doutes quant aux informations reçues et surtout, face à une situation qu'il n'a jamais connue auparavant, il trouvera rapidement une stratégie pour résoudre le problème. Le cerveau de l'homme est hautement créatif et inventif, et la décision qu'il prend, il la prend en principe en toute conscience, idéalement pour le bien de l'humanité. Ce qui manque dans les programmes informatiques actuels, c'est l'esprit d'invention face à des situations nouvelles et une certaine représentation des conséquences des décisions prises, autrement dit la conscience des conséquences des actes qu'ils proposent d'accomplir.

3. 2 Le robot qui rêvait

Asimov, dans « Le robot qui rêvait », imagine le concept de cerveau fractal artificiel, d'où émergerait une pensée inconsciente à l'image de la complexité du cerveau humain. La plupart des prédictions de ses romans de science-fiction se sont réalisées et il en a eu le plaisir « d'être acclamé comme une espèce de petit prophète ».

Asimov, 1988, p. 7.

Cela nous a conforté dans notre idée que l'ordinateur de la septième génération sera une machine fractale, et que cette machine pourrait être dotée d'une conscience artificielle.

« *La conception fondamentale de nos machines a-t-elle évolué tant que cela, pour qu'on parle volontiers (en 1970) de soi-disant ordinateurs de la troisième génération ? Dont aucune définition précise ne nous est d'ailleurs donnée. Quelles machines font partie de la première ou de la deuxième génération ? Sûrement pas les ordinateurs créés par les pionniers entre les années 1940 - 1950. Ceux-là appartiennent à la génération zéro! Et Babbage (1) ? Ah oui, lui, c'était la génération moins une.* » (Zuse, 1970, p. 204).

(1) *Charles Babbage, mathématicien anglais (1792-1871). On lui doit l'une des premières machines à calculer. Il chercha à réaliser*

Isaac Asimov, né en Russie en 1920, naturalisé Américain, diplômé de biologie et de chimie, a publié de nombreux ouvrages scientifiques et de science-fiction de vulgarisation, dans lesquels les robots occupent une place importante. C'est lui qui a inventé le concept de robotique. Asimov avait bien pressenti le danger que représenterait pour l'homme la création de robots dotés d'intelligence. Il avait imaginé que le robot devait se comporter en obéissant à trois lois :
1. « *Un robot n'a pas le droit de blesser un être humain, ni de permettre par son inaction qu'un être humain soit blessé.*
2. *Un robot doit obéir aux ordres donnés par les êtres humains, sauf quand de tels ordres entrent en conflit avec la première loi.*
3. *Un robot doit protéger sa propre existence à la condition que cette protection n'entre pas en conflit avec la première et la deuxième loi.* »

Ces trois lois constitueraient en quelque sorte les principes moraux des robots intelligents. Elles devraient constituer, à notre avis, la base fondamentale de la réflexion de tout système d'intelligence artificielle sur la mise en application des décisions qu'il prendrait. Si ces trois lois sont nécessaires, elles ne semblent toutefois pas suffisantes. Asimov a d'ailleurs lui-même imaginé qu'un robot avait de lui-même interprété à sa façon les trois lois, dès qu'il a pris conscience de sa propre existence.

« - *La nuit dernière, j'ai rêvé, dit calmement LVX-1, un robot appelé Elvex, imaginé par Asimov. Linda Rash, robotpsychologue, explique alors au docteur Susan Calvin ce qu'elle a fait à ce robot :*
- *Je me suis servie de la géométrie fractale.*
- *Oui, je l'ai bien compris. Mais pourquoi ?*
- *Cela n'a jamais été fait. J'ai pensé que ça produirait un schéma cérébral avec une complexité accrue, se rapprochant peut-être du cerveau humain.*

Le docteur Calvin demande alors à Elvex :
- *Comment sais-tu que tu as rêvé ?*
- *C'était la nuit et il faisait noir, docteur Calvin, répondit Elvex. Et il y a eu soudain de la lumière sans que je puisse trouver de cause à son apparition. Je vois des choses qui n'ont pas de rapport avec ce que je conçois de la réalité. J'entends des choses. Je réagis bizarrement. Et en cherchant dans mon vocabulaire des mots pour exprimer ce qui se passe, je tombe sur le mot « rêve ». J'étudie sa signification et j'en conclus que j'ai « rêvé ».*
- *Combien de fois as-tu rêvé, Elvex ?*
- *Toutes les nuits, docteur Calvin, depuis que j'ai pris conscience de mon existence.* »

Linda avait appris à Elvex, robot expérimental doté d'un cerveau fractal, la robotique et sa place dans le monde. Dans son rêve, il semblait à Elvex que les robots devaient protéger leur propre existence. Des trois lois de la robotique, il ne retenait qu'une partie de la troisième : « Un robot doit protéger sa propre existence. C'est toute la loi ». En créant un robot capable de rêver, Linda avait révélé une forme de pensée inconsciente dans un cerveau robotique : « or, une couche inconsciente sous les

deux machines à calculer, l'une différentielle, l'autre analytique. Il conçut une machine mécanique qui devait permettre d'effectuer les quatre opérations fondamentales sur 1.000 nombres et 50 chiffres contenus dans une mémoire, d'après les indications d'un programme enregistré dans une bande de papier perforé.
Le support de l'électronique n'existant pas à l'époque, il dut se contenter de moyens mécaniques. Après des années d'efforts, il renonça à mettre ses idées en pratique et ses travaux sombrèrent provisoirement dans l'oubli.

« *Le robot qui rêvait* », Asimov, 1988, pp. 23-32.

méandres évidents du cerveau fractal n'est pas nécessairement gouvernée par les trois lois ».

« - *Songez à ce que cela aurait pu provoquer, tandis que les cerveaux robotiques devenaient de plus en plus complexes, si nous n'avions pas été avertis !* ».
- *Nous travaillerons désormais avec des cerveaux fractals, en les façonnant sous contrôle rigoureux, répondit le docteur Calvin à Linda.* »

Nous ne dévoilerons pas la suite de cette histoire. Ce qui nous intéresse, pour notre propos, c'est de mettre en garde les concepteurs de systèmes d'intelligence artificielle de développer des programmes informatiques intelligents, incapables de dominer « la pensée inconsciente » et pouvant mettre en danger l'existence de l'humanité.

La solution que nous préconisons serait d'implanter une conscience artificielle dans les machines intelligentes. Au départ, l'idée peut paraître insensée : est-ce une raison suffisante pour la rejeter d'emblée ?

K. Zuse, 1970, p. 205.

K. Zuse cite un extrait d'un entretien entre Bohr et Pauli, tous deux Prix Nobel de Physique (tiré de *Das gespielte Universum*, de Martin Gardner) : « *Reprenant la parole, Bohr dit à Pauli : Nous sommes tous deux d'accord pour dire que votre théorie est folle. La question qui nous oppose est de savoir si elle est assez folle pour avoir une chance de se révéler finalement correcte. J'ai personnellement le sentiment qu'elle ne l'est pas assez.* »

« *Innovation in Physics* », *Scientific American, September 1958.*

Dyson remarque à ce sujet que l'objection « pas suffisamment folle » est valable, notamment pour toutes les recherches entreprises en vue d'établir une théorie vraiment neuve des particules élémentaires.

Il est caractéristique que ce sont souvent les articles les moins compréhensibles qui trouvent plus aisément une revue disposée à les publier. Même l'auteur n'en a qu'une semi-compréhension; pour les autres, c'est le mystère... Il n'y a pas d'espoir pour les théories qui, au premier abord, ne paraissent pas entachées d'absurdité.

Parmi les théories de ce genre que je nourris depuis longtemps, j'en retrouve une que je partage entièrement avec celle que développait K. Zuse dans son ouvrage précité.

« On parle d'usine entièrement automatisée lorsque ses outils de production fonctionnent sans intervention directe de l'homme. Néanmoins, celui-ci doit intervenir comme auparavant pour en assurer la supervision, notamment veiller à ce que tout marche correctement et à réparer les défectuosités mécaniques. L'automatisation de ces travaux n'est pas encore d'actualité. Plus tard, on devrait arriver à ce qu'une usine puisse se construire d'elle-même, ce que j'appelle système d'auto-reproduction.

Un nouveau type d'homme se pointe à l'horizon : l'ingénieur biologicien, révolution dont aucun auteur de science-fiction, si imaginatif soit-il, ne saurait donner une image satisfaisante. La découverte de la structure de l'ADN ne constitue qu'un début. Nous sommes encore loin de pouvoir analyser, dans tous ses détails, un système programmé d'auto-construction. Mais, pendant combien de temps l'intervention de l'homme restera-t-elle protégée des chercheurs et des inventeurs, par nature infatigables ? Ne serons-nous pas bientôt capables de manipuler des chaînes de gênes aussi bien que des bandes magnétiques ? De créer un nouveau système biologique à l'aide d'ordinateurs ? Des habitations ne pourront-elles pas, en utilisant des matériaux plus ou moins traditionnels, s'ériger automatiquement à l'endroit souhaité, ou y être amenées, déjà auto-construites en atelier, par des hélicoptères géants ? Ou enfin, une maison selon notre goût ne pourra-t-elle pas germer dans le sol, comme une plante, et se développer moyennant un bon arrosage et de bons engrais ? »

Zuse, 1970, p. 217.

« A condition d'y consacrer des capitaux suffisants et une préparation intensive, on peut imaginer la construction de machines capables de s'auto-réparer automatiquement; ensuite de se reconstruire sur leur propre modèle, en passant des machines les plus simples jusqu'aux plus compliquées. L'étape suivante permettrait à des usines de s'auto-reconstruire, d'abord dans leurs mêmes dimensions, ensuite en dimensions réduites de moitié. En poursuivant le cycle, l'usine deviendrait de plus en plus petite et il ne serait plus

finalement possible de l'observer qu'au microscope. On approcherait alors de l'essentiel : découvrir la cellule, le noyau au départ duquel l'usine pourrait, en sens contraire, s'auto-reconstruire en dimensions de plus en plus grandes. Bien sûr, toute une génération, au moins, d'ingénieurs et de chercheurs sera nécessaire pour réaliser un tel travail, dont la logique implique la découverte et la mise en oeuvre d'un noyau programmé. Le noyau sera alors planté et poussera à l'exemple d'un arbre, ce développement ne demandant plus que les matériaux et l'énergie nécessaires. »

<small>*Extrait de l'exposé de K. Zuse à l'occasion de sa nomination au titre de docteur honoris causa à la Technische Universität de Berlin en 1957, in Zuse, 1970, pp. 141 - 142.*</small>

Cette idée de noyau programmé est à la base de notre modèle fractal de développement de systèmes d'intelligence artificielle par auto-apprentissage face à l'environnement. L'exemple de l'arbre est intéressant. En effet, le développement d'un arbre à partir d'une semence dépend d'une part, de l'information génétique de la semence et d'autre part, des conditions de l'environnement (qualité de la terre, quantité d'eau, ensoleillement, mouvements et qualité de l'air et situation géographique). Deux semences identiques ne donneront pas deux arbres identiques. Le développement de l'arbre en ramification et en arborescence est semblable au développement d'une géométrie fractale, orientée par le contenu génétique et modulée par les conditions de l'environnement. Même si l'on connaissait toutes les informations contenues dans la semence, on ne pourrait pas prédire la forme d'un arbre de manière précise. Les phénomènes de cause à effet déterministes s'actualisent de manière stochastique en fonction des conditions de l'environnement. Ce n'est que stochastiquement que les arbres développent une forme particulière dépendant de l'espèce à laquelle ils appartiennent. L'ensemble des possibilités de réalisation d'un arbre de formes bien définies est semblable aux trajets possibles dans un labyrinthe ayant une structure bien particulière, une structure fractale.

3.3 La dernière question :
Quel est le secret du labyrinthe de l'intelligence ?

<small>*En théorie des systèmes non-linéaires, la recherche de la chambre du milieu correspond à trouver l'optimum global.*</small>

Il n'y a pas de chambre du milieu localisable dans le labyrinthe fractal. Si on le parcourt de manière déterministe, il y a une multitude de chambres qu'on prendra pour la chambre du milieu et si on suit un chemin aléatoire, on trouvera la chambre du milieu, car on ne sait pas où elle se trouve. **Une analogie entre ce mystère du labyrinthe et le principe d'incertitude d'Heisenberg permet de sortir des ténèbres pour recevoir la lumière.** Ce principe se base sur la difficulté de connaître à la fois la position et la vitesse d'un électron, l'électron pouvant se présenter sous la forme d'une particule ou sous la forme d'une onde ayant une multitude de fréquences, suivant les appareillages pour son observation. On peut mesurer de manière très précise sa position à un moment donné, mais on ne connaît sa vitesse qu'avec une grande imprécision : c'est une particule bien localisée à un moment donné, dont la prévision de la trajectoire dans les instants suivants n'est possible que statistiquement. Quand on mesure de manière très fine la vitesse de l'électron à un moment donné, on ne sait pas le localiser précisément, mais statistiquement : c'est une onde non localisable spatialement. La précision de sa trajectoire n'est également déterministe que de façon statistique. Il est impossible de prévoir le chemin permettant d'atteindre la chambre du milieu du labyrinthe fractal. Si nous localisons bien la chambre du milieu, nous ne connaissons plus le chemin suivi et quand nous connaissons l'algorithme pour nous déplacer dans le labyrinthe fractal, nous n'arrivons plus à localiser la chambre du milieu. Le cerveau humain a la même structure que le labyrinthe fractal, notamment en ce qui concerne la mémoire.

« *La mémoire mène sa vie propre. Elle censure, déforme, trie, classe, enfouit et exhume. Rien de moins contrôlable* ».

Les deux hémisphères du cerveau humain sont comme les deux aspects de l'électron. Quand l'hémisphère gauche explique le comment des choses de la réalité, il ne comprend pas le pourquoi et, quand l'hémisphère droit comprend le pourquoi, il ne s'explique pas le comment.

Cela va dans le sens du concept d'unidualité des deux pensées défendu par E. Morin dans le chapitre « Les doubles jeux de la connaissance », dont nous reprenons un extrait significatif.

« *Compréhension et explication peuvent et doivent s'entre-contrôler, s'entre-compléter (sans pourtant éliminer leur antagonisme) et se renvoyer l'une à l'autre*

En Intelligence Artificielle, la machine neuronale est basée sur une approche stochastique de recherche des états les plus stables pour l'apprentissage.

Giroud, 1983, p. 165.

dans une boucle constructive de connaissance. L'explication ne saurait finalement s'expliquer elle-même (les explicanda sont inexplicables), la compréhension ne saurait se comprendre elle-même (les comprehenda sont incompréhensibles), mais elles peuvent s'entraider à se connaître. Enfin, sans qu'on puisse constituer un « méta-niveau » qui les « dépasse » l'une et l'autre, on peut envisager leur conjugaison stratégique et leur correction mutuelle ».

<small>Morin, 1983, p. 152.</small>

<small>D'après Holton, 1982, p. 455.</small>

Comme disait A. Einstein : « *Pour parvenir à ces lois élémentaires (de la Nature), aucun chemin n'y conduisait, mais seulement l'intuition, appuyée sur un contact intime avec l'expérience* ».

La connaissance des lois élémentaires de la nature, c'est la **chambre du milieu du labyrinthe fractal de l'intelligence** : nous n'aurons peut-être jamais la connaissance du chemin pour y arriver, mais **le fait d'en avoir conscience aura élargi le domaine de l'intelligence de l'intelligence.**

POSTFACE

L'IA ET LES EXPLICATIONS

Dans ce livre, Daniel Dubois donne une présentation pluridisciplinaire de l'intelligence (de la psychologie à l'informatique, en passant par la biologie). Cette présentation est centrée autour d'une représentation fractale des mécanismes intimes de l'intelligence. Avant de donner ma propre opinion sur ce qu'est, et n'est pas, l'intelligence artificielle (IA), je voudrais commenter deux points : l'IA est-elle nécessairement pluridisciplinaire, et pourquoi des objets fractals ?

L'IA est-elle nécessairement pluridisciplinaire ?

Historiquement, l'IA est bien une science pluridisciplinaire. Par exemple, les premiers essais de représentation des connaissances par des réseaux sémantiques sont directement inspirés de modèles psychologiques. Ceci étant, l'IA a bien évolué depuis, et a développé sa propre approche, centrée autour de ses propres problèmes. Par exemple, les langages orientés objets, les techniques inductives d'apprentissage n'ont pas de lien direct avec la psychologie ou la biologie. Il existe donc actuellement deux tendances parmi les chercheurs en IA : la tendance cognitiviste et la tendance « pure et dure ».

Réseau sémantique. Système de représentation des connaissances dans lequel les objets sont définis par les liens qu'ils présentent entre eux. Par exemple, dans un réseau sémantique on définira 'Marie' par « Marie est la mère de Dieu » par le seul lien (non défini par lui-même) 'est la mère de' entre deux entités elles-aussi non définies par ailleurs 'Marie' et 'Dieu'.

« J'appartiens à cette tendance, c'est pourquoi je permets un peu d'auto-ironie. Pour éviter les lourdeurs, je parlerai dans la suite de « IA » pour représenter cette tendance, de « science cognitive » pour représenter la première tendance, et de « intelligence artificielle »,

comme l'auteur de ce livre, pour désigner l'étude de tout ce qui est intelligent et artificiel. Dans cette terminologie, l'intelligence artificielle contient : l'IA, la science cognitive, les réseaux neuronaux, les techniques informatiques produisant des programmes intelligents, telles l'analyse des données, la recherche opérationnelle, la démonstration de théorèmes, etc. »

La science cognitive cherche à trouver des modèles réalistes du comportement humain intelligent, et à les programmer sur machine afin de les tester par simulation.

« Il est facile d'être ironique et de demander pourquoi les comportements imbéciles ne sont pas considérés comme intéressants. La réponse correcte est que la science cognitive tend à s'intéresser aux comportements rationnels plutôt qu'aux irrationnels, mais que les liens entre rationalité et irrationalité l'intéressent aussi, comme ce livre l'illustre bien. »

L'IA, elle, étudie divers mécanismes d'inférence : déduction, induction, analogie; elle étudie divers mécanismes de représentation de connaissances : réseaux sémantiques, clauses logiques; elle combine les mécanismes d'inférence et de représentation de connaissances pour créer des logiciels capables de raisonner.

« Notez bien que je viens de définir l'IA sans utiliser une seule fois le mot « intelligent », dont je ne connais d'ailleurs pas de définition convaincante. »

En somme, la science cognitive se pose comme but ultime de comprendre ce qu'est l'intelligence, alors que l'IA se donne comme but de développer des techniques de raisonnement.

A l'heure actuelle, on est bien obligé de constater que l'immense majorité des chercheurs qui soumettent des articles aux congrès internationaux en intelligence artificielle acceptent à peu près ma définition de l'IA ci-dessus : ils considèrent l'IA comme une science indépendante dont les liens avec d'autres disciplines relèvent plus de l'épistémologie que de l'IA elle-même.

Je rejette personnellement cette dichotomie. Il est important pour l'avenir de l'IA qu'elle ne perde pas de vue sa pluridisciplinarité, même s'il faut aussi savoir se

Logique classique. Logique à deux valeurs de vérité (VRAI, FAUX), à deux quantificateurs (POUR_TOUT, IL_EXISTE), à valeur de vérité fixe, telle que NON NON A soit identique à A.

Logiques modales. Logiques admettant certains modes particuliers de raisonnement non pris en compte par la logique classique. Par exemple, en logique classique, la valeur de vérité d'une expression ne peut pas varier au cours d'un raisonnement. On appelle logiques non-monotones les logiques dans lesquelles la valeur de vérité d'une expression peut varier au cours du raisonnement.

Les deux congrès principaux sont : l'International Joint Conference on Artificial Intelligence (IJCAI, a lieu les années impaires, reçoit environ 5000 participants) et l'European Congress on Artificial Intelligence (ECAI, a lieu les années paires, reçoit environ 1000 participants).

définir comme une science indépendante. Je veux dire que les puristes de l'IA sont certes nécessaires, mais qu'ils ne doivent pas se désolidariser de leurs collègues cognitivistes. Je sais bien que le livre de Daniel Dubois va attirer des commentaires peu aimables de la part de mes amis les puristes, mais j'affirme qu'il est sain de repenser de temps en temps nos liens avec les autres approches, surtout lorsqu'une idée originale : « La nature de l'intelligence est-elle fractale ? » est développée.

Il existe aussi une foule de congrès spécialisés sur les applications industrielles organisés par les grandes nations de l'IA : USA, Grande-Bretagne, France, Allemagne, et sur des sous-domaines spécifiques de l'IA : programmation logique, raisonnement par cas, apprentissage automatique, logiques modales, représentation des connaissances, etc.

Pourquoi des objets fractals ?

Mon but ici n'est pas de critiquer Daniel Dubois (en fait, ma seule gêne après la lecture du livre est qu'il ne précise pas assez comment sa théorie peut être effectivement implémentée), mais plutôt de montrer que l'IA s'est posé des problèmes très semblables à ceux que les fractales semblent devoir résoudre. Les langages orientés objets dont l'importance ne cesse de croître en IA, ne font plus la distinction classique entre données et programmes, mais regroupent les connaissances autour du concept d'objet : un objet est défini comme un module élémentaire réunissant un certain nombre de données et les procédures manipulant ces données. Un objet est un module de connaissance (données + procédures) pouvant vivre indépendamment des autres objets, et pouvant communiquer avec les autres objets. Enfin, les objets se placent au sein de structures d'héritage, chaque objet pouvant hériter des connaissances de son (ou de ses) pères, et les transmettre à ses fils. On reconnaît dans cette description la plupart des motivations de Daniel Dubois pour introduire les objets fractals. En conclusion, je suppose qu'une implémentation effective de ses idées devrait être possible dans un langage orienté objet.

*Langages orientés objets. Ce sont des langages de programmation dont le mécanisme de base est l'échange de messages entre « objets ». Un objet peut connaître une certaine information et la transmettre à un autre, ou bien mettre en route un algorithme (à la requête d'un autre agent) afin d'envoyer le résultat à un troisième objet. Un exemple classique de l'utilisation des langages objets est celui des hiérarchies à héritage dans lesquelles un enfant hérite de toutes les propriétés de ses parents. Par exemple, à quelque moment où on rencontre l'objet 'chien', on aura immédiatement accès à toutes les propriétés des 'mammifères', du moment qu'on sait que 'chien' est enfant de 'mammifère'.
Voir C. Baily, J.-F. Challine, P. Y. Gloess, H.-C. Ferri, B. Marchesin,
Les langages orientés objets, CEPADUES, Toulouse, 1987.*

Ce que l'IA n'est pas

Au vu des actes des principaux congrès organisés par la communauté des chercheurs en IA, il nous apparaît évident que l'IA se distingue des autres approches par quatre caractères.

Arbre de décision. Arbre dont chaque noeud est constitué par un test dont les réponses possibles sont les enfants. A chaque noeud, la décision prise (c'est-à-dire la réponse choisie) vous conduit vers un autre noeud, où vous allez prendre une décision etc ... Bien sûr, dans les cas complexes, l'arbre peut être infini.

Représentation procédurale/déclarative. Dans une représentation procédurale, les connaissances sont des procédures, c'est-à-dire des algorithmes programmés. Par exemple, un programme de pilotage automatique contient sous forme procédurale quantité d'informations relatives au pilotage. Par contre, dans une représentation déclarative les connaissances sont simplement spécifiées, certes dans un langage formel, mais celui-ci ne contient pas la notion d'action à exécuter comme le font les langages de programmation. Un langage déclaratif va donc « donner l'impression » à son utilisateur qu'il ne fait que déclarer des connaissances, tout l'aspect exécution est transparent à l'utilisateur.

Compilateur. Programme (P1) capable de traduire un autre programme (P2) écrit en un langage de programmation de niveau élevé comme FORTRAN (ou LISP, etc ... voir ces mots), en un troisième programme (P3) écrit en un langage de programmation directement exécutable sur une machine donnée. P2 est le plus possible indépendant de la machine sur laquelle on va l'exécuter alors que P3 en dépend étroitement, bien évidemment. P1 est là pour tenir compte de toutes les particularités de la machine.

Premièrement, l'IA rejette assez systématiquement les boîtes noires intelligentes. Par exemple, Roger Schank fait remarquer que les petites machines à jouer aux échecs sont totalement étrangères à l'IA bien qu'elles aient obtenu un incontestable degré de compétence. Les raisons pour lesquelles elles jouent bien ne sont accessibles qu'à leurs programmeurs et non à leurs utilisateurs, et c'est pourquoi elles sont étrangères à l'IA. De fait, ces machines ne sont pas un succès de l'IA, mais de la recherche opérationnelle.

Deuxièmement, l'IA rejette autant que possible les connaissances exprimées de façon implicite. Ceci est bien illustré par la préférence que nous marquons aux représentations déclaratives dans lesquelles la connaissance et son utilisation sont séparées sur les représentations procédurales où elles sont confondues. Par exemple, l'IA a favorisé la naissance de langages relativement déclaratifs comme PROLOG et LISP. Un autre exemple, très en vogue actuellement, est celui des systèmes experts. Un système expert n'est jamais autre chose qu'un arbre de décision, à ceci près que l'arbre de décision est écrit sous une forme déclarative, en alignant les règles qui doivent mener à la décision, sans fixer d'avance l'ordre dans lequel elles doivent être utilisées.

Troisièmement, et à l'opposé de la croyance des pionniers de l'IA, on a reconnu qu'un système peut difficilement satisfaire aux critères ci-dessus sans qu'il lui soit déjà inclus une masse énorme de connaissances.

« L'idée, soutenue dans ce livre, que l'apprentissage doit se faire « à partir de zéro », va à l'encontre des résultats obtenus par l'approche IA à l'apprentissage automatique : on ne peut apprendre que lorsqu'on possède déjà énormément de connaissances. »

Quatrièmement, et en accord avec le souci de transparence, un système d'IA se doit de s'exprimer dans le langage de son utilisateur et non dans un « langage de l'IA ». Ce caractère la met bien en position avec la plupart des autres sciences dont le souci primordial est de créer leur propre langage, et de l'imposer à leurs utilisateurs. Par exemple, les statistiques touchent certainement à une forme de raisonnement de très haut niveau, mais le font dans un langage d'« écarts quadratiques moyens » etc..., ce qui les sépare fondamentalement de l'IA.

Enfin, P2 est toujours relativement proche d'un langage « naturel » (pour les programmateurs), alors que P3 est normalement incompréhensible à une personne non spécialisée dans la machine en question.

Ce que l'IA « n'est pas seulement »

On veut très souvent définir l'IA par un sous-ensemble d'elle-même. Il nous est impossible de donner ici toutes les instances de ces vues hyper-simplificatrices, nous allons simplement en énumérer quelques unes.

L'IA c'est les systèmes experts...

La technologie des systèmes experts est certainement une des jolies réussites de l'IA mais n'a jamais constitué une part très importante de l'activité des chercheurs en IA comme le montrent tous les actes de congrès internationaux (sauf ceux dédiés aux systèmes experts, bien sûr). La tendance actuelle est même à ne pas inclure ce domaine dans les thèmes classiques de nos études, et de demander aux chercheurs en systèmes experts de caractériser leur travail par d'autres mots-clés.

« *C'est tout simplement un fait que le thème « systèmes experts » n'apparaît pas dans les thèmes explicites des IJCAI et ECAI. Ceci peut paraître incroyable à ceux qui réduisent l'IA aux systèmes experts. C'est bien à ça qu'on reconnaît leur ignorance quant à ce qu'est réellement l'IA.* »

L'IA c'est LISP (ou PROLOG, ou les langages orientés objets)

Les langages de programmation déclaratifs que nous avons déjà évoqués ne sont que très rarement issus de la communauté en IA elle-même. Par contre, c'est dans cette communauté qu'ils ont été adoptés d'abord, et rendus célèbres ensuite. A titre d'anecdote amusante, on ne compte plus les critiques « définitives » apportées à PROLOG et à LISP par des informaticiens théoriciens. C'est qu'en effet ces langages sont fort critiquables du point de vue théorique. Ils doivent leur réussite au fait qu'ils répondent à des besoins de la communauté IA.

Système expert. Système de représentation déclarative d'un arbre de décision. Le langage utilisé est en général de la forme
SI condition$_i$ = vrai, ALORS exécuter action$_i$.
le système se présente sous la forme d'un ensemble de telles règles, et c'est le système lui-même qui va enchaîner les actions les une aux autres. Chaque exécution particulière est donc le parcours d'un arbre de décision, mais la forme de l'arbre n'est pas décidée à l'avance. Leur principal avantage est la facilité d'expression, le principal problème qu'ils posent est d'enchaîner correctement les actions.

LISP. Langage de programmation dans lequel la notion d'évaluation est pré-programmée. Les programmes se présentent sous la forme de fonctions dont le domaine de définition doit être parfaitement connu. La définition de la fonction est récursive, c'est-à-dire qu'on définit son comportement en un point du domaine par sa relation avec le comportement en un autre point du domaine, d'où la nécessité d'avoir des domaines définis de façon très standard, en LISP le domaine standard est celui des listes, d'où son nom. Un exemple typique de définition récursive est le suivant : Zéro est pair, et un nombre entier n (n = 0) est pair si n - 2 est pair.

> *PROLOG. Langage de programmation dans lequel la résolution de problèmes est pré-programmée. De façon superficielle, un programme PROLOG se présente comme divisé en deux parties. L'une est un ensemble de connaissances, l'autre est une question. C'est PROLOG lui-même qui répond à la question. Il y a bien entendu des restrictions, mais les décrire nous entraînerait trop loin dans la technique.*

L'IA c'est la reconnaissance des formes (ou la robotique intelligente, les jeux, la traduction automatique etc...)

L'IA est née du besoin qu'un certain nombre d'autres domaines de recherche, tels que ceux que nous venons de nommer, avaient de composantes transparentes, déclaratives, de grandes bases de connaissances et de prendre en compte le langage de leur utilisateur. Au départ, on a donc naturellement confondu ces domaines et l'IA. Certes, ces domaines restent des champs d'application privilégiés pour l'IA, amis ils en sont maintenant nettement distincts.

Faire de l'IA c'est trouver des modèles cognitifs

Depuis toujours l'IA s'est intéressée au problème de représenter par des modèles opérationnels le fonctionnement de l'intelligence humaine. Il est typique de l'IA de ne pas rejeter systématiquement les modèles volontairement anthropomorphes. Inversement, il est ridicule de croire que tout modèle issu de l'IA doit forcément être une représentation fidèle de ce qui se passe dans nos cerveaux. D'ailleurs, dans le cas de l'intelligence humaine, on est encore bien loin du compte si on parle de transparence comme nous l'avons fait plus haut.

> *Modèle cognitif. Modèle de représentation des processus intellectuels d'un être biologique, en général de l'homme. Par exemple, la notion de mémoire à court terme et de mémoire à long terme est un modèle cognitif qui semble bien validé par la psychologie contemporaine.*

Les domaines de l'IA

On aura compris que ce n'est pas tant le domaine qui caractérise l'IA que la façon de l'aborder. Néanmoins, certains domaines sont champs d'application privilégiés pour l'IA; en voici une liste non exhaustive, tirée des thèmes de quelques congrès internationaux récents : **compréhension du langage naturel, perception, robotique, architecture de machines et langages pour l'IA, modèles cognitifs, tuteurs intelligents, jeux, programmation automatique.** Le domaine de la compréhension du langage naturel est particulièrement typique en ceci qu'il existe depuis toujours une science parente, la linguistique, dont les spécialistes en général rejettent l'IA parce qu'elle n'est pas assez rigoureuse à leur goût. En fait, la différence essentielle entre linguistique et IA, c'est que les linguistes s'efforcent de caractériser les propriétés de la langue naturelle, alors que l'IA se pose le problème complètement différent de caractériser en quoi le langage humain sert de moyen de communication entre deux systèmes, ce qui la conduit à s'intéresser assez systématiquement à des sous-ensembles du langage naturel, plutôt qu'au langage naturel dans toute sa complexité.

Chacun de ces domaines fait usage d'outils qui sont issus d'efforts méthodologiques indépendants de leur domaine d'application, c'est ce que nous allons voir maintenant.

Les méthodologies de l'IA

On a toujours reconnu deux grands sujets de recherche méthodologique à l'IA, ce sont la **représentation des connaissances** (les réseaux sémantiques par exemple), et le **raisonnement** (incluant les techniques déductives, la démonstration de théorèmes en logiques classiques ou modales). Depuis un ou deux ans, les progrès du domaine ont été tels qu'à son tour l'apprentissage – c'est-à-dire les techniques inductives et analogiques de raisonnement, la généralisation, les méthodes de découverte – est devenu une méthodologie acceptée pour l'IA. L'étude de la collaboration entre agents concurrents, c'est-à-dire l'approche de l'IA aux problèmes de parallélisme, vient d'affirmer son identité depuis 2 ou 3 ans.

La problématique de l'IA

Nous devons reconnaître qu'il n'existe pas encore de définition acceptée de tous de la problématique de l'IA, ce qui n'est pas anormal pour une science encore toute jeune. C'est pourquoi nous devons insister sur le point que notre propre définition de l'IA, c'est-à-dire que c'est la science des **explications fournies par le système à son utilisateur**, et ce dans le langage de l'utilisateur, n'est pas acceptée de tous, tant s'en faut. Notre position se justifie essentiellement par le fait que la notion d'explicabilité contient les exigences que nous avons énoncées plus haut.

1 – Le souci de transparence est parfaitement rempli par un système capable de fournir lui-même des explications à son utilisateur.

2 – Il est nécessaire de contrôler une masse importante de connaissances pour pouvoir donner des expli-

cations de son comportement.

D'autre part, et de façon plus anecdotique, l'histoire récente de l'IA illustre bien le sentiment, peut-être encore diffus, qu'ont les spécialistes d'IA de l'importance des explications. ceci se voit aux phénomènes suivants.

1 – Les progrès essentiels et récents de l'apprentissage sont en grande part dus à ce qu'on a reconnu l'importance des explications pour contrôler l'évolution des systèmes informatiques, en particulier celle des systèmes experts qui doivent sans cesse être corrigés ou mis à jour.

2 – Autant les efforts sur l'amélioration des systèmes experts quant à leur capacités d'inférence attirent peu d'intérêt, autant les efforts pour améliorer leur explicabilité passionnent la communauté.

En conclusion, nous soutenons donc que l'IA est une science qui se caractérise essentiellement par une approche aux problèmes et par une problématique spéciales. Elle fonde ses méthodes de résolution de problèmes sur l'utilisation déclarative de grandes quantités de connaissances accessibles à son utilisateur. Sa problématique est la définition, l'utilisation des explications et la mise au point de techniques de comparaison d'explications différentes.

Yves Kodratoff est Professeur au Centre National de Recherche Scientifique du Laboratoire de Recherche en Informatique de l'Université de Paris-Sud et à la George Mason University, AI Center, Fairfax, U.S.A.

Yves KODRATOFF
Paris, février 1990

BIBLIOGRAPHIE

Faire une bibliographie exhaustive d'un sujet aussi vaste est impossible.

Elle regroupe, en premier lieu, les publications explicitement citées dans cet ouvrage.

Les autres références complètent l'exploration des domaines abordés. Les lectrices et lecteurs intéressés y trouveront les informations nécessaires pour l'élargissement du débat sur la question de savoir si l'intelligence est bien fractale, comme je le soutiens tout au long de cet ouvrage.

Actes du 1er Congrès Européen de Systémique, du 3 au 6 octobre 1989 à Lausanne, AFCET, 1990.

ALEKSANDER I. et BURNETT P., *Le robot pensant*, Denoël, 1985.

ALSPECTOR J. et al, *Stochastic learning networks and their electronic implementation*, in *Proceedings of the Conference on Neural Information Processing Systems. Natural and Synthetic*, Denver, November 1987.

ANDERSON J. A., *IEEE Trans. on Syst.*, in *Man and Cybern.*, 13, 1983.

ASIMOV I., *Le robot qui rêvait*, J'ai lu, 1988.

ATLAN H., *Entre le cristal et la fumée*, Le Seuil, 1979.

ATLAN H., *A tort et à raison*, Le Seuil, 1986.

BARR A., *The Handbook of artificial Intelligence*, vol. 1, Pitman, London, 1981.

BARR A., *The Handbook of artificial Intelligence*, vol. 2, Pitman, London, 1982.

BATESON G., *Vers une écologie de l'esprit II*, Le Seuil, 1980.

BERGE P., POMEAU Y., VIDAL Ch., *L'ordre dans le chaos : vers une approche déterministe de la turbulence*, Hermann, 1988.

BERTILLE J.-M. et PEREZ J.-Cl., *Le modèle holographique « chaos fractal », bases théoriques et applications. Les réseaux neuro-mimétiques et leurs applications*, in *Actes des journées internationales, Nîmes, 15-17 novembre 1988*, EC2, 1988, pp. 263-282.

BOBROW D. G. and WINOGRAD T., *An Overview of KRL, a Knowledge Representation Language*, in *Cognitive Science*, vol. 1, 1977, p. 7.

BOITET C., *La traduction automatique*, 01 Références, Hors série n° 3, 1989, p. 92.

BOURGUIGNON A., *Ouverture-Fermeture du système nerveux central et activité psychique*, in *Cognitiva*, CESTA, 1985, pp. 801-809.

BUCHANAN B., G., MITCHELL, T., M., *Model-directed learning of production Rules*, in WATERMAN D. A. and HAYES-ROTH F. (ed.), *Pattern-directed inference systems*, Academic Press, 1978.

BUNDY A., *Meta-level inference consciousness*, in TORRANCE S. (ed.), *The mind and the machine*, Ellis Harwood, 1984.

CARTON Y., *La coévolution*, in *La Recherche*, n° 202, 1988, pp. 1022-1031.

CASTORIADIS C., *Les carrefours du labyrinthe*, Le Seuil, 1978.

CHAITIN G., *Algorithmic information theory*, Cambridge University Press, 1987.

CHANGEUX J.-P., *L'homme neuronal*, Fayard, 1983.

CHARON J. E., *L'Esprit, cet inconnu*, Albin Michel, 1977.

CHAUVET F. et MOULIN Th., *Vers une esquisse de langage systémique fondé sur des classes de fonctionnement, des types de singularités et des nombres d'information virtuelle*, AFCET, 1989, pp. 525-534.

CHERBIT, G., *Généralisation de la vitesse et dimension locale d'une trajectoire*, AFCET, 1989, pp. 655-660.

CHOMSKY N., *La nouvelle syntaxe*, Le Seuil, 1987.

CHRISTEN Y. et BLOOM, F., *Le cerveau*, in *Le Figaro-Magazine*, n° 456, 1988, pp. 153-161.

COHEN D. and POSTEL J., *The ISO Reference Model and other Protocol Architectures*, *Information Processing '83*, Elsevier, 1983, pp. 29-34.

COLLOT F., *Darwin ou Lamarck ? Probabilité des mutations aléatoires en immunologie*, in *Bio-Math.*, n° 107, 1989.

COLMERAUER A., *Programmation logique*, 01 Références, Hors série n° 3, 1989, p. 85.

COMMIOT D., *L'ordinateur à neurones*, in *Sciences et Avenir*, n° 479, 1987.

CRUTCHFIELD J., FARMER, D., PACKARD, N. et SHAW, R., *Le chaos*, in *Pour la Science*, n° 112, 1987, pp. 26-39.

DAMOUR Th., *Le renouveau de la relativité générale*, in *La Recherche*, n° 189, 1987, pp. 766-776.

DAWKINS R., *The blind Watchmaker*, Longman Scientific & Technical, 1986.

de CALLATAŸ A., *Natural and Artificial Intelligence*, North Holland, 1986.

de ROSNAY J., *L'avenir en direct*, Fayard, 1989.

de ROSNAY J., *L'Aventure du Vivant*, Le Seuil, 1988.

DE RYCKER H. et DUBOIS, D., *Une approche critique du concept d'entropie des systèmes macroscopiques*, in Actes du 11ème Congrès International de Cybernétique, Namur, 25-29 août 1986. *Symposium sur les concepts de complexité et d'entropie d'un système*, 1986, pp. 39-53.

DELAHAYE J.-P., *Une extension spectaculaire du théorème de Gödel : l'équation de Chaitin*, in *La Recherche*, n° 200, juin 1988, reproduit in *Interfaces*, AFCET, n° 75, 1989.

DELBROUCK J. M. and DUBOIS D. M., *Bound states of one nucleon in a Woods-Saxon well from a variational method*, Computer physics communication, 8, 1974, pp. 396-403.

DEWDNEY A., *Esprit, es-tu là ?*, in *Pour la Science*, n° 148, Février 1990, pp. 116-119.

DIEUDONNÉ J., *Pour l'honneur de l'esprit humain*, Pluriel, 1988.

DODSON F., *Tout se joue avant six ans*, Robert Laffont, Paris, 1972.

DREYFUS G., *Machines neuronales*, 01 Références, Hors série n° 3, 1989, p. 99.

DREYFUS H. L., *Intelligence artificielle : mythes et limites*, Flammarion, 1984.

DUBOIS D. M. and NAGARAJAN M. A., *Single particule resonances and Kapur-Peierls theory*, in *Bull. Soc. Roy. Sci. Liège*, 5-8, 1971, pp. 262-270.

DUBOIS D. M. et DELTOUR J., *Etude des bornes inférieure et supérieure d'une fonction à partir de ses moments*, in *Rev. Roum. math. pures et appliquées*, tome XVI, n° 10, 1971, pp. 1461-1465.

DUBOIS D. M., *Liquid argon dynamics from first moments of the coherent scattering function : the density response function, the dispersion curve and the intermediate scattering function*, in *Physica*, 60, 1972, pp. 27-40.

DUBOIS D. M., *Aspect mathématique de l'invariant en cybernétique*, in *Cybernetica*, vol. XVI, n° 3, 1973, pp. 161-176.

DUBOIS D. M. and SCHOFFENIELS E., *A molecular model of action potential*, in *Proc. Natl. Acad. Sci.*, U.S.A., 71, 1974, pp. 2858-2862.

DUBOIS D. M., *A model of patchiness for prey-predator plankton populations*, in *Ecological Modelling*, 1, 1975, pp. 67-80.

DUBOIS D. M., *Hydrodynamic aspects in environmental and ecological enhancement*, in *Proceedings of the Second World Congress*, International Water Resources Association, New Delhi, 1975, vol. V, pp. 413-419.

DUBOIS D. M., *Learning, adaptation and evolution of the environment ecosystem couple*, in *J. of Cybernetics*, 5, 2, 1975, pp. 109-125.

DUBOIS D. M., *Simulation of the spatial structuration of a patch of prey-predator plankton populations in the Southern Bight of the North Sea*, Mém. Soc. Sci. Liège, 6ᵉ série, tome VII, 1975, pp. 75-82.

DUBOIS D. M., *Spatio-temporal structuration of biological and chemical systems in interaction with fluid flow*, in Proceedings of the XVI th Congress of the International Association for Hydraulic Research, Sao Paulo, 1975, vol. 3, pp. 483-490.

DUBOIS D. M., *The influence of the quality of water on ecological systems*, in VANSTEENKISTE G. C. (ed.), Computer simulation of water resources systems, North Holland/American Elsevier, 1975, pp. 535-543.

DUBOIS D. M. AND SCHOFFENIELS E., *Molecular model of the post-synaptic potential*, in Proc. Natl. Acad. Sci., U.S.A., 72, 1975, pp. 1749-1752.

DUBOIS D. M. and ADAM Y., *Spatial structuration of diffusive prey-predator biological populations : simulation of the horizontal distribution of plankton in the North Sea*, in VANSTEENKISTE G. C. (ed.), System simulation in water resources, North Holland, Amsterdam, 1976, pp. 343-356.

DUBOIS D. M. and CLOSSET P. L., *Patchiness in primary and secondary production in the Southern Bight : a mathematical theory*, in PERSOONE and JASPERS (ed.), Proceedings of the 10th European Symposium on Marine Biology, Universa Press, 1976, pp. 211-229.

DUBOIS D. M. and MAZAUD P., *Experimental and theoretical approach of the production and transformation of organic matter in a semi-enclosed basin*, in PERSOONE and JASPERS (ed.), Proceedings of the 10th European Symposium on Marine Biology, Universa Press, 1976, pp. 233-245.

DUBOIS D. M., *Modelling and simulation of the mesoscale mosaic structure of the lower marine trophic levels*, in Lecture Notes in Computer Science, Springer-Verlag, 1976, vol. 41, pp. 407-418.

DUBOIS D. M., *On temporal and spatial structure in model systems and application to ecological patchiness. Invited paper*, in IRIA (ed.), Proceedings du Colloque IRIA sur l'Analyse de systèmes et ses orientations nouvelles, 1976, pp. 599-613.

DUBOIS D., ET SCHOFFENIELS E., *La structure du hasard*, in SCHOFFENIELS E., L'anti-hasard, Gauthier-Villars, 1976, pp. 103-126.

DUBOIS D. M. and MONFORT G., *Stochastic simulation of space-time dependent predator-prey models*, in STOER J., Proceedings of the IFIP Conference on Optimization Techniques (Würburg), Lecture Notes in Control and Information Sciences, 1977, Springer-Verlag, vol. 6, pp. 400-410.

DUBOIS D. M., *Limites à la modélisation des systèmes. Modélisation et maîtrise des systèmes techniques, économiques, sociaux*, Hommes et Techniques, 1977, pp. 170-177.

DUBOIS D. M., *On mathematical modelling of complex ecosystems : applications to marine planktonic patchines*, Helgolander Wiss. Meerekunders, 30, 1977, pp. 76-82.

DUBOIS D. M., *On temporal and spatial structure in model systems and application to ecological patchiness. Invited paper*, in A. BENSOUS-

SAN and LIONS J. L., *Lecture notes in control and information sciences*, Springer-Verlag, 1977, vol. 2, pp. 599-613.

DUBOIS D. M. and MONFORT G., *Stochastic simulation of space-time dependent predator-prey model*, in *Compstat (Computational Statistics) 1978*, Physica-Verlag-Wien, 1978, pp. 384-390.

DUBOIS D. M., *Aspects mathématiques et thermodynamiques du concept d'information*, Cybernetica, 1978, Vol. XX, n° 1, pp. 20-24.

DUBOIS D. M., *Limits to modelling and stochastic simulation of biological systems in seas, lakes and rivers*, in VANSTEENKISTE G. C., *Modellings, identification and control in environmental systems*, North Holland, 1978, pp. 631-634.

DUBOIS D. M., *Catastrophe theory applied to water quality regulation of rivers*, in JORGENSEN S. (ed.), *State-of-the-art in ecological modelling*, Pergamon Press, 1979, pp. 751-758.

DUBOIS D., *State-of-the Art of predator-prey systems modelling*, in JORGENSEN S. (ed.), *State-of-the-art in ecological modelling*, Pergamon Press, 1979, pp. 163-217.

DUBOIS D., *Etat des connaissances sur la modélisation des systèmes proie-prédateur*, Océanis, vol. 6, Fasc. 1, 1980-81, pp. 17-56.

DUBOIS D. M. (ed.), *Progress in ecological engineering and management by mathematical modelling*, CEBEDOC, 1981.

DUBOIS D. M. et LEKIEN B.P., *Application de la méthode d'optimisation multiobjectif S.W.T. de Haimes à la gestion du Bassin de la Sambre*, in DUBOIS D. M. (ed.), *Progress in Ecological Engineering and Management by Mathematical Modelling*, CEBEDOC, 1981, pp. 389-420.

DUBOIS D., *La vie et les idées de l'inventeur du premier ordinateur : joies et soucis d'un pionnier de l'informatique, le docteur ingénieur E. H. Konrad Zuse*, in *Demain de la SEE*, n° 296-297, 1983, pp. 77-83.

DUBOIS D., *L'intelligence artificielle et la logique du vivant*, in Cybernetica, vol. XXIX, n° 3, Namur, 1986, pp. 175-192.

DUBOIS D., and DE RYCKER-DANDOY N., *Interaction between Artificial Intelligence and education methodology*, in Cybernetics and Systems : the way ahead, Proceedings of the Seventh International Congress of Cybernetics and Systems of the W.O.G.C.S., vol. 1, Thales Publ. Lt, London, 1987, pp. 529-532.

DUBOIS D. et GODART J., *Un modèle génératif de construction de systèmes d'intelligence artificielle par auto-apprentissage*, in de CALUWE R. (ed.), *Actes du 5ème Congrès de la Fédération des Associations Informatiques de Belgique*, 1987a, pp. 39-53.

DUBOIS D., *What is intelligence in natural and artificial systems ?*, in *Cybernetics and systems : the way ahead. Proceedings of the Seventh International Congress of Cybernetics and Systems of the W.O.G.S.C.*, vol. 1, Thales Publ. Ltd, London, 1987a, pp. 58-62.

DUBOIS D. et GODART J., *Un modèle synthétique pour la représentation des phénomènes de méta-apprentissage dans les systèmes intelligents*, Cognitiva, CESTA, Paris, 1987b, pp. 319-327.

DUBOIS D., *A conceptual framework to design a generative self-learning system with capabilities of doing cognitive activity*, in HEYLIGHEN F. and DEMEYERE F. (ed.), *Proceedings of the Symposion « Self-steering and cognition in complex systems », Brussels, May 1987*, Gordon and Breach Science Publishers, London, 1987b.

DUBOIS D., *Reformulation théorique et interprétation nouvelle de la loi sur la croissance de l'entropie*, in *Cybernetica*, Vol. XXX, n° 2, 1987c, pp. 59-81.

DUBOIS D. M. et DE RYCKER-DANDOY N., *L'auto-apprentissage, clé du développement de l'intelligence*, in *Athena*, n° 44, 1988, pp. 18-24.

DUBOIS D. and de RYCKER-DANDOY N., *Reality and limits of learning in natural and artificial intelligent systems*, in LASKER G. (ed.), *Advances in Systems Research and Cybernetics*, The International Institute for Advanced Studies in Systems Research and Cybernetics, 1989.

DUBOIS D., DE RYCKER-DANDOY N. et PERRIER P., *L'apprentissage en intelligence artificielle*, in *Actes de la Convention Informatique Latine*, CIL 89, Barcelone, 15-17 mars 1989.

DUBOIS D., *Panorama des systèmes d'intelligence artificielle réalisés en gestion et en économique et les perspectives d'avenir*. (I), in *Gestion 2000*, n° 1, février-mars 1989, pp. 131-153.

DUBOIS D., *Panorama des systèmes d'intelligence artificielle réalisés en gestion et en économique et les perspectives d'avenir*. (II), in *Gestion 2000*, n° 2, avril-mai 1989, pp. 93-109.

DUBOIS D., *Un modèle fractal des systèmes intelligents*, in *Actes du 1er Congrès Européen de Systémique*, t. II, Lausanne, 3-6 octobre 1989, AFCET, France, 1989, pp. 665-674.

DUBOIS D., *Self-Organisation of fractal objects in XOR rule-based multilayer Networks*, in *Neural Networks & their Applications*, Neuro-Nîmes'90, Proceedings of the Third International Workshop, EC2, November 1990.

DUBOIS D., in *New mathematical Tools in Artificial Intelligence, Communication & Cognition - Artificial Intelligence*, 1991, à paraître.

DUBOIS D., in *Issues in Connectionism : part II, Communication & Cognition - Artificial Intelligence*, 1991, à paraître.

DUBOIS Didier, PRADE H., *Théorie des possibilités*, Masson, 1985.

EDELMAN G., *Neural Darwinism*, Basic Books, New York, 1987.

EIGEN M., *Selforganization of matter and the evolution of biological macromoleculars*, in *Naturwissenschaften*, 58, 465, 1971.

EINSTEIN A., *Manuscrit de la Bibliothèque Pierpont Morgan*, cité dans A. PAIS, *Subtle is the Lord*, Oxford University Press, 1982, p. 178.

FAUGERAS O., *Vision par ordinateur*, 01 Références, Hors série n° 3, 1989, p. 89.

FEIGENBAUM E. et McCORDUCK, *La cinquième génération*, Inter-Editions, 1984.

FEIGENBAUM E., *Handbook of artificial intelligence*, vol. 3, Pitman, London, 1982.

FOMBELLIDA M., MINSOUL M., DESTINE J., *Perceptrons multi-couches et fonctions d'activation non-monotones*, Proceedings of the Third International Workshop, EC2, November 1990.

FOMINE S. et BERKINBLIT M., *Problèmes mathématiques en biologie*, Mir, 1975.

FOX G. et al. (ed.), *Solving Problems on concurrent Processors*, Prentice-Hall International, 1988.

FREINET C., *Essai de psychologie sensible*, Delachaux et Niestlé, 1936.

GALLAIRE H., *Systèmes experts*, 01 références, Hors série n° 3, 1989, p. 88.

GANASCIA J.-G., *La conception de systèmes experts*, in *La Recherche*, vol. 16, n° 170, 1985, pp. 1142-1151.

GARDNER H., *Frames of Mind : The Theory of Multiple Intelligence*, Basic Books, 1983.

GARDNER M., *The fantastic combination of J. CONWAY'S new solitaire game*, in *Mathematical games*, Scientific American, October 1970.

GIROUD Fr., *Le Bon Plaisir*, Mazarine, 1983.

GHYKA M. C., *Le nombre d'or*, Gallimard, 1985.

GOLDBERGER A. L. et al., *Chaos and Fractals in Human Physiology*, *Scientific American*, vol. 262, n° 2, February 1990, pp. 35-41.

GOULD S. J. et MARLER J., *L'apprentissage instinctif*, in *Pour la Science*, n° 113, 1987.

GOULD S. J., *La mal-mesure de l'homme*, Le Livre de Poche, 1986.

GOULD S. J., *Le pouce du panda : une nouvelle théorie de l'évolution*, Grasset, 1982.

GOULD S. J., *Quand les poules auront des dents; réflexions sur l'histoire naturelle*, Fayard, 1986.

GROSS M., *Traitement du langage*, 01 Références, Hors série n° 3, 1989, p. 91.

HAFNER M. S. and NADLER S. A., *Phylogenetic trees support the coevolution of parasities and their hosts*, in *Nature*, 332, 258, 1988.

HAIMES Y. Y., *Hierarchical Analysis of Water Resources Systems : Modeling and Optimization of Large-Scale Systems*, McGraw-Hill, 1977.

HAKEN H., *Synergeties : Non-Equilibrium Phase Transitions and Self-Organization in Physics, Chemistry and Biology*, Springer, 1983 (3rd ed.).

HALSTEAD B., *Anti-darwinism theory in Japon*, Nature, October 17, 1985, pp. 598-589.

HAWKING St., *Une brève histoire du temps*, Flammarion, 1989.

HEBB D., O., *The organization of behaviour*, John Wiley & Sons, 1949.

HILLIS D., *The Connection Machine*, MIT Press, 1985.

HILLIS D., *Un ordinateur parallèle : la Connection Machine*, in *Pour la Science*, n° 118, 1987.

HO M.-W., SAUNDERS P. et FOX S., *A new paradigm for evolution*, in *New scientist*, February 27 1986, pp. 41-43.

HODGKIN A. L. and HUXLEY A. F., *Currents carried by sodium and potassium ions through the membrane of the giant axon of Logligo*, in *J. Physiol.*, 116, 1952a, pp. 449-472.

HODGKIN A. L. and HUXLEY A. F., *A quantitative description of membrane current and its application to conduction and excitation in nerve*, in *J. Physiol.*, 117, 1952 b, pp. 500-544.

HOFSTADTER, D., *Gödel, Escher, Bach, Les Brins d'une Guirlande Eternelle*, InterEditions, Paris, 1985.

HOFSTADTER D. R., *Metamagical themas : questing for the essence of mind and brain*, Basic Books, 1985.

HOLLAND J.H., *Adaptation in natural and artificial Systems*, University of Michigan Press, Ann Arbor, MI, 1975.

HOLTON G., *L'invention scientifique*, PUF, 1982.

HOPFIELD J. J. and TANK D. W., *Computing with Neural Circuits : A model*, in *Science*, vol. 233, n° 4764, 1986.

HOPFIELD J. J., *Neural networks and physical systems with emergent collective computation alabilities*, in *Proc. Natl. Acad. Sci. USA*, 79, 1982, pp. 2554-2558.

HOYLE F., *Galaxies, Noyaux et Quasars*, Buchet-Chastel, 1966.

JARDON Ph. et DUBOIS D., *NUCLEXPERT : un progiciel d'intelligence artificielle pour l'optimisation des séquences de rechargement de centrales nucléaires*, Nouvelles de la Science et des technologies, G.O.R.D.E.S., Bruxelles, 1986, n° 2-3, pp. 99-102. Publié également dans de CALUWE R., *Actes du 5ème Congrès de la Fédération des Associations Informatiques de Belgique*, 1987, pp. 99-102.

JACQUARD A., *L'héritage de la liberté*, Le Seuil, 1986.

JASTROW R., *Au-delà du cerveau*, France-Loisirs, 1983.

JOHNSON-LAIRD P. N., HERRMANN J. J. and SHAFFIN R., *Only connections : a critique of semantic networks*, in *Psychol. Bulletin*, 96, 1984, pp. 292-313.

KIMURA M., *The neutral theory of molecular evolution*, Cambridge University Press, 1984.

KODRATOFF Y., *Quand l'ordinateur apprend*, in *La Recherche*, vol. 16, n° 170, 1985, pp. 1252-1262.

KODRATOFF Y., *Improving the generalization step in learning, Machine learning : an artificial intelligence approach*, vol. 2, in MICHALSKI R., CARBONEL J., MITCHELL T. (eds.), Morgan-Kaufman, 1986.

KOESTLER A., *Le cri d'Archimède, Génie et Folie de l'homme*, Calmann-Lévy, 1980.

KOESTLER A., *Les somnambules*, Calmann-Lévy, 1960.

KOHONEN T., *Self-organization and associative memory*, Springer-Verlag, 1984.

KUHN Th., *La structure des révolutions scientifiques*, Flammarion, 1983.

LABORIT H., *Dieu ne joue pas aux dés*, Grasset/Fasquelle, 1987.

LARSEN I., *Modelling ecological modelling*, in DUBOIS D. (ed.), *Progress in ecological engineering and management by mathematical modelling*, CEBEDOC, 1981.

LE CUN Y., *Cognitiva 85*, CESTA-AFCET, 1985.

LECLERCQ D., *Psychologie de l'Apprentissage*, Université de Liège, Laboratoire de Psychologie expérimentale, notes de cours, 1985.

LENAT D. B., *The Role of Heuristics in Learning by Discovery; Case Study 3 : Biological Evolution; Heuristics Used to Generate Plausible Mutations* in MICHALSKI R. S. et al (ed.), *Machine Learning*, Springer-Verlag, 1984.

LEVY P., *La Machine univers*, Editions de la Découverte, 1987.

LÉVY-STRAUSS Cl., *De près et de loin, entretiens avec Didier Eribon*, Odile Jacob, 1988.

LÉVY-STRAUSS Cl., *La Pensée sauvage*, Plon, 1962.

LOFTUS E., *Memory*, Addison-Wesley, 1980.

LORENTZ K., *Innate Bases of Learning*, in K. PRIBRAM (ed.), *On the Biology of Learning*, Harcourt, Brace & World, 1969.

LOVELOCK J., *Gaïa Defense*, Norton, 1988.

LOVELOCK J., *La Terre est un être vivant : l'hypothèse Gaïa*, Rocher, 1986.

MAC CULLOCH W. and PITTS W., *A logical calculus of the ideas imanent in nervous activity*, in *The Bulletin of Mathematical Biophysics*, The University of Chicago Press, 5, 1943.

MAES P. and NARDI D. (ed.), *Meta-level Architectures and Reflection*, North-Holland, Amsterdam, 1987.

MAIRLOT F. and DUBOIS D. M., *Basic criteria in Cybernetics : communication and organization*, in *Progress in Cybernetics and Systems Research*, Hemisphere Publ. Corp. and Wiley J. and Sons, Inc., Vol. 2, 1975, pp. 352-357.

MANDELBROT B. B., *The Fractal Geometry of Nature*, W. H. Freeman and Co, 1982.

MANDELBROT B., *Les Objets fractals : forme, hasard et dimension*, Flammarion, 1989.

MARGALEF R., *Ecosystems : diversity and connectivity as measurable components of their complication*, in *The Science and Praxis of Complexity*, United Nations Univ., 1985, pp. 228-244.

MARIANI J., *Reconnaissance vocale*, 01 Références, Hors série n° 3, 1989, p. 95.

MAY R. M. and ANDERSON R. M., *Transmission dynamics of HIV infection*, in *Nature*, 326, 137-142, 1987.

MAY R. M., *Stability and complexity in model ecosystems*, Princeton Univ. Press, Princeton, 1973.

MEIJER A. and PEETERS P., *Computer Network Architectures*, Pitman, 1982.

MICHALSKI R. S. et al. (ed.), *Machine learning, an artificial intelligence approach*, Tioga Publ. Company, 1983.

MILLER G. A.,*The Magical Number Seven, Plus or Minus Two : Some Limits on Our Capacity for Processing Information*, in *Psychological Review*, vol. 63, 1956, pp. 81-97.

MINSKY M. and PAPERT S., *On perceptrons*, MIT Press, (new edition), 1988.

MINSKY M., *Artificial Intelligence*, in *Scientific American*, vol. 215, n° 3, 1966, p. 260.

MINSKY M., *La Société de l'Esprit*, InterEditions, 1988.

MITCHELL T. M. et al, *Learning by experimentation : acquiring and refining problem-solving heuristics*, in MICHALSKI R. S. et al. (ed.), *Machine learning, an artificial intelligence approach*, Tioga Publ. Company, 1983.

MONOD J., *Le hasard et la nécessité*, Le Seuil, 1970.

MONTAGNER H.,*L'attachement, les débuts de la tendrese*, Odile Jacob, 1988.

MORIN E., *La méthode 3. La connaissance de la connaisance/1*, Le Seuil, 1986.

MOROWITZ H. J. et MOROWITZ L. S., *Life on the Planet Earth*, W.W. Norton & Company, Inc., 1974.

MOROWITZ H. J., *Energy Flow in Biology*, Academic Press, 1968.

MUNTEAN T., *Architecture parallèle*, 01 Références, Hors série n° 3, 1989, p. 97.

NASH S. (ed.), *Science and Complexity*, Science Reviews Ltd., 1985.

NICOLIS G. and PRIGOGINE I., *Self-organization in nonequilibrium systems*, Wiley-Intersciences, 1977.

NICOLIS G., *Thermodynamique de l'évolution*, in *Evolution*, Editions de l'Université de Bruxelles, Série « Actualités », 2, 1983.

NILSSON N. J., *Principles of Artificial Intelligence*, Springer-Verlag, 1982.

ODUM H. T., *Systems Ecology*, John Wiley & Sons, 1983.

ORD, G., N., *Fractal space-time, Phys. 4 : Math. Gen.*, V16, N9, 1983, pp. 1869-1884.

PAPERT S., *Jaillissement de l'esprit*, Flammarion, Paris, 1981.

PATARNELLO S. and CARNEVALI P., *Learning Capabilities of boolean Networks*, in *Neural Networks from Models to Applications*, Actes du congrès N'EURO 88, I.D.S.E.T., Paris, 1989, pp. 398-406.

PAZ O., *Le Labyrinthe de la solitude*, Gallimard, 1972.

PEITGEN H.-O. et RICHTER P. H., *The Beauty of Fractals*, Springer-Verlag, 1986.

PEREZ J.-Cl., *De nouvelles voies vers l'intelligence artificielle*, Masson, 1989.

PERRIER P., *De l'intelligence artificielle : une solution, le neuromimétisme*, 1986, non publié.

PETIT C. et ZUCKERLANDL E., *Evolution : génétique des populations, évolution moléculaire*, Hermann, 1976.

PIAGET J., *La formation du symbole chez l'enfant*, Delachaux- Niestlé, 1946.

PIAGET J., *Les mécanismes perceptifs*, Presses Universitaires de France, 1975.

PIAGET J., *Les stades de développement intellectuel de l'enfant et de l'adolescent. Le problème des stades en psychologie de l'enfant*, in *Symposium de l'Association Psychologique Scientifique de langue française*, Presses Universitaires de France, 1956.

PIAGET J., *Naissance de l'intelligence chez l'enfant*, Delachaux-Niestlé, 1948.

POPPER K., *Conjectures et réfutations : la croissance du savoir scientifique*, Payot, 1985.

POPPER K., *L'Univers irrésolu : plaidoyer pour l'indéterminisme*, Hermann, 1984.

POPPER K., *La Connaissance objective*, Complexe, 1985.

PRIBRAM K. H. (ed.), *On the Biology of Learning*, Harcourt, Brace & World, Inc., 1969.

PRIBRAM K., *Languages of the Brain*, Prentice Hall, 1971.

PRIGOGINE I. et STENGERS I., *Entre le temps et l'éternité*, Fayard, 1988.

PRIGOGINE I. et STENGERS I., *La Nouvelle Alliance : métaphore de la science*, Gallimard, 1986.

PRIGOGINE I., *La thermodynamique de la vie*, in *La Recherche*, n° 24, juin 1972.

QUILLIAN R., *Semantic memory*, in *Semantic information processing*, Minsky M. (ed.), MIT Press, Cambridge, Mass., 1968.

REEVES H., *Le temps de s'enivrer*, Le Seuil, 1986.

RENGUET E. et DUBOIS D., *A stochastic approach of the catastrophe theory*, in PAULRE B. E. (ed.), *Systems dynamics and analysis of change*, North-Holland Publishing Company, 1981, pp. 277-312.

ROSTAND J. et TÉTRY A., *La Vie*, Larousse, 1962.

RUMELHART D. E. et McCLELLAND J. L. (ed.), *Parallel distributed processing : explorations in the microstructures of cognition*, MIT Press, 1986.

SAGAN C., *Les Dragons de l'Eden : évolution de l'intelligence humaine*, Le Seuil, 1980.

SAINT-FLEUR J., *Logiques de la représentation : essai d'épistémologie wittgensteinienne*, Academia, 1988.

SAINT-PAUL L. et MOULIN Th., *Un concept nouveau applicable en systémique : l'élément structuré de déplacement*, AFCET, 1989, pp. 515-524.

SANDER L., *La croissance fractale*, in *Pour la Science*, n° 113, 1987, pp. 88-98.

SCHANK R. C., *Conceptual Dependency : a Theory of Natural Language Understanding*, Cognitive Psychology, n° 3, Academic Press, New York, 1972, pp. 553-554.

SCHOFFENIELS E., *Anti-Chance*, Pergamon Press, 1976.

SCHOFFENIELS E., *L'anti-hasard*, Gauthier-Villars, 1973.

SCHUSTER P. (ed.), *Stochastic Phenomena and chaotic Behaviour in complex Systems*, Springer-Verlag, 1984.

SCHWÄRTZEL H., *Intelligence without awareness*, COM, in *Siemens Magazine of Computers & Communications*, n° 2, 1989.

SEJNOWSKI T. and ROSENBERG C., *Technical Report*, JHU/EECS-86-01, John Hopkins Univ., 1986.

SORMAN G., *Les vrais penseurs de notre temps*, Fayard, 1989.

SPERRY R. W., *Perception in the absence of the neocortical commissures*, in *Perception and its Disorders, Res. Publ. Ass. Res. nerv. ment. Dis.*, vol. XLVIII, Williams and Wilkins Co, 1970.

SPRINGER S. P. et DEUTSCH G., *Left Brain, Right Brain*, Freeman, 1985.

SRIDHARAN N. S. (ed.), *IJCAI-89, Proceedings of the Eleventh International Joint Conference on Artificial Intelligence*, Morgan Kaufmann Publishers, 1989.

STEBBINS L. et AYALA F., *L'évolution du darwinisme*, in *Pour la Science*, n° 95, 1985, pp. 48-59.

STEELS L., *Cooperation between distributed agents through self-organisation*, in *Journal on robotics and autonomous systems*, North Holland, 1989.

STENSETH N. C. and MAYNARD SMITH J., *Evolution*, 38, 870, 1984.

STEWART I., *Le lion, le lama et la laitue*, in *Pour la Science*, n° 142, 1989, pp. 102-107.

SZASZ Th., *Le Mythe de la maladie mentale*, Payot, 1986.

TANK D. et HOPFIELD J., *Les réseaux de neurones formels*, in *Pour la Science*, n° 124, 1988.

THILL S., *Réseaux de neurones artificiels à entrées dynamiques*, Université de Liège, Faculté des Sciences appliquées, 1990.

THOM R., *Esquisse d'une sémiologie*, InterEditions, 1989.

THOM R., *Modèles mathématiques de la morphogénèse*, Bourgois, 10-18, 1987.

THOM R., *Stabilité structurelle et morphogenèse*, InterEditions, 1977.

THUILLIER P., *Darwin chez les samouraï*, in *La Recherche*, n° 181, 1986, pp. 1276-1280.

TURING A., M., *Computing Machinery and Intelligence*, in ANDERSON A. R. (ed.), *Minds and Machines*, Englewood Cliffs, N. J., Prentice-Hall, 1964, p. 7.

TURING A., *The Chemical Basis for Morphogenesis*, in *Proc. R. Soc.*, London (B) 237, 1952, pp. 37-72.

TURKLE S., *Les enfants de l'ordinateur*, Denoël, 1986.

VALLET Cl. et MOULIN Th., *Le relateur arithmétique : un outil bien adapté à la systémique*, AFCET, 1989, pp. 495-504.

VAN VALEN L., in *Evolution Theory*, 1, 1, 1973.

VARELA F., *L'auto-organisation : de l'apparence au mécanisme*, in *L'auto-organisation*, Seuil, 1983.

VARELA F., *Autonomie et connaissance, essai sur le vivant*, Seuil, 1989.

VON DER MARSBURG C., *Disordered systems and biological organization*, NATO ASI Series, 20, 1986.

WATZLAWICK P. (ed.), *The invented Reality : How we know what we believe we know (Contributions to constructivism)*, Norton, 1984.

WEISBUCH G., *Dynamique des systèmes complexes*, InterEditions/CNRS, 1989.

WEISKOPF V. F., *The Frontiers and Limits of Science*, in *American Scientist*, July-August, 1977, pp. 405-411.

WILSON E., *L'humaine Nature*, Stock, 1986.

WILSON E., *La Sociobiologie*, Editions du Rocher, 1987.

WINOGRAD T., *Toward a Procedural Understanding of Semantics*, in *Revue Internationale de Philosophie*, n° 117-118, Fondation Universitaire de Belgique, 1976.

WINSTON P. H., *Learning structural descriptions from examples*, in WINSTON P. H. (ed.), *The psychology of computer vision*, McGraw-Hill, 1975.

WITTEN T. A. and Sander, L., M., Diffusion-Limited Aggregation, in *Physical Review B*, vol. 27, n° 9, 1983.

ZUSE K., *Der Computer, mein Lebenswerk*, Verlag Moderne Industrie, Munich, 1970.

TABLE DES MATIÈRES

Préface, par Ian Larsen   7

CHAPITRE I
L'AUTO-APPRENTISSAGE, CLÉ DU DÉVELOPPEMENT DE L'INTELLIGENCE

1. *L'entrée dans le labyrinthe de l'intelligence*   15
    - 1.1 Introduction   18
        - Chapitre I   19
        - Chapitre II   19
        - Chapitre III   19
        - Chapitre IV   20
        - Chapitre V   20
        - Chapitre VI   21
        - Chapitre VII   21
    - 1.2 Les sept intelligences   21
        1. La structure mentale somato-kinesthésique   21
        2. La structure mentale spatio-visuelle   22
        3. La structure mentale musicale   22
        4. La structure mentale linguistique   22
        5. La structure mentale logico-mathématique   22
        6. La structure mentale psychologique introspective   22
        7. La structure mentale psychologique objective   23

2. *Développement de l'intelligence des enfants de 3 à 6 ans*   23
    - 2.1 Développement de la structure mentale somato-kinesthésique   24
        - La psychomotricité   24
    - 2.2 Développement de la structure mentale spatio-visuelle   25
        - Le dessin   25
    - 2.3 Développement de la structure mentale musicale   27
        - Le jeu du silence   27
        - Apprentissage naturel de la musique   27
    - 2.4 Développement de la structure mentale linguistique   28
        - Le langage écrit   28
        - Jeu inventé par un enfant   28
        - Le langage parlé   29

2.5	Développement de la structure mentale logico-mathématique	30
	Jeu géométrique	30
	La micro-informatique	31
2.6	Développement de la psychologie introspective	34
	Les jeux symboliques	34
2.7	Développement de la psychologie objective	36
	Dramatisation avec déguisement	36
	L'enfant prend l'adulte en charge	37

3. Le développement de l'intelligence : un processus temporel   37
    3.1   Le symbolisme de l'apprentissage   39
    3.2   L'apprentissage conscient   42

CHAPITRE II
L'INTELLIGENCE DU CERVEAU

1. Le labyrinthe du cerveau   47
    1.1   L'architecture neuronale   51
    1.2   Les propriétés électrobiochimiques du neurone   55
         Le potentiel de repos   55
         Le potentiel d'action   55
         Le modèle de Hodgkin-Huxley   56
         Le modèle de Dubois-Schoffeniels   56

2. La mémoire   59
    2.1   Les fractales   60
    2.2   La mémoire fractale   63
    2.3   Mémorisation et apprentissage   65
    2.4   La mémoire, un film de cinéma   67

3. La description des systèmes   69
    2.1   Echange d'informations en passant d'un niveau vers un autre niveau   71
         Le niveau atomique   71
         Le niveau moléculaire   71
         Le niveau hydrodynamique   72
    2.2   Un modèle fractal de description des systèmes   74
         Couche 1   74
         Couche 2   74
         Couche 3   76
         Couche 4   76
         Couche 5   76
         Couche 6   76
         Couche 7   77

CHAPITRE III
DIEU JOUE-T-IL AUX DÉS ?

1. Le hasard créateur   83
    1.1   L'ordre naît du chaos   84
    1.2   Les structures dissipatives   86
    1.3   Les cellules de Bénard   87
    1.4   L'hypercycle de Eigen   90

2. La dualité ordre-chaos — 93
    2.1 La dualité endotropie-exotropie — 96
    2.2 Les structures biologiques endotropiques — 101
    2.3 La biologie quantique — 102

3. Les structures fractales — 105
    3.1 Le chaos déterministe — 105
    3.2 La force aveugle du hasard — 107
    3.3 Le déterminisme stochastique — 108
    3.4 L'origine fractale du principe d'incertitude — 109
    3.5 L'origine de l'univers — 109
    3.6 L'origine de la vie — 111
    3.7 La vie n'existe-t-elle que sur la terre ? — 114
    3.8 L'évolution du vivant — 116

CHAPITRE IV
L'ÉVOLUTION DE LA COMPLEXITÉ DU VIVANT

1. Les lois fondamentales de l'évolution — 121
    1.1 La loi biogénétique fondamentale — 121
    1.2 La loi de la complexité croissante — 122
    1.3 La loi de Cope — 123
    1.4 La loi de la diversification — 124
    1.5 La loi de l'accroissement de taille — 124
    1.6 La loi des relais — 124
    1.7 La loi de l'irréversibilité de l'évolution régressive — 125
    1.8 La loi des vitesses d'évolution — 126

2. L'adaptation des espèces — 127
    2.1 L'homéostasie — 127
    2.2 Le syndrome d'adaptation de Selye — 127
    2.3 L'adaptation spécifique — 128
    2.4 L'adaptation statistique — 128
    2.5 L'harmonie entre structure et fonction — 128
    2.6 Le mimétisme — 129
    2.7 La boîte à outils des êtres vivants — 129

3. L'apprentissage chez les espèces — 130
    3.1 Le modèle d'apprentissage des éthologues — 130
    3.2 Le modèle d'apprentissage des behavioristes — 131
        Le conditionnement dit classique — 131
        Le conditionnement opérant — 132
    3.3 Le modèle d'apprentissage basé sur des règles — 132
        L'apprentissage instinctif ou auto-apprentissage — 135
        L'apprentissage par imitation — 136

4. Les théories de l'évolution des espèces — 139
    4.1 Le lamarckisme — 140
    4.2 Le darwinisme — 142
    4.3 L'ultra-darwinisme — 142
    4.4 Le mutationnisme — 143
    4.5 La théorie synthétique — 145
    4.6 Les théories récentes de l'évolution — 148
        L'évolution moléculaire — 148
        La théorie neutraliste de l'évolution — 149

	La théorie des équilibres ponctués	149
	La coévolution	150
5.	**Le labyrinthe de l'évolution**	**152**
	5.1 Le modèle oriental de l'évolution	153
	5.2 Une théorie fractale de l'évolution	154
	5.3 L'auto-apprentissage du code génétique	155
	5.4 Les sept fractales de l'évolution	159
	5.5 L'entropie de l'évolution	161

CHAPITRE V
UN MODÈLE DE REPRÉSENTATION DES SYSTÈMES INTELLIGENTS

1.	**Un modèle fractal des systèmes intelligents**	**165**
	1.1 Conditions d'existence d'une intelligence	165
	1.2 Conditions de développement d'un système intelligent	166
	1.3 Description du modèle de base	170
	1.4 Dimensions du système	174
	1.5 Fonctionnement du système génératif	174
	Le symbole du caillou	177
	1.6 Moments de l'apprentissage	180
	Le symbole de la droite concrète et des points abstraits	181
	La dérive de la représentation	182
	1.7 Principe motivant d'un système d'apprentissage	183
2.	**Conception de systèmes intelligents formels**	**184**
	2.1 La machine de Turing universelle	184
	2.2 Le Théorème d'Incomplétude de Gödel	185
	2.3 Mon interprétation fractale du Théorème de Gödel	187
3.	**Les fractales neuroniques**	**188**
	3.1 La logique booléenne	188
	3.2 Une analogique digitale	190
	3.3 Les vingt règles d'auto-apprentissage	193
	3.4 L'avenir du modèle neuronique fractal	197

CHAPITRE VI
LES MODÈLES NEUROMIMÉTIQUES EN INTELLIGENCE ARTIFICIELLE

1.	**Le neuromimétisme**	**209**
	1.1 Les trois phases du symbolisme de l'informatique	215
	La manipulation d'objets	216
	La manipulation de symboles	216
	Le neuromimétisme	218
	1.2 Les hypothèses fondamentales du neuromimétisme	219
	Hypothèse 1	219
	Hypothèse 2	219
	Hypothèse 3	219
	Hypothèse 4	221
	Hypothèse 5	221
	Hypothèse 6	221
	Hypothèse 7	221
	1.3 Mémorisation de l'information	221

2. Des ordinateurs qui apprennent — 224
2.1 Le perceptron — 227
2.2 Les ordinateurs parallèles — 228
2.3 Un modèle de circuits neuronaux — 230

3. L'intelligence sans conscience — 234
3.1 L'intelligence fractale — 235
3.2 Un « bébé ordinateur » — 237
3.3 L'avenir de l'intelligence artificielle — 242
La programmation logique — 242
Les systèmes experts — 243
La vision par ordinateur — 244
Traitement du langage — 245
La reconnaissance vocale — 246
La traduction automatique — 247
Les machines parallèles — 248
Les machines neuronales — 250

4. La machine fractale — 251
4.1 Le langage fractal — 251
4.2 Croissance fractale par auto-réplication — 255
4.3 Différenciation fractale par auto-similarité — 258
4.4 Auto-programmation en langage fractal — 258
4.5 Graphes fractals des Tours de Hanoï — 259
4.6 L'ordinateur de septième génération — 261

CHAPITRE VII
LES QUESTIONS DE LA CONSCIENCE DE L'INTELLIGENCE

1. La sortie du labyrinthe d'intelligence — 267
1.1 L'apparition du septième sens : la conscience — 268
1.2 Les deux styles cognitifs du cerveau humain — 272
1.3 Les quatre types de conscience — 274
1.4 Conscience et métaconscience — 274
1.5 L'autoconscience et la méta-autoconscience — 276
1.6 La conscience globale — 278

2. Les questions de la conscience humaine — 279
2.1 La philosophie et la psychologie — 282
2.2 La morale et la conscience — 285
2.3 L'autoconscience de l'autoconscience — 287
2.4 Les défauts de l'éducation morale traditionnelle — 287
2.5 L'absolu et le relatif — 288
2.6 L'irresponsabilité de l'intelligence naturelle — 293

3. La conscience artificielle — 296
3.1 L'irresponsabilité de l'intelligence artificielle — 296
3.2 Le robot qui rêvait — 298
3.3 La dernière question : Quel est le secret du labyrinthe de l'intelligence ? — 302

Postface, par Yves Kodratoff — 305

Bibliographie — 313

Table des matières — 327